NORDGRIECHENLAND
Seiten 232–257

ATHEN
Seiten 62–135

UMGEBUNG VON ATHEN
Seiten 140–157

VIS à VIS

GRIECHENLAND

ATHEN & DAS FESTLAND

RESTAURANT
Super Market
ΚΑΡΑΓΙΑΝΝΗ
Algida

VIS à VIS

GRIECHENLAND

ATHEN & DAS FESTLAND

Hauptautoren: MARC DUBIN, MIKE GERRARD, ANDY HARRIS, TANYA TSIKAS

DORLING KINDERSLEY
www.dk.com

Ein Dorling Kindersley Buch

Texte
Rosemary Barron, Marc Dubin, Mike Gerrard, Andy Harris, Lynette Mitchell, Colin Nicholson, Robin Osborne, Barnaby Rogerson, Paul Sterry, Tanya Tsikas

Fotografien
Joe Cornish, John Heseltine, Rob Reichenfeld, Peter Wilson, Francesca Yorke

Illustrationen
Stephen Conlin, Paul Guest, Steve Gyapay, Maltings Partnership, Chris Orr & Associates, Paul Weston, John Woodcock

Kartografie
Gary Bowes, Fiona Casey, Christine Purcell (ERA-Maptec Ltd)

Redaktion und Gestaltung
Dorling Kindersley Ltd.

•

Titel der englischen Originalausgabe:
Eyewitness Travel Guide Greek Mainland
Zuerst erschienen 1997 in Großbritannien
bei Dorling Kindersley Ltd.

•

Für die deutsche Ausgabe:

Aktualisierte Neuauflage 2004

Übersetzung Dr. Eva Dempewolf, Dr. Dagmar Ahrens-Thiele, Andreas Stieber und Werner Geischberger, München
Redaktionsleitung Dr. Jörg Theilacker, Dorling Kindersley Verlag
Redaktion CLP · Carlo Lauer & Partner, Aschheim,
Satz und Produktion Dorling Kindersley Verlag
Lithografie Colourscan, Singapur
Druck L. Rex Printing, Hongkong, China

ISBN 3-928044-24-9

4 5 6 06 05 04

Dieser Reiseführer wird regelmäßig aktualisiert. Angaben wie Telefonnummern, Öffnungszeiten, Adressen, Preise und Fahrpläne können sich jedoch ändern. Der Verlag kann für fehlerhafte oder veraltete Angaben nicht haftbar gemacht werden. Für Hinweise, Verbesserungsvorschläge und Korrekturen ist der Verlag dankbar. Bitte richten Sie Ihr Schreiben an:

Dorling Kindersley Verlag GmbH
Redaktion Reiseführer
Gautinger Straße 6
D-82319 Starnberg

◁ **Morgenstimmung am Hafen von Gýtheio, Peloponnes**

Inhalt

Gefäß mit einer Darstellung des Gottes Dionysos

Athen und Griechenland stellen sich vor

Das antike Griechenland

Turmhäuser in Vátheia, Innere Máni, auf dem Peloponnes

ATHEN

Griechischer Salat

DIE REGIONEN

Fresko im Kloster Varlaám in Metéora, Zentralgriechenland

ZU GAST IN GRIECHENLAND

GRUND-INFORMATIONEN

Blick auf die Akropolis in Athen

Rekonstruktion des antiken Olympia

Benutzerhinweise

Dieser Reiseführer soll Ihren Griechenland-Besuch zu einem Erlebnis machen. Der Abschnitt *Athen und das Festland stellen sich vor* beschreibt das Land und stellt historische Zusammenhänge dar. Das Kapitel *Antikes Griechenland* gibt Hintergrundinformationen zu beschriebenen Kunstwerken. Vier Regionalkapitel und *Athen* beschreiben wichtige Sehenswürdigkeiten. Von uns empfohlene Hotels, Restaurants und Pubs werden im Kapitel *Zu Gast in Griechenland* beschrieben. Die *Grundinformationen* helfen Ihnen beim Zurechtfinden auf dem griechischen Festland.

Athen

Die Stadt wurde in zwei Gebiete aufgeteilt. Jedem Gebiet ist ein Kapitel gewidmet. Am Anfang jedes Kapitels sind alle Sehenswürdigkeiten aufgelistet und auf einer Übersichtskarte numeriert. Detaillierte Beschreibungen folgen auf den nächsten Seiten.

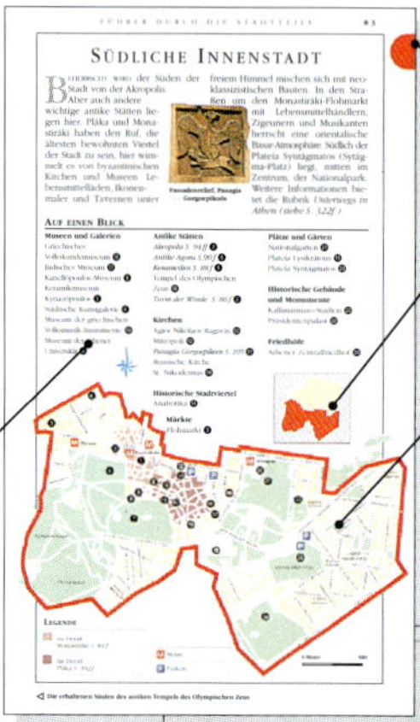

Alle Seiten des Athen-Kapitels sind am roten Farbcode zu erkennen.

Eine Orientierungskarte zeigt, wo Sie sich in Athen befinden.

Diese Übersicht nennt alle Sehenswürdigkeiten in alphabetischer Form.

1 Übersichtskarte
Hier finden Sie die numerierten Sehenswürdigkeiten. Sehenswürdigkeiten der Athener Innenstadt finden Sie auch im Kartenteil Athen *auf den Seiten 122–135.*

2 Detailkarte
Aus der Vogelperspektive werden die beschriebenen Sehenswürdigkeiten der Athener Innenstadt gezeigt.

Kolumnen beleuchten Wissenswertes zu den Sehenswürdigkeiten.

Sterne markieren herausragende Sehenswürdigkeiten.

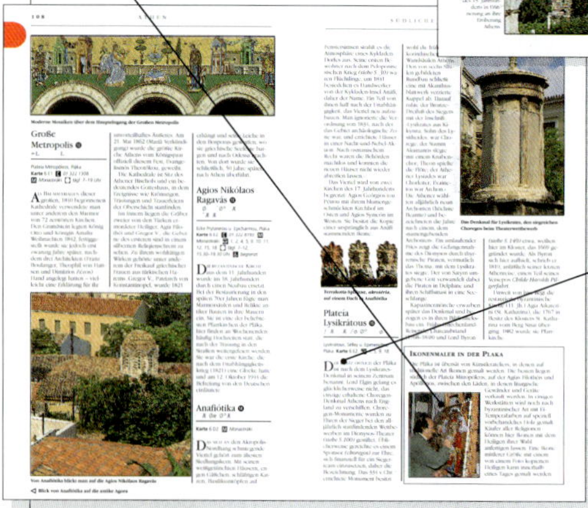

Routenempfehlungen für Spaziergänge sind rot markiert.

3 Detaillierte Informationen
Alle Sehenswürdigkeiten Athens werden einzeln beschrieben, mit Adresse, Telefonnummer, Öffnungszeiten und Informationen über Eintritt und Zugang für Rollstuhlfahrer. Eine Angabe verweist auf den **Kartenteil**.

1 Einführung
Hier werden die Geschichte, der Charakter und die Geographie der Regionen beschrieben. Auch ihre Entwicklung und touristische Highlights werden vorgestellt.

Führer durch die Regionen

Das Land wurde in vier Regionen unterteilt, denen jeweils ein Kapitel gewidmet ist. Eine Übersichtskarte finden Sie auf der vorderen Umschlaginnenseite.

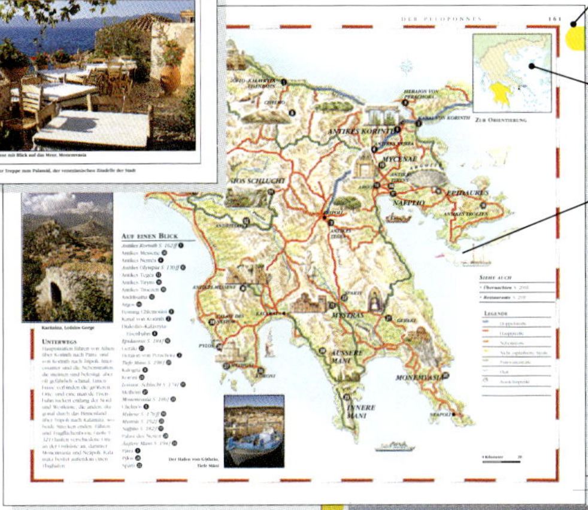

Jede Region kann anhand ihrer Farbkodierung schnell wiedergefunden werden.

Die Orientierungskarte zeigt Ihnen, wo Sie sich im Land befinden.

2 Erlebniskarte
Aus der Vogelperspektive werden die beschriebenen Regionen gezeigt. Die Hauptsehenswürdigkeiten wurden numeriert und wichtige Straßen deutlich markiert.

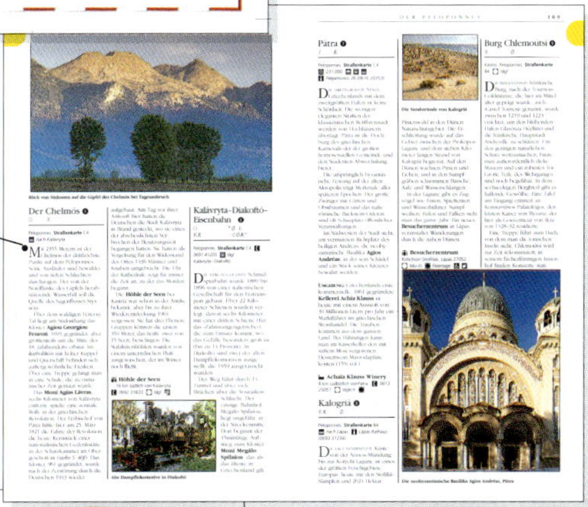

3 Detaillierte Information
Alle wichtigen Städte und Gebiete sowie ihre Sehenswürdigkeiten werden besonders beschrieben. Ihre Reihenfolge ist identisch mit der Numerierung auf der Detailkarte.

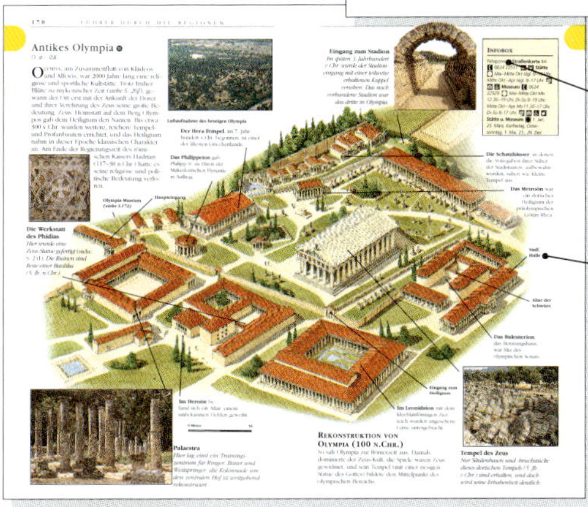

Die Infobox enthält praktische Informationen, die für einen Besuch hilfreich sind.

4 Wichtige Sehenswürdigkeiten
sind auf einer oder mehreren Seiten beschrieben. Pläne und Rekonstruktionen antiker Stätten geben einen Einblick in die Antike.

Athen und Griechenland stellen sich vor

Griechenland auf der Karte

An der Südspitze der Balkanhalbinsel gelegen, gliedert sich Griechenland in mehr als 2000 Inseln – vom Ionischen Meer im Westen bis zur Ägäis und der türkischen Küste im Osten. Nördlich und östlich grenzen Albanien, Makedonien, Bulgarien und die Türkei an das Festland, auf dem die meisten Griechen leben.

◁ **Das befestigte Inselchen Boúrtzi vor der Küste bei Methóni**

EUROPA UND NORDAFRIKA
NORWEGEN
FINNLAND
SCHWEDEN
ESTLAND
LETTLAND
RUSSISCHE FÖDERATION
DÄNEMARK
LITAUEN
RUSS. FÖD.
REPUBLIK IRLAND
GROSS-BRITANNIEN
NIEDER-LANDE
DEUTSCH-LAND
POLEN
WEISS-RUSSLAND
BELGIEN
LUXEMBURG
TSCHECH. REPUBLIK
SLOWAKEI
UKRAINE
FRANKREICH
ÖSTER-REICH
UNGARN
MOLDAWIEN
SCHWEIZ
SLOWENIEN
RUMÄNIEN
KROATIEN
SERBIEN & MONTENEGRO
BOSNIEN UND HERZEGOWINA
BULGARIEN
SPANIEN
ITALIEN
MAZE-DONIEN
GEORGIEN
PORTUGAL
ALBANIEN
GRIECHEN-LAND
Athen
TÜRKEI
SYRIEN
TUNESIEN
ZYPERN
IRAK
MAROKKO
ISRAEL
JORDANIEN
ALGERIEN
LIBYEN
ÄGYPTEN
SAUDI-ARABIEN
L'viv
Dnister
UKRAINE
Chernivtsi
Prut
Siret
MOLDAWIEN
CHISINAU
RUMÄNIEN
Braşov
Galati
BUKAREST
Constanţa
Olt
Varna
SOFIA
Burgas
BULGARIEN
Néstos
Schwarzes Meer
Istanbul
Kavála
Alexandroúpoli
Thessaloníki
ENLAND
Eskişehir
ANKARA
Kizil Irmak
TÜRKEI
Skíathos
Lésvos
Ägäisches Meer
Evvoia
Izmir
ATHEN
Kuşadasi
Sámos
Tínos
Mýkonos
Bodrum
Pátmos
Kos
Marmaris
Dalaman
Antalya
Tuz Gölü
Konya
Içel
Rhodos
Santoríni
SYRIEN
Al-Lādiqīya
Chaniá
Irákleio
Kárpathos
Kreta
Agios Nikólaos
ZYPERN
NICOSIA
Pafos
Lárnaka
Lemesos
LIBANON
BEIRUT
Hefa
0 Kilometer 200
ISRAEL
Alexandria
ÄGYPTEN

Ein Porträt Griechenlands

Griechenland zählt zu den meistbesuchten Urlaubsländern und ist doch relativ unbekannt. Der moderne Staat entstand erst 1830 und hat mit dem antiken Griechenland nur wenig gemein. Im heutigen Griechenland begegnet man Elementen verschiedener Kulturen.

Für einen mit 132 000 km² flächenmäßig relativ kleinen Staat wartet Griechenland mit einer sehr abwechslungsreichen Topographie auf. Rund drei Viertel der Fläche sind unbewohnte und unbewirtschaftete Gebirgsregionen. Auf dem fruchtbaren Ackerland werden vorwiegend Tabak (im Nordosten) und Obst und Gemüse (in den südlichen Regionen) angebaut. Ein Drittel der Griechen lebt in der Hauptstadt Athen, dem kulturellen, wirtschaftlichen und politischen Zentrum.

Fresko von Moní Frankavílla, Kallogriá

Jahrelange Okkupation und innere Unruhen – darunter ein blutiger Bürgerkrieg *(siehe S. 42)* – haben das Leben der Menschen kaum verändert. Trotz US-amerikanischer Hilfsprogramme blieb Griechenland bis in die 60er Jahre hinein deutlich unter dem westeuropäischen Entwicklungsstandard. In ländlichen Regionen hätte man damals vergeblich nach befestigten Straßen oder sonstiger Infrastruktur gesucht. Gleichzeitig wurden in den Randgebieten der Städte dann Siedlungen aus dem Boden gestampft, die der Meinung Vorschub leisten, in Griechenland gebe es keine Architekten, sondern nur Bauingenieure.

Seit Jahrhunderten sind die Griechen ein Volk von Emigranten. Auch

Tavli-Spieler am Flohmarkt rund um die Plateía Monastirakíou in Athen

◁ **Ein Bauer führt sein Maultier am alten Wall von Monemvasía entlang**

Blick über das Dorf Vrysochóri auf das Píndos-Gebirge

heute noch leben fast halb so viele Griechen im Ausland wie in ihrer Heimat. Diese Abwanderung erfolgte in verschiedenen Schüben – gefördert durch die Fremdherrschaft der Osmanen gegen Ende des 17. Jahrhunderts. Jüngere Emigrantenwellen strömten nach Afrika, Amerika und Australien.

Religion, Sprache und Kultur

Während der jahrhundertelangen Besetzung durch Venezianer und Türken *(siehe S. 38f)* war es die Griechisch-orthodoxe Kirche, die in ihrer Liturgie und ihren Schulen die griechische Sprache und damit die nationale Identität aufrechterhielt. Trotz verschiedentlicher Reformanstrengungen durch die erste demokratisch gewählte PASOK-Regierung (1981–85) kommt der Kirche auch heute noch große Bedeutung zu. Und die Frage *Eísai Orthódoxos* (Sind Sie orthodox?) ist nahezu gleichbedeutend mit *Éllinas eísai* (Sind Sie Grieche?). Obwohl kein junges Paar, das etwas auf sich hält, auf die kirchliche Trauung verzichten würde, genießen standesamtliche Eheschließungen mittlerweile zumindest rechtlich denselben Stellenwert. Die sonntägliche Messe wird vor allem von Frauen besucht, für die der Gottesdienstbesuch eine ähnliche gesellschaftliche Funktion erfüllt, wie es die *kafeneía* (Cafés) für die Männer tun.

Votivgaben im Kloster Pantánassas

Pfarrer, die man häufig an ihren hohen Hüten und langen Bärten erkennt, haben heute zwar

Griechisch-orthodoxe Priester bei einer Prozession in Athen

keine gottähnliche Stellung mehr, sollen den Glauben durch die Liturgie jedoch lebendig erhalten.

Auch die klösterliche Lebensform erfreut sich wieder wachsender Beliebtheit – möglicherweise eine Gegenreaktion auf den immer mehr überhandnehmenden Materialismus.

Tavernen in der Altstadt von Náfplio (Nauplia)

Über die wunderschöne griechische Sprache, ein weiteres wesentliches Kennzeichen nationaler Identität, herrschte jahrelang Uneinigkeit: Die politische Rechte setzte sich für die Einführung der zur Zeit der Unabhängigkeit entwickelten künstlichen Schriftsprache *Katharévousa* ein, während die Linken für das im alltäglichen Sprachgebrauch benutzte und mit diversen Lehnwörtern angereicherte *Dimotikí* plädierten. Einige Male kam es sogar zu blutigen Auseinandersetzungen.

Daß heute das weichere und anpassungsfähigere *Dimotikí* den Sieg davongetragen hat, überrascht wenig, wenn man bedenkt, welche Rolle die mündliche Überlieferung gerade in der griechischen Kultur schon immer spielte. Die Kunst des Geschichtenerzählens ist heute nicht weniger beliebt als zu Homers Zeiten, und in *kafeneía* pflegt man Konversation und Rede ganz um ihrer selbst willen. Dichter-Sänger wie Mános Eleftheríou, Apóstolos Kaldarás und Níkos Gátsos halten die Tradition des Bardentums aufrecht.

Fischverkäufer im Hafen von Vólos, Nordpílio

Schriftsteller und Sänger, die geborenen Anwälte des *Dimotikí*, haben seit jeher die Sprache hochgehalten und brachten zu Zeiten der Fremdherrschaft und unter der Diktatur auch kodierte Informationen unters Volk und gaben ihm moralische Unterstützung .

Restaurierungsarbeiten am Parthenon

Fortschritt und Diplomatie

Verglichen mit seinen Nachbarn am Balkan ist Griechenland reich und politisch stabil, setzt man jedoch westeuropäische Maßstäbe an, sieht die Sache ganz anders aus. Der Import von Luxusgütern – ein Ausdruck von *Xenomanía* oder der unausrottbaren Ansicht, nur ausländische Waren taugten etwas – vertieft das bereits chronisch gewordene Handelsdefizit. Eine Paraderolle spielen hierbei Autos, denn Griechenland gehört zu einem der wenigen europäischen Länder, in denen es keine eigene Fahrzeugindustrie gibt. Überhaupt leidet Griechenland nach wie vor unter einer sich nur zögernd entwickelnden Wirtschaft: Zwei Drit-

Alte Holzfässer im Achaía-Klauss-Weingut in Pátra

tel des Bruttosozialproduktes kommen aus der Landwirtschaft und dem Dienstleistungssektor (Tourismus).

Nur selten sind zwischen Wohnvierteln und Gewerbegebieten klare Grenzen erkennbar – an fast jedem Wohnblock drängen sich messingene Firmentafeln zwischen die Namensschilder. Eine andere Problematik ist das zähe Festhalten an einer überlangen Mittagspause, die viele Arbeitnehmer dazu zwingt, die Fahrt zum Arbeitsplatz zweimal täglich zu unternehmen.

Mit dem Eintritt in die EU 1981 und einer keineswegs nur nominell kapitalistisch orientierten Gesellschaftsform hat sich Griechenland mittlerweile klar vom restlichen, bis 1989 noch kommunistischen Osteuropa abgesetzt. Der Staat investiert nicht mehr in veraltete Industriebetriebe, und auch der Verwaltungsapparat ist deutlich abgespeckt. Dazu kommen weitere Fortschritte: Staatliche Betriebe, die Verluste schrieben, wurden verkauft, und die Inflation ist erstmals seit 1973 auf einen einstelligen Wert gesunken und die Zinsen sind gefallen. Doch die Drachme mußte um die Erfüllung der EU-Kriterien bangen, und die Arbeitslosenquote hält sich hartnäckig auf hohem Niveau. Harte Devisen kommen durch den Tourismus ins Land, was die Flaute im Seehandel teilweise wieder wettmacht. Von jeher großzügige Einwanderungsbestimmungen und die herausragende Stellung unter den Balkanstaaten haben Griechenland den Ansturm so vieler arabischer, afrikanischer, kurdischer, polnischer und albanischer Flüchtlinge beschert, daß sich die Regierung veranlaßt sah, die Grenzkontrollen zu verschärfen und Personen ohne gültige Ausweispapiere kurzerhand auszuweisen.

Athene-Statue neben der Akademie der Künste, Athen

Da der griechische Staat noch keine 200 Jahre zählt und gerade in diesem Jahrhundert immer wieder von politischen Unruhen erschüttert wurde, ist das Vertrauen der Bevölkerung in die Regierung denkbar gering. Das Leben spielt sich in einem Netzwerk persönlicher Bekanntschaften und offizieller Kontak-

Blick von der Festung Palamídi über die Dächer von Náfplio

Wohnhaus im Dorf Psarádes, unweit der Préspa-Seen

te ab. Die klassische Spaltung in Rechte und Linke gibt es hier erst seit den 30er Jahren. Politische Leitfigur der ersten Hälfte des 20. Jahrhunderts war der antiroyalistische Liberale Elefthérios Venizélos. Die Jahrzehnte seit dem Zweiten Weltkrieg wurden vorwiegend von zwei Männern geprägt: dem dreimaligen Präsidenten und Kopf der Panhellenistischen Sozialistischen Bewegung (PASOK) Andréas Papandréou und dem ehemaligen Vorsitzenden der konservativen Neo Dimokratía (ND), Konstantínos Karamanlís.

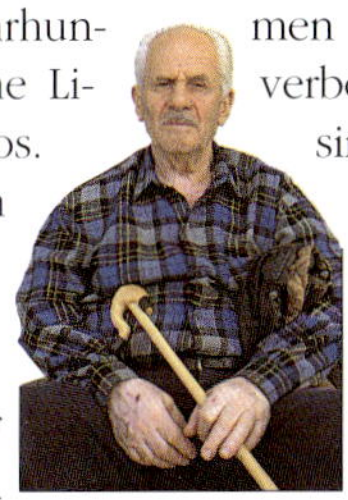

Schäfer mit Krummstab im Gebirgsdorf Métsovo

Jetzt, nach dem Wandel in Osteuropa, dürfte Griechenland seine Rolle auf dem Balkan neu definieren. Seit dem Zusammenbruch des kommunistischen Regimes 1990 haben sich auch die Beziehungen zu Albanien entspannt. Schon heute ist Griechenland der größte Investor in Bulgarien, und Thessaloníki (der zweitgrößte Mittelmeerhafen) gilt als zukünftiges Tor zum südlichen Balkan.

Familienleben

Basiseinheit der griechischen Gesellschaft ist nach wie vor die Familie. Traditionell war eine Familie in der Lage, ohne äußere Hilfe ihr Land zu bestellen. Auch in der Stadt sind heute noch Familienunternehmen die Norm. Auch die Freizeit verbringt man meist im Kreise der Familie. Obwohl offiziell verboten, sind arrangierte Ehen und Mitgift-Absprachen bis heute eher die Regel. Die meisten jungen Leute wohnen bis zur Heirat bei den Eltern, und außerhalb der Großstädte ist es fast undenkbar, ohne Trauschein zusammenzuleben. Trotz großer Kinderliebe hat Griechenland die nach Italien niedrigste Geburtenrate Europas. Die Stellung der Frau hat sich aufgrund von Reformen und Änderungen im Erbrecht verbessert. Ärztinnen und Juristinnen sind keine Seltenheit mehr, und immer mehr Frauen führen ein eigenes Geschäft. Allerdings wird dies in einer traditionell patriarchalischen Gesellschaft nicht gerne gesehen, und so verzichten viele Frauen zugunsten von Haushalt und Kindern auf eine Karriere. Insgesamt sorgt ein ausgeprägtes Traditionsbewußtsein für den Erhalt des typisch griechischen Lebensstils, den Touristen besonders schätzen.

Wochenmarkt in Argos

Byzantinische Architektur

Aus der byzantinischen Zeit (527–1460) sind in erster Linie mittelalterliche Kirchen erhalten. Die byzantinische Sakralarchitektur konzentrierte sich ganz auf die glanzvolle Innenausstattung. Ziel war die Schaffung eines heiligen Raumes, der die Gemeinde frei von allen weltlichen Zerstreuungen mit der wahren Natur des Kosmos konfrontieren sollte. Mosaiken und Fresken kam dabei die Doppelfunktion zu, die Gläubigen zu erleuchten und gleichzeitig Einblick in das geistliche Leben zu geben. Diesem Gedanken folgend, unterscheiden sich Gebirgskapellen und städtische Gotteshäuser dieser Epoche im Grunde häufig nur durch ihre Größe.

Wegweiser zur byzantinischen Architektur

1. Thessaloníki *S. 248*
2. Klöster am Berg Athos *S. 252 ff*
3. Arta *S. 213*
4. Osios Loúkas-Kloster *S. 222 f*
5. Pátra *S. 169*
6. Moní Kaisarianís *S. 150 f*
7. Klosterkirche Dafní *S. 152 f*
8. Athen *S. 80, S. 105, S. 108*
9. Mystrás *S. 192 f*
10. Geráki *S. 189*

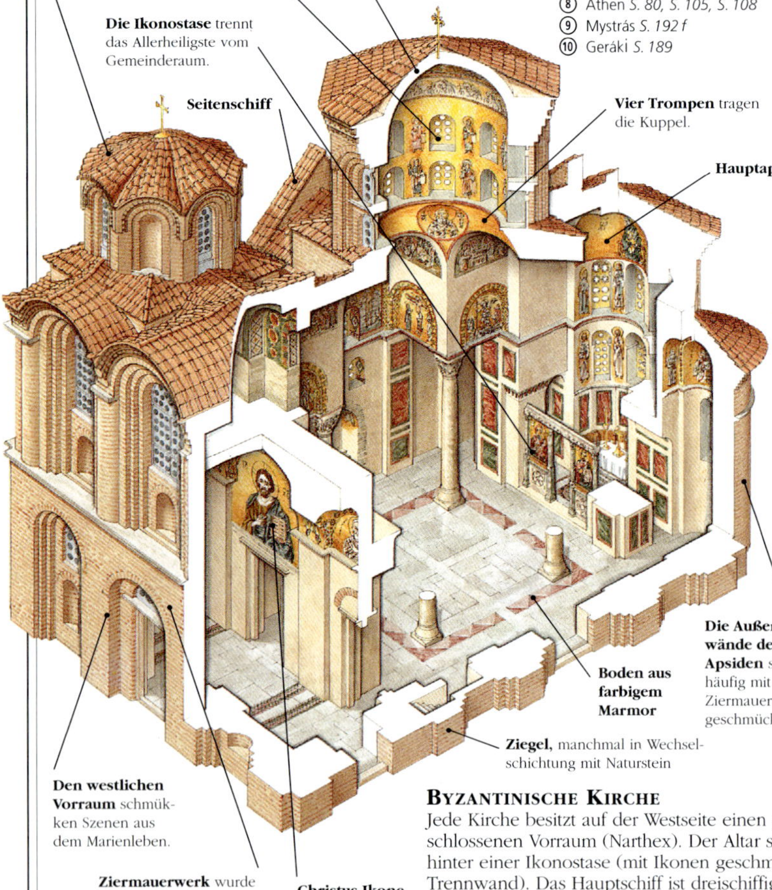

Byzantinische Kirche

Jede Kirche besitzt auf der Westseite einen geschlossenen Vorraum (Narthex). Der Altar steht hinter einer Ikonostase (mit Ikonen geschmückte Trennwand). Das Hauptschiff ist dreischiffig, die Kuppel über der Vierung. Die Hauptkirche eines Klosters wird als *katholikón* bezeichnet.

Fresken der Byzantinischen Kirche

Fresken und Mosaiken des Kircheninneren folgen einer strengen Rangordnung: vom Himmel (Christus Pantokrátor in der Kuppel) hinab zur Erde (die Heiligen auf der untersten Stufe). In der Halbkuppel der Apsis sieht man die Muttergottes, unter ihr die Kirchenväter.

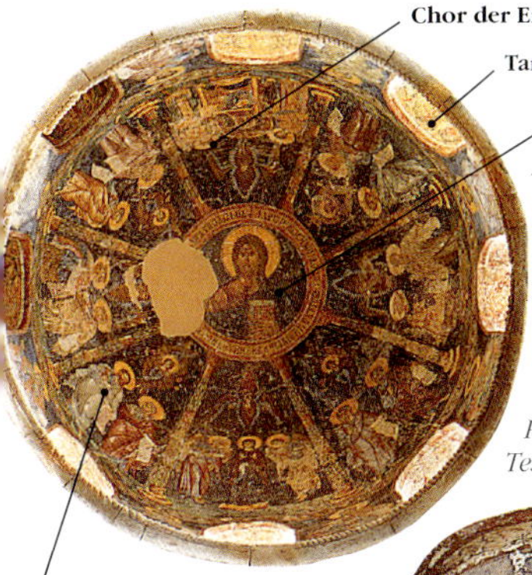

Chor der Engel

Tambour-Fenster

Christus Pantokrátor

Propheten

Im Kuppelgewölbe *von Moní Peribleptos in Mystrás* (S. 192f) *findet man den als Weltenherrn dargestellten Christus* (Pantokrátor). *Er ist von Engeln umgeben, etwas abseits stehen die Propheten des Alten Testaments.*

Madonna mit Kind in der Apsiswölbung – symbolisch zwischen Himmel (Kuppel) und Erde (Hauptschiff).

Die Erzengel Michael und Gabriel, als byzantinische Höflinge gekleidet, ehren die Jungfrau.

Die anatolischen Kirchenväter, hier im Bischofsgewand, verkörperten lange den orthodoxen Glauben.

Eine geschmückte Ikonostase *verwehrt häufig dem Kirchenbesucher den Blick auf die Apsis. Der Zutritt zum Altarraum ist nur dem Klerus gestattet. Diese Apsis gehört zur Kirche Agios Stratigós auf der Halbinsel Maní* (S. 199).

Oberes Heiligen-Register

Unteres Heiligen-Register

Mit Sand gefüllte Schale für Votivkerzen

Die Seitenwände *sind mit Gestalten und Szenen aus der Bibel geschmückt. In der untersten Reihe stehen lebensgroße Heiligenfiguren, darüber und in den Gewölben findet man Illustrationen zu den Evangelien und dem Tag des Jüngsten Gerichts. Die Abbildung stammt aus der Kirche von Miliés im Pílio-Gebirge* (S. 218ff).

Die Muttergottes

Marien-Ikonen zieren jede griechisch-orthodoxe Kirche, in der die Madonna den Namen *Panagía* (die Allerheiligste) trägt. Im Jahr 431 verlieh man ihr den Titel *Theotókos* (»Mutter Gottes« – im Gegensatz zum bisherigen »Mutter Christi«).

Eleoúsa *(»Unsere Liebe Frau der Zärtlichkeit«) zeigt Maria Wange an Wange mit dem Jesuskind.*

Die thronende Muttergottes *zwischen zwei Erzengeln – eine Darstellung, die man meist in der Ost-Apsis findet.*

Odigítria *(»Die Führerin«), deutet mit der rechten Hand auf den neugeborenen Christus.*

Landestypische Architektur

Die schönsten erhaltenen Beispiele der traditionellen Architektur stammen aus dem 18. Jahrhundert, als sich unter den Türken eine nicht-muslimische Bourgeoisie bildete. Aus Italien, Mitteleuropa oder Konstantinopel zurückgekehrte orthodoxe Christen ließen sich stattliche Herrenhäuser *(archontiká)* errichten, die zahlreiche osmanische und byzantinische Bauelemente enthielten. Die namhaftesten Steinmetzen, Tischler und Maler dieser Zeit kamen aus entlegenen Bergdörfern in Epirus, einer Region im Grenzland zu Albanien.

Malerisches Bergdorf mit Schieferdächern

Der Archontiko Kanatsoúlis *in Siátista steht repräsentativ für die Patrizierhäuser hier und in Kastoriá* (s. S. 240). *Die mit Buntglasfenstern und bemaltem Holz reich dekorierten oberen Geschosse zeugen vom Wohlstand der ansässigen Pelzhändler im 17. und 18. Jahrhundert.*

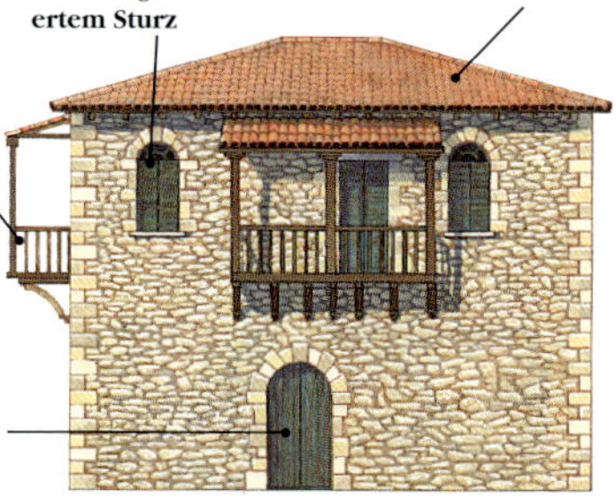

Arkadische Wohnhäuser *im gebirgigen Teil des Peloponnes wurden aus regionalem Stein erbaut. Kleine Fenster, Holzfußböden und Holzdecken schützten gegen Kälte. An Steilhängen kam es vor, daß ein Haus vorne bis zu fünf Stockwerke hatte, hinten nur zwei oder drei.*

Turmhäuser *sind typisch für die Máni, die mittlere Halbinsel des Peloponnes* (S. 194ff). *Die stets in Fehde liegenden Familien der Region nutzten die Steintürme als Zufluchtsort und zur Verteidigung. In Friedenszeiten wohnten sie in den angrenzenden zweistöckigen Bauernhäusern.*

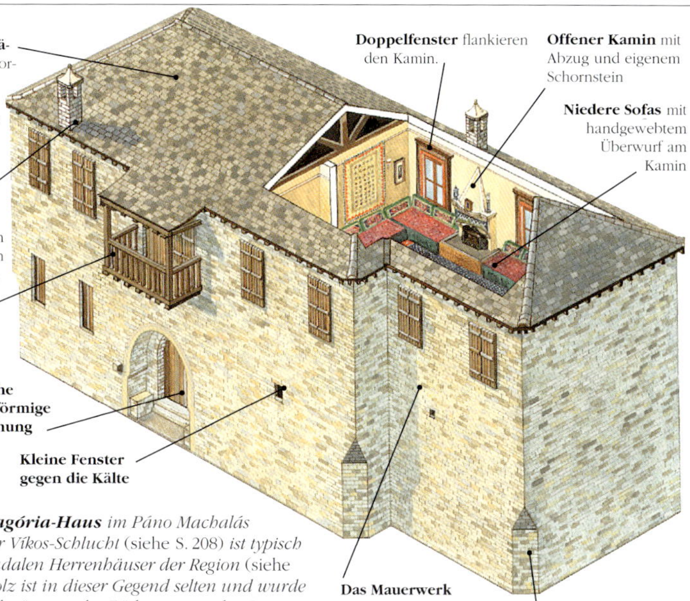

Dieses Zagória-Haus *im Páno Machalás unweit der Víkos-Schlucht* (siehe S. 208) *ist typisch für die feudalen Herrenhäuser der Region* (siehe S. 207). *Holz ist in dieser Gegend selten und wurde nur zur Abstützung der Böden verwendet. Die* Ondás *(Empfangsraum) war meist mit Wandgemälden und einer Kassettendecke geschmückt.*

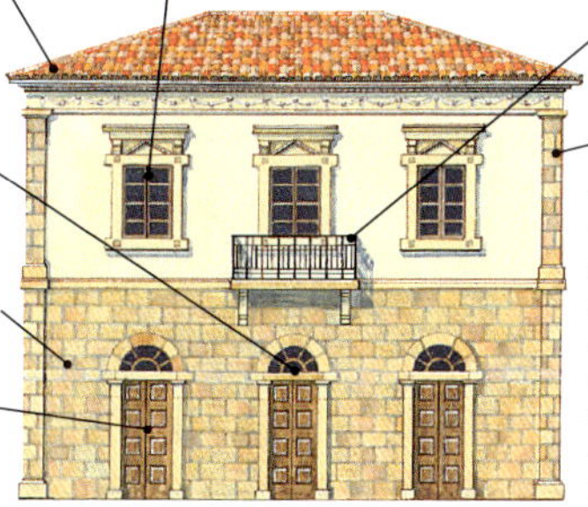

Der klassizistische Baustil *kam unter dem bayrischen König Otto im 19. Jahrhundert in Mode. Zuerst auf öffentliche Bauten wie Schulen, Gerichtshöfe und Bibliotheken beschränkt, hielt er später auch in reichen Provinzstädten Einzug und erfreute sich bald großer Beliebtheit. Dieses willkürliche Beispiel vom Peloponnes datiert aus dem 19. Jahrhundert.*

Baumethoden und -materialien

Die unteren Geschosse werden aus Gründen der Belastbarkeit und Befestigung gewöhnlich aus Stein – zumeist örtlichem Kalkstein – gebaut, während für die oberen *Tsatmás* und *Bagdatí* (Lattenwerk und Putz) ausreicht. Aus denselben Baustoffen fertigt man Innenwände und *Sachnisiá* (Vorbauten), die Raumgewinn ohne viel zusätzliches Gewicht bringen. Früher, als in Thessalien, Makedonien und Thrakien noch kein Holzmangel herrschte, waren auch hölzerne Geländer und *Chagiáti* (mehrgeschossige Arkaden), Fensterläden und Schiebedächer üblich. Heute wird dafür Schmiedeeisen verwendet.

Mauerwerk aus weißem Kalkstein

Hölzerner *Sachnisí* (Dachvorsprung)

Schieferdach

***Tsatmás*-Mauer (Holz und Naturstein)**

Schmiedeeisernes Fenstergitter

Lehmziegel-Dach

Landschaften des Festlandes

Klatschmohn

GRIECHENLAND IST ein Land von wilder Schönheit. Hinter dem schmalen Küstenstreifen ragen hohe Klippen auf, und in den Gebirgszügen und Schluchten des Landesinneren trifft man noch Adler und Geier. Das Klima mit seinen langen heißen und trockenen Sommern und den milden, feuchten Wintern bedingt eine farbenprächtige Flora. Die ehemaligen, für Nutzholz oder Weidewirtschaft gerodeten Waldflächen bilden heute ein buntes Mosaik aus blumenübersäten Feldern und dichtem Gebüsch (bei dem man das aromatische Dickicht der Macchia und die etwas offenere Form der *Phrygana* mit ihren niedereren Pflanzen unterscheidet). Die Ziegen des Landes tragen durch konstante Überweidung zwar zur Zerstörung der Vegetation bei – doch kann man sich ein idyllischeres Bild vorstellen als eine Herde der friedlichen Tiere in einem blühenden Olivenhain?

***Hügellandschaften** mit dunkel aufragenden Zypressen bilden den passenden Rahmen zu archäologischen Stätten. Viele davon verdienen wie die abgebildete byzantinische Stadt Mystrás schon allein ihrer Flora und Fauna wegen einen Besuch. Zwischen weißen Margeriten, rotem Mohn und gelben Ringelblumen gedeihen hier auch seltene Orchideenarten.*

Aufgegebene Kulturflächen nimmt die Natur rasch wieder in Besitz. Lerchen und Pieper bauen hier ihre Nester, und im Frühling breitet sich ein bunter Blütenteppich über das Land.

Phrygana bedeckt häufig kahle Hänge und Felslandschaften.

MACCHIA UND PHRYGANA
Die immergrünen Sträucher der Macchia – vor allem Sonnenröschen und aromatische Kräuter – beherrschen das Landschaftsbild rund um Mykene. Über die kargere *Phrygana* (im Hintergrund) erstrecken sich ganze Wicken-Felder.

Olivenbäume mit ihrem silbriggrünen Laub ziehen Vögel und Insekten an.

Mohn und Ringelblumen verwandeln die Landschaft im Frühling in ein rotgelbes Blumenmeer.

***Olivenhaine** trifft man in Griechenland fast überall an. Die Abbildung zeigt einen in Argalastí im Pílio. Im Frühling leuchten im Schatten der Bäume knallig gefärbte Blüten und locken jede Menge Schmetterlinge und Käfer an. Eidechsen machen auf den knorrigen Stämmen Jagd auf Insekten, und in den Baumkronen nisten Vögel.*

Sumpflandschaften *wie hier am Stymfalía-See auf dem Peloponnes werden gerne als Getreidefelder und Weingärten genutzt. Das Feuchtbiotop ist ein Paradies für Vögel, Amphibien und Pflanzen.*

Die Macchia bietet wilden Kanarienvögeln, Grasmücken und Wiedehopfen ideale Nistplätze.

An offeneren Plätzen gedeihen Orchideen, Tulpen und andere hier heimische Wildpflanzen.

Wildpflanzen Griechenlands

In Griechenland gedeiht eine Vielzahl wunderschöner Wildpflanzen, und nicht wenige der über 6000 Arten kommen nur hier vor. Der Blütenreichtum des Landes hängt zum Teil mit den vielfältigen Lebensräumen zusammen, zu denen Sumpfgebiete, Felsküsten, Macchia und schneebedeckte Berggipfel zählen. Hauptblütezeit ist das Frühjahr, von März bis Anfang Juni. Besonders artenreiche Flora findet man in den Küstengebieten des Peloponnes.

Die Siegwurz treibt im Frühjahr bis zu zwanzig farbenprächtige Blüten.

Die Schopfige Traubenhyazinthe ist nach ihrem »Schopf« benannt. Sie bevorzugt Grasfluren und blüht im Mai.

Der Gelbe Zistrosenwürger lebt als leuchtend gefärbter Schmarotzer auf Zistrosengewächsen *(siehe unten)*.

Die Salbeiblättrige Zistrose ist in der Macchia weit verbreitet. Ihre duftenden Blüten locken zahlreiche Insekten an.

Weißer Affodill schmückt mit seinen bis zu 125 Zentimeter hohen Blüten von April bis Juni viele Straßenränder.

Orchideen

Ein botanischer Höhepunkt jedes Griechenland-Urlaubs sind die wilden Orchideen, die zwischen Ende Februar und Mai ihre merkwürdig geformten, ausgesprochen attraktiven Blüten zeigen. Sie ziehen eine Vielzahl von pollentragenden Insekten an.

Das Knabenkraut hat eine gepunktete Lippe, wächst an Hängen und blüht im April.

Die Puppenorchis bildet einen lockeren Blütenstand in blassem Rosa und bevorzugt lichte Wälder.

Die Hummelragwurz erinnert an ein Insekt. Sie blüht zu Beginn des Frühlings in der Macchia.

ΤΥ ΤΩ
ΚΑ.

Die Geschichte des Landes

Alexander der Große, vom Volkskünstler Theófilos

Die Geschichte Griechenlands ist weniger die eines Landes als vielmehr die einer Nation: Das griechische Nationalbewußtsein wird nämlich weit mehr von Sprache, Glaube, Abstammung und Gebräuchen bestimmt als von irgendeiner geographischen Zuordnung. Von Anbeginn prägten interne Kämpfe das Land. In der Bronzezeit bekriegten sich mykenische und minoische Kultur, im ersten vorchristlichen Jahrtausend dann die einzelnen Stadtstaaten.

Nach dem Sieg Philipps II. von Makedonien bei Chaironeia 338 v. Chr. wurde Griechenland dem Reich Alexanders des Großen einverleibt. 168 fiel es an Rom und wurde später als Teil des Oströmischen Reiches von Konstantinopel aus regiert. Im 11. Jahrhundert erlangte es innerhalb des christlich-orthodoxen Byzantinischen Reiches erneut Bedeutung.

Mit der Eroberung Konstantinopels durch die Türken 1453 verschwand Griechenland für drei Jahrhunderte als politische Einheit aus der Weltgeschichte. Erst die Besinnung darauf, daß ein Kapitel aus ihrer eigenen Geschichte – die Athener Demokratie – viele Völker zum Freiheitskampf bewogen hatte, machte den Griechen schließlich Mut, 1821 auch selbst aufzubegehren. 1832 war die Osmanenherrschaft weitgehend abgeschüttelt, und die Großmächte erkannten Griechenland als unabhängige Erbmonarchie an. Das große Ziel, die Umgestaltung des byzantinischen Reichs, mußte nach einer vernichtenden Niederlage gegen die Türken 1922 jedoch endgültig aufgegeben werden.

Auf jahrelange innere Unruhen folgten 1936 die Diktatur Metaxás' und später der Bürgerkrieg, der verheerende Folgen hatte. Die heutigen Grenzen liegen seit 1948 fest, als Italien den Dodekanes abtreten mußte. Nach rund 2000 Jahren Fremdherrschaft schließt sich der Kreis: Griechenland hat die nationale Einheit wiedererlangt.

Landkarte Griechenlands (1595) aus dem *Theatrum Orbis Terrarum*, einem Atlas von Abraham Ortelius

◁ Der Beginn des griechischen Freiheitskampfes 1821, 1825 dargestellt von Dupré

Prähistorisches Griechenland

Gold-brosche, Mykene

UNABHÄNGIG VONEINANDER entwickelten sich im Griechenland der Bronzezeit drei blühende Kulturen: die kykladische, die minoische, die von Kreta ausgehend die ägäischen Inseln mit einschloß, und die mykenische, die ihren Ursprung zwar auf dem Festland hatte, aber ab 1450 v. Chr. auch nach Kreta übergriff. Minoer wie auch Mykener erreichten ihren kulturellen Höhepunkt im zweiten vorchristlichen Jahrtausend unter einer zentralen Verwaltung.

PRÄHIST. GRIECHENLAND

Besiedelte Gebiete (Bronzezeit)

Kopf (Jungsteinzeit)
Die Skulptur (3000 v. Chr.) wurde auf der Sporaden-Insel Alónnisos entdeckt und stellt vermutlich eine Fruchtbarkeitsgöttin dar, der man für eine gute Ernte opferte. Solche Figuren lassen auf frühe Dorfgemeinschaften schließen.

Die Stadt ist nicht befestigt, man fürchtete also keinen Angriff.

Mehrgeschossige Häuser

Kykladische Figurine
In einer Reihe kykladischer Gräber hat man bronzezeitliche Marmorstatuen (2800–2300 v. Chr.) gefunden.

Minoischer Badewannensarkophag
Diese Sargform (1400 v.Chr.) findet man nur in der minoischen Kunst. Vermutlich wurde darin ein hoher Beamter beigesetzt.

ZEITSKALA

200 000 v. Chr.	5000 v. Chr.	4000 v. Chr.	3000 v. Chr.	20…
	7000 Jungsteinzeitliche Bauern in Nordgriechenland	**3200** Anfänge der Bronzezeit-Kulturen auf den Kykladen und Kreta	**2000** Griechischsprechende Siedler lassen sich auf dem Peloponnes nieder	
200 000 Spuren altsteinzeitlicher Zivilisationen in Nordgriechenland und Thessalien			**2800–2300** Kéros-Sýros-Kultur auf den Kykladen **2000** Bau der ersten Palastanlagen (Ältere Palastzeit)	

»Bratpfannen«-Boot aus Sýros (2500–2000 v. Chr.)

Mykenische Totenmaske
In Mykene, der legendären Stadt des Agamemnon, wurden große Mengen kunstvoller Goldschmiedearbeiten entdeckt. Viele waren Grabbeigaben.

Bewaldete Hügel

Die Einwohner gehen freundlich auf Besucher zu.

Segelboote mit Ruderbänken

Minoisches Fresko

Dank eines Vulkanausbruchs Ende des 16. vorchristlichen Jahrhunderts gibt es auf der Insel Santoríni perfekt konservierte Wandgemälde. Dieser Ausschnitt zeigt Schiffe vor einer Küstenstadt. Anders als die mykenische spiegelt die minoische Kunst eine friedliebende Gemeinschaft wider, deren Macht auf Handel beruhte, nicht auf Eroberungen.

Wegweiser zur Prähistorie

Die umfassendste Sammlung kykladischer Figurinen ist im Museum für Kykladische Kunst *(S. 74f)* in Athen zu sehen. Mykene *(S. 178ff)* dürfen Sie keinesfalls versäumen. Funde aus Náfplio sind teils im dortigen Museum *(S. 182)*, teils im Nationalmuseum in Athen *(S. 68ff)* ausgestellt. Beim Nestor-Palast *(S.201)* wurden Schrifttäfelchen mit der sogenannten Linearschrift B entdeckt. Diese frühesten Zeugnisse griechischer Sprache können – zusammen mit Vasen und Fresken aus dem Palast – im Museum in Chóra bewundert werden.

Kyklopenmauern
Mykenische Burgen waren von Mauern aus so gewaltigen Steinblöcken umgeben, daß man glaubte, sie seien von den mythischen Kyklopen errichtet worden. Ob die Mauern der Verteidigung dienten, ist nicht bekannt.

Mykenische Tintenfisch-Vase
Das Motiv der Vase (14. Jh. v. Chr.) paßt sich der Form des Gefäßes an. Die schlichte Symmetrie unterscheidet es von minoischen Darstellungen.

1750–1700 Beginn der Jüngeren Palastzeit und Blütezeit der minoischen Kultur auf Kreta

1525 Ein Vulkanausbruch auf Santoríni verwüstet die ganze Region

1250–1200 Vermutliche Zerstörung Trojas nach dem Raub der Helena *(siehe S. 54)*

1450 Mykener erobern Knosós; Linearschrift B

Die schöne Helena

1800 v. Chr. | **1600 v. Chr.** | **1400 v. Chr.** | **1200 v. Chr.**

1730 Zerstörung minoischer Paläste; Ende der Älteren Palastzeit

1600 Aufstieg der mykenischen Kultur zu Reichtum und Macht

Minoische Schlangengöttin (1500 v. Chr.)

1200 Niedergang der mykenischen Kultur

1370–50 Palast von Knosós auf Kreta zum zweiten Mal zerstört

Dunkles Zeitalter und Archaische Zeit

Silbermünze aus Athen

Um 1200 v.Chr. begann für Griechenland eine Epoche geistiger und wirtschaftlicher Armut, die rund 400 Jahre andauerte. Ab 800 v.Chr. setzte ein kultureller Aufschwung ein, der mit der Bildung der Stadtstaaten einherging und Kriegshandwerk, Kunst und Politik zu neuer Blüte verhalf. Bis ins Schwarze Meer hinein, im heutigen Syrien, in Nordafrika und im westlichen Mittelmeerraum entstanden griechische Kolonien.

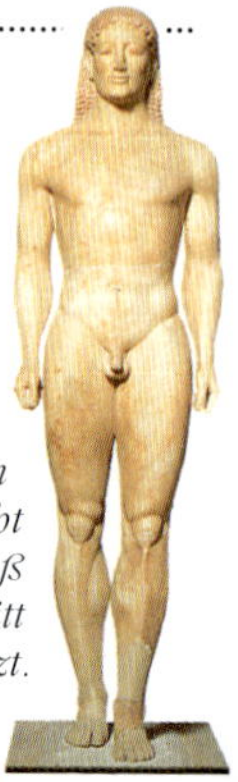

Koúros *(530 v. Chr.)*
Kouroi *waren frühe, meist überlebensgroße Statuen* (siehe S.70). *In Anlehnung an die ägyptischen Vorbilder steht der nackte junge Mann in starrer Haltung aufrecht und hat einen Fuß zum Schritt vorgesetzt.*

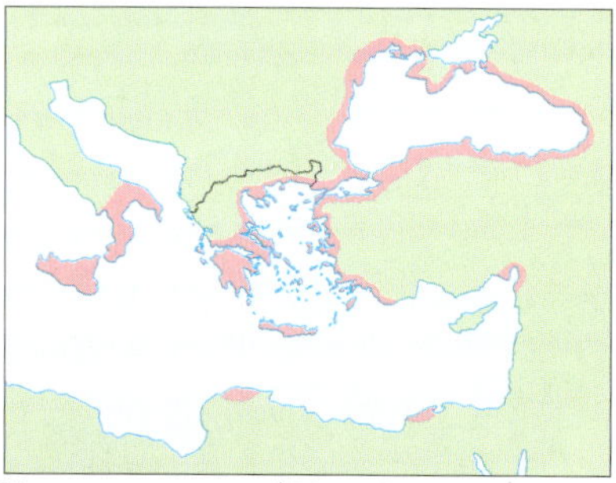

Mittelmeerraum, 479 v. Chr.

Griechischer Einflußbereich

Bronzener Brustpanzer

Der Flötenspieler gab den Takt zum Angriff vor.

Bronzene Beinschienen

Hopliten

Diese Vase aus Korinth (750 v. Chr.) enthält eine der frühesten Darstellungen der damals neuen Art von Kriegsführung, bei der speziell ausgebildete, schwerbewaffnete Fußsoldaten (Hopliten) in geschlossener Schlachtreihe (Phalanx) ins Gefecht geschickt wurden. Der Aufstieg der Stadtstaaten mag mit dem großen Einsatz der Hopliten zusammenhängen, die für ihre Gemeinschaft kämpften.

Solon
Als Archon (höchster Beamter) führte Solon (640–558 v.Chr.) in Athen Verfassungs- und Wirtschaftsreformen ein, die der ersten Demokratie den Weg ebneten.

Zeitskala

Vasenfragment mit Dekor im zeittypischen geometrischen Stil

900 Erste geometrische Vasenmuster

1100 v. Chr.	1000 v. Chr.	900 v. Chr.

1100 Völkerwanderungen im griechischen Raum

1000–850 Entstehung der homerischen Königreiche

Volutenkrater *(6. Jh. v. Chr.) Dieses Gefäß zum Mischen von Wein und Wasser beim Symposion ist mit mythologischen Bild- und Ornamentfriesen geschmückt.*

Wegweiser zum archaischen Griechenland

Gut erhaltene *Koúroi* findet man im Archäologischen Nationalmuseum *(S. 68ff)* und im Akropolis-Museum *(S. 97)* in Athen. Das Nationalmuseum beherbergt auch die bedeutendste Sammlung von Vasen im geometrischen, schwarz- und rotfigurigen Stil. Bei Marathon *(S. 145)* erinnert ein 12 Meter hoher Grabhügel an den ersten Sieg über die Perser 490 v.Chr. Das Museum von Sparta *(S. 189)* birgt eine Büste des Spartanerkönigs Leonidas, der 480 v. Chr. an die Perser verraten und zusammen mit seinen 300 Hopliten bei den Thermophylen grausam niedergemetzelt wurde.

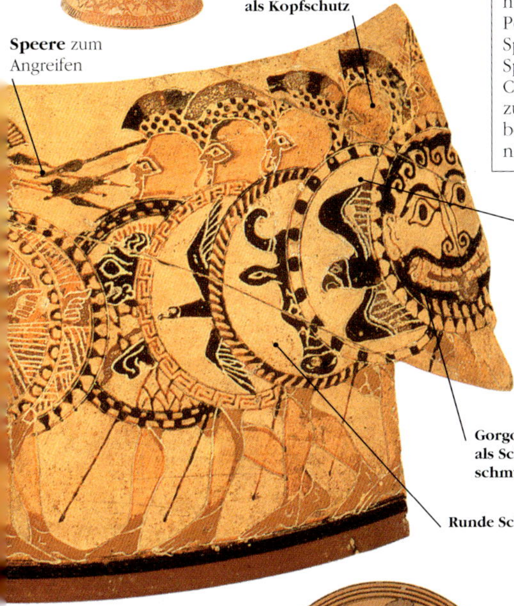

Bronzehelme als Kopfschutz

Speere zum Angreifen

Die Phalangen (Schlachtreihen des schweren Fußvolks) sollten eine möglichst geschlossene Front bilden – eine neue und erfolgreiche Technik.

Gorgonenhaupt als Schildschmuck

Runde Schilde

Darius I. *(Reg. 521–486 v. Chr.) Das Relief aus Persepolis zeigt den Perserkönig, der das griechische Festland erobern wollte, jedoch 490 v. Chr. bei Marathon die endgültige Niederlage erlitt.*

Heimkehr von der Jagd *(500 v. Chr.) Die Jagd auf Hasen, Hirsche und Wildschweine galt als vornehmer Sport des griechischen Adels. Man jagte zu Fuß und mit einem Hund.*

800 v. Chr.

776 Offizielles Jahr der ersten Olympischen Spiele

770 Griechische Kolonien in Ägypten u.a. Ländern

750–700 Homers Epen *Ilias* und *Odyssee*

700 v. Chr.

675 Lykourgos führt in Sparta eine neue Gesetzgebung ein

Votivfigur (Sparta)

630 Sappho dichtet auf Lesbos

600 v. Chr.

600 Erste dorische Säulen im Hera-Tempel, Olympia

Dorische Säule

546 Erste Kämpfe zwischen Griechen und Persern; Athen erlebt unter Peisistratos und dessen Söhnen eine Blütezeit

500 v. Chr.

490 Athen schlägt die Perser bei Marathon

480 Die Perser zerstören Athen und schlagen die Spartaner; Griechen siegen bei Salamis

479 Bei Plataia endgültiger Sieg der Griechen über die Perser

Klassisches Griechenland

Amphore

Die klassische Zeit gilt seit je als Höhepunkt der griechischen Kultur; in rund 150 Jahren gelangen auf allen Gebieten außergewöhnliche Leistungen. Es war die Epoche der großen Dramatiker Aischylos, Sophokles und Euripides sowie der Philosophen Sokrates, Platon und Aristoteles. Aber es war auch eine unruhige Zeit mit viel Blutvergießen. Im Peloponnesischen Krieg (431– 404 v. Chr.) kämpften Athen und seine Alliierten gegen Sparta, Korinth und deren Verbündete. 338 v.Chr. setzte Philipp II. von Makedonien dem innergriechischen Kampf um die Vorherrschaft ein blutiges Ende und wurde Herr über ganz Griechenland.

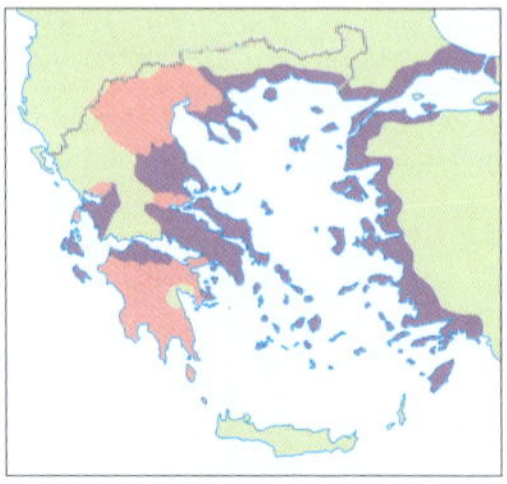

Klassik, 440 v. Chr.

Athen und seine Verbündeten

Sparta und seine Verbündeten

Fischhändler

Diese bemalte Vase (4. Jh. v.Chr.) stammt aus Cefalù, Sizilien. Weite Teile der Insel waren von Griechen bewohnt, die durch Sprache, Kultur und Glauben der Heimat verbunden blieben.

Theater, Schauplatz der Pythischen Spiele

Apollon-Tempel

Schatzhaus der Siphnier

Perikles

Dieser große Staatsmann baute die griechische Kriegsflotte aus und leitete 450–430 in Athen bedeutende Baumaßnahmen (u.a. die Akropolis).

Das Heiligtum von Delphi

Das Heiligtum *(s. S. 228f)* – die Abbildung zeigt eine Rekonstruktion aus dem Jahr 1894 – galt im 5. und 4. vorchristlichen Jahrhundert als »Nabel der Welt«. Im Zentrum stand das Apollon-Orakel, dessen Sprüche das Schicksal ganzer Stadtstaaten wie Athen und Sparta entscheidend mitbestimmten. In den Schatzhäusern entlang der Heiligen Straße deponierten die Staaten ihre Gaben.

Zeitskala

Teil des Parthenon-Frieses

462 Ephialtes' Reformen ebnen der Demokratie in Athen den Weg

431–404 Peloponnesischer Krieg. Athen fällt. Beginn einer 33jährigen Vorherrschaft Spartas

um 424 Tod des griechischen Geschichtsschreibers Herodot

475 v. Chr. | **450 v. Chr.** | **425 v. Chr.**

478 Gründung des Attischen Seebundes unter Führung Athens

451–429 Perikles kommt in Athen an die Macht und initiiert umfassende Bauvorhaben

447 Baubeginn am Parthenon

Büste des Herodot, vermutlich hellenistischen Ursprungs

Goldener Eichenkranz von Vergína
Philipp II. von Makedonien herrschte Mitte des 4. vorchristlichen Jahrhunderts über die griechische Welt. Dieser Kranz stammt aus seiner Grabkammer.

Wegweiser zur Klassik

In Athen steht die Akropolis mit ihren Tempelbauten, darunter dem Parthenon, der Mitte des 5. Jahrhunderts im Rahmen von Perikles' ehrgeizigem Bauprogramm *(S. 94ff)* entstand. Einen Besuch verdienen auch die berühmte *Tholos* (der als Marmaria bekannte Rundtempel) beim Heiligtum von Delphi *(S. 230)*, die mauerbewehrte Stadt Messene *(S. 201)*, das Theater von Epidauros *(S. 184f)* und das Grab Philipps II. in Vergína *(S.242)*.

Sklave *(400 v. Chr.)*
Sklaven waren unabdingbarer Bestandteil der griechischen Wirtschaft und wurden zu vielerlei Arbeiten eingesetzt. Viele kamen aus fernen Ländern, dieser Junge aus Afrika.

Athena Lemnia
Die römische Kopie einer Statue des Phidias (ca. 490 – ca. 430 v. Chr.), der die bildhauerischen Arbeiten an der Akropolis leitete, zeigt die Schutzgöttin Athens im typischen idealisierten Stil der Zeit.

387 Platon gründet die Akademie in Athen

Der Philosoph Platon

337 Im Korinthischen Bund vereinigen sich die Griechen unter Philipp II.

359 Philipp II. wird König von Makedonien

400 v. Chr. | **375 v. Chr.** | **350 v. Chr.**

399 Verurteilung und Tod des Sokrates

371 Theben setzt der spartanischen Vorherrschaft bei Leuktra ein Ende; Beginn der thebanischen Hegemonie

338 Philipp II. schlägt die Griechen bei Chaironeia

336 Philipp II. in Aigai ermordet; sein Sohn Alexander wird König

Hellenistische Zeit

Alexander der Große

Alexander der Große von Makedonien setzte die Pläne seines Vaters Philipp in die Tat um, schlug die Perser und schuf ein gewaltiges Reich, das sich von Indien bis nach Ägypten erstreckte. Im Hellenismus verbreiteten sich griechische Sprache, Religion und Kultur über den gesamten Machtbereich Alexanders des Großen. Die Epoche dauerte über Alexanders Tod, 323 v.Chr., hinaus bis Mitte des zweiten vorchristlichen Jahrhunderts, als die Römer 168 v.Chr. die Makedonier als Herrscher Griechenlands ablösten.

Heldenverehrung *(um 200 v. Chr.)* *Die Verehrung toter Helden war Teil des griechischen Glaubens. Alexander wurde jedoch schon zu Lebzeiten als Gott gefeiert.*

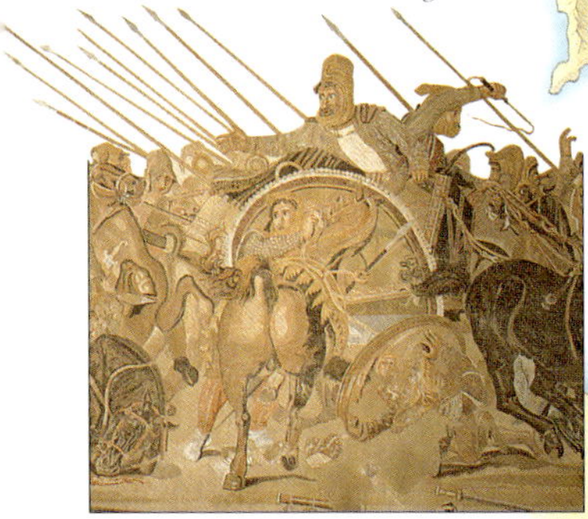

Alexander besiegt Darius III. *Dieses pompejanische Mosaik zeigt den Perserkönig bei seiner Niederlage 333 v.Chr. bei Issos. Die makedonischen Truppen erkennt man an ihren langen Speeren.*

Pélla war die makedonische Hauptstadt. Hier wurde Alexander geboren.

Das Mausoleum von Halikarnassos war eines der sieben Weltwunder.

Bei Issos in der heutigen Türkei gelang Alexander 333 v.Chr. der Sieg über die Perser.

Alexander starb 323 v.Chr. in Babylon.

Das Orakel von Ammonion erklärte Alexander zu einem Gott.

Alexandria wurde unter Alexa gegründet und löste Athen als trum der hellenistischen Kultur

Legende

- Züge Alexanders d.Gr.
- Reich Alexanders d.Gr.
- Abhängige Staaten

Frauen im Gespräch *Diese Terrakotta-Plastik ist typisch für die hellenistische Kunst, die sich mehr für private Angelegenheiten interessierte.*

Zeitskala

333 Alexander d.Gr. besiegt den persischen Großkönig Darius III. und nimmt den Titel König von Asien an

323 Todesjahr Alexanders und Diogenes'

301 Nach der Schlacht von Ipsos wird Alexanders Reich in unabhängige Monarchien (Diadochenreiche) aufgespalten

268–261 Im Chremonideischen Krieg unterliegt Athen Makedonien

325 v. Chr. | 300 v. Chr. | 275 v. Chr. | 250 v. Ch

322 Tod des Aristoteles

331 Alexander erobert Ägypten und gründet Alexandria

287–275 »Pyrrhussieg« des Molosserkönigs Pyrrhus über die Römer, den er mit (zu) hohen eigenen Verlusten erkaufte

Der Philosoph Diogenes

Verschmelzung westlicher und östlicher Religion *Auf dieser Tafel aus Afghanistan stehen Nike und die Kybele nebeneinander in einem Löwenwagen.*

WEGWEISER ZUR HELLENISTISCHEN ZEIT

Der Palast von Pélla *(S. 243)*, Hauptstadt Makedoniens und Geburtsort Alexanders, sowie der Palast von Palatítsia *(S. 242)* sind einzigartig. Pélla hat schöne Mosaiken, eines zeigt Alexander. Goldarbeiten und andere Funde sind im Museum in Pélla und im Archäologischen Museum von Thessaloníki *(S. 246f)* zu sehen. In Athen stiftete Attalos von Pergamon (Reg. 159–138 v. Chr.) die Stoa von Attalos *(S. 90f)* auf der Agora. Der Turm der Winde *(S. 86f)* auf der Römischen Agora, vom makedonischen Astronom Andronikos Kyrrestes erbaut, besaß eine Wasseruhr.

Susa, die Hauptstadt des Perserreiches, wurde 331 v. Chr. erobert. 324 fand eine Massenhochzeit zwischen Offizieren aus Alexanders Heer und asiatischen Frauen statt.

Alexander schloß 327 v.Chr. die Ehe mit der baktrischen Fürstentochter Roxane.

Kriegselefanten bekämpften 326 v.Chr. den indischen König Poros.

Am Fluß Beas kehrte Alexander um.

Persepolis, die persische Zeremonienstadt (im heutigen Iran), fiel 330 v.Chr. an Alexander.

In der Wüste Gedrosiens erlitt Alexander schwere Verluste.

DAS REICH ALEXANDERS DES GROSSEN

Zur Befriedung seines Reiches legte Alexander gewaltige Entfernungen zurück. Nach dem Sieg über Persien zog er nach Ägypten, kehrte dann nach Asien zurück und verfolgte Darius. 326 mußte er wegen Meuterei seiner Truppen umkehren. Er starb 323 in Babylon.

Der Tod des Archimedes *Archimedes gilt als der bedeutendste Mathematiker und Physiker der Antike. 212 v.Chr. wurde er von einem römischen Soldaten erschlagen.*

227 Koloß von Rhodos durch ein Erdbeben zerstört

Koloß von Rhodos

197 Römischer Sieg über Philipp V. von Makedonien; die griechischen Stadtstaaten werden formal unabhängig

146 Die Römer plündern Korinth; Griechenland wird römische Provinz

225 v. Chr. | **200 v. Chr.** | **175 v. Chr.** | **150 v. Chr.**

222 Makedonien annektiert Sparta

217 Friede von Náfpaktos: Aufruf an die Griechen, sich gegen Rom zusammenzuschließen

Römische Münze zur Erinnerung an den Sieg Roms über die Makedonier 196 v.Chr.

168 Sieg der Römer über die Makedonier bei Pydra

Römisches Griechenland

Mark Anton

MIT DER ZERSTÖRUNG Korinths 146 v.Chr. hatten sich die Römer Griechenland zwar politisch einverleibt, doch entwickelte sich die neue Provinz rasch zum kulturellen Zentrum des Römischen Reiches. Der römische Adel sandte seine Söhne in die Philosophenschulen nach Athen *(siehe S. 57)*. Das Ende des Machtkampfes um die Nachfolge Cäsars wurde auf griechischem Boden ausgetragen und gipfelte 31 v.Chr. in der Schlacht von Aktium. 323 n.Chr. verlegte Kaiser Konstantin die Reichshauptstadt nach Byzanz (Konstantinopel), und 395 folgte die Teilung in Weströmisches und Oströmisches Reich.

RÖM. PROVINZEN, 211 N.CHR.

Mithridates *Hegemonialbestrebungen veranlaßten den König von Pontus, sich in römische Interessen einzumischen. Nach drei Kriegen mußte er sich 63 v.Chr. geschlagen geben.*

REKONSTRUKTION DES ANTIKEN KORINTH

Korinth *(S. 162ff)* wurde 146 v.Chr. von den Römern zerstört, 46 v.Chr. jedoch wiederaufgebaut und bald Hauptstadt der Provinz Achaïa. Die Römer errichteten Forum, Theater und Basiliken. 50–51 n.Chr. gründete der Apostel Paulus hier eine Gemeinde.

Notitia Dignitatum *Als Teil des Römischen Reiches war Griechenland in Provinzen aufgeteilt. Hier die Insignien des Prokonsuls der Provinz Achaïa (395 n.Chr.).*

ZEITSKALA

Kleopatra, Königin von Ägypten

49–31 v. Chr. Der Krieg um die Nachfolge Cäsars endet mit der Niederlage von Mark Anton und Kleopatra bei Aktium (Griechenland)

49–54 Apostel Paulus predigt in Griechenland

124–131 Kaiser Hadrian initiiert eine rege Bautätigkeit in Athen

100 v. Chr. | 1 n. Chr. | 100

86 v. Chr. Der römische Heerführer Sulla besetzt Athen

46 v. Chr. Neugründung Korinths als römische Kolonie

Der Apostel Paulus

66–67 Kaiser Nero bereist Griechenland

Dionysos auf dem Panther
(180 n. Chr.) Das herrliche römische Mosaik ist im Haus der Masken auf Delos zu bewundern.

Wegweiser zum römischen Griechenland

Bedeutende römische Bauten in Athen sind die römische Agora, die Hadriansbibliothek *(siehe S. 85)* und der Hadriansbogen *(siehe S. 111)* sowie der Tempel des Olympischen Zeus *(siehe S. 111)* und das Theater des Herodes Attikus *(siehe S. 100)*. In Thessaloníki *(siehe S. 244)* erinnert ein Triumphbogen an die Siege des Kaisers Galerius über die Perser im Jahr 297 n.Chr. Das Museum in Korinth *(siehe S.166)* besitzt sehenswerte römische Mosaiken und andere Artefakte.

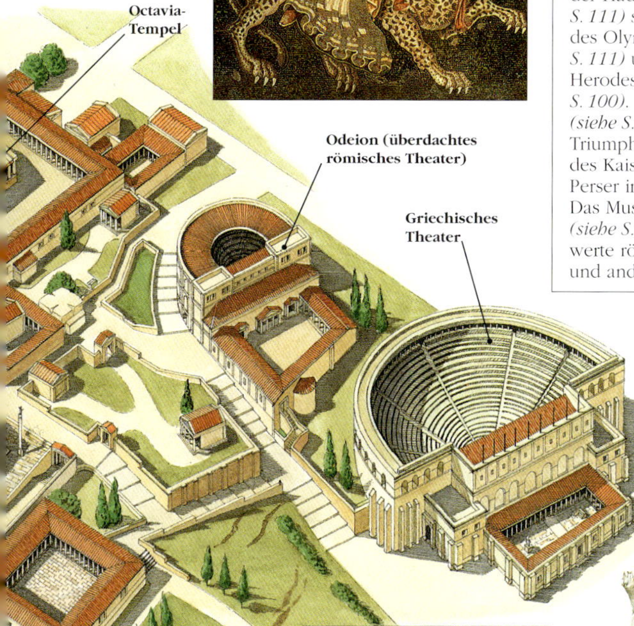

Apollon Belevedere
Viele griechische Skulpturen, darunter diese Apollon-Statue, sind uns nur als römische Kopie des griechischen Originals bekannt.

Galeriusbogen
Der Triumphbogen in Thessaloníki wurde aus Anlaß der Siege von Kaiser Galerius über die Perser errichtet. Das Relief zeigt Galerius im Streitwagen.

170 Pausanias stellt den ersten Griechenland-Reiseführer fertig

267 Die Goten plündern Athen

323 Konstantin wird Kaiser des Römischen Reiches und verlegt seine Hauptstadt nach Byzanz (Konstantinopel)

395 Die Goten erobern Athen und den Peloponnes

390 Kaiser Theodosius I. erhebt das Christentum zur Staatsreligion

200 | **300**

Kaiser Galerius

293 Unter Kaiser Galerius wird Thessaloníki Kaiserresidenz des Reiches

393 Verbot der Olympischen Spiele

395 Theodosius I. stirbt. Teilung des Reiches in latinisches Westrom und byzantinisches Ostrom

Byzantinische Zeit und Kreuzritter

Byzantinischer Armreif

UNTER BYZANTINISCHER Herrschaft verloren römische Sprache und Reichsidee an Bedeutung, und Griechenland wurde zwar orthodox, konnte seine kulturellen Eigenschaften jedoch bewahren. Mit der Eroberung Konstantinopels durch die Kreuzfahrer 1204 wurde die griechische Welt erneut gespalten, die größten Teile fielen an Venezianer und fränkische Kreuzritter. 1261 konnten byzantinische Griechen Konstantinopel und Mystrás zurückerobern, 1453 jedoch war mit der Besetzung der Hauptstadt durch die Türken der Untergang des Byzantinischen Reiches besiegelt. Geblieben sind herrliche sakrale Kunstschätze.

BYZANTINISCHES GRIECHENLAND, 10. JH.

GROSSES LÁVRA-KLOSTER

Das älteste (Gründung 963) und größte Athos-Kloster *(S. 252ff)* besteht zum Teil aus Neubauten, doch ist die byzantinische Architektur weitgehend erhalten. Die Klöster entwickelten sich zu bedeutenden Wissens- und Kunstzentren.

Doppelkopf-Adler

In Byzanz war der Kaiser zugleich Oberhaupt der Kirche. Der zweiköpfige Adler auf dem Anhänger spiegelt diese Doppelrolle wider.

Verteidigung Thessaloníkis

Die Eroberung Thessaloníkis durch die Sarazenen im Jahr 904 war ein schwerer Schlag für Byzanz. Viele griechische Städte wurden daraufhin befestigt.

ZEITSKALA

578–86 Slawen dringen in Griechenland ein

Solidus (Goldmünze) mit dem Bild der byzantinischen Kaiserin Irene (Reg. 797–802)

400 | 600 | 800

529 Schließung der Schulen von Aristoteles und Platon, als christliche Kultur das klassische Gedankengut ablöst

680 Bulgaren überqueren die Donau und errichten in Nordgriechenland ein Reich

726 Bildersturm durch Papst Leo III.

841 Der Parthenon wird zur Kathedrale

Konstantin der Große
Der erste christliche Herrscher des Ostreiches gründete 324 n.Chr. die Stadt Konstantinopel. Hier steht er neben seiner Mutter Helena.

Pantokrátor
Ein besonders schönes Fresko (14. Jh.) von Christus als Weltenherr befindet sich im Kloster der byzantinischen Ruinenstadt von Mystrás.

Wegweiser zum byzantinischen und Kreuzfahrer-Griechenland

Im Benaki- und im Byzantinischen Museum *(S. 78f bzw. S. 76)* sind Statuen, Ikonen und Artefakte ausgestellt. Die mittelalterliche Stadt Mystrás *(S. 192f)* wartet mit Häusern und Klöstern auf. Die Kirchen von Thessaloníki *(S. 248)* sowie die Klöster Dafní *(S. 152f)*, Osios Loúkas *(S. 222f)* und am Berg Athos *(S. 252ff)* bergen herrliche byzantinische Mosaiken und Fresken. Chlemoútsi *(S. 169)* zählt zu den ältesten fränkschen Burgen Griechenlands. Bedeutende Festungen gibt es auch in Akrokorinth *(S. 166)* und Monemvasía *(S. 186ff)*.

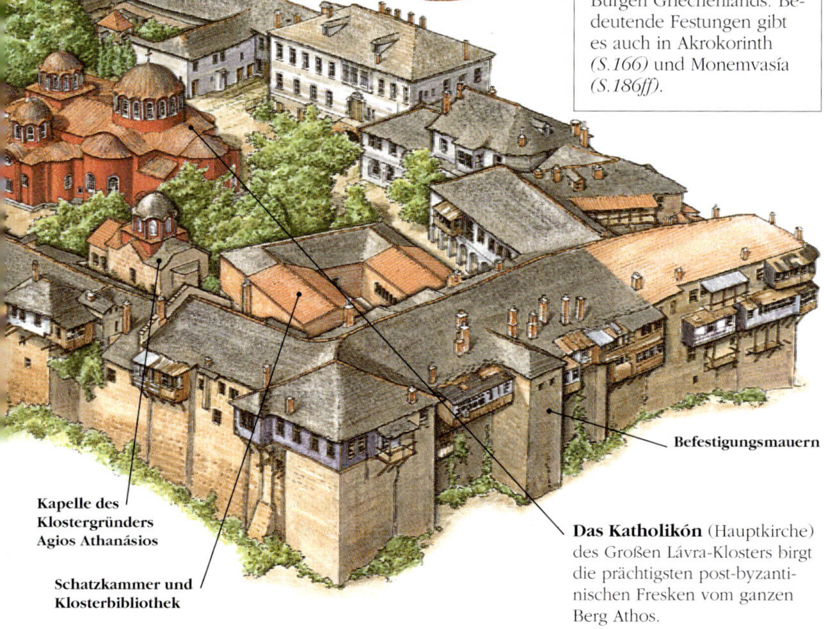

Das Katholikón (Hauptkirche) des Großen Lávra-Klosters birgt die prächtigsten post-byzantinischen Fresken vom ganzen Berg Athos.

1054 Der Patriarch von Konstantinopel und Papst Leo IX. exkommunizieren sich gegenseitig

Die Frankenburg Chlemoútsi

1081–1149 Normannen fallen in Griechenland ein

1354 Osmanen dringen über Italien und Griechenland nach Europa vor

1390–1450 Die Osmanen weiten ihren Machtbereich in Griechenland aus

1000 — **1200** — **1400**

Basilios der Bulgarenschlächter (956–1025), Herrscher von Byzanz

1204 Kreuzritter plündern Konstantinopel. Das Byzantinerreich zerbröckelt, Franken und Venezianer rücken nach

1210 Kreta fällt an Venedig

1261 Beginn der Blütezeit von Mystrás; Rückeroberung Konstantinopels durch die Byzantiner

1389 Venedig kontrolliert große Teile des griechischen Festlands und der Inseln

Venezianische und osmanische Herrschaft

Der venezianische Markuslöwe

AUFGRUND DES Falls von Konstantinopel 1453 und der nachfolgenden Eroberung weiter Teile Griechenlands durch die Osmanen verschwand der griechische Staat 1460 für rund 350 Jahre von der Landkarte. Obwohl die Stadt Verwaltungszentrum des riesigen Osmanenreichs wurde, blieb sie zugleich Zentrum der griechischen Kultur und Mittelpunkt der Hoffnung auf Wiederkehr griechischer Macht und Größe. Im heutigen griechischen Staatsgebiet lebte man derweil kulturell gesehen in der tiefsten Provinz. Die Ionischen Inseln, Kreta und einige Küstenenklaven waren über längere Perioden in der Hand der Venezianer, die das dortige Leben zwar weitgreifender veränderten als die eher nachlässigen Osmanen, dafür aber auch ein reiches kulturelles und architektonisches Erbe hinterließen.

GRIECHENLAND 1493

Unter venezianischer Kontrolle

Unter osmanischer Kontrolle

Seeschlacht von Lepanto
Die christliche Flotte unter Don Juan d'Austria siegte 1571 vor Náfpaktos über die Türken und gebot so deren Vormarsch nach Westen Einhalt (siehe S. 225).

Kretische Ikonenmalerei
Diese Ikone (15. Jh.) ist ein typisches Beispiel für den Stil der Kretischen Schule, die mit der Eroberung Kretas durch die Osmanen (1669) erlosch.

ANKUNFT DES TÜRKISCHEN PRINZEN CEM AUF RHODOS

Prinz Cem, osmanischer Rebell und Sohn von Sultan Mehmed II., floh 1481 nach Rhodos, wo er beim Johanniterorden Asyl suchte. 1522 fiel die Insel nach längerer Belagerung an die Türken.

ZEITSKALA

1453 Mehmed II. erobert Konstantinopel und macht es als Istanbul zur Hauptstadt des Osmanischen Reiches

1456 Osmanen besetzen Athen

1460 Türken erobern Mystrás

1500

1503 Osmanen kontrollieren den Peloponnes mit Ausnahme Monemvasías

1522 Der Johanniterorden muß Rhodos den Osmanen überlassen

1550

Kretischer Kettenpanzer aus dem 16. Jahrhundert

1571 Seeschlacht von Lepanto. Überwältigender Sieg von Venezianern und Spaniern über die osmanische Flotte

1600

Seehandel
Griechische Kaufleute trieben regen Handel und unterhielten Kolonien u.a. in Konstantinopel, London und Odessa. Dieser Gobelin (19. Jh.) verdeutlicht den türkischen Einfluß auf die griechische Gebrauchskunst.

Ritter des Johanniterordens leisteten den Türken bis 1522 Widerstand.

Selbst die mächtigen Festungsmauern hielten der türkischen Artillerie nicht auf Dauer stand.

Die Ritter unterstützten den türkischen Rebellen Prinz Cem.

Wegweiser zur venezianischen und osmanischen Architektur

In Náfplio zeugen mehrere Bauwerke von der veneizianischen Vergangenheit, u.a. das Schiffahrtsmagazin (heute Museum) und die Palamídi-Festung *(S. 183)*. Einer alten Tradition folgend, wurden nach Erreichen der Unabhängigkeit immense Anstrengungen unternommen, alle osmanischen Bauten abzureißen oder zu verkleiden. Im Athener Altstadtviertel, der Pláka, sind einige wenige der Zerstörung entgangen, und auch die Tzistarákis-Moschee (heute Keramikmuseum, *S. 86*) ist osmanisch. Der Weiße Turm in Thessaloníki *(S. 244)* wurde im 15. Jahrhundert wiederaufgebaut. In Kavála *(S. 255)* gibt es ein Aquädukt aus der Zeit Süleymans des Prächtigen, in Ioánnina *(S. 210)* sdie Aslan-Pascha-Moschee.

Abendessen in griechischem Haus, 1801
Fast 400 Jahre osmanische Herrschaft haben der griechischen Kultur und auch dem Alltag ihren Stempel aufgedrückt. Noch heute findet man in der griechischen Küche typisch türkische Gerichte.

1687 Bei einem venezianischen Artillerieangriff auf ein türkisches Pulvermagazin wird der Parthenon schwer beschädigt

1715 Die Türken erobern den Peloponnes zurück

Ali Pascha (1741–1822), Herrscher des Osmanenreiches

1814 Die Ionischen Inseln fallen an Großbritannien

1650 | 1700 | 1750 | 1800

Explosion im Parthenon

1684 Rückeroberung des Peloponnes durch die Venezianer

1778 Ali Pascha wird Wesir von Ioánnina und versucht, in Albanien und Nordgriechenland einen unabhängigen Staat zu gründen

1801 Lord Elgin bringt den Parthenon-Fries nach England

1814 Gründung der griechischen Befreiungsbewegung *Filikí Etaireía*

Entstehung des modernen Staates

Flagge mit den Symbolen der *Filikí Etaireía*

DER GRIECHISCHE Freiheitskampf markierte das Ende der Osmanenherrschaft und den Beginn des Strebens nach einem »Großgriechenland«. Anfangs gingen die Expansionspläne auch auf, und im Laufe des 19. Jahrhunderts konnte Griechenland sein Staatsgebiet mehr als verdoppeln. Der Versuch, nach dem Ersten Weltkrieg auch Kleinasien zu erobern, endete jedoch mit einem Desaster: 1922 wurden Millionen Griechen aus Smyrna (Izmir) und dem restlichen Kleinasien vertrieben.

ANFÄNGE DES STAATES

Griechenland 1832

Territoriale Gewinne 1832–1923

Massaker von Chíos *Delacroix' ergreifendes Gemälde (hier ein Ausschnitt) dokumentiert einen grauenhaften Racheakt, bei dem die Türken 1822 an die 30 000 Griechen niedermetzelten.*

Klephten (Freischärler) bildeten die Basis der Unabhängigkeitsbewegung.

Die Waffen kamen aus Familienbesitz oder von Philhellenen.

Ausrufung der Verfassung in Athen *Vom neoklassizistischen Parlamentsgebäude in Athen wurde 1843 die Verfassung ausgerufen. Der Bau war um 1830 als Palast für König Otto, den ersten griechischen Monarchen, errichtet worden.*

ZEITSKALA

1824 Der engl. Dichter Lord Byron stirbt in Mesolóngi am Fieber

1831 Präsident Kapodístrias ermordet

1832 Griechenland wird Protektorat; die Großmächte bestimmen den bayerischen Prinzen Otto zum König

1834 Athen löst Náfplio als Hauptstadt ab

Der deutsche Archäologe Heinrich Schliemann

1830 | 1840 | 1850 | 1860

1827 Schlacht von Navaríno

1828 Ioánnis Kapodístrias wird erster Regent Griechenlands

1821 Beginn des griechischen Befreiungskampfes; griechisches Massaker an Türken in Tripolitsá

König Otto (Reg. 1832–62)

1862 Vertreibung König Ottos

1864 Griechenland wird konstitutionelle Monarchie. Der griechisch-orthodoxe Glaube wird Staatsreligion

1874 Heinr Schliema beginn Mykene Ausgrabun

Alltag in Athen
1836 trug man eine Mischung aus traditioneller und westlicher Kleidung. Das osmanische Erbe war noch nicht verschwunden – erkennbar am Fes der Männer.

Wegweiser zum 19. Jahrhundert

Der Moní Agías Lávras bei Kalávryta *(S. 168)* gilt als Zentrum des Befreiungskampfes. Lord Byron starb in Mesolóngi *(S. 225)*. Ioánnis Kapodístrias wurde in der Kirche Agios Spyrídon in Náfplio *(S. 182)* ermordet. Pýlos war Schauplatz der Schlacht von Navaríno *(S. 200)*.

Signal zum Freiheitskampf

1821 rief der Geheimbund *Filikí Etaireía* die griechischen Offiziere zu einer Revolte auf, die zu antitürkischen Erhebungen auf dem ganzen Peloponnes führte. Am 25. März soll Erzbischof Germanós von Pátra in einem Kloster bei Kalávryta *(siehe S.168)* das Signal zum Aufstand gegen die Türken gegeben haben. Der Freiheitskampf hatte begonnen.

Isthmus von Korinth
Der künstliche Kanal zwischen Ägäis und Ionischem Meer wurde 1893 eröffnet (siehe S.167).

Elefthérios Venizélos
Der große kretische Diplomat und Liberaldemokrat verdoppelte während der Balkankriege das Staatsgebiet und zog Griechenland im Ersten Weltkrieg auf die Seite der Alliierten.

1893 Eröffnung des Isthmus von Korinth

1896 Erste Olympische Spiele der Neuzeit in Athen

1908 Anschluß Kretas an Griechenland

1917 König Konstantin dankt ab; Griechenland tritt in den 1. Weltkrieg ein

1919 Griechischer Angriff auf Kleinasien

1922 Türkische Rückeroberung Smyrnas beendet den Traum von »Großgriechenland«

1880 | **1890** | **1900** | **1910** | **1920**

Spyrídon Loúis, Marathonlauf-Sieger bei den ersten Olympischen Spielen der Neuzeit

1899 Arthur Evans beginnt Ausgrabungen in Knossos

1912–13 Wesentliche Gebietserweiterung durch die Balkankriege

1920 Großer Territorialgewinn im Frieden von Sèvres

1923 Friede von Lausanne besiegelt die Vertreibung der Griechen aus Kleinasien; Gebietsverluste

Das 20. Jahrhundert

Nach der Niederlage gegen die Türkei 1922 kamen schwere Jahre für das griechische Volk, das gerade in den politisch unruhigen Zeiten zwischen den Weltkriegen weit über eine Million Flüchtlinge aufnehmen mußte. Auf die Diktatur Metaxás' folgten italienische, deutsche und bulgarische Besatzung und schließlich der blutige Bürgerkrieg 1946–49, der eine tiefe Spaltung nach sich zog. Nach vorläufigen Lösung der Zypernfrage und Jahren der Militärdiktatur (1967–74) ist Griechenland heute eine etablierte Demokratie und Mitglied der Europäischen Union.

1947 Erste Ausstellung des später weltberühmten Malers, Grafikers und Bühnenbildners Giánnis Tsaroúchis in der Galerie Romvos, Athen

1938 Tod des Bildhauers Giannoúlis Chalepás. Die Grabmalsfigur *Die Schlafende* gilt als sein Hauptwerk

1945 Níkos Kazantzákis veröffentlicht den später verfilmten Roman *Alexis Sorbas*

1946 Die Regierung geht brutal gegen Kommunisten vor

1957 Im Palast Philipps II. in Pélla werden Mosaiken (300 v.Chr.) entdeckt

1958 Die UdSSR droht Griechenland für den Fall der Stationierung von NATO-Raketen mit Wirtschaftssanktionen

1925 | 1935 | 1945 | 1955

1925 | 1935 | 1945 | 1955

1925 Mános Chatzidákis, Komponist der Filmmusik zu *Sonntags nie*, geboren

1932 Aristoteles Onassis erwirbt sechs Frachtschiffe – Beginn seines Reederei-Imperiums

1933 Tod des griechischen Dichters Constantine Cavafy

1939 Beginn des Zweiten Weltkriegs; Griechenland erklärt seine Neutralität

1940 Italienische Truppen besetzen Griechenland. Griechische Soldaten verteidigen den Norden. Kriegseintritt

1944 Churchill besucht Athen und sichert der griechischen Regierung Unterstützung gegen die kommunistische Widerstandsbewegung zu

1946–49 Bürgerkrieg zwischen griechischer Zentralregierung und der kommunistisch kontrollierten Nationalen Befreiungsarmee (ELAS)

1948 Der Dodekanes fällt an Griechenland

1951 Beitritt Griechenlands zur NATO

1955 Griechische Zyprioten beginnen den Bürgerkrieg gegen die britische Kolonialmacht

1960 Zypern proklamiert seine Unabhängigkeit

1963 Wahl einer Mittelinks-Regierung unter Papandréou

1981 Melína Merkoúri wird Kulturministerin. Beginn der Kampagne, die Elgin-Skulpturen zurückzuholen

1973 Studenten demonstrieren gegen die Diktatur; Aufstand wird vom Militär niedergeschlagen; Macht der Diktatoren beginnt zu sinken.

1993 Andréas Papandréou gewinnt zum dritten Mal die Wahlen

1994 Wegen katastrophalen Smogs *(néfos)* wird die Athener Altstadt zeitweise für den Verkehr gesperrt

1974 Nach der türkischen Invasion Teilung Zyperns

1967 Bildung einer rechten Militärjunta; König Konstantin II. geht ins Exil

1975 Aristoteles Onassis stirbt

1988 Acht Millionen Touristen besuchen Griechenland, und der Fremdenverkehr nimmt weiter zu

1998 Karamanlís stirbt; Nachfolger wird Kostis Stefanopoulos

2003 Griechenland hat EU-Vorsitz (Jan–Juni)

1965 | 1975 | 1985 | 1995 | 2000

1965 | 1975 | 1985 | 1995 | 2000

1971 Literaturnobelpreisträger George Seféris stirbt

1974 Sturz der Junta. Konstantínos Karamanlís wird aus dem Exil zurückgerufen und zum Ministerpräsidenten gewählt

1990 Konstantínos Karamanlís wird Ministerpräsident der neuen demokratischen Regierung

2002 Einführung des Euro

1973 Griechische Bischöfe geben dem neuen Staatsoberhaupt, dem Obristen Papadópulos, ihren Segen

1981 Andréas Papandréous linke PASOK-Partei gewinnt die absolute Mehrheit im Parlament

1994 Griechenland hat die Präsidentschaft in der EU; Treffen der europäischen Staatsoberhäupter auf Korfu

1997 Athen wird die Austragung der Olympischen Spiele 2004 zugesprochen

1996 Andréas Papandréou stirbt; sein Nachfolger wird Kóstas Simítis

Das Jahr in Athen und Griechenland

Die überwiegend auf dem Land lebenden Griechen sind tief in ihrer Region – und ihrer Religion – verwurzelt. Feiertage der orthodoxen Kirche werden als Anlaß benutzt, große Familienzusammenkünfte zu arrangieren, bei denen schmackhaft gekocht und auch dem regionalen Wein zugesprochen wird. Ein ganz besonderes Datum ist der 25. März, bei dem Mariä Verkündigung mit dem Jahrestag des Freiheitskampfes von 1821 zusammenfällt. Viele Orte veranstalten im Sommer eigene traditionelle Dorffeste, während die meisten Kunstfestivals erst mit dem Tourismusboom ins Land kamen.

Maikranz aus Wildblumen

Frühling

Frühling in Griechenland ist eine wunderbare Jahreszeit. Über die Landschaft, die im Sommer unter der Hitze flimmert, breitet sich ein grüner Teppich mit vielen leuchtenden Blüten. März und April sind häufig noch stürmisch und regnerisch. Im März reifen die Artischocken, und im Mai gibt es die ersten Erdbeeren. Die Angelsaison dauert bis Ende Mai, wo sie sich mit dem ersten Touristenansturm überschneidet. Ostern wird als größtes Kirchenfest entsprechend aufwendig zelebriert.

25. März, Unabhängigkeitstag

März

Apókries, Faschingssonntag *(So vor Beginn der Fastenzeit)*. Drei Wochen vor diesem großen »Finale« beginnt der Karneval. In vielen Großstädten gibt es Festzüge und Bälle; besonders überschwenglich feiert man in der Hafenstadt Pátra *(siehe S. 169)*.

Katharí Deftéra *(Mo nach dem 7. Sonntag vor Ostern)*. Großes Drachensteigen.

Unabhängigkeitstag und **Evangelismós** *(25. März)*. Nationalfeiertag; das ganze Land gedenkt mit Umzügen und Tanz des Aufstandes gegen die Türken 1821. Dem Kirchenfest Mariä Himmelfahrt kommt in der orthodoxen Kirche große Bedeutung zu.

Osterfeierlichkeiten in Griechenland

Das Kirchenfest wird nach alter christlich-orthodoxer Tradition noch immer groß gefeiert, und in der Karwoche finden sich die Großfamilien zusammen. Ostern fällt in Griechenland allerdings auf einen anderen Termin als bei uns und kann sich gegenüber unserem Kalender bis zu drei Wochen verschieben. Wer um diese Zeit Urlaub macht, kommt in den Genuß feierlicher Prozessionen und leckerer Osterspezialitäten. Die Zeremonien gehen direkt auf die byzantinische Vergangenheit und sogar noch ältere Glaubensbräuche zurück. Einen Höhepunkt erreichen die Festlichkeiten Ostersamstag um Mitternacht. Während die Priester verkünden: »Christus ist auferstanden«, beginnt mit leuchtendem Feuerwerk ein Sonntag, der ganz Festmählern, Musik und Tanz gewidmet ist. In kleineren, weiter abgelegenen Orten wie Andrítsaina und Koróni am Peloponnes oder Polýgyros (Hauptstadt von Chalkidikí) werden Karfreitag und Karsamstag Messen gelesen.

Priester im reich bestickten österlichen Ornat

Die Bahre Christi, *ein mit Blüten geschmücktes Heiligenbild, wird in einer Prozession am Karfreitagabend durch die Straßen getragen.*

Gegen Ende der Ostersamstagsmesse *entzünden in der Dunkelheit alle Gottesdienstbesucher ihre Kerzen an einem einzigen Licht.*

Arbeiterdemonstration am Maifeiertag in Athen

April

Megáli Evdomáda, Karwoche *(April oder Mai)* mit *Kyriakí ton Vaíon* (Palmsonntag), *Megáli Pémpti* (Gründonnerstag), *Megáli Paraskeví* (Karfreitag), *Megálo Savváto* (Ostersamstag) und dem größten Festtag des orthodoxen Kirchenjahres, *Páscha* (Ostersonntag).
Agios Geórgios, hl. Georg *(23. April)*. Einer der Hauptfeiertage des orthodoxen Kalenders, der an den Schutzheiligen der Schäfer erinnert und den traditionellen Beginn der Weidesaison bezeichnet. Landesweite Feierlichkeiten, besonders festlich in Aráchova bei Delphi *(siehe S. 221)*.

Mai

Protomagiá, Maifeiertag *(1. Mai)*. Auch Tag der Arbeit und damit gesetzlicher Feiertag. Traditionelles Datum für einen Familienausflug aufs Land, wo man aus Wildblumen und Knoblauch einen Kranz bindet, der dann an Haustür, Balkon, Boot oder sogar Auto gehängt wird, um das Böse abzuwehren. In größeren Städten auch Umzüge und Arbeiterdemonstrationen, zu denen in der Regel die Kommunistische Partei aufruft.

Am 21. Mai gehen Gläubige durchs Feuer

Agios Konstantínos kai Agía Eléni *(21. Mai)*. Landesweiter Feiertag zu Ehren des ersten christlichen Kaisers Konstantin und seiner Mutter Helena *(siehe S. 37)*. In einigen makedonischen Dörfern laufen Wagemutige über glühende Kohlen.
Análipsi, Himmelfahrt *(vierzig Tage nach Ostern, meist Ende Mai)*. Ein weiterer bedeutender Kirchenfeiertag.

***Mit einer Lichterprozession**, hier am Lykavittós in Athen, feiert man in den frühen Morgenstunden des Ostertages die Auferstehung Christi.*

***Mit Osterbrötchen** wird das Ende der Fastenzeit gefeiert. Eine weitere Osterspezialität, die* Magerítsa*-Suppe, wird aus Lamminnereien zubereitet und am Ostersonntag serviert.*

***Die Osterzöpfe** aus süßem Teig sind mit rotgefärbten Eiern bestückt, die an das Blut Christi erinnern sollen. Rote Ostereier werden auch separat verschenkt.*

***Osterlämmer**, das traditionelle Osteressen, braten an riesigen Spießen. Dazu werden Flaschen mit dem ersten Retsina des vergangenen Jahres geköpft. Nach dem Essen reichen sich jung und alt die Hände zum traditionellen Reigentanz.*

Sommer

Warme Tage laden zu einem ersten Bad im Meer ein. Nach Análipsi (Himmelfahrt) beginnt die Hochsaison des Tourismus, die bis Ende August dauert. Ab Mitte Juli kann es in beliebten Ferienregionen schwierig werden, ein freies Hotelzimmer zu finden. Es empfiehlt sich daher, rechtzeitig zu reservieren. Im Juni werden Kirschen, Pflaumen und Aprikosen reif, und Imker sammeln den ersten Honig. Bald lösen Tomaten, Gurken und Melonen die letzten grünen Blattgemüse ab. Im Juli fegt über die ganze Ägäis der berühmt-berüchtigte *Meltémi*, ein heftiger Nordwind, der zwar vor allem die Inseln trifft, aber auch am Festland zu spüren ist.

Zahlreiche Kulturfestspiele locken immer mehr Touristen in die Großstädte. Großer Beliebtheit erfreuen sich auch Freiluftkinos *(siehe S. 119)*. Die Griechen selbst ziehen sich um diese Zeit gerne in kühlere Bergdörfer zurück, wo musikalisch und kulturell inzwischen ebenfalls einiges geboten wird.

Bienenstöcke am Fuße des Parnassos-Gebirges

Geweihtes Brot für Feiertage

Juni

Pentikostí, Pfingstsonntag *(sieben Wochen nach dem Osterfest)*. Dieses bedeutende Kirchenfest wird in ganz Griechenland begangen.

Agíou Pnévmatos, Pfingstmontag *(am darauffolgenden Tag)*. Landesweiter Feiertag.

Festival Athinon *(Mitte Juni bis Mitte Sep)*. Großes Athener Kulturfestival mit einer Mischung aus modernem und antikem Theater, Ballett, Oper, klassischer Musik und Jazz. Zwei der Hauptschauplätze sind das Herodes-Atticus-Theater *(siehe S. 119)* und das Lykavittós-Theater *(siehe S. 72)*. Im Herodes-Atticus-Theater am Hang der Akropolis gibt es antike Tragödien, Gastkonzerte internationaler Orchester und Ballettaufführungen. Das Lykavittós-Theater am Lykavittós bietet eine spektakuläre Aussicht über die Stadt und wird für moderne Konzerte – Jazz, aber auch Folkloremusik – sowie Drama und Tanz benutzt.

Epidauros-Festival *(Juni bis Aug)*. In Verbindung mit den Athener Festspielen, aber 150 Kilometer entfernt im Theater von Epidauros *(siehe S. 184)* auf dem Peloponnes. Open-air-Aufführungen klassischer Dramen.

Agios Ioánnis, hl. Johannes *(24. Juni)*. In ganz Griechenland feiert man den Geburtstag Johannes' des Täufers. Am Abend des 23. werden vielerorts Freudenfeuer entzündet, und man übergibt die Maikränze den Flammen. Ältere Kinder springen dabei über das Feuer. Das Fest entspricht unserem Sonnwendfest.

Agioi Apóstoloi Pétros kai Pávlos, Heiliger Peter und Paul *(29. Juni)*. Gern gefeierter Namenstag für Peter und Paul.

Athener Kulturfestspiele: Konzert im Herodes Atticus-Theater

Juli

Agía Marína *(17. Juli)*. Auf dem Land ehrt man Marína, wichtige Schutzheilige einer guten Ernte, mit verschiedenen Festlichkeiten.

Ioánninas Kultursommer *(Juli und Aug)*. Bunte Musik-, Kunst- und Kulturveranstaltungen.

Profítis Ilías, Prophet Elias *(18.–20. Juli)*. Feiern zu Ehren des Propheten an mehreren Orten. Das bekannteste Heiligtum liegt am Berg Taÿgetos unweit von Spárti.

Agía Paraskeví *(26. Juli)*. Viele große Dorffeste, besonders gefeiert wird dieser Tag in der Region Epirus.

Agios Panteleímon *(27. Juli)*. Der Heilige wird als Schutzpatron vieler Krankenhäuser, aber auch von vielen Bauern auf dem Lande gefeiert. Namenstag für Pantelís und Panteleímon.

August

Metamórfosi, Verklärung Jesu *(6. Aug)*. Ein wichtiger Festtag der orthodoxen Kirche. Namenstag für Sotíris und Sotiría.

Koímisis tis Theotókou, Mariä Himmelfahrt *(15. Aug)*. Landesweiter Feiertag, an dem die Griechen traditionell in ihre Heimatdörfer zurückkehren, um dort im Kreise der Großfamilie und Dorfgemeinschaft zu feiern. Namenstag für María, Pános und Pangiótis.

Mädchen in Nationaltracht am 15. August

Sommerfestival in Pátra *(Aug–Sep)*. Festspiele mit klassischem Drama, Kunstausstellungen und Konzerten im römischen Theater.

Vlachopanagiá *(19. Aug)*. Volkstümliche Feste in vielen Bergdörfern der Region Epirus.

Apotomí Kefalís Ioánnou Prodrómou, Enthauptung Johannes des Täufers *(29. Aug)*. Feierlichkeiten in vielen Kapellen im ganzen Land, die diesem Heiligen geweiht sind.

Tomaten trocknen in der warmen Herbstsonne

Herbst

Im September sind die meisten Dorffeste vorüber. Das Meer ist warm, der schlimmste Touristenansturm vorbei. Verschiedene Wildpflanzen kommen noch einmal zum Blühen, und die ruhigen, sonnigen Oktobertage, »kleiner Sommer des hl. Dimitrios« genannt, werden nur von gelegentlichen Herbststürmen getrübt. Trauben, dicke Pfirsiche und Feigen reifen als erste Früchte des Herbstes, und an vielen Geländern sind Zwiebel- und Knoblauchzöpfe sowie Tomaten zum Trocknen für den langen Winter aufgehängt. In den Hügeln hallen die Schüsse der Wachteljäger, am Meer wird die Schleppnetz-Fischerei wieder aufgenommen.

September

Génnisis tis Theotókou, Mariä Geburt *(8. Sep)*. Ein sehr wichtiger Festtag im Kalender der griechisch-orthodoxen Kirche. Messen in zahlreichen Kirchen.

Ypsosis tou Timíou Stavroú *(14. Sep)*. Ein weiterer bedeutender Kirchenfeiertag, der als letztes großes Freiluft-Sommerfestival Griechenlands gilt.

Oktober

Agios Dimítrios *(26. Okt)*. Traditionelles Ende der Weidesaison; die Schafherden werden von den Hügeln herabgetrieben. Besonders farbenprächtige Feierlichkeiten gibt es in der Stadt Thessaloníki, deren Schutzpatron der Heilige ist. Namenstag für Dimítris und Dímitria.

Ochi-Tag *(28. Okt)*. Nationaler Feiertag mit Festzügen in vielen Städten und jeder Menge Tanz. Der Tag erinnert an Mussolinis Ultimatum von 1940, das von Griechenland mit einem »Nein« *(óchi)* zurückgewiesen wurde.

Nationaltracht am Ochi-Tag

Agios-Dimítrios-Festzug in Thessaloníki, 26. Oktober

November

Ton Taxiarchón Archan gélou Michaïl kai Gavriíl *(8. Nov)*. Festlichkeiten in allen Klöstern und Kirchen, die nach den Erzengeln Michael und Gabriel benannt sind. Namenstag für Michális und Gavriíl.

Eisódia tis Theotókou Mariä Opfer *(21. Nov)*. Ein wichtiger Feiertag im Kalender der orthodoxen Kirche, der in ganz Griechenland begangen wird.

Agios Andréas *(30. Nov)*, Pátra. Zu Ehren des Stadtpatrons wird in der Kathedrale von Pátra eine feierliche Messe gelesen.

Selten: Das Herodes-Atticus-Theater, Athen, im Schnee

FEIERTAGE

An diesen Tagen bleiben Museen und öffentliche Einrichtungen geschlossen:

Agios Vasíleios (1. Jan)
Unabhängigkeitstag (25. März)
Protomagiá (1. Mai)
Megáli Paraskeví (Karfreitag)
Páscha (Ostersonntag)
Christoúgenna (25. Dez)
Sýnaxis tis Theotókou (26. Dez)

WINTER

VIELE Gebirgsdörfer werden im Winter zu halben Geisterstädten, da die Bewohner dann in die Städte zurückkehren. Auf größeren Höhen schneit es stark, und bald finden sich Skifahrer ein. In tiefergelegenen Regionen fällt dafür Regen. Der Fischfang hat Hochsaison. Auf den Märkten herrschen exotische Früchte vor, dazu locken aromatische Schafs- und Ziegenkäse. Um die Tage der Wintersonnenwende herum finden verschiedene Festivals statt, Neujahr und Dreikönig sind die höchsten Kirchenfeste dieser Jahreszeit.

Ölbaum-Zweig

DEZEMBER

Agios Nikólaos, Nikolaustag *(6. Dez)*. Der Schutzpatron der Seefahrer und Reisenden wird vor allem an der Küste geehrt. Namenstag für Nikólaos und Nikolétta.

Christoúgenna, Weihnachten *(25. Dez)*. Weniger bedeutend als Ostern ist Weihnachten, dennoch ein wichtiges Kirchenfest und Nationalfeiertag.

Sýnaxis tis Theotókou *(26. Dez)*. Ein gesetzlicher und kirchlicher Feiertag.

Frauen beim Kartenspielen am Gynaikokratía-Tag, Thrakien

JANUAR

Agios Vasíleios, auch *Protochroniá* oder Neujahr *(1. Jan)*. Ein landesweiter Feiertag, zu dem man sich beschenkt und den traditionellen Neujahrsgruß *Kalí Chroniá* austauscht.

Theofánia, Dreikönig *(6. Jan)*. Gesetzlicher Feiertag und wichtiges Kirchenfest. An Küsten und Flußufern wird das Wasser gesegnet. Jugendliche tauchen in manchen Gemeinden nach einem Kreuz, das ein Priester in die Fluten geworfen hat.

Gynaikokratía *(8. Jan)*, Thrakien. Matriarchats-Feier; in einigen Dörfern tauschen Frauen und Männer einen Tag lang die Rollen.

FEBRUAR

Yapapantí, Mariä Lichtmeß *(2. Feb)*. Orthodoxer Feiertag; eine ruhige, besinnliche Zeit vor Karnevalsbeginn.

Bei der Wassersegnung (6. Jan) tauchen junge Leute nach dem Kreuz

NAMENSTAGE

Die meisten erwachsenen Griechen feiern nicht Geburtstag, sondern Namenstag *(Giortí)*, also den Tag des Heiligen, auf dessen Namen sie getauft wurden. Kinder werden häufig nach ihren Großeltern, in letzter Zeit allerdings auch nach Gestalten aus der griechischen Geschichte und Mythologie benannt. Wenn jemand Namenstag hat, sagt er vielleicht: *Giortázo símera* (ich feiere heute), worauf die traditionelle Antwort lautet: *Chrónia pollá* (viele Jahre). Freunde kommen vorbei, um kleine Geschenke abzugeben, und werden dafür zu Kuchen und süßem Likör eingeladen.

Das Klima

Sommergäste

Das Klima des griechischen Festlands differiert stark zwischen den flachen Küstenstreifen und den gebirgigen Regionen im Landesinneren. Im westgriechischen Bergland und auf dem Peloponnes fällt im Winter Schnee, im Frühling und Herbst Regen. Die Sommer sind heiß und trocken. Die ionische Küste hat mildere Temperaturen, aber die höchste Niederschlagsmenge des Landes. In Makedonien und Thrakien verteilt sich der Regen gleichmäßiger über das Jahr. Rund um Athen klettert das Thermometer im Sommer auf über dreißig Grad, und im Winter friert es nur selten.

Nordgriechenland

Monat	Apr	Juli	Okt	Jan
°C (Höchst)	26	38	28	16
°C (Tiefst)	4	17	7	-4
Sonne	8 Std.	12 Std.	6 Std.	4 Std.
Niederschlag	41 mm	22 mm	57 mm	44 mm

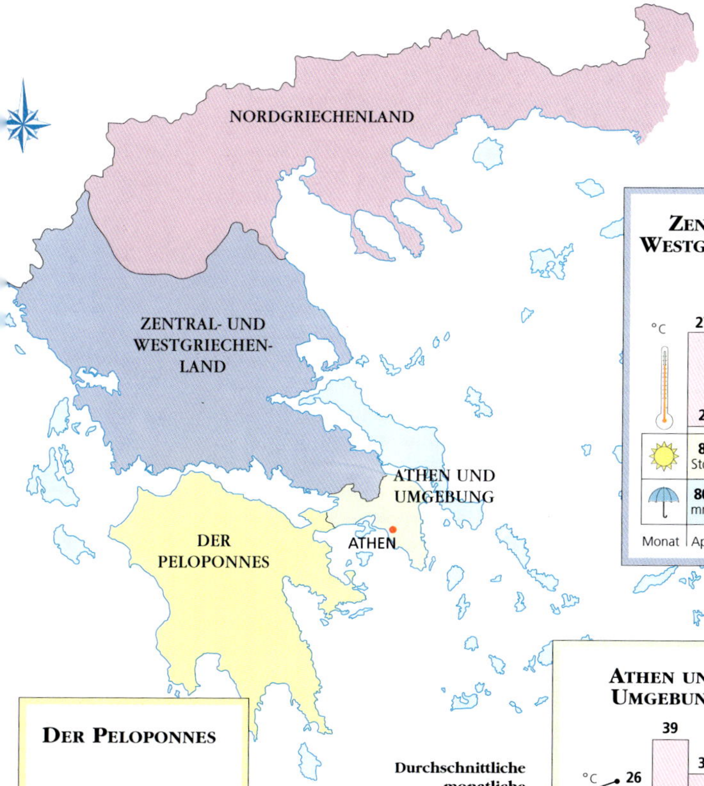

Zentral- und Westgriechenland

Monat	Apr	Juli	Okt	Jan
°C (Höchst)	27	40	33	16
°C (Tiefst)	2	15	5	-6
Sonne	8 Std.	11 Std.	5 Std.	3 Std.
Niederschlag	80 mm	19 mm	80 mm	84 mm

Athen und Umgebung

Monat	Apr	Juli	Okt	Jan
Durchschnittliche monatliche Höchsttemperatur (°C)	26	39	30	18
Durchschnittliche monatliche Tiefsttemperatur (°C)	6	19	11	1
Durchschnittliche Sonnenscheindauer pro Tag	8 Std.	12 Std.	7 Std.	4 Std.
Durchschnittliche monatliche Niederschläge	23 mm	6 mm	51 mm	62 mm

Der Peloponnes

Monat	Apr	Juli	Okt	Jan
°C (Höchst)	25	36	28	15
°C (Tiefst)	1	11	4	-4
Sonne	8 Std.	12 Std.	7 Std.	4 Std.
Niederschlag	62 mm	20 mm	82 mm	127 mm

Das antike Griechenland

Götter und Helden

DIE GRIECHISCHE Mythologie reicht bis in die Bronzezeit zurück. Erstmals Anfang des 6. Jahrhunderts v.Chr. niedergeschrieben, bereichern die Götter- und Heldensagen seither die abendländische Kultur. Die Mythen hingen eng mit dem Volksglauben zusammen und erklärten auch damals unfaßbare Naturgewalten. Sie berichten vom »goldenen Zeitalter« der Götter und Sterblichen sowie von den fast schon mythischen Helden Theseus und Herakles, deren Taten dem Menschen als Vorbild dienen sollten. Götter und Göttinnen besaßen menschliche Tugenden und Schwächen und bildeten eine große Familie, über die der Göttervater Zeus regierte, dessen zahlreiche – teils außereheliche – Nachfahren ebenfalls mythische Rollen spielten.

Hades und Persephone *regierten über die Unterwelt (das Totenreich). Hades, Bruder von Zeus und Poseidon, hatte Persephone entführt, doch sie durfte neun Monate des Jahres bei ihrer Mutter, der Fruchtbarkeitsgöttin Demeter, verbringen.*

Poseidon*, ein Bruder des Zeus, war Herscher der Meere. Sein Machtsymbol war der Dreizack. Er war mit der lieblichen Nymphe Amphitrite vermählt, dieser aber keineswegs treu. Die Statue befindet sich im Archäologischen Nationalmuseum in Athen* (siehe S. 68ff).

Zeus herrschte vom Olymp aus über alle Götter und Sterblichen.

Eris war die Göttin der Zwietracht.

Klymene, eine Nymphe und Tochter des Helios, war die Mutter von Prometheus, der den Menschen das Feuer brachte.

Hera, Schwester und Gemahlin des Zeus, war für ihre Eifersucht berühmt.

Athene (Göttin der Weisheit) war Zeus' Haupt entsprungen und seine Lieblingstochter.

Paris sollte der schönsten Göttin einen goldenen Apfel reichen.

Paris' Hund half dem trojanischen Prinzen beim Hüten seiner Herde auf dem Berge Ida.

GÖTTLICHER STREIT

Dieses Vasenbild zeigt die Götter am Berge Ida unweit von Troja. Hermes führt Hera, Athene und Aphrodite, die sich nicht einigen können, welche von ihnen die Schönste sei, zu einem jungen Hirten, dem trojanischen Königssohn Paris, damit dieser das Urteil fälle. Paris wählt Aphrodite und erhält dafür die Liebe Helenas, der schönsten aller sterblichen Frauen. Er raubt sie ihrem Gatten Menelaos, König von Sparta, und beschwört so den Trojanischen Krieg *(siehe S.54f)* herauf.

Dionysos*, Gott des Weines und der Fruchtbarkeit, wurde aus Zeus' Schenkel geboren. Dieses Vasenbild (6. Jh. v.Chr.) von Exekias zeigt ihn auf einem Schiff, um dessen Mast und Segel sich Weinreben ranken.*

◁ **Steinfries, Archäologisches Museum in Delphi**

Artemis, *die jungfräuliche Göttin der Jagd, war eine Tochter von Zeus und Zwillingsschwester von Apollon. Man erkennt sie an Pfeil und Bogen sowie dem Gefolge von Hunden und Nymphen. Sie galt als Hüterin der Wöchnerinnen und wachte über Entbindungen.*

Die Glückseligkeit, hier durch zwei Göttinnen verkörpert, hält für die Siegerin den goldenen Lorbeerkranz bereit. Er diente auch bei antiken Wettkämpfen als Siegesprämie.

Der Sonnengott Helios lenkt täglich den Sonnenwagen über das Himmelsrund.

Hermes fungierte als Götterbote.

Aphrodite, Göttin der Liebe und Schönheit, war aus dem Schaume des Meeres geboren. Hier hat sie ihren Sohn Eros (Amor) bei sich.

Apollon, *Sohn des Zeus und Bruder von Artemis, war Heil- und Sühnegott sowie Herr der Weissagung und Gebieter der Musen. Leier und Bogen sind seine Attribute.*

Die Arbeiten des Herakles

Herakles (Herkules bei den Römern) war ein Sohn von Zeus und der sterblichen Alkmene. Mit übermenschlicher Kraft bestand er die berühmten, vom mykenischen König Eurystheus erteilten zwölf »Arbeiten«, durch die er Unsterblichkeit und einen Platz auf dem Olymp errang. Als erstes erwürgte er den Nemeischen Löwen, dessen Fell er fortan trug.

Der Kampf mit der Hydra von Lerna *war die zweite Arbeit. Damit die neun Köpfe dieser Schlange nicht ständig nachwuchsen, mußte er sie mit Fackeln ausbrennen. Bei all seinen Abenteuern wurde Herakles von Athene unterstützt.*

Den riesigen Eber *vom Berge Erymanthus fing Herakles als nächstes ein und brachte ihn Eurystheus, der sich vor Furcht in ein Faß verkroch.*

Die Erlegung der Stymphalischen Vögel *war Herakles' fünfte Aufgabe. Er scheuchte die menschenfressenden Untiere mit Hilfe einer Bronzeklapper auf und erlegte sie dann der Reihe nach mit einer Schleuder.*

Der Trojanische Krieg

Ajax mit dem Leichnam des Achilles

HOMERS EPOS aus dem 8. vorchristlichen Jahrhundert, die *Ilias*, schildert den Feldzug der Griechen, der die Entführung der schönen Helena, Gemahlin des Spartanerkönigs Menelaos, durch den trojanischen Prinzen Paris rächen soll. Der römische Schriftsteller Vergil setzt die Erzählung in der *Aeneis* fort, die von der Eroberung Trojas und der Gründung Roms berichtet. Archäologen haben in der heutigen Türkei Überreste einer Stadt gefunden, die die Vermutung zulassen, daß der Mythos auf historischen Vorgängen beruht. Mykene und andere antike Stätten auf dem Peloponnes gelten als Heimat der Helden des Trojanischen Krieges.

Achilles verbindet die Wunden seines Freundes Patroklos

Die Helden sammeln sich

NACHDEM Paris *(siehe S.52)* Helena mit nach Troja genommen hat, fordert ihr Gemahl Menelaos die griechischen Könige zu einem Rachefeldzug auf. Sein Bruder, König Agamemnon von Mykene, führt das mächtige Heer an, zu dem auch Achilles und Odysseus gehören.

Auf Aulis verzögert eine Windstille ihre Abfahrt. Erst als Agamemnon seine Tochter Iphigenie opfert, läßt die besänftigte Artemis die Griechenflotte absegeln.

Der Kampf um Troja

DIE ILIAS beginnt im zehnten Jahr der Belagerung Trojas durch die Griechen. Zu der Erschöpfung des ewigen Ringens um die Stadt kommt eine Spaltung im griechischen Lager: Achilles weigert sich, weiter am Kampf teilzunehmen, weil Agamemnon ihm seine Lieblingssklavin weggenommen hat.

Ohne ihren besten Krieger werden die Griechen von den Trojanern zurückgedrängt. In letzter Verzweiflung bittet Patroklos seinen Freund Achilles, ihm seine Rüstung zu leihen. Achilles stimmt zu, und Patroklos führt Achilles' Truppen ins Gefecht. Das Kriegsglück wendet sich, doch Patroklos fällt von der Hand des trojanischen Königssohnes Hektor, der ihn für Achilles hält. Voller Reue über den Tod des Freundes kehrt Achilles ins Gefecht zurück, um Patroklos' Tod zu rächen.

Priamos bittet Achilles um Hektors Leichnam

Griechen und Trojaner im Kampfgetümmel

Rache für Patroklos

DER STERBENDE Hektor fleht Achilles um ein ehrenvolles Begräbnis an, doch dieser bindet den Leichnam an seinen Kampfwagen, schleift ihn um die Mauern der Stadt und nimmt ihn mit zurück ins griechische Lager. Patroklos hingegen erhält eine Trauerfeier mit Scheiterhaufen, Opferung von Tieren und Gefangenen. Noch immer wutentbrannt, zieht Achilles den toten Hektor noch zwölf Tage lang durch den Staub, bis sich schließlich sogar die Götter veranlaßt sehen einzuschreiten.

Priamos und Achilles

AUF GEHEISS des Zeus schleicht sich der trojanische König Priamos zum Zelt des Achilles und bietet ihm ein Lösegeld für den geschändeten Leichnam seines Sohnes an. Verzweifelt fleht er Achilles an, doch an seinen eigenen Vater zu denken und Gnade walten zu lassen. Daraufhin gibt Achilles den Leichnam des Toten frei, und die Trojaner können Hektor mit gebührenden Ehren bestatten.

Auch die griechischen Helden mußten sich mit moralischen Problemen beschäftigen.

Achilles tötet die Amazonenkönigin

Penthesilea ist die Königin der Amazonen, eines kriegerischen Frauenvolks, die sich angeblich die rechte Brust amputieren ließen, um besser den Bogen halten zu können. Nach Hektors Tod eilen sie den Trojanern zu Hilfe. Im Zweikampf mit Achilles wird die schöne Penthesilea tödlich verwundet. Eine Version des Epos berichtet, daß er der Sterbenden den Helm abnimmt und sich die beiden auf den ersten Blick ineinander verlieben. Er kann sie nicht mehr retten, und sie stirbt in seinen Armen.

Achilles tötet im Zweikampf die Amazonenkönigin

Das Trojanische Pferd

Wie vom Orakel vorhergesagt, wird Achilles durch einen Pfeil aus Paris' Bogen in die Ferse getroffen, und getötet. Die Griechen – in aussichtsloser Lage – verfallen auf eine List und bauen ein großes hölzernes Pferd, in dem sich ihre tapfersten Krieger verbergen. Dann segeln sie zum Schein ab, bringen vorher aber noch das Gerücht auf, das Pferd sei ein Opfer an die Göttin Athene. Warnungen zum Trotz ziehen die Trojaner das Holzpferd in die Stadt. In der folgenden Nacht kriechen die Kämpfer aus dem Bauch des Tieres und stecken Troja in Brand. Nun ist auch die Flotte zurückgekehrt, und ein grausames Gemetzel beginnt. Priamos und viele andere sterben. Zu den Überlebenden zählt Aeneas, dem die Flucht nach Italien gelingt. Der zweite Teil des Epos, die *Odyssee*, erzählt von den Abenteuern der Helden auf der Rückfahrt nach Griechenland.

Das Trojanische Pferd, Vasenbild aus dem 7. Jh. v.Chr.

Tod des Agamemnon

Während der zehnjährigen Abwesenheit ihres Gatten, der in Troja kämpfte, hatte in Mykene Agamemnons Gemahlin Klytämnestra mit ihrem Liebhaber Aigisthos regiert. Noch immer erbittert über den Opfertod ihrer Tochter Iphigenie, hieß Klytämnestra ihren Gatten willkommen, um ihn kurz darauf mit Aigisthos Hilfe im Bade zu ermorden. Agamemnons Tod steht in Zusammenhang mit einem Fluch, den sein Vater Atreus auf das Geschlecht geladen hatte und der erst mit der Ermordung Klytämnestras und Aigisthos' durch Orestes abgebüßt war. In der Mythologie bestimmt letztlich der Wille der Götter die Schicksale der Helden und Sterblichen.

Griechische Mythologie in der Kunst

Nicht erst seit der Renaissance dient die griechische Mythologie Malern und Bildhauern als Inspirationsquelle. Könige und Königinnen ließen sich als Götter und Göttinnen darstellen, bevorzugt als Ares und Aphrodite (Kriegsgott und Göttin der Schönheit). Auch in klassische Gewänder mit strengem Faltenwurf gehüllte Figuren erfreuten sich bei Künstlern großer Beliebtheit. Rechts eine Elektra von Lord Leighton (19. Jh.), dessen Arbeiten dem klassischen Schönheitsideal verpflichtet waren.

Elektra trauert am Grabmal ihres Vaters Agamemnon

Schriftsteller und Philosophen

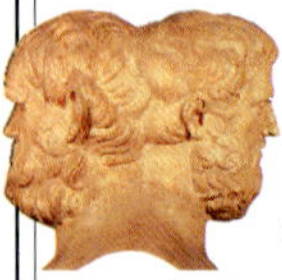

Aristophanes und Sophokles

AM ANFANG DER griechischen Literatur stehen Heldenepen, die von Kriegen und Abenteuern erzählen und die antiken Griechen in enge Beziehung zu ihren Göttern rücken. Im 5. und 4. vorchristlichen Jahrhundert kommen Tragödien und Komödien, geschichtliche und philosophische Dialoge auf. Fast unser gesamtes Wissen über die Antike basiert auf solchen Zeugnissen. Pausanias' *Beschreibung Griechenlands*, der wohl erste Reiseführer überhaupt, wies römischen Besuchern den Weg durch Hellas.

Hesiod mit den neun Musen, die seine Dichtkunst inspirieren

EPISCHE DICHTUNG

SCHON IM 2. vorchristlichen Jahrtausend, noch vor dem Bau der Paläste von Mykene, erzählten wandernde Sänger die Mythen von griechischen Helden und Göttern. Von Generation zu Generation weitergereicht, wurden diese Epen nicht schriftlich festgehalten, sondern immer weiter ausgeformt. Die mündliche Überlieferung erreichte ihren Höhepunkt um 700 v.Chr. mit der *Ilias* und der *Odyssee* *(siehe S. 54f)*. Beide werden demselben Dichter – Homer – zugeschrieben, über dessen Leben wir nur wenig wissen. Auch Hesiod, der in seinem Hauptwerk *Theogonie* den Ursprung der Götter besang und auch Lehrgedichte verfaßte, lebte etwa 700 v.Chr. Anders als Homer schrieb er seine Werke nieder. Hesiod gab praktische Ratschläge und beklagte den Verfall der Moral.

LEIDENSCHAFTLICHE LYRIK

ZUM PRIVATEN Gebrauch und vor allem bei den berühmten Symposien (Gastmählern mit Trinkgelage und Unterhaltung) entwickelten sich kürzere Formen der Dichtung, die häufig sehr leidenschaftlich von Liebe und Haß erzählten, aber auch brisante politische Themen berühren konnten. Die meisten dieser Gedichte von Lyrikern wie Archilochus, Alkaeus, Alkman, Hipponax oder Sappho sind uns nur in Zitaten späterer Schriftsteller, einige wenige auch auf ägyptischen Papyrusrollen erhalten geblieben. Doch diese Fragmente reichen aus, um einen Einblick in das stark von Konkurrenzdenken geprägte Leben der damaligen Eliten zu geben. Da an den Symposien zumeist nur Männer teilnahmen, ist diese Form der Dichtung häufig regelrecht frauenfeindlich. Ganz anders hingegen die Lyrik der Dicter in Sappho, die auf Lesbos lebte und der Liebe zu ihren Geschlechtsgenossinen leidenschaftlich Ausdruck verlieh.

Ein ungewöhnliches Vasenbild: Symposion nur für Frauen

GESCHICHTSSCHREIBUNG

BIS ZUM 5. Jahrhundert v.Chr. gab es in der griechischen Literatur kaum Prosa. Selbst die ersten philosophischen Werke sind in Versform gefaßt. Diese Sitte durchbrach erstmals Herodot, der, leidlich um Objektivität bemüht, die Entwicklung des Verhältnisses zwischen Griechen und Persern (490–79 v.Chr.) dokumentierte und deshalb auch als »Vater der Geschichtsschreibung« gilt. Er begründete eine neue Tradition der Prosa, die Ereignisse objektiv und bildreich darlegt. Thukydides beschränkte sich auf die Darstellung des Peloponnesischen Krieges zwischen Athen und Sparta (431–404 v.Chr.), wobei er besonderen Wert auf exakte Ermittlung der Fakten und die Darlegung historisch wirksamer Kräfte legte, die er vornehmlich in der Natur des Menschen suchte.

Herodot, der Vater der Geschichtsschreibung

Der Rhetor Demosthenes, englische Figurine aus dem Jahr 1790

Redekunst

Öffentlich gehaltene Reden waren schon im archaischen Griechenland an der Tagesordnung. Ende des 5. vorchristlichen Jahrhunderts begann dann die Entwicklung einer eigenen Redekunst. Manche Rhetoren fingen an, ihre Reden zu veröffentlichen, um damit Werbung für sich zu machen. Demosthenes und Lysias etwa priesen so ihre Fähigkeit als Verfasser von Gerichtsreden an. Die erhaltenen Texte geben Aufschluß über die Politik und das Leben nicht weniger Privatpersonen im damaligen Athen. Die verbalen Attacken, die Demosthenes im 4. Jh. v.Chr. gegen Philipp von Makedonien richtete, wurden später von vielen römischen Politikern nachgeahmt. Im 18. Jahrhundert wurde Demosthenes für die europäische Politik wiederentdeckt.

Theater

Fast alle erhaltenen Tragödien entstammen der Feder von Aischylos, Sophokles oder Euripides, den drei großen athenischen Dramatikern des 5. vorchristlichen Jahrhunderts. Die beiden letztgenannten entwickelten das ursprüngliche Chordrama zum Schauspielerstück weiter, das das Schicksal einzelner Protagonisten ins Rampenlicht rückte. Die Komödie machte im 4. Jahrhundert v.Chr. ihrerseits die Entwicklung zum Lustspiel durch.

Zwei kostümierte Schauspieler; Vasenbild um 370 v.Chr.

Griechische Philosophen

Sokrates (470–399 v.Chr.) gilt als Begründer der praktischen Philosophie. Er selbst hinterließ keine Aufzeichnungen, doch wir kennen die Grundzüge seiner Lehre aus den Schriften seines Schülers Platon, der in Athen eine eigene Akademie ins Leben rief. Platons Schüler Aristoteles gründete das Lykeion und machte Athen damit zu einer der ersten Universitätsstädte. Einige Jahre verbrachte er als Erzieher des späteren Alexander des Großen am makedonischen Königshof. Raffaels *Schule von Athen* (1508–11) hängt im Vatikan.

Tempelarchitektur

DIE WICHTIGSTEN ÖFFENTLICHEN Bauten im antiken Griechenland, wo dem Glauben immense Bedeutung zugemessen wurde, waren Tempel. Meist an prominenter Stelle gelegen, erfüllten sie auch repräsentative Zwecke. Die ältesten Tempelbauten (8. Jh. v.Chr.) bestanden aus Holz und sonnengetrockneten Lehmziegeln, wiesen aber schon Merkmale der späteren Marmortempel auf.

Phidias bei der Arbeit am Parthenon

Tempelbau

Diese Schnittzeichnung illustriert den Aufbau und die Verwendung eines dorischen Tempels.

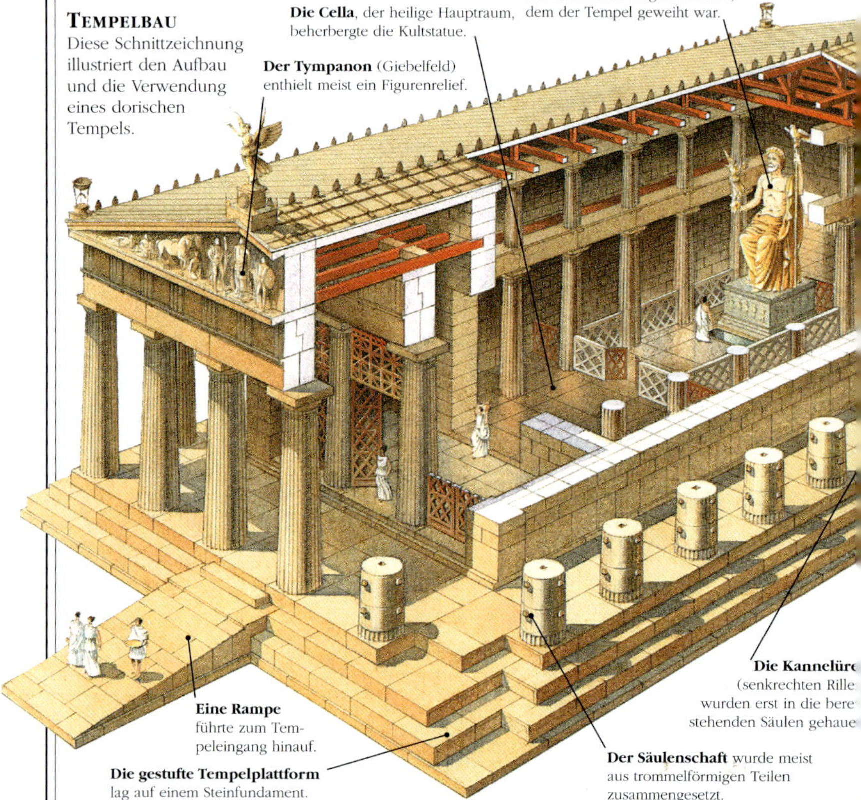

Zeitskala

700 Erster Poseidontempel, Isthmia (archaisch; *siehe S. 167*) und erster Apollontempel, Korinth (archaisch; *siehe S. 162*)

550 Zweiter Apollontempel, Korinth (dorisch; *siehe S. 162*)

520 Tempel des Olympischen Zeus, Athen (begonnen dorisch, vollendet korinthisch im 2. Jh. n.Chr.; *siehe S. 111*)

6. Jh. Artemistempel, Brauron (dorisch; *siehe S. 146f*)

Teil des Parthenon-Giebelfrieses

700 v. Chr. | 600 v. Chr. | 500 v. Chr. | 400 v. Chr. | 300 v. Chr.

7. Jh. Heratempel, Olympia (dorisch; *siehe S. 170*)

460 Zeustempel, Olympia (dorisch; *siehe S.171*)

447–405 Akropolis-Tempel, Athen: Athene Nike (ionisch), Parthenon (dorisch), Erechtheion (ionisch) *(siehe S. 94ff)*

445–425 Apollontempel, Bassae (dorisch u. ionisch; *siehe S. 177*)

440–430 Poseidontempel, Soúnio (dorisch; *siehe S. 148f*)

4. Jh. Apollontempel, Delphi (dorisch; siehe S.229); Tempel der Athene Aléa, Tegéa (dorisch mit 1. korinthischen Kapitell; *siehe S. 177*)

Die Enden des Giebelfirstes waren mit Akroterien (Motiven und Figuren) geschmückt, hier eine Nike (geflügelte Siegesgöttin).

Das Dach ruhte auf Holzbalken und war mit Reihen von Terrakottaziegeln gedeckt, die in einem Antefix (Stirnziegel) endeten.

Die Trommeln wurden passend aufeinandergesetzt und mit Metallklammern oder Dübeln verankert. Mörtel wurde beim Tempelbau nicht verwendet.

Der Grundriß entsprach dem mykenischen Megaron: ein rechteckiger Einraum mit säulengestützter Vorhalle.

***Karyatiden**, in lange Gewänder gekleidete Frauenfiguren, die auf ihren Häuptern das Tempelgebälk tragen, ersetzten am Erechtheion die Säulen. Bei der Athener Agora übernahmen Tritonen diese Funktion.* (Siehe S.90f)

ENTWICKLUNG DER TEMPELARCHITEKTUR

Die drei Stile der griechischen Tempelarchitektur entwickelten sich chronologisch und sind am besten an den Kapitellen erkennbar.

***Dorische** Tempel waren von kräftigen Säulen mit schlichten Kapitellen ohne Basis umgeben. Bei den ersten Steinbauten erinnern sie an ihre hölzernen Vorgänger.*

Dreieckiges Giebelfeld mit Figurenschmuck

Guttae, nagelkopfartige zylindrische Stifte, hielten das Dachgesims.

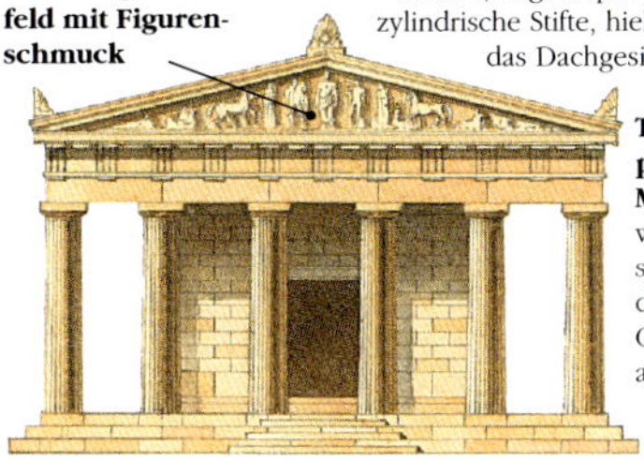

Triglyphen und **Metopen** wechseln sich im dorischen Gebälkfries ab.

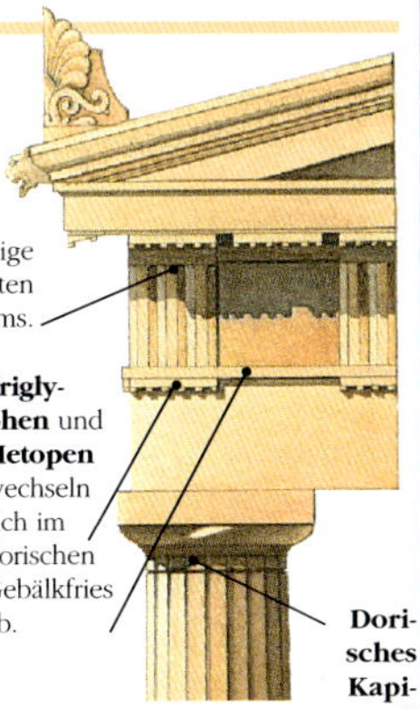

Dorisches Kapitell

***Ionische** Tempel hatten in der Regel mehr und anders geformte Säulen als dorische Bauten. Typisch ist ein Kapitell mit zwei schneckenartigen Voluten.*

Die Akroterien an den Giebelecken wirkten oft persisch.

Der Fries der ionischen Ordnung ist glatt oder durchlaufend skulptiert.

Der Architrav war in vorstehende Reihen unterteilt.

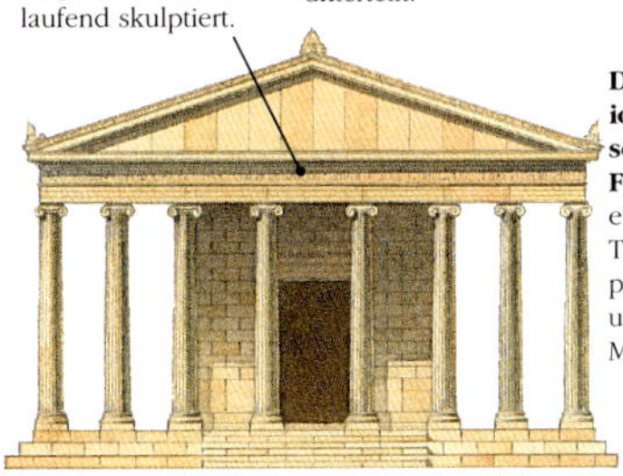

Der ionische Fries ersetzte Triglyphen und Metopen.

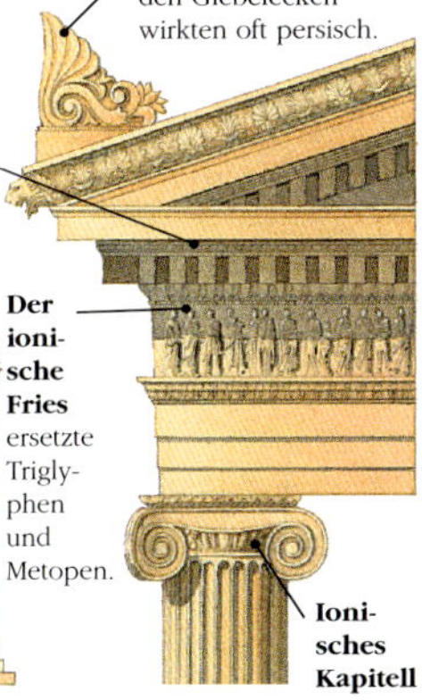

Ionisches Kapitell

***Korinthische Tempel** entstanden in Griechenland nur zur Römerzeit und ausschließlich in Athen. Mit Akanthusblättern umrankte Kapitelle krönen den schlanken Säulenschaft.*

Der Tympanon war mit verschiedenen Formen verziert.

Akroterion in Form eines Greifs

Der Eingang zu Cella lag im Osten.

Das Gebälk umfaßte Architrav, Fries und Kranzgesims.

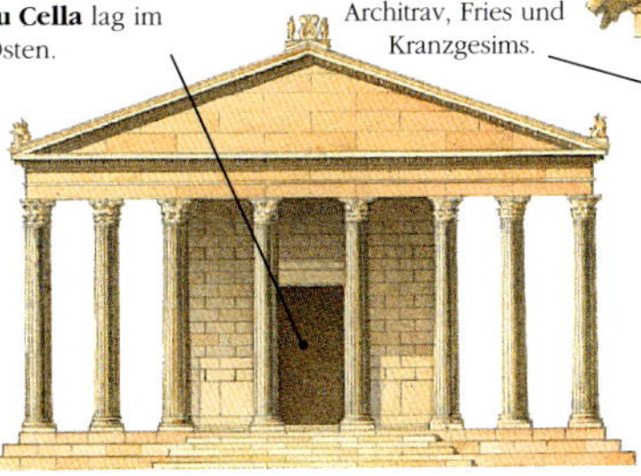

Korinthisches Kapitell

Vasen und Vasenmalerei

Eselstasse

Die Geschichte der griechischen Vasenmalerei reicht ohne Bruch von etwa 1000 v.Chr. bis ins hellenistische Zeitalter. Hauptproduktionsort war Athen, von wo aus schon im 6. Jahrhundert v.Chr. schwarz- und rotfigurige Vasen in den gesamten Mittelmeerraum exportiert wurden. Das Viertel der Athener Töpfer (Kerameikós) können Sie besichtigen *(siehe S. 88f)*. Anhand der herrlichen Vasen läßt sich erahnen, mit welch wunderbaren Fresken die alten Griechen erst ihre Häuser geschmückt haben müssen.

Auf dieser schwarzfigurigen Vase *(6. Jh. v.Chr.) sind die Gefäße im täglichen Gebrauch zu sehen. Es handelt sich um* Hydriai, *in denen die Frauen Wasser vom öffentlichen Brunnen oder von der Quelle holten.*

Der weißgrundige Lekytos *kam im 5. Jahrhundert v.Chr. als Ölbehälter und Grabbeigabe in Mode. Normalerweise sind diese Vasen mit Bestattungsszenen geschmückt. Hier legt eine Frau Blumen auf ein Grab.*

Die nackte Frauengestalt mit der *Kylix* dürfte eine Prostituierte gewesen sein.

Das Symposion

Bei diesen (vorwiegend männlichen) Fest- und Trinkgelagen wurde gerne auch *Kottabos* gespielt. Auf dieser *Kylix* (5. Jh. v.Chr.) sind Männer abgebildet, die die letzten Tropfen ihres Trinkgefäßes auf ein bestimmtes Ziel schleudern.

Entwicklung der Vasenmalerei

Ihren Höhepunkt erreichte die Vasenmalerei im 6. und 5. vorchristlichen Jahrhundert in Athen. Töpfer stellten die Vasen her, Maler schmückten sie mit Bildern. Archäologen konnten den persönlichen Stil zahlreicher Künstler identifizieren.

Trauergäste tragen den Leichnam auf einer Bahre.

Die Gefäße sind in geometrische Ornamentzonen und Bildfelder gegliedert.

Krieger und Streitwagen begleiten den Trauerzug.

Der geometrische Stil *schmückt die ältesten griechischen Vasen aus der Zeit zwischen 1000 und 700 v.Chr. Sowohl Zierfriese als auch Bildfeld wirken geometrisch vereinfacht. Diese Vase (8. Jh. v.Chr.) ist über einen Meter hoch und zeigt einen Leichenzug. Sie wurde in einem Grab gefunden.*

Augentassen *sprach man beinahe magische Kräfte zu. Die spitz zulaufende Basis läßt vermuten, daß sie bei Festen herumgereicht wurden.*

***Der* Rhyton** *(hier in Form eines Widderkopfes) war ein trinkhornartiges Gefäß für mit Wasser verdünnten Wein. Die Symposion-Szene läßt auf seinen Gebrauch schließen.*

Diese *Kylix*, die eine andere Frau an nur einem Henkel hält, mag ebenfalls gleich auf ein *Kottabos*-Ziel geleert werden.

Die Weinrebe steht als Symbol für Bacchus' Anwesenheit bei dem Trinkgelage.

Sitzkissen erhöhten die Bequemlichkeit.

Das Trinkhorn diente als Vorbild für den *Rhyton*.

Der schwarzfigurige Stil *wurde erstmals etwa 630 v. Chr. in Athen benutzt. Die Figurensilhouetten wurden mit flüssigem schwarzen Ton auf den eisenhaltigen Ton der Vase aufgetragen, der sich beim Brennen orangerot färbte. Diese Vase trägt das Signet des Exekias.*

Der rotfigurige Stil *kam um 530 v. Chr. auf. Die Figuren wurden im roten Tongrund ausgespart, die Umgebung mit schwarzem Firnis bedeckt. Die Linien und Schraffuren erhöhen die Lebendigkeit.*

Vasenformen

Fast alle Vasen wurden als Gebrauchsgegenstände hergestellt – als Vorratsbehälter für Wein, Öl, Getreide etc., als Mischgefäße für Wein und Wasser, als Trink- und Schöpfgefäße oder als Salbgefäße und Dosen zum Aufbewahren von Kosmetika und Schmuck.

***Die* Amphora**, *ein zweihenkliger Krug, diente zur Aufbewahrung von Wein, Olivenöl und Lebensmitteln wie zum Beispiel Oliven oder Trockenfrüchten.*

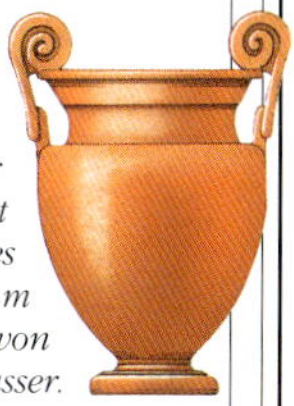

***Der* Krater** *(hier mit schneckenförmigen Henkeln oder »Voluten«) ist ein offenes Gefäß zum Mischen von Wein und Wasser.*

***In der* Hydria** *holte man Wasser vom Brunnen. Sie hat drei Henkel – einen senkrechten (zum Tragen und Ausgießen) und zwei waagrechte (zum Heben).*

***Den* Lekythos** *gab es in Größen von drei Zentimeter bis fast ein Meter Höhe. Er diente zur Aufbewahrung von Öl und als Grabbeigabe.*

***Die* Oinochoe**, *der gängige Weinkrug, hatte eine runde Öffnung und nur einen Henkel.*

***Die* Kylix**, *eine breite zweihenklige Trinkschale, erfüllte auch Dekorationszwecke.*

ATHEN

Athen im Überblick

ATHEN IST 3500 Jahre alt, ihre Blüte erlebte die Stadt in der klassischen Zeit der griechischen Antike, aus der viele Bau- und Kunstwerke überlebt haben. Das 5. Jahrhundert v.Chr. gilt als Goldenes Zeitalter. Perikles ließ damals die großen Bauten der Akropolis errichten. Im Byzantinischen und Osmanischen Reich spielte Athen nur eine marginale Rolle. Bedeutung erlangte es erst wieder 1834 als Hauptstadt des modernen Griechenlands. Heute ist es eine lebendige Metropole.

SIEHE AUCH

- ***Übernachten*** S.264ff
- ***Restaurants*** S.286ff
- ***Unterwegs in Athen*** S.322ff

Der Kerameikós (siehe S. 88f) *war im antiken Athen das Töpferviertel, hier lag auch der Zentralfriedhof. Abseits der Touristenpfade findet man zwischen den erhaltenen Gräbern Ruhe.*

Die Agora (siehe S. 90f), *der Marktplatz, war das antike Zentrum des wirtschaftlichen und politischen Lebens. Die 1953–56 origiginalgetreu rekonstruierte Attalos-Stoa (2. Jh. v.Chr.) beherbergt heute das Agora-Museum.*

Der Turm der Winde (siehe S. 86f) *neben dem römischen Forum ist ein schmales Achteck im hellenistischen Stil, um das ein Marmorfries läuft. Er wurde als Wasser- und Sonnenuhr mit Wetterfahne errichtet. Abgebildet sind die für Athen wichtigen Winde.*

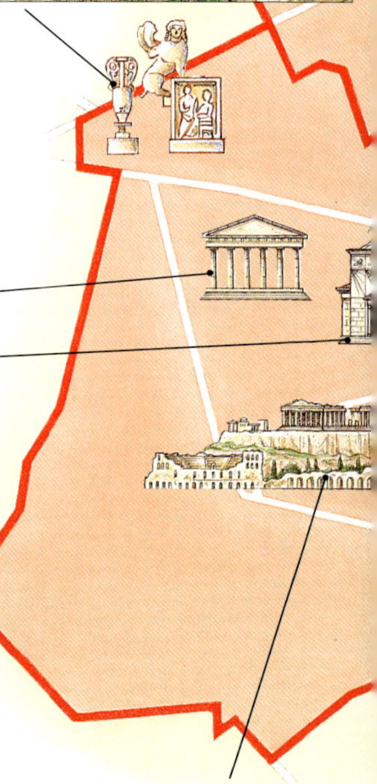

Die Akropolis (siehe S. 94f) *überragt Athen seit mehr als 2000 Jahren. Ob man den Parthenon oder das Erechtheion betrachtet – die Akropolis ist ein außergewöhnliches Ensemble.*

0 Meter 500

◁ **Blick zum Parthenon vom Hephaistos-Tempel**

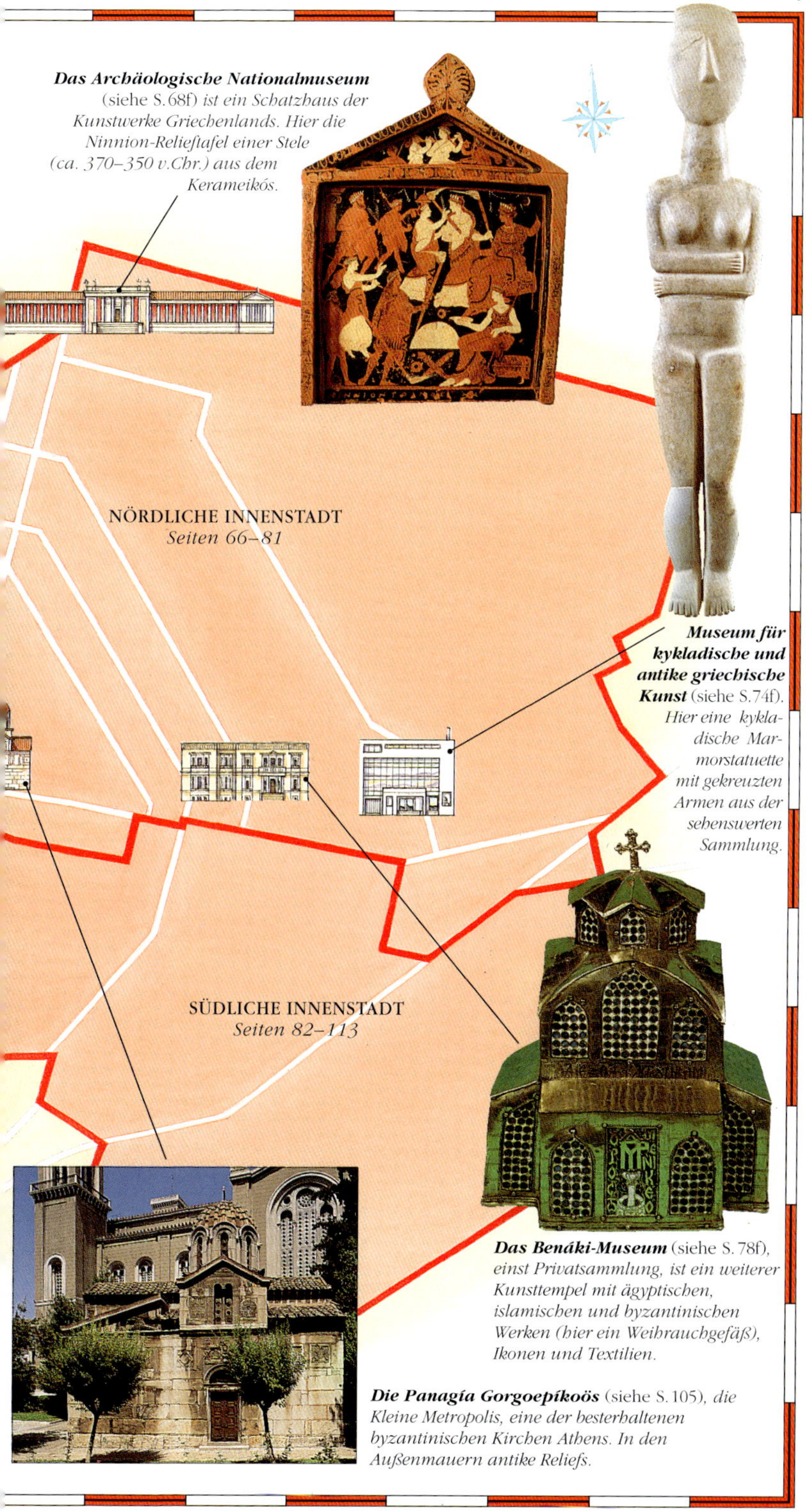

Das Archäologische Nationalmuseum (siehe S. 68f) *ist ein Schatzhaus der Kunstwerke Griechenlands. Hier die Ninnion-Relieftafel einer Stele (ca. 370–350 v. Chr.) aus dem Kerameikós.*

Museum für kykladische und antike griechische Kunst (siehe S. 74f). *Hier eine kykladische Marmorstatuette mit gekreuzten Armen aus der sehenswerten Sammlung.*

Das Benáki-Museum (siehe S. 78f), *einst Privatsammlung, ist ein weiterer Kunsttempel mit ägyptischen, islamischen und byzantinischen Werken (hier ein Weihrauchgefäß), Ikonen und Textilien.*

Die Panagía Gorgoepíkoös (siehe S. 105), *die Kleine Metropolis, eine der besterhaltenen byzantinischen Kirchen Athens. In den Außenmauern antike Reliefs.*

Nördliche Innenstadt

Das seit 7000 Jahren besiedelte Athen gilt als die Wiege abendländischer Zivilisation. Zur Blütezeit der Stadt im 5. Jahrhundert v. Chr. beherrschten die Athener den größten Teil des östlichen Mittelmeerraums. Die Bauten aus dieser Zeit, die verschiedenen Gebäude der Agora und die Akropolis etwa, liegen im Süden der Stadt. Der Norden entwickelte sich erst mit Beginn des 19. Jahrhunderts, als Athen unter König Otto neue griechische Hauptstadt wurde. An den breiten Alleen der modernen europäischen Stadt, der Odos Panepistimíou und Akadimías, entstanden bald viele imposante öffentliche Gebäude und Villen im klassizistischen Stil. Heute sind sie die eleganten Domizile vieler Großbanken, Botschaften und öffentlicher Institutionen, wie der Universität und ihrer Bibliothek.

Ikone des Erzengels Michael, Byzantinisches Museum

Nördlich des Stadtzentrums von Athen liegen das schicke Kolonáki und die kosmopolitischen Viertel um die Odos Patriárchou Ioakeím und Odos Irodótou mit hervorragenden Shopping- und Unterhaltungsmöglichkeiten. Viele der besten Athener Museen, darunter das Archäologische Nationalmuseum, befinden sich ebenfalls hier. In der Rubrik *Unterwegs in Athen (S. 322ff)* erhalten Sie dazu weitere Informationen.

Sehenswürdigkeiten auf einen Blick

Museen und Galerien

Archäologisches Nationalmuseum S. 68ff ❶
Benáki-Museum S. 78f ❿
Byzantinisches Museum ❼
Museum der Stadt Athen ⓬
Museum für Kykladische und antike griechische Kunst S. 74f ❽
Nationalgalerie ❺
Historisches Nationalmuseum ⓭
Theatermuseum ⓫
Kriegsmuseum ❻

Plätze, Parks und Gärten

Exárcheia und Stréfi ❷
Lykabettos ❸
Plateía Kolonakíou ❾

Kirchen

Kapnikaréa ⓮

Historische Gebäude

Gennádeion ❹

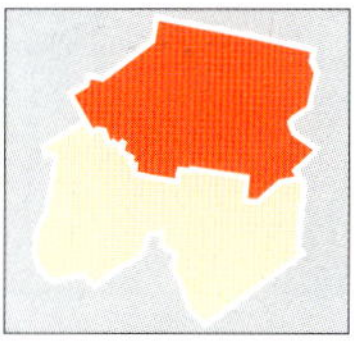

Legende

Metrostation
Parken
Information

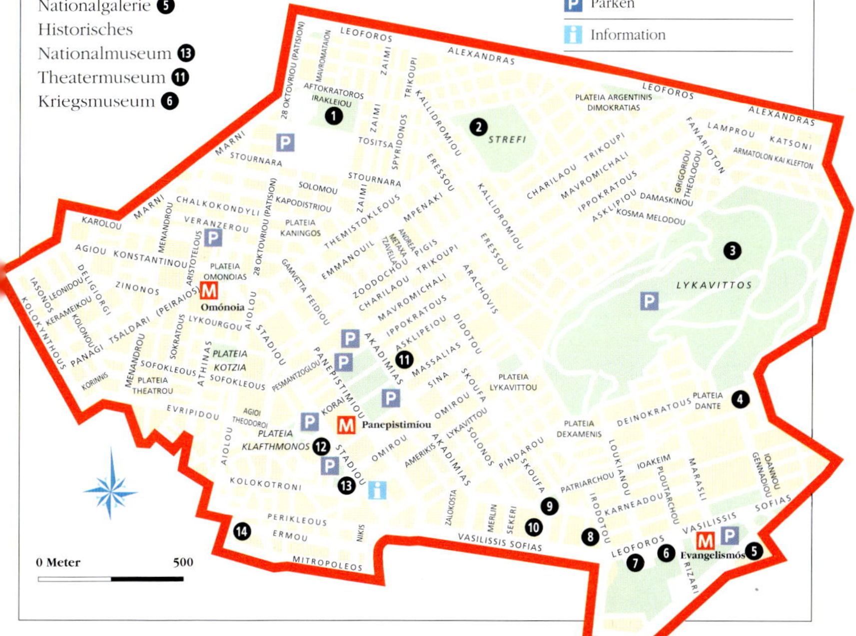

◁ **Die elegante Fassade des klassizistischen Universitätsgebäudes** ***(siehe S. 81)***

Archäologisches Nationalmuseum ❶

Εθνικό Αρχαιολογικό Μουσείο

Hellenistischer Bronzekopf aus Delos

Das 1891 eröffnete Museum, meist Nationalmuseum genannt, vereint unter seinem Dach einst überall verstreute Kunstschätze. Für sie wurden 1939 neue Flügel angebaut. Die unersetzliche Sammlung lagerte während des Zweiten Weltkriegs unterirdisch – eine vorbeugende Schutzmaßnahme. Fünfzig Jahre dauerten Renovierung und Umstrukturierung des 1946 neu eröffneten Hauses. Sie kamen den Sammlungen mit einzigartigen Exponaten zugute, dem mykenischen Goldschatz etwa, und einer beispiellosen Zahl von Skulpturen, Keramiken und Schmuckstücken. Zweifellos zählt das Museum zu den herausragendsten Ausstellungszentren der Welt.

Klassizistischer Eingang ins Archäologische Nationalmuseum an der Patissíon

Kurzführer

Erdgeschoß: Säle mit mykenischen, neolithischen und kykladischen Funden, anschließend geometrische, archaische, klassische, römische und hellenistische Skulpturen. Außerdem weitere Bronzen, ägyptische Funde, Schmucksammlung Stathatos und Sammlung Karapános. Oben: Keramikgefäße und Thera-Fresken.

Dipylon-Amphore

Die Riesenvase im geometrischen Stil (8. Jh. v.Chr.), ein Grabdenkmal für einen Verstorbenen, zeigt den Toten umringt von Klagegestalten. Die Bezeichnung rührt vom Fundort nahe des Dipylon-Tors im Kerameikós her (siehe S. 88f).

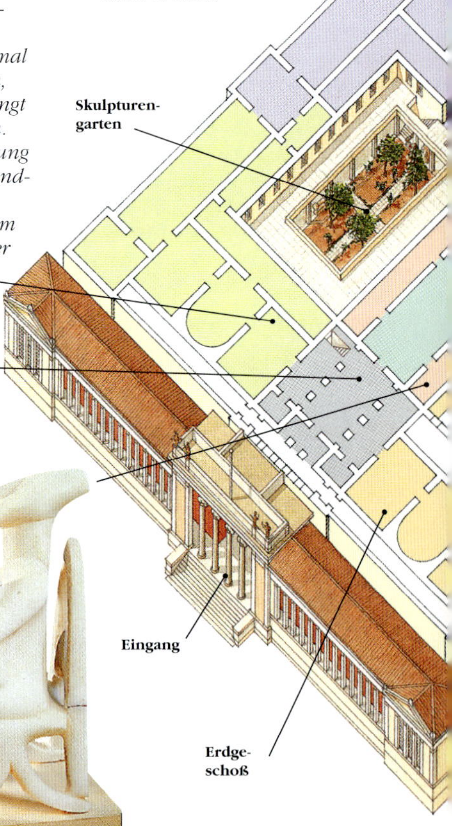

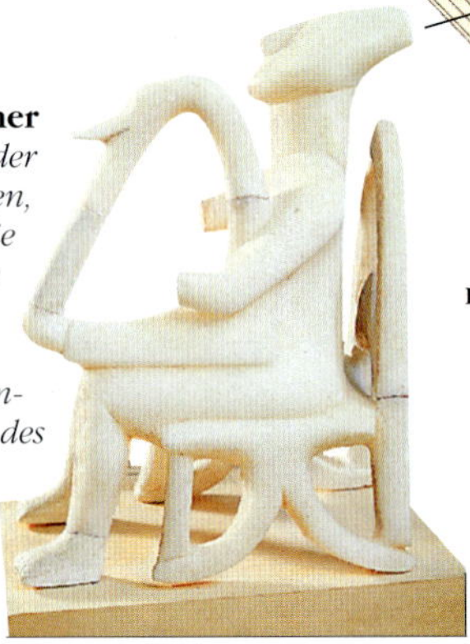

Harfner

Die Kultur der stilisierten Skulpturen, deren Heimat die Kykladen sind, blühte im 3. Jahrtausend v.Chr. Ihre Linien und Formen beeinflußten Anfang des 20. Jahrhunderts viele Künstler, darunter den englischen Bildhauer Henry Moore.

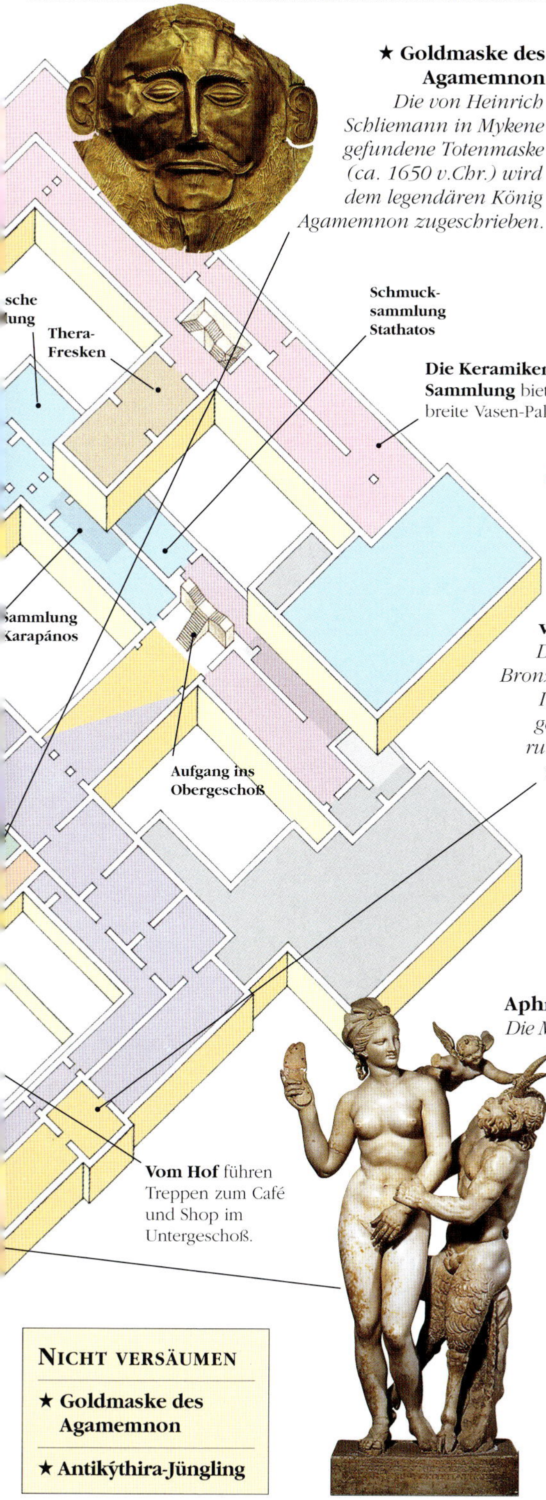

★ Goldmaske des Agamemnon
Die von Heinrich Schliemann in Mykene gefundene Totenmaske (ca. 1650 v.Chr.) wird dem legendären König Agamemnon zugeschrieben.

Die Keramiken-Sammlung bietet eine breite Vasen-Palette.

Vom Hof führen Treppen zum Café und Shop im Untergeschoß.

Aphrodite und Pan
Die Marmorstatue von Aphrodite, Eros und Pan mit Ziegenhufen wurde in Delos gefunden (ca. 100 v. Chr.).

★ Jüngling von Antikýthira
Die hellenistische Bronze, 1900 vor der Insel Antikýthira gefunden, ist mit rund zwei Metern überlebensgroß.

Infobox

44 Patissíon, Exárcheia.
Karte 2 E2
210 821 7717.
Omónoia.
wegen Renovierung bis Mai 2004 geschlossen.
www.culture.gr

Legende

- Neolithische und Myklad. Kunst
- Mykenische Kunst
- Geometrische und archaische Kunst
- Klassische Skulpturen
- Röm. und hellen. Skulpturen
- Andere Sammlungen
- Thera-Fresken
- Keramiksammlungen
- Wechselausstellungen
- Keine Ausstellungsfläche

Nicht versäumen

- ★ Goldmaske des Agamemnon
- ★ Antikýthira-Jüngling

Überblick: Die Sammlungen des Archäologischen Nationalmuseums

Die chronologisch geordneten Schätze des Museums bieten einen gründlichen Einblick in viele Jahrhunderte griechischer Kunst. Den Anfang bilden kykladische Statuetten, dann folgen Exponate des griechischen Bronzezeitalters, am Ende stehen die Säle mit den hellenistischen Bronzen und einer Büstensammlung römischer Kaiser. Dazwischen liegen andere Höhepunkte: zahlreiche Goldobjekte aus Mykene, die eleganten archaischen *Koúroi* (Jünglingsstatuen) und viele klassische Skulpturen.

Sphinxkopf aus Mykene

Neolithische und Kykladische Kunst

Den Beginn griechischer Zivilisation markieren schlichte dekorative Vasen und Figuren, des weiteren sind zu sehen: Terrakotta-Statuetten, Schmuck und Waffen. Die lebendig wirkenden Fruchtbarkeitsgöttinnen mit Kind (*kourotróphos*, die Nährende) blieben besonders gut erhalten. Hochinteressant sind darüber hinaus die größte bekannte kykladische Marmorfigur von Amorgós und die frühesten Musikantenidole, *Flötenspieler* und *Harfner*, beide von Kéros. Die späteren Funde von Mílos, die bemalte Vase mit Fischern etwa, zeigen den Wandel der Gefäßformen und Farben, der sich in der späten kykladischen Bronzezeit vollzog.

Neolithische Tonvasen mit einfachem Dekor

Mykenische Kunst

Verständlicherweise zieht es die meisten Besucher zu den mykenischen Kunstobjekten, den wundervollen Goldschätzen aus dem 16. Jahrhundert v.Chr. Zur mykenischen Sammlung gehören auch Fresken, Elfenbeinskulpturen und Edelstein-Siegelringe.

Aus den Mykene-Schachtgräbern (*siehe S. 180*) stammen eine Reihe von Dolchen, Bechern, Siegeln und Ringen sowie goldene Königs-Totenmasken, darunter die mit Recht berühmte *Maske des Agamemnon*. Man sieht auch zwei herrliche Rhytons, Weinkrüge: das eine in Form eines silbernen Stierkopfs mit Goldhörnern, das andere, löwenköpfige, in Gold. Außer in Mykene-Gräbern fand man auch anderswo mykenische Kunst, darunter zwei goldene stierkopfförmige Krüge aus dem kretischen Vafeió, eine Goldphiole mit umlaufenden Delphinen und Kraken (aus einem Königsgrab in Déntra), Tontäfelchen mit der frühen Linear-B-Schrift aus dem Nestor-Palast (*siehe S. 201*) und ein Schwert aus dem Stáfylos-Grab auf Skópelos.

Mykenischer Bronzedolch mit Goldintarsien

Die Entwicklung der griechischen Skulptur

Die Skulptur war die ausgereifteste Kunstform, deren Entwicklung von den frühen *Koúroi* bis zu den Werken namentlich bekannter klassischer Künstler, Phidias und Praxiteles, nachvollziehbar ist. Individuelle Statuen gab es erst ab dem 5. Jahrhundert v.Chr., zumeist Bildnisse von Göttern und Göttinnen, Helden und Athleten sowie männlichen und weiblichen Idealgestalten, jahrhundertelang Vorbilder für die abendländische Kunst.

Der Volomándra-Koúros *stammt aus der Mitte des 6. Jh. v. Chr. und wurde in Attika gefunden. Die stilisierten* Koúroi *nach ägyptischen Vorbildern (nackte Jünglingsstatuen, seit Mitte 7. Jh. v.Chr.) ähneln sich in Haltung und Proportionen. Die weiblichen Pendants,* Kórai, *sind bekleidet.*

Der Marathon-Knabe *(340 v.Chr.) Wie viele andere Bronzen wurde diese Statue auf dem Meeresgrund gefunden. Sie offenbart durch ihre Verträumtheit und Natürlichkeit die Hand Praxiteles', des bekanntesten spätklassischen Bildhauers. Der perfekt proportionierte Knabe gilt als Musterbeispiel »heroischer Nacktheit«.*

Hellenistische Bronze *Pferd und Reiterknabe*

Geometrische und archaische Kunst

Der geometrische Stil, mit seinen berühmten Monumental-Grabamphoren wie der *Dipylon-Amphore*, verfeinerte sich mit mythologischen, Pflanzen- und Tiermotiven zum Ornamentalstil (7. Jh. v.Chr.). Um 600 v.Chr. stand die schwarzfigurige Vasenherstellung in voller Blüte. Seltene Exemplare aus dieser Epoche: ein *Lekythos* mit Peleus, Achilles und dem Zentauren Cheiron und *Aryballoi* genannte, plastische Gefäße.

Krieger aus Böotien (frühes 7. Jh. v.Chr.)

Klassische Skulptur

Zur Skulpturensammlung der klassischen Epoche gehören schöne Standbilder und eine Auswahl von Grabmonumenten, zumeist aus dem Kerameikós, darunter die herrliche Stele der Hegeso (ca. 410 v.Chr., *siehe S. 88*). Im Saal der klassischen Weihreliefs befinden sich Teile der Hera-Statue aus dem Heraion im peloponnesischen Argos und überdies viele Bildnisse der Athena, darunter die *Varvakeion-Athena*, eine kleine Kopie der Goldelfenbeinstatue aus dem Parthenon *(siehe S. 99)*.

***Diese »Abschiedsstele«** (Mitte 4. Jh. v.Chr.) zeigt eine ihrer Familie Lebewohl sagende Sitzende. Die Trauernden sind voller Würde, wie meist auf griechischen Grabreliefs.*

Römische und hellenistische Skulpturen

Obwohl viele griechische Bronzen im Altertum verlorengingen – Metall wurde in Kriegszeiten zu Waffen eingeschmolzen –, besitzt das Museum einige herrliche Stücke: die berühmten Bronzen *Poseidon* und *Pferd und Reiterknabe*, beide vom Kap Artemision auf Euböa, und den *Jüngling von Antikýthira*, gefunden auf dem Meeresgrund vor der Insel. Eine weitere bekannte Bronze ist der *Knabe von Marathon*.

Andere Sammlungen

Das Museum beherbergt neben den großen auch kleinere, von Privatpersonen übereignete Sammlungen, die **Schmucksammlung Stathatos** mit Objekten von der Bronzezeit bis in die byzantinische Epoche etwa. Die **Sammlung Karapános**, zu der zumeist Funde aus Dodóni *(siehe S. 211)* gehören, besitzt viele schöne Bronzen, darunter die *Statuette des blitzschleudernden Zeus*. Außerdem zu sehen: kleine Dekorations- und Votivobjekte sowie Bleitäfelchen mit eingeritzten Fragen für das Dodóni-Orakel. Das Haus besitzt auch eine jüngst eröffnete **Ägyptische Sammlung** und eine **Bronzensammlung** mit vielen kleinen plastischen und dekorativen Kunstobjekten von der Akropolis.

Hellenistischer Goldring, Sammlung Stathatos

Thera-Fresken

Ursprünglich glaubte man, diese Fresken, 1967 in Akrotíri auf Thera (Santoríni) entdeckt, stammten aus dem mythischen Atlantis. Drei von ihnen sind hier im Museum ausgestellt. Die berühmten Fresken aus der Zeit um 1500 v.Chr. unterstreichen das hohe Niveau später minoischer Kultur. Auf den farbenfrohen, restaurierten Fresken sind eine Schiffsexpedition, Frauen, Kinder, nackte Fischer, Tiere und Blumen zu sehen.

Keramikensammlung

Nicht der Umfang der Sammlung beeindruckt, sondern die hohe Kunst einzelner Werke aus der Blütezeit griechischen Keramikhandwerks. Wahre Schätze hat das 5. Jahrhundert v.Chr. hervorgebracht, rotfigurige Vasen und weißgrundige *Lekythen* waren damals stilbildend und wurden in großer Zahl hergestellt *(siehe S. 60)*, kunstvolle Malstile und Dekore entstanden. Die eindrucksvollsten Objekte stammen vom »Bosanquet-Maler« und »Achilles-Maler«, die junge Männer auf Grablekythen abbildeten.

Blick von der Akropolis nach Nordosten auf den Lykabettos

Exarcheía und Stréfi ❷
Εξάρχεια
Λόφος Στρέφη

Karte 2 F2 und 3 A2. **M** *Omónoia.*

Bis vor kurzem war um die Plateía Exarcheíon (Exarchion-Platz) das Szeneviertel anarchistischer Aktivitäten angesiedelt. Davor war das Viertel ein sehr attraktiver Stadtteil, wie die neoklassizistischen Bauten aus dem 19. Jahrhundert bezeugen.

Gegenwärtig wandelt es sich abermals. Neben heruntergekommenen Plätzen mischt sich bürgerliches Ambiente mit eleganten Cafés, Bars und Ouzobars *(ouzerí)*. Von hier führt die Themistokléous direkt zur Plateía Omónoia (zum Omónia-Platz); die griechischen Lebensmittelläden und kleinen Boutiquen sind eine wohltuende Abwechslung zu den lauten Bars. Am Exarchion-Platz geht es nachts besonders turbulent zu, wenn die Freiluft-Tavernen und das Open-air-Kino *Riviera* in den zum Stréfi ansteigenden Straßen viele Besucher locken.

Alljährlich am 17. November findet hier eine Demonstration zur Erinnerung an 1973 statt, als viele Studenten während eines Sit-ins von der Junta ermordet wurden.

Das nahe gelegene, weitverzweigte Parkgelände auf dem Stréfi ist tagsüber ruhig, belebt sich jedoch nachts, wenn die Cafés voll besetzt sind. Der Stréfi ist eine der grünen Lungen Athens, in der man sich vom in der Sommerhitze besonders unangenehmen Lärm und Staub erholen kann.

Vom Lykabettos-Restaurant überblickt man ganz Athen

Lykabettos ❸
Λόφος Λυκαβηττού

Karte 3 C3. **Seilbahn:** *ab Ploutárchou, Mo–Mi, Fr–So 8.45–12.45 Uhr, Do 10.30–12.45 Uhr.*

Den höchsten Punkt der Stadt, den 277 Meter hohen Lykabettos, kann man über Fußwege in rund 45 Minuten erreichen. Leichter, jedoch schwindelerregend, ist die Fahrt mit der Seilbahn von der Ploutárchou aus. Der Felsen hat seinen Namen vermutlich aus der Kombination der Worte *lýki* und *vaino,* „Weg zum Licht", erhalten. Die alten Griechen glaubten, daß der Lykabettos-Fels, versehentlich von der Stadtpatronin Athena fallengelassen, eigentlich die Akropolis tragen sollte. Die höchste Erhebung der Stadt wurde erstaunlich wenig in der klassischen Literatur erwähnt, abgesehen von Aristophanes *Wolken* und Platons *Kritiás*. Der Lykabettos ist ein beliebtes Ausflugsziel der Athener, die von den rund um den Gipfel angelegten Plattformen die Panoramablicke über ihre Stadt genießen.

Den Gipfel krönt die weiß getünchte Kapelle **Agios Geórgios** aus dem 19. Jahrhundert. An ihrer Stelle stand früher eine dem Propheten Elias geweihte byzantinische Kirche. Alljährlich werden die Namenstage beider Heiligen gefeiert, Elias' Namenstag am 20. Juli und der des hl. Georg am 23. April. Am Ostersonntagabend sieht man eine Prozession bei Kerzenlicht sich die bewaldeten Hänge hinunterziehen *(siehe S. 45)*.

Auf dem Lykabettos kann man außerdem ein Gipfelrestaurant, Cafés und das **Lykabettos-Theater** besuchen. Jedes Jahr finden hier während des Athener Festivals Jazz-, Pop- und Tanzdarbietungen statt *(siehe S. 46)*.

Gennádeion ❹
Γεννάδειον

American School of Classical Studies, Souidías 61, Kolonáki. **Karte** 3 C4. *210 721 0536. Evangelismos. 3, 7, 8, 13. Mo–Fr 9–17 Uhr (Do bis 20 Uhr), Sa 9–14 Uhr. Aug, Feiertage.*

Der griechische Diplomat und Gelehrte Ioánnis Gennádios (1844–1932), zeit seines Lebens Sammler seltener Erstausgaben und illustrierter Handschriften, schenkte 1923 seine Sammlung der American School of Classical Studies. Das nach ihm benannte Gennádeion wurde 1923–1925 vom New Yorker Architektenbüro Van Pelt and Thompson eigens für die Bibliothek errichtet. Das Giebelfeld über den ionischen Säulen trägt die Inschrift »Griechen sind alle, die an unserer Kultur teilhaben« – ein Zitat aus Gennádios' Einweihungsrede 1926.

Für Forschungen in der Präsenz-Bibliothek mit über 70 000 Bänden und Manuskripten benötigt man eine Sondererlaubnis. Besucher können einige ausgewählte Exponate betrachten, für Souvenirs gibt es einen Shop.

Zu den sehenswerten Ausstellungsstücken im Großen Lesesaal gehören unter anderem 192 im Jahre 1929 erworbene Skizzen von Edward Lear. Interessant ist auch eine Sammlung von Byron-Erinnerungsstücken, darunter das 1824 entstandene letzte bekannte Porträt des in Griechenland verstorbenen Dichters *(siehe S. 149)*.

Die klassizistische Fassade des Gennádeion

Nationalgalerie ❺
Εθνική Πινακοθήκη

Vasiléos Konstantínou 50, Ilísia. **Karte** 7 C1. *210 723 5937. Evangelismos. 3, 13. Mo–Sa 9–15 Uhr (Mo, Mi auch 18–21 Uhr), So 10–14 Uhr. Feiertage.*

Der 1976 eröffnete moderne Flachbau der Nationalgalerie (Pinakothek) beherbergt eine permanente Ausstellung europäischer und griechischer Kunst. Das Erdgeschoß, Zugang zum Skulpturengarten, ist Wanderausstellungen vorbehalten. Der erste Stock widmet sich, mit Ausnahme von fünf Bildern El Grecos (1541–1614), unbedeutenderen, nichtgriechischen Werken. Neben Bildern aus der Holländischen, Italienischen und Flämischen Schule gibt es Skizzen, Stiche und Bilder von Rembrandt, Dürer, Brueghel, Van Dyck, Watteau, Utrillo, Cézanne und Braque. Zu den herausragenden Exponaten gehören Caravaggios *Sängerknabe* (1620), Delacroix' *Griechischer Krieger* (1856) und Picassos kubistisches Gemälde *Frau im weißen Kleid* (1939).

Im zweiten Stock finden sich wechselnde Ausstellungen, die moderne griechische Werke (18.– 20. Jh. zeigen. Das 19. Jahrhundert ist durch Darstellungen des Unabhängigkeitskriegs und Seebilder repräsentiert, aufgelockert durch Porträts. Hierzu gehören unter anderem Nikólaos Gyzis' *Wettverlierer* (1878) sowie Nikifóros Lýtras' *Wartender* (1900) und *Der Strohhut* (1925), dazu zahlreiche Werke anderer bedeutender griechischer Künstler, darunter Chatzimichaïl, Chatzikyriákos-Gkíkas, Móralis und Tsaroúchis.

Moderne Skulptur im Garten der Nationalgalerie

Kriegsmuseum ❻
Πολεμικό Μουσείο

Ecke Vasilíssis Sofías u. Rizári, Ilísia. **Karte** 7 C1. *210 725 2975. Evangelismos. 3, 7, 8, 13. Di–Fr 9–14, Sa, So 9.30–14 Uhr. Feiertage.*

Das Kriegsmuseum wurde 1975 nach dem Fall der Militärdiktatur eröffnet *(siehe S. 43)*. In den ersten neun Galerien werden chronologisch Kriegsszenen, Rüstungen und Pläne präsentiert, von der mykenischen Epoche bis zur Besetzung durch die Deutschen (1941). In den anderen Galerien sind verschiedenste Objekte zu sehen, Uniformen und türkische Waffen etwa.

Bronzehelm aus Sparta

Interessant sind auch Bilder und Dokumente über die Führer des Unabhängigkeitskriegs *(siehe S. 40f)*, über General Theódoros Kolokotrónis (1770–1843) beispielsweise, auch seine Totenmaske ist ausgestellt. In einer umfangreichen Sammlung von Skizzen und Ölbildern haben die Künstler Floras-Karavías und Argyrós die Härten der beiden Weltkriege lebendig festgehalten.

Museum für Kykladische Kunst ❽

Μουσείο Κυκλαδικής Τέχνης

Kykladischer Marmorkopf

DAS 1986 ERÖFFNETE Museum besitzt die schönste Sammlung kykladischer Kunst weltweit. Die einstige Privatsammlung von Nikólas und Dolly Goulandrí wurde durch Schenkungen anderer griechischer Sammler erweitert. Das Haus nennt heute eine bemerkenswerte Sammlung antiker griechischer Kunstwerke sein eigen, die frühesten sind rund 5000 Jahre alt. Die Kykladen-Statuetten (3. Jahrtausend v.Chr.) sind zwar nicht so populär wie klassische Skulpturen, doch in ihrer Schlichtheit inspirierten sie zahlreiche Maler und Bildhauer des 20. Jahrhunderts wie Picasso, Modigliani und Henry Moore.

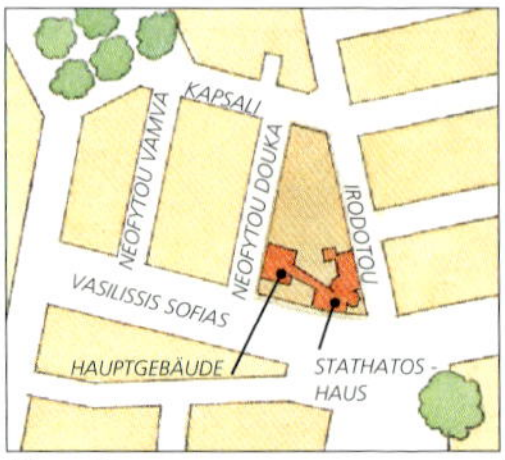

ZUR ORIENTIERUNG

Rotfiguriger Kylix
Trinkbecher (5. Jh. v.Chr.) mit einem Boxkampf zweier junger Athleten, überwacht von einem Lehrer.

Violinenförmige Statuette
Kykladisches Figürchen aus weißem Marmor (13 cm), wahrscheinlich ein stilisierter Mensch. Diese Statuetten stammen zumeist von Páros und Antíparos.

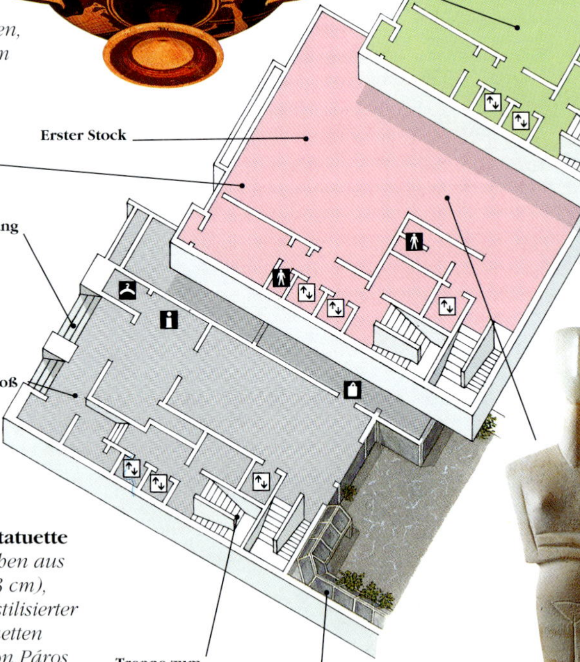

★ Kykladische Statuette
Nur ganze 39 Zentimeter groß ist dieses Figürchen einer Schwangeren mit »gekreuzten Armen« und jeweils nur vier Zehen.

KURZFÜHRER

Hauptgebäude 1. Stock: kykladische Sammlung; 2. Stock: antike griechische Kunst; 3. Stock: Wechselausstellungen; 4. Stock: Sammlung Charles Polítis. Das Stathátos-Haus zeigt eine sehenswerte Sammlung griechischer Kunst der Athener Akademie.

NICHT VERSÄUMEN

- ★ Kykladische Statuette
- ★ Weißer Lekythos

Terrakotta-Statuette
Diese Frauenfigur stammt, wie viele andere, vermutlich aus Tanágra im zentralgriechischen Böotien; sie entstand zwischen 330 und 320 v. Chr.

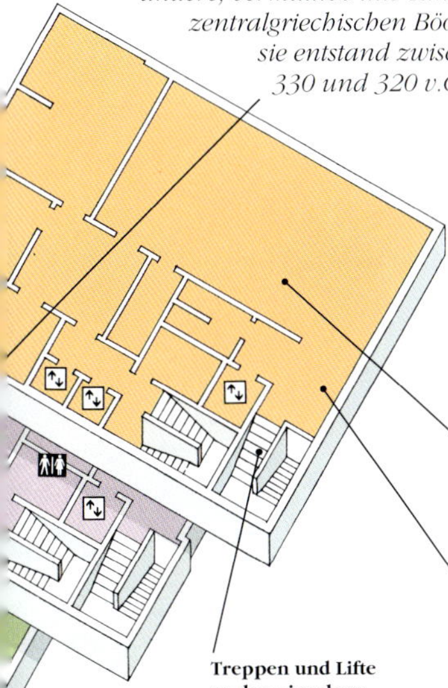

Vierter Stock

Treppen und Lifte zu den einzelnen Stockwerken

INFOBOX

Neofýtou Doúka 4, Kolonáki (Eingang zum Stathátos-Haus: Irodótou 1). **Karte** 7 B1. *210 722 8321.* *3, 7, 8, 13.* *Mo, Mi–Fr 10–16 Uhr, Sa 10–15 Uhr.* *Feiertage.* *begrenzt.* *www.cycladic.gr*

LEGENDE

- Museumsladen und Kasse
- Kykladische Kunst
- Antike griechische Kunst
- Wechselausstellungen
- Sammlung Polítis

★ Weißer Lekythos
Dieser Ton-Lekythos (Grabvase, um 450 v. Chr.) ist ein Beispiel für weißgrundige Vasenmalerei (siehe S. 60) *und diente als Balsamöl-Behälter. Dargestellt ist eine Trauernde, die Opfergaben zum Grab trägt.*

Bronzener Askos
Dieser hellenistische Weinkrug stammt aus dem 2. Jahrhundert v. Chr. Die Bezeichnung leitet sich aus der Tatsache ab, daß er die Form einer Ziegenhaut, askos, *hat.*

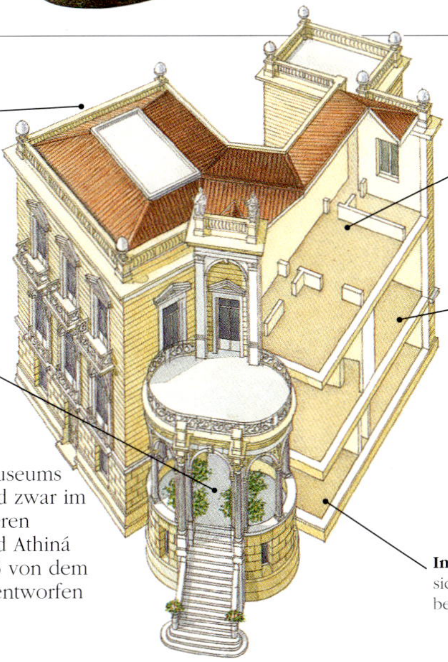

Fußweg zum Haupteingang

Der erste Stock bietet Platz für Wechselausstellungen.

Durch die Säulenhalle gelangt man zum Stathátos-Haus.

Das Erdgeschoß beherbergt die griechische Kunstsammlung der Athener Akademie. Das hintere, treibhausartige Glasdach sorgt für Lichtdurchlässigkeit.

STATHATOS-HAUS

Der »neue« Flügel des Museums wurde 1992 eröffnet, und zwar im neoklassizistischen früheren Wohnhaus von Otho und Athiná Stathátos. Es wurde 1895 von dem Architekten Ernst Ziller entworfen und erbaut.

Im Untergeschoß befindet sich im Hof zwischen den beiden Gebäuden ein Café.

Ikone des hl. Michael (14. Jh.), Byzantinisches Museum

Byzantinisches Museum ❼

Βυζαντινό Μουσείο

Vasilíssis Sofías 22, Plateía Rigílis, Kolonáki. **Karte** 7 B1. *210 723 1570.* *Evangelismos.* *3, 8, 7, 13.* *Di–So 8.30–15 Uhr.* *Feiertage.* *nur Erdgeschoß.*

DIE TOSKANISCHE VILLA Ilissia (1840–48) aus der Hand des Architekten Stamátis Kleánthis gehörte einst der Philhellenin Herzogin von Plaisance (1785–1854), Ehefrau eines napoleonischen Generals und Mitte des 19. Jahrhunderts eine Schlüsselfigur der Gesellschaft.

In den 1930er Jahren machte der Kunstsammler Geórgios Sotíriou aus dem Haus ein Museum: Der Architekt Aristotélis Záchos verwandelte den Eingangsbereich mit einer Brunnenkopie nach einem Daphni-Mosaik (4. Jh., *siehe S. 152f*) in einen Klostergarten. Ein moderner Erweiterungsbau ermöglichte es, die gesamte Sammlung – Ikonen, Mosaiken, Skulpturen, Fresken und silbernen Kirchenschatz – permanent zu präsentieren.

1500 Jahre byzantinischer Kunst und Architektur, beginnend mit der griechischen Diaspora, werden im Erdgeschoß chronologisch präsentiert. In die Ikonen-Säle wurden Fragmente heute zerstörter byzantinischer Kirchen aus drei Epochen einbezogen: eine dreischiffige Basilika (frühes 5. Jh.), eine Kreuzkuppelkirche aus dem 11. Jahrhundert und eine postbyzantinische Kirche. Die Exponate der anderen Säle im Erdgeschoß reichen von frühchristlichen, auf der Akropolis gefundenen Basilika-Fragmenten aus dem 4. Jahrhundert bis zu Dekor-Statuen aus der fränkischen Besatzungszeit im 15. Jahrhundert. Herausragende Stücke: eine Grabstele aus Ägina, auf der Orpheus von wilden Tieren umgeben dargestellt ist (5.–4. Jh. v. Chr.), und eine seltene Marmortafel mit drei Aposteln aus Thessaloníki (10.–11. Jh.).

Der erste Stock ist kirchlichen Kunstobjekten gewidmet, darunter das *Epitaph von Saloniki*, eine kunstvolle golddurchwirkte Stickerei aus dem 14. Jahrhundert. Außerdem gibt es Fresken zu sehen, die in Kirchen auf Náxos, in Oropós und Delphi abgenommen wurden, und eine Ikonensammlung aus der Zeit der griechischen Diaspora. Hervorzuheben sind zwei besonders schöne Ikonen: die *Galaktotrophousa* (Jungfrau mit Kind im Arm) 1784 von Makários von Galatísta gemalt, der als Mönch auf dem Berg Athos lebte, sowie die *Episkepsis*, eine berühmte Mosaik-Ikone des 14. Jahrhunderts aus Bithynien (Kleinasien).

Orpheus mit der Leier, Grabstele

Die *Episkepsis*, Jungfrau mit Kind, Byzantinisches Museum

Ikonen in der Orthodoxen Kirche

Ikone bedeutet »Bildnis«, mit der Zeit, wegen der Verwendung in der Kirche, wurde daraus das religiöse Bildnis. Die Themen reichen von Darstellungen populärer Heiliger wie Andreas und Nikolaus zu unbekannteren Märtyrer-, Propheten- und Erzengelbildnissen. Im Mittelpunkt steht das Heiligenbild der Jungfrau mit dem Kind. Ikonen haben eine wichtige Stellung im griechisch-orthodoxen Glauben und sind in Griechenland allgegenwärtig. Sie können »a fresco« gemalt sein, es gibt sie auch als Mosaik, oder sie sind aus Knochen oder Metall. Am gebräuchlichsten ist das tragbare Gemälde auf einer mit Leinen und Gips überzogenen Holztafel. Die klar erkennbaren Augen der Dargestellten schauen stets direkt auf den Betrachter. Die oft künstlerisch sehr hoch stehenden Arbeiten sind nicht signiert und datiert, außerdem nach einem festen Schema gestaltet, was Farben, Gewänder, Gesten und Ausdruck betrifft (*siehe S. 18f*), da der Künstler in einer jahrhundertealten Ikonentradition verwurzelt ist.

Puppentheater, Theatermuseum

Museum für Kykladische Kunst ❽

Siehe S. 74f.

Plateía Kolonakíou ❾

Πλατεία Κολωνακίου

Kolonáki. **Karte** 3 B5. *3, 7, 8, 13.*

Rund um den Kolonaki-Platz und seine Seitenstraßen liegt das schickste Viertel Athens. Wer sich nur für Altertümer und Flohmärkte in Monastiráki interessiert, kommt freilich nicht hierher. Namensgeberin für den auch Plateía Filikis Etaireías genannten Platz war eine in dem Viertel gefundene antike Säule *(kolonáki)*. Seinen Ruf als mondänster Stadtteil weiß Kolonaki mit seinen gefeierten Designer-Boutiquen, Bars und Cafés, Antiquitätenläden und Kunstgalerien, Konditoreien *(zacharoplastéia)* und Ouzobars *(ouzerí)* zu pflegen *(siehe S. 116)*. Die lebhaften Straßencafés rund um den Platz haben alle ihre besondere Klientel. Vor dem einen schlürft der Nachwuchs wohlhabender Bürger, an Harley Davidsons gelehnt, seinen *Frappé* (Eiskaffee), im anderen, so etwa im *Lykóvrissi*, drängt sich ein älteres intellektuelles Publikum und diskutiert beim Kaffee über das nie langweilige Thema Politik.

Benáki-Museum ❿

Siehe S. 78f.

Theatermuseum ⓫

Μουσείο και Κέντρο Μελέτης του Ελληνικού Θεάτρου

Akadamías 50, Kéntor. **Karte** 2 F4. *210 362 9430* *Panepistimio.* *3, 8, 13.* *Mo–Fr 9–14 Uhr.* *Aug, 17. Nov, Feiertage.* *begrenzt.*

Das Museum im Erdgeschoß eines neoklassizistischen Hauses dokumentiert griechische Theatergeschichte von der Klassik bis heute. Ausgestellt sind Original-Plakate und -Programme, Kostüme und Produktionspläne von Theaterdirektoren, Károlos Koun etwa, und ein buntes Puppentheater. Auch die Umkleideräume griechischer Schauspielerinnen, Eléni Papadáki und Elli Lampéti etwa, wurden nachgebaut, um dem Besucher einen Einblick in deren Welt zu ermöglichen.

Perikles, Theatermuseum

Museum der Stadt Athen ⓬

Μουσείο της Πόλεως των Αθηνών

Paparrigopoúlou 7, Plateía Klafthmónos, Syntágma. **Karte** 2 E5. *210 324 6164.* *Panepistimio.* *1, 2, 4, 5, 9, 11, 12, 15, 18.* *So–Mi, Fr 10–14 Uhr.* *Feiertage.*

König Otto und Königin Amalía *(siehe S. 40)* lebten 1831–38 in diesem aus zwei Häusern bestehenden Alten Palast bis zum Umzug in den Neuen Palast, das heutige Voulí-Parlament *(siehe S. 112)*.

1980 wurde der Alte Palast Museum für Memorabilia, Möbel, Porträts, Karten und Dokumente des Königspaars, so daß man einen Einblick in die frühen Regierungsjahre König Ottos erhält.

Unter den Exponaten sind zu nennen: die Handschrift der Verfassung von 1843, Mäntel und Waffen der fränkischen (1205–1311) und katalanischen (1311–80) Herrscher Athens und ein Stadtmodell (1842) von Giánnis Travlós (1908–1985). Das Museum besitzt auch eine Kunstsammlung mit Nikólaos Gýsis' Ölgemälde *Karneval in Athen* (1892) und eine Anzahl von Aquarellen der englischen Künstler Edward Dodwell (1767–1832), Edward Lear (1812–88) und Thomas Hartley Cromek (1809–73).

Das obere Wohnzimmer, Museum der Stadt Athen

Benáki-Museum ⑩

Μουσείο Μπενάκη

Gründer des Museums war 1931 Antónis Benákis (1873–1954), Sohn Emmanouil Benákis', eines in Ägypten reich gewordenen Griechen. Das Museum in einem neoklassizistischen Haus, einst Wohnsitz der Benákis-Familie, besitzt eine Anzahl griechischer Kunstwerke und Kunsthandwerksobjekte, außerdem Gemälde, Schmuck, einheimische Textilien und historische Andenken aus mehr als 5000 Jahren vom Neolithikum bis ins 20. Jahrhundert.

Flagge von Ydra (Hydra)
Das Motiv symbolisiert die frühere Überlegenheit der Insel bei Seeschlachten zur Unterstützung des Festlands.

Brautkissen
Dieses bestickte Kissen (18. Jh.) stammt aus Epirus. Auf ihm sind ein Hochzeitszug und im Hintergrund Blumenornamente zu sehen.

★ Segment einer Holztäfelung
Dieses kunstvoll bemalte und beschnitzte Segment einer Holztäfelung aus dem 18. Jahrhundert stammt aus einem Wohnhaus in Kozáni in Westmakedonien.

Silbernes Ziborium
Das zur Aufbewahrung der Hostie dienende Gefäß von 1667 stammt aus dem türkischen Edirne.

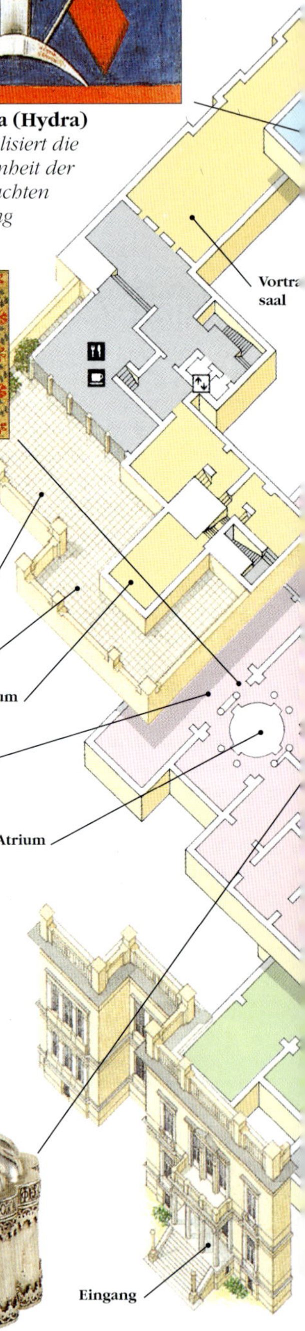

Legende

- Erdgeschoß
- Erster Stock
- Zweiter Stock
- Dritter Stock
- Nicht zugänglich

Schiffsanhänger
Dieser goldene Anhänger (frühes 17. Jh.), mit blauem und grünem Email geschmückt und mit Perlen verziert, stammt von Pátmos und soll venezianischen Ursprungs sein.

INFOBOX

Ecke Koumpári u. Vassilísis Sofías, Sýntagma. **Karte** 7 A1.
210 367 1000.
Sýntagma.
3, 7, 8, 13. *Mo, Mi, Fr, Sa 9–17 Uhr, Do 9-0 Uhr, So 9–15 Uhr.*
1. Jan, 25. März, Karfreitag vorm., Ostersonntag, 1. Mai, 25.–26. Dez.
(donnerstags frei)

KURZFÜHRER

Die nach Epochen geordneten Exponate im Erdgeschoß umfassen Werke vom Neolithikum bis in die späte byzantinische Zeit. Geographisch geordnet -- Kleinasien, griechisches Festland und Inseln -- sind die Stücke des 1. Stocks. Hier befinden sich auch Kirchenschätze und Schmuck. Im 2. Stock ist eine Dokumentation geistlicher, wirtschaftlicher und gesellschaftlicher Aspekte Griechenlands zu sehen, im 3. Stock eine solche der griechischen Unabhängigkeitskrieges und des modernen politischen und kulturellen Lebens. Die Galerie Chatzikyriákos-Gkíkas besitzt Werke des verstorbenen Malers und Bildhauers.

★ Ikone der hl. Anna
Auf der Ikone aus dem 15. Jahrhundert hält die hl. Anna die Jungfrau Maria wie ein Kind auf dem Arm. Diese hält eine weiße Lilie in der Hand – das Symbol der Reinheit.

Trinkschale aus Paphos
Farbenprächtige Trinkschale (13. Jh.) aus Zypern. Die tanzende Gestalt trägt Rasseln.

★ Totenporträt aus Faiyúm
Ägyptisches, auf Leinwand gemaltes Jünglingsporträt aus dem 3. Jahrhundert.

NICHT VERSÄUMEN

- ★ Totenporträt aus Faiyúm
- ★ Ikone der hl. Anna
- ★ Holztäfelung

Klassizistische Fassade des Historischen Nationalmuseums

Historisches Nationalmuseum ⓭
Εθνικό Ιστορικό Μουσείο

Stadíou 11, S'yntagma. **Karte** 2 F5. *210 323 7617.* *Sýntagma.* *1, 2, 4, 5, 9, 10, 11, 18.* *Di–So 9–14 Uhr.* *Feiertage.* *So frei.*

Das von François Boulanger (1807–75) entworfene heutige Museum war als erstes griechisches Parlamentsgebäude geplant. Trotz Grundsteinlegung 1858 wurde das Haus erst 13 Jahre später bezogen. Hier residierten bis 1935 Minister und Abgeordnete; Theódoros Deligiánnis wurde 1905 auf den Stufen zum Parlamentseingang ermordet. Nach Renovierung des Voulí-Gebäudes an der Platéia Syntágmatos *(siehe S. 112)* fand schließlich der Umzug des Parlaments in seinen heutigen Tagungsort statt.

1961 wurde das Haus als Historisches Nationalmuseum, im Besitz der Historisch-Ethnologischen Gesellschaft Griechenlands, eröffnet. Die 1882 gegründete Gesellschaft hat sich die Sammlung von Objekten zur Aufgabe gemacht, die der Erforschung des modernen Griechenlands dienen. Das Museum dokumentiert chronologisch alle wichtigen Ereignisse der griechischen Geschichte von der byzantinischen Epoche bis ins 20. Jahrhundert. Venezianische Rüstungen, Folkloretrachten, Schmuck und Galionsfiguren der an der Revolution von 1812 beteiligten Kriegsschiffe, um nur einige der vielen Exponate hervorzuheben, sind zu sehen.

Die Sammlung widmet sich auch bedeutenden Parlamentariern, Philhellenen und Führern des Unabhängigkeitskriegs und präsentiert beispielsweise das Schwert des Freiheitskämpfers Lord Byron, die Waffen von Theódoros Kolokotrónis (1770–1834), König Ottos Thron und den Federhalter, den Elefthérios Venizélos bei der Unterzeichnung des Friedensvertrags von Sèvres 1920 benutzte. Auch die Revolutionsmemoiren von General Makrigiánnis (1797–1864) können eingesehen werden. Unter den ausgestellten Gemälden befindet sich auch ein seltener Holzschnitt Bonastros mit der Darstellung der Schlacht von Lepanto (1571).

Reiterstatue Generals Theódoros Kolokotrónis'

Vor dem Museum steht eine Kopie der Kolokotrónis-Reiterstatue von Lázaros Sóchos, die 1900 entstand und deren Original in Náfplio (Nauplia), der früheren Hauptstadt Griechenlands *(siehe S. 182ff)*, steht. Auf dem Sockelt eine Widmung: »Theódoros Kolokotrónis, 1821. Reite, edler Führer, durch die Jahrhunderte, zeige den Völkern, wie aus Sklaven freie Menschen werden.«

Kapnikaréa ⓮
Καπνικαρέα

Ecke Ermoú u. Kalamiótou, Monastiráki. **Karte** 6 D1. *210 322 4462.* *Monastiráki.* *Mo–Sa 8–13 Uhr (Fr auch 17–19 Uhr), So 8–11.30 Uhr.* *Feiertage.*

Die byzantinische Kirche (11. Jh.) wurde, dank der Intervention Ludwigs I. von Bayern, 1834 vor dem Abriß bewahrt. Rund um die Kirche auf der Kreuzung Ermóu und Kapnikaréa erheben sich moderne Bürobauten und Geschäfte des Textilviertels.

Traditionell hieß sie Prinzessinnen-Kirche: Die Grundsteinlegung soll auf die byzantinische Kaiserin Irene zurückgehen (Reg. 797–802). Sie gilt in der griechischen Kirche als Heilige wegen ihrer Bemühungen, den Griechen ihre Ikonen zurückzugeben.

Der Ursprung des Namens »Kapnikaréa« ist unbekannt. Aufgrund einiger Quellen vermutet man, die Kirche könnte nach ihrem Gründer, einem, der »die Steuer für das Rauchfeuer eintreibt« *(kapnikaréas)*, benannt sein. Unter den Byzantinern wurden Gebäude mit dieser Steuer belegt.

Die von der Athener Universität restaurierte Kirche besitzt eine von vier Säulen getragene Kuppel. Damals entstanden auch die Fresken, darunter ein Mutter-Kind-Fresko von Fótis Kóntoglou (1895–1965), andere Werke des Künstlers sind in der Nationalgalerie zu sehen *(siehe S. 73)*.

Kuppel und Haupteingang der byzantinischen Kapnikaréa

Die klassizistische Architektur Athens

Der Klassizismus hatte seine Blüte im 19. Jahrhundert, und die von König Otto in den 30er Jahren beauftragten Stadtplaner gestalteten das neue Athen in diesem modernen Stil. Zu den Verantwortlichen zählten die Gebrüder Christian und Theophil Hansen und Ernst Ziller. Innerhalb von fünfzig Jahren entstand eine moderne Stadt mit Verwaltungsgebäuden, Plätzen und Alleen. Der frühe Klassizismus hatte die Schwerelosigkeit antiker Bauten mit Säulen, Skulpturen und Ornamentik zum Vorbild. Später entstand ein eigenständiger griechischer Klassizismus. Exemplarisch für den frühen Stil sind die Gebäude an der Panepistimíou, für die griechische Version die Pláka-Häuser.

Die Nationalbank, vor der Jahrhundertwende erbaut

Das Schliemann-Haus *(auch Ilíou Mélathron, Palast von Ilium oder Troja genannt) erbaute Ernst Ziller 1878. Im Inneren finden sich Fresken und Mosaiken zur Mythologie. Heute ist es Numismatisches Museum* (**Karte** 2 F5).

Das Nationaltheater *entstand zwischen 1882 und 1890 nach Plänen von Ernst Ziller. Für die Fassade des Königlichen Theaters Georgs I. standen mit Bögen und dorischen Säulen Renaissance-Vorbilder Pate, für das Innere das Wiener Volkstheater* (**Karte** 2 D3).

Die Nationalbibliothek *wurde von dem dänischen Architekt Theophil Hansen 1887 als dorischer Tempel mit zwei Flügeln errichtet. In dem Gebäude aus pentelischem Marmor lagern über eine halbe Million Bücher, darunter viele illustrierte Handschriften und seltene Erstausgaben* (**Karte** 2 F4).

Die Akademie der Wissenschaften *plante ebenfalls Theophil Hansen (1859–1887). Die Apollon- und Athena-Statuen und die sitzenden Philosophen Sokrates und Plato sowie die ionischen Kapitelle und Säulen geben dem Bau das klassizistische Gepräge. Die Fresken im Lichthof zeigen Szenen aus der Prometheus-Sage* (**Karte** 2 F4).

Die Universität *wurde von Christian Hansen (1864) erbaut. Sie besitzt eine ionische Säulenhalle und ein Portikus-Fries, auf dem die Blüte der Künste und Wissenschaften während der Regierungszeit von König Otto dargestellt sind. Die Sphinx, Symbol der Weisheit, ist mit Athen durch Ödipus* (siehe S. 221) *verbunden: Ödipus hatte das Sphinx-Rätsel gelöst und stand deshalb hoch in der Gunst der Athener (Sophokles'* Ödipus*). An der Fassade ist auch Patriarch Gregor V., ein Märtyrer des Unabhängigkeitskrieges, zu sehen* (**Karte** 2 F4).

Südliche Innenstadt

Beherrscht wird der Süden der Stadt von der Akropolis. Aber auch andere wichtige antike Stätten liegen hier. Pláka und Monastiráki waren die ältesten bewohnten Viertel der Stadt, hier wimmelt es von byzantinischen Kirchen und Museen. Läden, Ikonenmaler und Tavernen unter freiem Himmel mischen sich mit klassizistischen Bauten. In den Straßen rund um den Monastiráki-Flohmarkt mit Lebensmittelhändlern, Zigeunern und Musikanten herrscht orientalische Basar-Atmosphäre. Südlich der Plateía Syntágmatos (Syntágma-Platz) liegt, mitten im Zentrum, der Nationalpark. Weitere Informationen bietet die Rubrik *Unterwegs in Athen (siehe S. 322ff).*

Fassadenrelief, Panagía Gorgoepíkoös

Sehenswürdigkeiten auf einen Blick

Museen und Galerien
Griechisches Volkskundemuseum 16
Jüdisches Museum 17
Kanellópoulos-Museum 8
Keramikmuseum Kyriazópoulos 1
Museum der Athener Universität 9
Museum der griechischen Volksmusik-Instrumente 10
Städtische Kunstgalerie 4

Antike Stätten
Akropolis S. 94ff 7
Antike Agora S.90f 6
Kerameikós S. 88f 5
Tempel des Olympischen Zeus 18
Turm der Winde S. 86f 2

Kirchen
Agios Nikólaos Ragavás 13
Mitrópoli 12
Panagía Gorgoepíkoös S. 105 11
Russische Kirche der Heiligen Dreifaltigkeit St. Nikodemus 19

Historische Stadtviertel
Anafiótika 14

Märkte
Flohmarkt 3

Plätze und Gärten
Nationalgarten 21
Plateía Lysikrátous 15
Plateía Syntágmatos 20

Historische Gebäude und Monumente
Kallimármaro-Stadion 23
Präsidentenpalast 22

Friedhöfe
Athener Zentralfriedhof 24

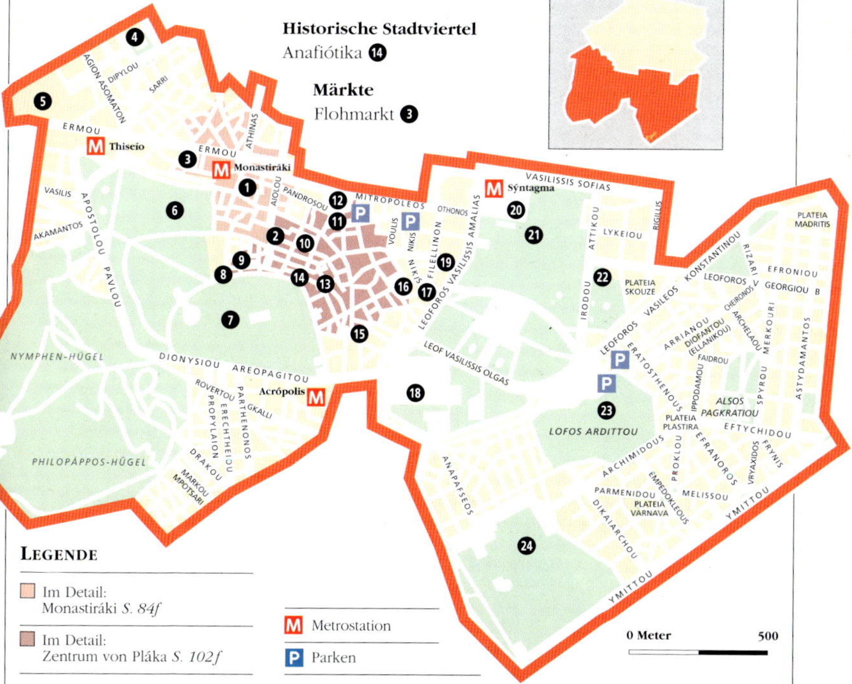

Die erhaltenen Säulen des antiken Tempels des Olympischen Zeus

Im Detail: Monastiráki

Das alte Viertel, unter den Türken Stadtzentrum, verdankt seinen Namen einem verschwundenen Kloster an der Plateía Monastirakíou (Monastiráki-Platz). Um den Platz gruppieren sich Basar- und Marktbuden, in denen alles, ob Schund oder Schmuck, erhältlich ist. Die Fethiye- und die Tsistaráki-Moschee, letztere Heimstatt des Keramikmuseums Kyriazópoulos, zeugen von der orientalischen Vergangenheit des Viertels. An dieses grenzt die Römische Agora mit den Ruinen der Hadrians-Bibliothek und dem Turm der Winde, einer hellenistischen Wasser- und Sonnenuhr. Die Mischung aus antiken Ruinen und Basaratmosphäre verleiht Monastiráki einen besonderen Charme.

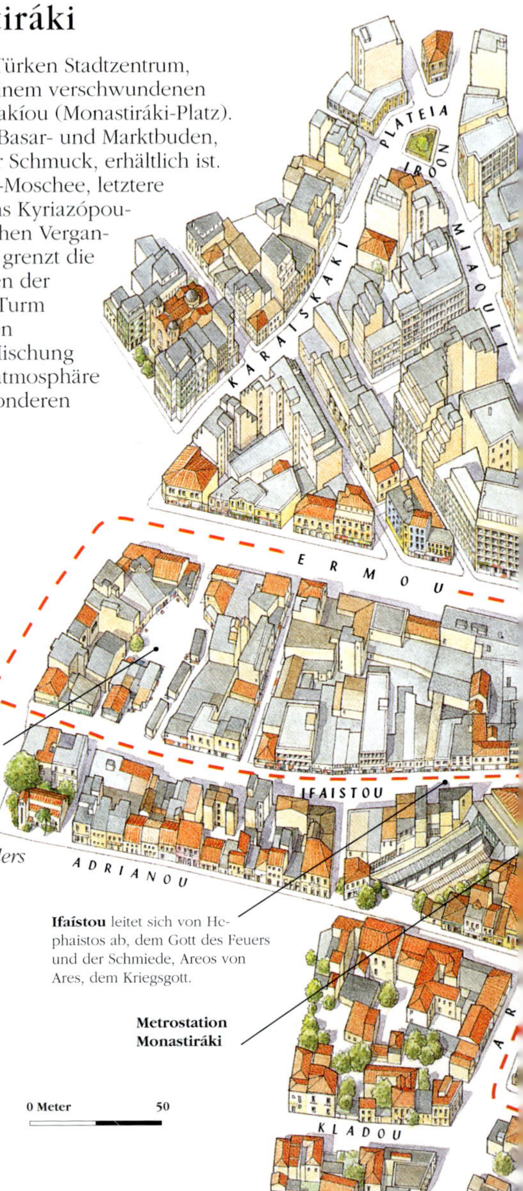

Flohmarkt
Die Plateía Avissynías ist das Herz des Flohmarkts, der besonders sonntags die Besucher lockt. ❸

Ifaístou leitet sich von Hephaistos ab, dem Gott des Feuers und der Schmiede, Areos von Ares, dem Kriegsgott.

Metrostation Monastiráki

Legende

– – – Routenempfehlung

0 Meter 50

Nicht versäumen

★ Turm der Winde

Die Fethiye-Moschee liegt am Rand der Römischen Agora. Die Türken errichteten sie Ende des 15. Jahrhunderts in Erinnerung an den Besuch Mehmed des Eroberers in Athen.

Antike Agora
(siehe S. 90f)

Die Pantánassa, »kleines Kloster« *(monastiráki)* oder Kirche des Hinscheidens der Jungfrau Maria (10. Jh.), gehörte zum Kloster (monastiráki), das Namensgeberin des Viertels war. Sie liegt an der Ostseite des Monastiráki-Platzes, gegenüber der Metrostation.

ZUR ORIENTIERUNG
Siehe Kartenteil Athen, Karten 2, 6

Keramikmuseum Kyriazópoulos
Das in der Tsistaráki-Moschee untergebrachte, 1974 eröffnete Museum gehört zum Griechischen Volkskundemuseum. Das Haus besitzt rund 800 Keramiken aus allen Teilen Griechenlands. ❶

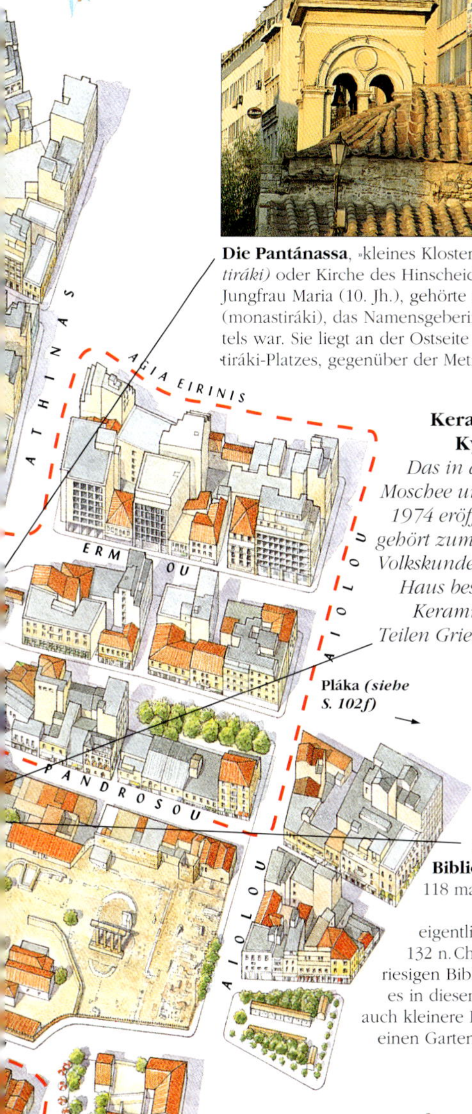

Pláka *(siehe S. 102f)*

Die Hadrians-Bibliothek maß 118 mal 78 Meter. Außer der eigentlichen, nach 132 n. Chr. erbauten riesigen Bibliothek gab es in diesem Komplex auch kleinere Räume und einen Garten mit Teich.

★ Turm der Winde
Der ungewöhnliche achteckige Turm wurde im 1. Jahrhundert v. Chr. unter Leitung des Astronomen Andrónikos Kyrrestes als Wasser- und Sonnenuhr erbaut. ❷

Keramikmuseum Kyriazópoulos ❶

Μουσείο Ελληνικής Λαϊκής Τέχνης, Συλλογή Κεραμικών Β. Κυριαζοπούλου

Tsistaráki-Moschee, Areos 1, Monastiráki. **Karte** 6 D1. *210 324 2066.* *Monastiráki.* *Mo u. Mi–So 9–14.30 Uhr.* *Feiertage.*

DIE KERAMIKEN wurden dem Griechischen Volkskundemuseum 1974 von Vasíleios Kyriazópoulos geschenkt und sind heute in der Tzistarákis-Moschee ausgestellt. Unter Hunderten von Exponaten finden sich auch heute noch in der griechischen Küche benutzte Gefäße, Terrakotta-Wasserkrüge aus Ägina (Aígina), feuerfeste Töpfe aus Sífnos und Vorratsfässer aus Thessalien und von Chíos. Außerdem zu sehen: Figuren und Geschirr mit Dekoren aus Mythologie und Volksglauben von Minás Avramídis und Dimítrios Mygdalinós, die in den 20er Jahren aus Kleinasien nach Griechenland einwanderten.

Die interessante Moschee wurde 1759 unter dem türkischen Woiwoden Tsistarákis erbaut. Der Woiwode besaß als oberster Zivilbeamter sowohl juristische als auch polizeiliche Gewalt und trieb außerdem Steuern für die Verwaltung und für den Harem und das Schatzamt des türkischen Sultans ein. Tzistarákis ließ 1754 die 17. Säule am Tempel des Olympischen Zeus sprengen *(siehe S. 111)*, um Material für den Stuck der Moschee zu gewinnen. Da die Zerstörung von Altertümern gesetzlich verboten war, endete dieser Vandalismus mit seiner Verbannung. Nach den Erdbebenschäden von 1981 ist die Moschee heute wieder restauriert zu bewundern.

Keramikfigur eines Mädchens aus Kleinasien

Turm der Winde ❷

Αέρηδες

In den Ruinen der römischen Agora, Pláka. **Karte** 6 D1. *01 324 5220.* *Monastiráki.* *tägl. 8–15 Uhr.* *Feiertage.*

DEN EINDRUCKSVOLLEN Turm der Winde am Rande des Ruinenfelds der Römischen Agora erbaute der syrische Astronom Andrónikos Kyrrestes im 2. Jahrhundert v. Chr. als kombinierte Wasser- und Sonnenuhr. Den um die Außenmauern verlaufenden Marmorfries schmücken die personifizierten acht Winde, von ihnen hat der Turm seinen Namen bekommen; unter den Reliefs ist jeweils eine Sonnenuhr zu sehen.

Den gut erhaltenen marmornen Turm von mehr als zwölf Metern Höhe und acht Metern Durchmesser nennen die Griechen *Aérides* (Winde). Im Mittelalter hielt man ihn wahlweise für die Schule oder das Gefängnis des Sokrates oder das Grab Phlipps II. von Makedonien *(siehe S. 242)*. Im 17. Jahrhundert erkannte man in ihm die Wasseruhr des Andrónikos. Erkennbar sind heute nur noch die Quelle, aus der sich in der Antike das verzweigte Röhrensystem speiste, und eine runde, im Turmboden eingelassene Rinne, die Besucher im Innern des Turmes besichtigen können.

West- und Südwestseite des Turms der Winde

Öffnungen an der Nord- und Westseite des Turms sollen Licht in das sonst dunkle Innere lassen.

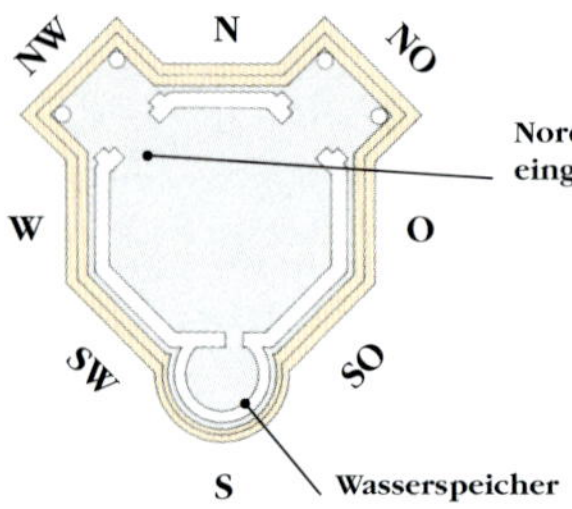

Turminnengrundriß mit den acht Himmelsrichtungen. Der Wasserspeicher lag im Süden. Die Reliefs personifizieren die acht Winde.

NORDEN

Boreas bläst den kalten Nordwind durch eine große Tritonmuschel.

NORDWESTEN

Skiron schüttet glühende Asche aus einem Bronzekessel.

WESTEN

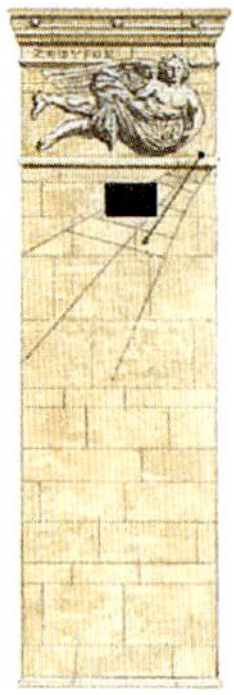

Zephyros, ein leichtbekleideter Jüngling, streut Blumen.

Flohmarkt ❸
Παζάρι

Von der Plateía Monastirakíou bis Plateía Avyssinías, Pláka. **Karte** 5 C1. **M** *Thiseío.* ◯ *So 8–14 Uhr.*

Nachdem man die zahllosen Touristenläden in den Geschäftsstraßen Adrianoú und Pandrósou passiert hat, wird man am berühmten Flohmarkt von einer Fahne begrüßt. Herzstück des Marktes sind für Einheimische die Plateía Avyssinías, westlich des Monastiráki-Platzes, und ihre Seitenstraßen.

Am Sonntagmorgen, wenn alle Geschäfte geschlossen haben, belebt sich der Markt. Händler bieten ihre Waren in Buden oder auf dem Pflaster feil. Hier kann man viele Schnäppchen machen, besonders verlockend sind die bunten handgewebten Wollstoffe und die vielen von Hippies verkauften Armbänder und Perlen. Teurer sind Messing-, Leder- und Silberwaren.

Wochentags verkaufen die Geschäfte rundum die gleichen Waren, es gibt Spezialläden, in denen man fast alles findet, ob Antiquitäten, alte Bücher, Tavernenstühle oder ausgemusterte Militaria. Schauen Sie erst herum und entscheiden Sie sich dann zum Kauf.

Kauflustige durchstreifen Athens Flohmarkt

Der Südwestwind, *Lips, gilt als Schutzpatron der Seefahrer. Jeder Wind wurde allegorisch dargestellt. Am besten bekannt sind die in der Literatur vorkommenden und in der Kunst dargestellten Winde Zephyros und Boreas.*

Tanzende Derwische, *Angehörige einer muslimischen Asketensekte, verwandelten den Turm Mitte des 18. Jahrhunderts in ein Kloster. Die Turminsassen waren eine beliebte Touristenattraktion, wenn sie das wöchentliche Ritual des Derwisch-Tanzes,* sema, *vorführten.*

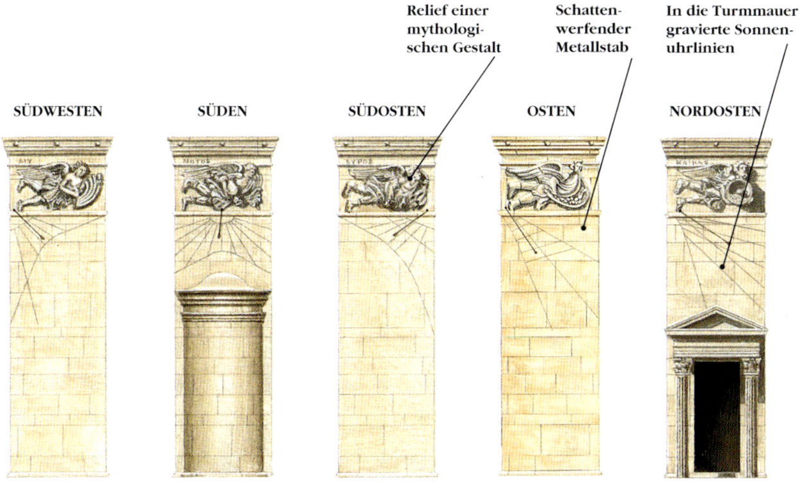

Lips hält eine Schiffs-Heckfigur in der Hand und steht am Ruder.

Notos, der Regenbringer, stößt ein gefülltes Wassergefäß um.

Euros, ein bärtiger Alter, hüllt sich in einen warmen Mantel.

Apeliotes, ein Jüngling, bringt reife Früchte und Korn.

Kaïkias schüttet eisige Hagelkörner aus seinem Schild über die Menschen.

Giánnis Mitarákis' *Miss T. K.*, Städtische Kunstgalerie

Städtische Kunstgalerie ❹
Πινακοθήκη του Δήμου Αθηναίων

Pireos 51, Plateía Koumoundoúrou, Omónoia. **Karte** 1 C4. *210 324 3023.* *Omónoia.* *Mo–Fr 9–13 und 17-21 Uhr, Sa–So 9–13 Uhr.* *3. Okt, Feiertage.*

DAS TROTZ SEINER schönen Sammlung moderner griechischer Kunst kaum besuchte Museum ist im klassizistischen Findelhaus untergebracht, 1872 nach Plänen von Panagiótis Kálkos erbaut. Mit dem Bau wollte man Ende des 19. Jahrhunderts wegen der Bevölkerungsexplosion ein Signal setzen, unerwünschte Babys wurden vor dem Eingang abgestellt, und das Personal kümmerte sich um sie.

Die Stadt begann im Jahr 1923 mit dem Erwerb der Werke, die Einblick in das Schaffen moderner griechischer Künstler geben. Viele Maler ließen sich von der Landschaft verzaubern, zu nennen sind beispielsweise die Kykladenbilder Dimos Mpraésas' (1878–1967) oder die Oliven- und Zypressenbäume von Konstantínos Parthénis (1882–1964).

Auch Porträts von Giánnis Mitarákis und Stilleben von Theófrastos Triantafyllídis gehören zur Sammlung; in Gemälden wie *Straßenmarkt* (1939) von Nikólaos Kartsonákis zeigen sich die starken volkstümlichen Wurzeln der heutigen griechischen Kunst.

Kerameikós ❺
Κεραμεικός

DER ALTE FRIEDHOF diente seit dem 12. Jahrhundert v.Chr. als Gräberfeld. Der Heilige Weg führte von Eleusis *(siehe S. 156f)* nach Kerameikós, der Panathenäische Weg begann am Dípylon-Tor und führte zur Akropolis *(siehe S. 94ff)*. Die meisten erhaltenen Gräber sieht man an der Gräberstraße. Die Anfang des 19. Jahrhunderts gefundenen Skulpturen sind im Archäologischen Nationalmuseum *(siehe S. 68f)* und im Oberländer-(Kerameikós-)Museum ausgestellt, ihre Gipskopien verblieben am Fundort.

***Grabstele* der Hegeso**
Das Monument (spätes 5. Jh. v. Chr.) stammt aus dem Familiengrab des Koroibos von Melite und zeigt dessen Frau Hegeso, wie sie mit ihrer Dienerin Schmuck bewundert.

Im Lysimachides-Grabbezirk wurde ein Marmorhund von einst zweien gefunden.

Das Heiligtum der Hekate, der antiken Göttin der Unterwelt geweiht, enthielt einen Altar und Opfergaben.

★ Grab des Dionysios Kollytos
Grabmal eines Schatzmeisters. Der Gott Dionysos erscheint oft in Stiergestalt.

NICHT VERSÄUMEN

★ **Grab des Dionysios Kollytos**

★ ***Stele* der Demetria und Pamphile**

STRASSE DER GRÄBER
Die meisten Monumente der Gräberstraße stammen aus dem 4. Jahrhundert v. Chr. Ob geschmückte Stelen oder schlichte, kleine Säulen *(kioniskoi)*, alle Denkmäler strahlen die charakteristische Würde griechischer Begräbniskultur aus.

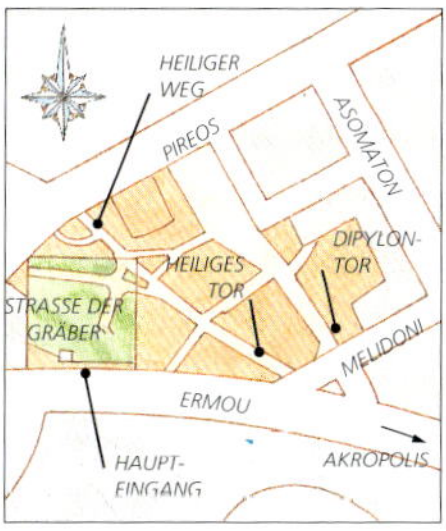

ZUR ORIENTIERUNG

Tumulus, Begräbnisstätte einer attischen Familie des 6. Jahrhunderts v. Chr.

Grabtisch der Hipparete

Eridanos

Der Heilige Weg führte von der Akropolis *(siehe S. 94ff)* nach Eleusis *(siehe S. 156f)*.

Heiliges Tor, Akropolis

Südhügel

Dexileos-*Stele*
Dexileos, Sohn des Lysanias, fiel 394 v. Chr. als Jüngling im Korinthischen Krieg. Das Relief zeigt ihn bei der Überwältigung eines Feindes.

Loutrophoros des Hegetor
Die Vase mit zwei Griffen und der Darstellung einer Abschiedsszene ist chrakteristisch für den schlichteren Grabkunst-Stil.

★ *Stele* der Demetria und Pamphile
Die bewegende Stele, eine der letzten Schmuckstelen des späten 4. Jahrhunderts v. Chr., zeigt die sitzende Pamphile zusammen mit ihrer Schwester Demetria.

INFOBOX

Ermoú 148, Thiseío. **Karte** 1 B5. *210 346 3552.* *Thiseío.* *Di–So 8.30–15 Uhr.* *bis Mai 2004; 1. Jan, 25. März, Ostern, 1. Mai, 25., 26. Dez.*

Oberländer-Museum

Gustav Oberländer, ein deutsch-amerikanischer Industrieller, der in den 1930er Jahren die Ausgrabungen finanziell unterstützte, ist Namensgeber dieses 1961 eröffneten Museums. Auf Flur 1 lagern große *Stelen*-Fragmente, Teile des Dipylon- und des Heiligen Tors, darunter eine Marmorsphinx (ca. 550 v. Chr.), die einst eine *Grabstele* krönte. Auf den Fluren 2 und 3 sind riesige protogeometrische und geometrische Amphoren sowie schwarzfigurige Grabvasen *(lekythoi)* ausgestellt. Die eindruckvollsten Objekte, Tonpferde und Terrakotta-Puppen, stammen aus Kindergräbern. Zu sehen sind auch einige der 7000 Wahltafeln *(ostraka, siehe S. 90)* aus dem Eridanos-Flußbett, herrlich bemalte Keramiken, die rotfigurige Wasserkanne *(hydria)* etwa mit der Schönen Helena und ein *Lekythos* mit Dionysos, umgeben von Satyrn.

Geflügelte Sphinx von einer *Stele*

Grabamphore im geometrischen Stil, Oberländer-Museum

Antike Agora ❻

Αρχαία Αγορά

Scherbengerichttafel

Die Agora, der Marktplatz, war seit 600 v.Chr. Stadtzentrum. Im *Buleuterion* (Rathaus) fanden demokratische Versammlungen statt, hier sprach man auch Recht. In öffentlichen Sitzungen wurde Sokrates angeklagt und verurteilt, dann 399 v.Chr. im Staatsgefängnis hingerichtet. In Theatern, Schulen und den Läden der Stoen spielte sich auch das Gesellschafts- und Wirtschaftsleben ab. Selbst die städtische Münze prägte ihre Silbertaler auf der Agora. Unter Leitung der American School of Classical Studies begannen in den 30er Jahren die Ausgrabungen der antiken Angora, seither wurde eine stattliche Reihe öffentlicher Bauten freigelegt.

Blick von Süden über die Agora mit der rekonstruierten Attalos-Stoa (rechts)

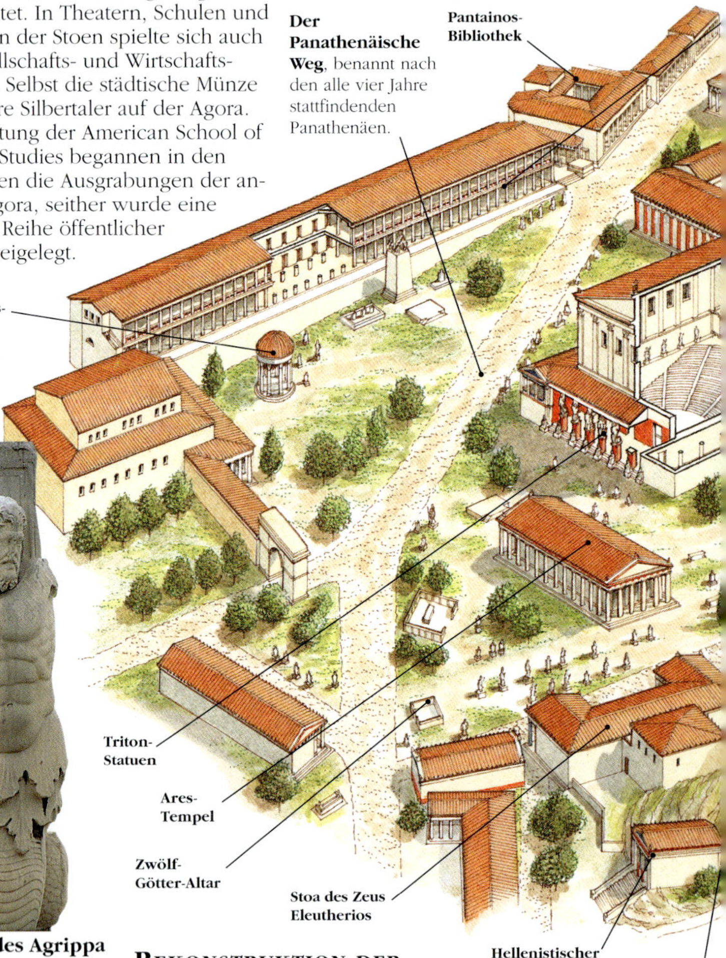

Odeion des Agrippa

Diese Triton-Statue (Meeresgott mit Fischunterleib, 150 v.Chr.) schmückte einst die Fassade des Agrippa-Odeions und steht im Agora-Museum.

Rekonstruktion der antiken Agora

So sah die Agora im Jahre 200 v. Chr. aus (von Nordwesten gesehen). Der Haupteingang befand sich zu dieser Zeit am Panathenäischen Weg, der sich über die gesamte Stätte von der Akropolis im Südosten bis zum Kerameikós im Nordwesten erstreckte.

Attalos-Stoa
Die Säulenhalle wurde in den 1950er Jahren rekonstruiert und beherbergt die Funde von der antiken Agora (Agora-Museum).

Hadrian-Statue (2. Jh.)
Auch Athen stand 117–138 unter der Herrschaft des römischen Kaisers Hadrian.

Hephaisteion
Der auch Theseion genannte Tempel, errichtet ca. 449–440 v. Chr., ist der am besten erhaltene Bau der Agora.

INFOBOX

Haupteingang Adriánou, Monastiráki. **Karte** 5 C1. *210 321 0185.* *Thiseio, Monastiráki.* **Museum und Stätte** *Di–So 8–19 Uhr.* *1. Jan, 25. März, Ostersonntag, 1. Mai, 25., 26. Dez.* *begrenzt.*

Hippokrates wird verbannt, Abbildung auf einem Ostrakon

Attalos-Stoa

John D. Rockefeller jr. ermöglichte den Wiederaufbau dieses imposanten Bauwerks (1953–56). König Attalos von Pergamon (Reg. 159–138 v. Chr.) ließ die zweigeschossige Stoa, einen überdachten Arkadenbau, im Osten der Agora errichten; die Heruler zerstörten ihn 267 n. Chr. Die originalgetreue Rekonstruktion unter Verwendung alter Bauteile ist heute Museum, deren Exponate die Universalität des hochentwickelten antiken Lebens demonstrieren. Zu nennen sind Verfügungen aus der Pantainos-Bibliothek (2. Jh. v. Chr.), der Text eines Antityrannei-Gesetzes (337 v. Chr.), bronzene und steinerne Wahltafeln und eine Wasseruhr *(klepsýdra)*, die als Redezeit-Meßgerät Verwendung fand. Die gravierten Tonscherben *(ostraka)* tragen so berühmte Namen wie Themistokles und Aristeides, letzterer wurde aufgrund des Scherbengerichts 482 v. Chr. verbannt. Faszinierend sind auch Dinge des täglichen Gebrauchs, Tonspielzeug, tragbare Öfen, Schuhnägel und Sandalen aus einer Schusterwerkstatt. Zu sehen gibt es auch einige schwarzfigurige Vasen und eine Ölflasche in Form eines knienden Knaben.

Ölflasche im Archaischen Stil

Akropolis ❼

Ακρόπολη

Mitte des 5. Jahrhunderts v. Chr. gewann Perikles die Athener für ein großes Bauprogramm in ihrer Stadt, das für die Nachwelt die Quintessenz der politischen und kulturellen Leistungen Griechenlands darstellt. Die Akropolis veränderte ihr Gesicht mit dem Bau dreier Tempel und einer monumentalen Aufgangsrampe grundlegend. Das Dionysos-Theater der Akropolis wurde im 4. Jahrhundert v. Chr. ausgebaut, das Odeion des Herodes Atticus im 2. Jahrhundert v. Chr. hinzugefügt.

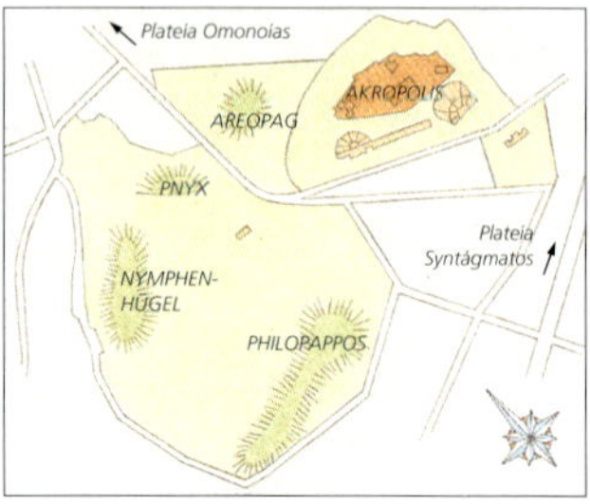

Zur Orientierung

★ Karyatiden-Halle
Mädchenstatuen stützen anstelle von Säulen die Südhalle des Erechtheion. Die Originale – vier Karyatiden sind im Akropolis-Museum zu sehen – wurden durch Gipsnachbildungen ersetzt.

Der Olivenbaum Athenas wächst am Ort des Wettstreits zwischen Athena und Poseidon.

Die Propyläen wurden 437–432 v. Chr. als neuer Akropolis-Zugang *(siehe S. 96)* errichtet.

★ Tempel der Athena Nike
Der Tempel der Athene als Siegesgöttin (426–421 v. Chr.) erhebt sich im Westen der Propyläen (siehe S. 96).

Das Beulé-Tor war der ältere Akropolis-Zugang *(siehe S. 96)*.

Weg von der Kasse zur Akropolis

Theater des Herodes Atticus
Das Theater, auch Odeion des Herodes Atticus genannt, entstand 161 n. Chr., wurde 1955 restauriert und dient heute als Openair-Konzertforum (siehe S. 100).

Nicht versäumen

- ★ **Parthenon**
- ★ **Karyatiden-Halle**
- ★ **Tempel der Athena Nike**

◁ **Die Karyatiden-Halle des Erechtheion**

★ Parthenon
Bewundern kann man heute nur noch einige Skulpturen des berühmten Athena-Tempels, dazu gehört diese vom Ostgiebel (siehe S. 98f).

INFOBOX

Dionysíou Areopagítou (Haupteingang), Pláka.
Karte 6 D2.

Stätte ☎ *210 321 0219.*
Museum ☎ *210 323 6665.*
M *Acropolis.* 🚌 *230, 231.*

Stätte und Museum
◯ *Apr–Okt tägl. 8–18.30 Uhr; Nov–März tägl. 8–14.30 Uhr.*
● *1. Jan, 25. März, Ostersonntag, 1. Mai, 25., 26. Dez.*
W *www.culture.gr*

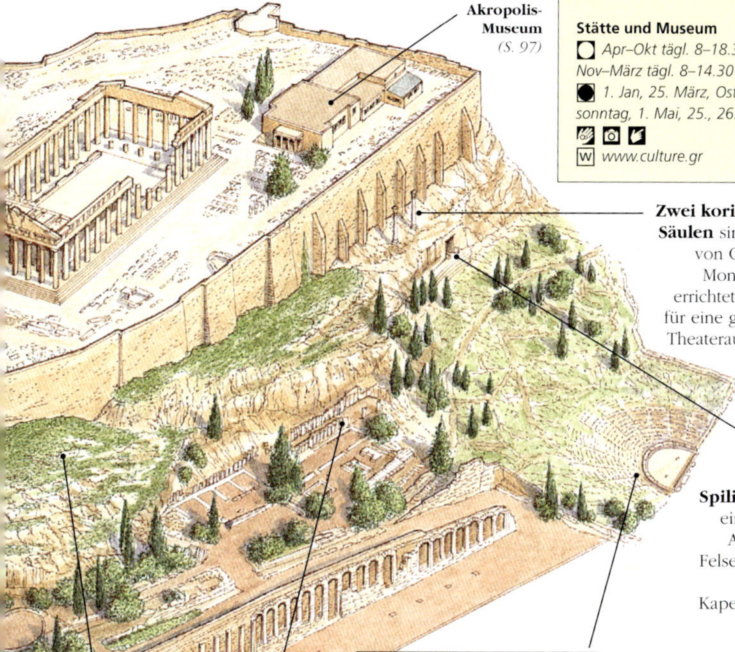

Akropolis-Museum *(S. 97)*

Zwei korinthische Säulen sind Relikte von Choregen-Monumenten, errichtet als Dank für eine gelungene Theateraufführung *(siehe S. 100).*

Die Panagía Spiliótissa ist eine in den Akropolis-Felsen hineingebaute Kapelle *(siehe S. 100).*

Asklepiéion

Eumenes-Stoa

Der Akropolis-Felsen war gut zu verteidigen. Er ist seit fast 5000 Jahren bebaut.

Dionysos-Theater
Lykourgos gab 342–326 v. Chr. dem Theater seine heutige Gestalt (siehe S. 100)*; diese Satyr-Figur des Silenus ist noch zu sehen.*

Zeitskala der Akropolis

Apostel Paulus

3000 v. Chr. Erste Besiedlung der Akropolis im Neolithikum

480 v. Chr. Die Perser zerstören alle archaischen Bauten

51 n. Chr. Apostel Paulus predigt auf dem Areopag

267 Die germanischen Herulen zerstören die Akropolis

3000 v. Chr.	2000 v. Chr.	1000 v. Chr.	1 n. Chr.	1000

1200 v. Chr. Zyklopenmauer anstelle der ursprünglichen Wälle errichtet

510 v. Chr. Das Delphi-Orakel bestimmt die Akropolis zum Sitz der Götter und verbietet menschliche Besiedlung

447–432 v. Chr. Bau des Parthenon unter Perikles

Perikles (495–429 v. Chr)

1687 Die Venezianer zerstören den Parthenon

1987 Die Restaurierung des Erechtheion wird beendet

Überblick: Die Akropolis

Die *Trauernde Athena*

Passieren wir den älteren Akropolis-Zugang, das Beulé-Tor, haben wir die Propyläen, den mäjestätischen Einlaß in den Tempelbezirk, vor uns. Doch zunächst empfiehlt es sich, den Tempel der Athena Nike zur Rechten zu betrachten. Hinter den Propyläen thronen in der Mitte des Plateaus Erechtheion und Parthenon *(siehe S. 98f)*. Von der Akropolis bieten sich fantastische Ausblicke über Athen. Der Zutritt zu allen Tempelbezirken ist seit 1975 aus Erhaltungsgründen nicht mehr gestattet. Den Bauten am Fuß der Akropolis und den im Westen gelegenen Hügeln sind die Seiten *100f* gewidmet.

Blick von Südwesten über die Akropolis

Beulé-Tor

Namensgeber des Tors war dessen Entdecker (1852), der französische Archäologe Ernest Beulé. Es entstand 267 n.Chr., nach den Heruler-Zerstörungen, als Teil der römischen Akropolis-Befestigung. Für den Bau verwendete man Steine des Choregen-Denkmals des Nikias *(siehe S. 109)*, das unweit der Eumenes-Stoa lag. Teile der alten Widmung sind noch über dem Architrav erkennbar, des weiteren ist eine Inschrift zu lesen, die den Römer Flavius Septimus Marcellinus als Stifter des Tors nennt. Nachdem die Türken 1686 den Tempel der Athena Nike zerstört hatten, bauten sie mit dessen Marmor eine Artillerie-Mauer über dem Tor.

Tempel der Athena Nike

Erbaut wurde der kleine Tempel 426–421 v.Chr. zur Erinnerung an die Siege Athens über die Perser; im Fries sind Szenen aus der Schlacht von Plataiaí (479 v.Chr.) zu sehen. Der von Kallikrates entworfene Tempel auf einem 9,5 Meter großen Vorsprung diente als Ausguck und Heiligtum der Siegesgöttin Athena Nike, deren Standbild an der Balustrade zu sehen ist. Der Legende nach liegt der Tempel an der Stelle, von der sich König Aegeus aus Gram über den vermeintlichen Tod seines Sohns Theseus in Kreta in die Tiefe gestürzt haben soll. Der aus pentelischem Marmor erbaute Tempel besitzt an den vier Portikus-Ecken vier Meter hohe ionische Säulen. Nach der Zerstörung durch die Türken (1686) wurde er 1834–38 wiederaufgebaut, 1935 wegen Einsturzgefahr erneut abgetragen und auf soliderer Basis wieder errichtet.

Die Ostseite des Erechtheion

Propyläen

Die Arbeiten an diesem Monumentaltor zur Akropolis begannen 437 v.Chr. Trotz verzögerter Fertigstellung wegen des Peleponnesischen Krieges (431–404 v.Chr.) gelang dem Architekten Mnesikles ein in der antiken Welt vielbewundertes Meisterwerk. Gegliedert wird der rechteckige Mittelbau mit einer Torwand und fünf Durchgängen durch zwei vorgebaute Hallen, getragen von dorischen und ionischen Säulen. Ehemals besaß die Halle eine Kassettendecke mit goldenen Sternen auf blauem Grund. Im nördlichen der beiden Flügel war einst die Pinakothek untergebracht. Teile der Propyläen wurden im Laufe der wechselvollen Geschichte als Erzbischofsresidenz, fränkischer Palast und Türkenfestung zerstört. Zudem wurden sie 1645 vom Blitz getroffen und durch eine Schießpulverexplosion während der Türkenzeit beschädigt *(siehe S. 98)*.

Erechtheion

Das in den Jahren 421–406 v.Chr. erbaute Erechtheion steht auf dem heiligsten Boden der Akropolis. Hier soll beim mythischen Wettstreit um Athen Poseidon seinen Dreizack in den Felsen geschlagen und Athena durch ihren Lanzenstich einen Ölbaum zum Sprießen gebracht haben. Der nach dem mythischen Athener König Erechtheus benannte Tempel galt als Heiligtum der Athena Polias und des Poseidon-Erechtheus zugleich.

Der wegen seiner Eleganz, seiner ionischen Ornamentalarchitektur und der Karyatiden-Säulen in Gestalt von Mädchen berühmte Tempel liegt auf unterschiedlichen

Ebenen. In einem der drei Gemächer der großen rechteckigen Cella stand das hölzerne Kultbild der Athena Polias. Umgeben war die Cella im Norden, Osten und Süden von Säulenhallen, die südliche ist die Karyatiden-Halle, deren Originalstatuen heute im Akropolis-Museum ausgestellt sind.

Das Erechtheion fand über die Jahrhunderte unterschiedliche Verwendung, unter anderem diente es 1463 als Harem des türkischen Heerführers *(disdar)*.

Die jüngste Renovierung des im Unabhängigkeitskrieg *(siehe S. 40f)* 1827 fast vollständig zerstörten Erechtheions löste hitzige Debatten wegen der Verwendung neuer Materialien und der Herstellung von Kopien aus.

Eine Kuh wird zum Opferplatz geführt, Parthenon-Nordfries

Akropolis-Museum

Das 1878 unterhalb des Parthenons eröffnete Museum liegt im Südosten der Anlage und wurde nach dem Zweiten Weltkrieg als Heimstatt für die Akropolis-Funde neu eingerichtet. Zu den größten Schätzen zählen Statuen aus dem 5. Jahrhundert v.Chr. und gut erhaltene Segmente des Parthenon-Frieses.

Der Weg durch die chronologische Sammlung beginnt mit Werken des 6. Jahrhunderts v.Chr. in den **Sälen I, II** und **III**. Fragmente bemalter Giebelfelder zeigen mythologische Szenen vom Kampf des Herakles mit verschiedenen Monstern, Kälber reißende Löwen und den friedfertigeren *Moschophoros* (Kalbträger), einen Jüngling, der ein Opfertier schultert (um 570 v.Chr.).

Saal V beherbergt den Giebel des Alten Athena-Tempels, der Athena und Zeus gegen die Giganten kämpfend darstellt -- Symbol des Triumphes über die finsteren Mächte. In **Saal IV** zeigt kürzlich restaurierte Skulpturen von 550 v. Chr., außerdem ist in diesem und Raum **VI** eine einzigartige Koren-Sammlung (ca. 550–500 v.Chr.) ausgestellt, der Göttin Athena geweihte Mädchenstatuen. An ihnen läßt sich die Entwicklung der antiken Bildhauerkunst ablesen: Die *Peplos-Kore* ist noch ganz formal-archaisch, die *Euthydikos-Kore* und die *Kore mit den schwarzen Mandelaugen* zeigen schon natürlichere Bewegungen. Vorbildlich für die spätere Zeit sind auch die Statue *Trauernde Athena*, der *Blonde Kopf eines Jünglings* und der *Kritios-Knabe*.

In **Saal VII** und **VIII** sind neben anderen Exponaten eine *Metope* (Platte) von der

Der archaische *Moschophoros* (Kalbträger)

Parthenon-Südfront zu sehen mit der Schlachtdarstellung der Kentauren gegen die Lapithen. Die übrigen Teile des Parthenon-Frieses zeigen die Panathenäische Prozession mit Streitwagen, den die Zugpferde reitenden Sklaven *(apobates)*, Olivenzweigträgern *(thallophoroi)* und eine von Jünglingen zum Opfer geleitete Kuh.

Saal IX beschließt die Sammlung mit vier Karyatiden von der Erechtheion-Südhalle. Nur diese werden in Athen in einem speziell temperierten Raum gezeigt.

Die Elgin-Marmorskulpturen

Lord Elgin erwarb 1801–1803 die heute im Londoner British Museum ausgestellten Parthenon-Marmorskulpturen von der türkischen Besatzung und verkaufte sie 1816 für 35 000 £ an den Staat. Heute sind die Skulpturen Gegenstand eines heftigen Streits. Während die eine Seite behauptet, sie seien am besten im British Museum aufgehoben, fechten die griechische Regierung und andere die Rechtmäßigkeit dieses Erwerbs mit dem Argument an, ihre Heimat sei Athen. Auch die 1994 verstorbene Schauspielerin und Politikerin Melína Merkoúri trat für die Rückführung ein.

Ankunft der Elgin-Skulpturen im British Museum, Gemälde von A. Archer

Der Parthenon

Ο Παρθενώνας

Die Arbeiten an diesem Tempel, einem der berühmtesten Bauwerke der Welt, begannen 447 v.Chr. Er wurde unter Leitung der Architekten Kallikrates und Iktinos für die von Pheidias geschaffene Zwölf-Meter-Statue der Athena Parthenos (jungfräuliche Athene) errichtet und 438 v.Chr., nach neun Jahren Bauzeit, geweiht. Über die Jahrhunderte wurde er als Kirche, Moschee und Arsenal genutzt und schwer beschädigt. Der als Symbol des ruhmreichen antiken Athens erbaute Parthenon ist bis heute das Wahrzeichen der Stadt.

Der Parthenon heute, von Westen

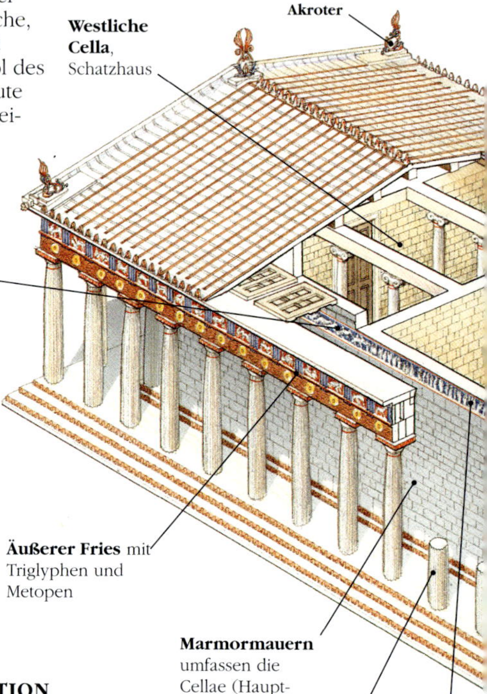

Akroter

Westliche Cella, Schatzhaus

Äußerer Fries mit Triglyphen und Metopen

Marmormauern umfassen die Cellae (Haupträume).

Marmortrommel der Säulen mit Kannelüren, sie wurden nach Aufstellung angebracht.

Elgin-Marmorskulpturen *(siehe S. 97)* vom inneren Fries

Parthenon-Fries

Der von Pheidias entworfene Fries lief um die Cella-Außenmauern. Die Reliefplatten (Metopen) zeigen das Große Panathenäen-Fest zu Ehren Athenas.

Parthenon-Rekonstruktion

Der Parthenon des 5. Jahrhunderts, hier von Südosten gesehen, maß 70 Meter in der Länge und 30 Meter in der Breite. Das Gesims des Ringhallen-Tempels (gebildet durch einen Säulenumgang) war blau, rot und gold.

Die Explosion im Jahr 1687

Während der venezianischen Akropolis-Belagerung beschoß General Francesco Morosini den Parthenon. Da die Türken den Tempel damals als Munitionsarsenal nutzten, explodierten große Teile. Das Dach, die Innenräume und 14 Säulen des Umgangs wurden zerstört.

Athena-Standbild
Die Gold-Elfenbein-Statue der Athena, der Schutzheiligen Athens, stand im Zentrum des Parthenon. Die römische Kopie findet sich im Archäologischen Nationalmuseum (siehe S. 68f).

OPTISCHE PERFEKTION

Alles unterliegt aus Harmoniegründen dem Verhältnis 9:4. Auch die Bildhauer arbeiteten mit optischen Tricks gegen die Perspektive. Die Überzeichnung (unten) dient der Verdeutlichung.

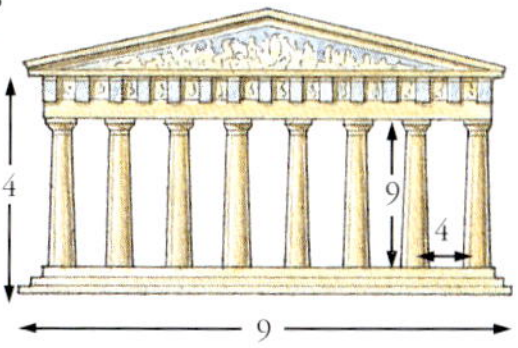

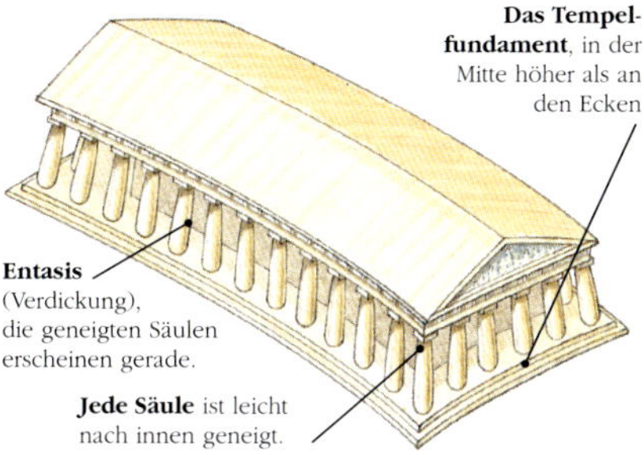

Das Tempelfundament, in der Mitte höher als an den Ecken

Entasis (Verdickung), die geneigten Säulen erscheinen gerade.

Jede Säule ist leicht nach innen geneigt.

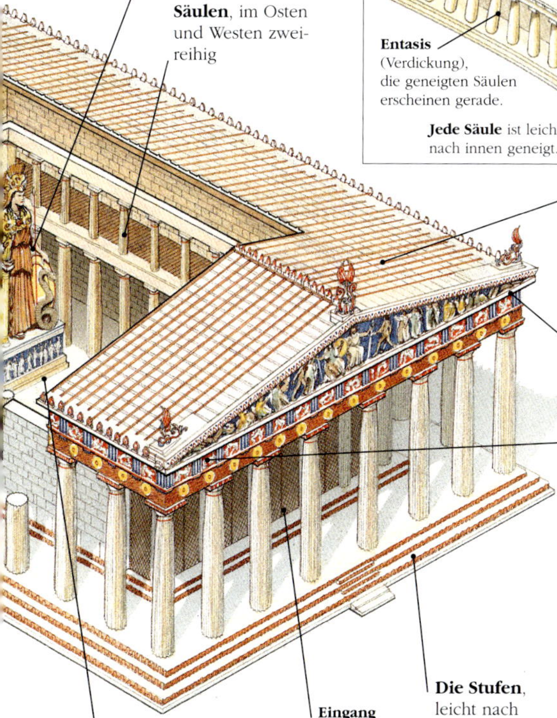

Innere dorische Säulen, im Osten und Westen zweireihig

Dach aus pentelischen Marmorkacheln auf hölzernen Sparren

Eingang

Die Stufen, leicht nach oben gebogen, um aus der Ferne gerade zu wirken

Nordost-Ansicht
Hier sind Fragmente der Giebel-Skulpturen zu sehen und abwechselnd vertikale Triglyphen und verblaßte Metopen-Bildwerke.

Ansicht der Ost-Cella
Der Parthenon besaß zwei Cellae (Haupträume), eine östliche und eine westliche Cella. In der östlichen stand die riesige Athena-Kultstatue mit den ihr zugedachten Opfergaben; die West-Cella war der Priesterschaft vorbehalten.

Rund um die Akropolis

Thron aus dem Dionysos-Theater

UM DIE AKROPOLIS spielte sich in der Antike das öffentliche Leben ab. Außer der im Norden gelegenen Agora *(siehe S. 90f)* gab es am Akropolis-Südhang zwei Theater als Tragödienforen zu Ehren von Dionysos. Das politische Leben fand zumeist auf den beiden Hügeln westlich der Akropolis, Pnyx und Areopag, statt: Die Volksversammlung tagte auf ersterem, das Gericht des Ältestenrats auf letzterem. Antike Relikte und die Exponate im Akropolis-Forschungszentrum gestatten einen faszinierenden Einblick in das Alltagsleben im antiken Athen.

Die Ruinen des Dionysos-Theaters

Odeion des Herodes Atticus

5000 Zuschauer finden in dem heute wieder benutzten Theater Platz, das der römische Konsul Herodes Atticus 161–74 n.Chr. zum Andenken an seine Frau anlegen ließ. Der muschelförmige Zuschauerraum wurde in den Südabhang des Akropolis-Felsens hineingebaut. In den 50er Jahren renovierte man die halbrunde Orchestra vor der Bühne mit blau-weißen Mamorplatten. In den Arkaden des Bühnenbaus standen einst die neun Musen-Statuen. Das Auditorium war früher der besseren Akustik wegen und als Regenschutz von einem Zedernholzdach überspannt. Heute finden hier klassische und volkstümliche Theater- und Konzertaufführungen statt *(siehe S. 119)*.

Dionysos-Theater

Das in den Südhang des Akropolis-Felsens gebaute Dionysos-Theater, die Geburtsstätte der griechischen Tragödie, gilt als erstes befestigtes Theater. Denn als Aischylos, Sophokles, Euripides und Aristophanes hier bei den jährlichen »Großen Dionysien« zur Aufführung kamen, saßen die Zuschauer noch auf Holzstufen am Abhang. Steinerne Sitzreihen entstanden erst unter Lykourgos (342–326 v.Chr.), die heutigen Überreste stammen jedoch zum Teil von der unter den Römern erbauten Anlage mit 17 000 Plätzen. Diese nutzten den Bühnenraum als Gladiatorenarena und schützten die Zuschauer durch eine Marmorschranke mit Metallgeländer. Die Marmortäfelung mit Szenen aus dem Dionysos-Mythos und die Marmorsessel für Würdenträger in der ersten Zuschauerreihe stammen aus der Zeit Neros (1. Jh. n.Chr.).

Oberhalb des Theaters stehen noch zwei korinthische Säulen, Überreste des 320 v.Chr. zu Ehren des siegreichen Chorführers Thrasyllos errichteten Choregen-Monuments. Darunter liegt die heilige Höhle der Artemis, in byzantinischer Zeit zur Kapelle der **Panagía i Spiliótissa** (Mutter Gottes der Höhle) geweiht, wohin Mütter mit ihren kranken Kindern pilgerten. Das im Westen gelegene, 420 v.Chr. erbaute Alte Asklepiéion war dem Gott der Heilkunst geweiht. Heilung Suchende mußten sich vor Betreten des Tempelbezirks zunächst Reinigungsriten unterziehen.

Akropolis-Forschungszentrum

Makrygiánni 2–4, Makrygiánni. *210 923 9381.* *tägl. 9–14.30 Uhr.* *Feiertage.*

Infolge eines Erdbebens ist dieses klassizistische Gebäude bis vorraussichtlich Ende 2003 wegen Renovierung geschlossen. Ab dann dient es wieder als Studienzentrum und Archiv zur Akropolis-Geschichte mit einer Ausstellung eines verkleinerten Parthenon-Modell und eines Gesamtmodell seines Frieses aus Gips sowie einer Dokumentation, wie und wo der pentelische Marmor gebrochen und nach Athen transportiert wurde.

Innenraum der Panagía Spiliótissa oberhalb des Dionysos-Theaters

Areopag

Heute sieht man auf dem flachen Hügel außer einigen kaum behauenen Stufen, wohl die alten Sitze der Gesetzeshüter, nur noch wenig. Der Areopag spielte in der klassischen Antike eine wichtige Rolle als Tagungsort des Obersten Gerichts, und von hier beschossen Perser und Türken die Akropolis. Der Name »Ares-Hügel« soll auf ein mythologisches Tribunal zurückgehen. Es sprach Ares, den Sohn des Göttervaters Zeus und der Hera, frei. Der blutdurstige Gott des Kampfes war angeklagt, Poseidons Sohn ermordet zu haben. Die nahe **Furienhöhle** inspirierte Aischylos *(siehe S. 57)*, den Schauplatz des Orestes-Tribunals in seinen *Eumeniden* (Furien) hierher zu verlegen. Nach dem Lukas-Evangelium hielt der Apostel Paulus 51 n.Chr. hier seine Rede über den »Unbekannten Gott« und bekehrte Dionysios Areopagitis, den späteren Stadtpatron Athens, zum Christentum.

Pnyx

Die Pnyx als Aussichtspunkt für die mehrsprachige Ton- und Lichtschau der Akropolis – welch trauriges Schicksal für die Heimstatt der antiken Demokratie! Auf dem Hügel versammelte sich bis zur Römerzeit vierzigmal im Jahr die aus 6000 Athener Bürgern gebildete *Ekklesia* (Volksversammlung), um über die wichtigeren Staatsangelegenheiten zu diskutieren und abzustimmen. Von dem erhaltenen *Bema*, einer aus dem Fels gehauenen Rednerbühne vor einem Zeus-Altar, sprachen Themistokles, Perikles und Demosthenes zu ihren Mitbürgern. Auch die – das gesamte, 110 Meter hoch gelegene Auditorium umfassende – Mauer ist noch sichtbar. Der terrassenförmige Halbkreis des Auditoriums lag auf gleicher Höhe wie die Rednertribüne.

Agios Dimítrios

Dionysíou Areopagítou, Südecke der Akropolis. tägl. außer So.

Die byzantinische Kirche heißt in Anspielung auf ein Ereignis von 1656 auch Agios Dimítrios Loumpardiáris. Der türkische Kommandeur Yusuf Aga plante zu jener Zeit, die Kanone Loumpárda vor den Propyläen *(siehe S.96)* auf die Gläubigen abzufeuern, die sich zum Fest des Agios Dimítrios in der Gebetsstätte zusammengefunden hatten. In der Nacht davor traf ein Blitz die Propyläen und tötete – wie ein Gotteswerkzeug – den Kommandeur und seine gesamte Familie.

Kreuz aus der Agios Dimítrios

Philopáppos

Von der höchsten Erhebung (147 m) im Süden Athens bieten sich herrliche Blicke auf die Akropolis. Die Anhöhe war stets eine wichtige Verteidigungsbastion für Athen: 294 v.Chr. ließ General Demetrios Poliorketes hier eine Festung errichten mit Blick auf die strategische Straße nach Piräus, 1687 beschoß Francesco Morosini von hier die Akropolis. Die alten Griechen nannten die Anhöhe Musenhügel, Museion, da man seit alters das Grab des Musaeus, eines Orpheus-Anhängers, hier vermutete. Im Volksmund heißt der Hügel nach dem hier stehenden Denkmal Philopappos.

Das Monument errichteten die Athener 114–116 n.Chr. zu Ehren von Caius Julius Antiochus Philopappos, einem römischen Konsul und Philhellenen. In die zwölf Meter hohe Marmorfront sind Nischen mit Statuen von Philopappos und seinem Großvater, Antiochus IV., eingelassen. Auf dem umlaufenden Fries sieht man die Ankunft des Streitwagens von Philopappos, der 100 n.Chr. zum römischen Konsul ernannt wurde.

Sternwarte auf dem Nymphenhügel

Nymphenhügel

Der Name des bewachsenen, 103 Meter hohen Hügels leitet sich von den Widmungen ab, die in die heute im Garten der Sternwarte liegenden Felsen gemeißelt sind. Das 1842 von Theophil Hansen mit Mitteln von Baron Sina errichtete Observatorium erhebt sich auf dem Heiligtum der mit Geburt in Verbindung stehenden Nymphen.

Die nahe Kirche Agía Marína wird ebenfalls mit Geburt assoziiert. Schwangere pflegten einen blanken Felsen in der Nähe herunterzurutschen in der Hoffnung auf leichte Wehen und eine glückliche Niederkunft.

Philopappos-Denkmal (114 –116 v. Chr.)

Im Detail: Pláka

Die Pláka ist der historische Kern Athens. Zwar sind nur wenige Häuser aus der Zeit vor der osmanischen Herrschaft erhalten, trotzdem gilt sie als ältestes Viertel. Vielleicht leitet sich der Name vom albanischen *pliaka* ab, der Bezeichnung für das im 16. Jahrhundert von Albanern in der türkischen Armee bewohnte Viertel. Trotz der Touristenmassen und vielen Athener, die hier in den Tavernen essen oder die Antiquitätenläden durchstöbern, besitzt die Pláka immer noch Wohnviertelcharakter.

Neue Metropolis
Die Kathedrale entstand in der zweiten Hälfte des 19. Jahrhunderts. ⓬

★ Panagía Gorgoepíkoös
Die kleine Kirche (12. Jh.), auch Kleine Metropolis genannt, besitzt schöne Reliefs. ⓫

Die Thoukydídou ist nach dem Historiker Thukydides (ca. 460–400 v.Chr.) benannt.

Museum der griechischen Volksmusik-Instrumente
Das 1991 eröffnete Museum zeigt viele Volksmusik-Instrumente. ⓾

Monastiráki
(siehe S. 84f)

Museum der Athener Universität
Das Museum im alten Gebäude zeigt Exponate aus der Frühzeit der Universität, wie diese medizinischen Geräte. ❾

Akropolis
(siehe S. 94ff)

Antike Agora
(siehe S. 90f)

Sammlung Kanellópoulos
Die private Sammlung zeigt exquisite Kostbarkeiten aus allen Gebieten der hellenistischen Welt. ❽

Griechisches Volkskundemuseum
Schönste griechische Volkskunst aus allen Bereichen.

ZUR ORIENTIERUNG
Siehe Kartenteil, Karten 5–6

Plateía Syntágmatos ***(siehe S. 112)***

Agios Nikólaos Ragavás
In der byzantinischen Kapelle (11. Jh.) wird gern geheiratet. ⓭

Plateía Lysikrátous
Der nach dem Denkmal in seiner Mitte benannte Platz war ein bevorzugter Aufenthaltsort des Dichters Byron. ⓯

LEGENDE

– – – Routenempfehlung

NICHT VERSÄUMEN

★ **Panagía Gorgoepíkoös**

Anafiótika
Die weißgetünchten Häuser und gewundenen Straßen erbauten Siedler aus Anáfi nach kykladischem Vorbild im 19. Jahrhundert. ⓮

***Rembétiko*-Musikanten, Museum der griechischen Volksmusik-Instrumente**

Sammlung Kanellópoulos ❽
Μουσείο Κανελλοπούλου

Ecke Theorías u. Pános 12, Pláka. **Karte** 6 D2. *210 321 2313.* *Monastiráki.* *Di–So 8.30–15 Uhr, Karfreitag 12–15 Uhr.* *1. Jan, 25. März, Ostersonntag, 25., 26. Dez.*

Das Museum in einer restaurierten Neoklassizismus-Villa besitzt die ehemalige Privatsammlung Kanellópoulos. Die Antiquitäten aus allen Teilen der hellenistischen Welt werden auf drei Stockwerken gezeigt: eine Münzsammlung, Rüstungen (6. Jh. v. Chr.), persischer Goldschmuck (5. Jh. v. Chr.) und attische Vasen, weiterhin kykladische Statuetten, einige seltene maskierte Schauspieler-Statuen aus Terrakotta und ein exquisites Faiyûm-Frauenporträt aus dem 2. Jahrhundert n. Chr.

Im Erdgeschoß lagert ein tonnenschwerer, aus der Akropolis-Befestigungsmauer herabgefallener Felsblock, der in das Museum einbezogen wurde.

Tritonenskulptur, Sammlung Kanellópoulos

Museum der Athener Universität ❾
Μουσείο Ιστορίας του Πανεπιστημίου Αθηνών

Thólou 5, Pláka. **Karte** 6 E2. *210 324 0861.* *Monastiráki.* *Mi, Mi 14–19 Uhr, Di, Do, Fr 9–14.30 Uhr.* *Aug u. Feiertage.*

Das dreistöckige Gebäude war die alte Heimstatt der Athener Universität, die am 3. Mai 1837 mit 33 Professoren und 52 Studenten ihren Betrieb aufnahm. 1841 zog die Universität in ein neues Gebäude um, ab 1922 wohnten im alten Bau zahlreiche Immigrantenfamilien. Während dieser Zeit wurde im Erdgeschoß die Taverne »Alte Universität« betrieben.

Die Universität kaufte das 1963 zum Nationaldenkmal erklärte Haus wieder zurück und eröffnete in ihm 1974 das Museum. Heute zeigt die »Alte Universität« eine Memorabilien-Sammlung unterschiedlichster Herkunft. Zu den Exponaten gehören Schaubilder des menschlichen Körpers, anatomische Modelle, technische Instrumente und Arzneigefäße, außerdem eine Dokumentation über ehemalige Professoren und Studenten der Universität.

Museum der griechischen Volksmusik-Instrumente ❿
Μουσείο Ελληνικών Λαϊκών Μουσικών Οργάνων

Diogénous 1–3, Aérides Square. **Karte** 6 D1. *210 325 0198.* *Monastiráki.* *Di–So 10–14 Uhr, Mi 12–19 Uhr (im Winter bis 18 Uhr).* *17. Nov, Feiertage.*

Der Musikwissenschaftler Phoebus Anogianákis schenkte dem griechischen Staat 1978 über 1200 Instrumente. 1991 wurden ein Studienzentrum und das Museum, unter anderem mit Anogianákis' Sammlung, zur Erforschung der Geschichte griechischer Volksmusik eröffnet. Das Museum dokumentiert die Entwicklung verschiedener Musikstile Inselgriechenlands und die Aufnahme des *Rembétiko* (griechischer »Blues«) von Smyrna 1922.

Auf drei Etagen werden Instrumente aus ganz Griechenland gezeigt, Hörproben über Kopfhörer werden angeboten. Im Erdgeschoß sind zu sehen: Kirchen- und Viehglocken, Wasserpfeifen, Holzklappern und -flöten, die in der Vorfastenzeit verkauft werden; außerdem Blasinstrumente, die *Tsampoúna* etwa, ein Dudelsack aus Ziegenleder. Im ersten Stock folgen Saiteninstrumente wie die *Busuki*, *Santoúri* und kretische *Lyrá*. Ausgestellt ist auch eine Laute aus Elfenbein und Schildpatt (19. Jh.).

Panagía Gorgoepíkoös ⓫

Παναγία η Γοργοεπήκοöς

Flachrelief an der Südfassade

Die aus pentelischem Marmor erbaute Kreuzkuppelkirche sieht heute aufgrund von Witterungseinflüssen kornfarben aus. Die Maße des Gotteshauses aus dem 12. Jahrhundert, 7,5 Meter Länge und zwölf Meter Breite, sind der Größe des Dorfes Athen in der damaligen Zeit angemessen. Die mit Friesen und Reliefs älterer Gebäude versehene Fassade ist ein Stilgemisch aus klassischem und byzantinischen Elementen. Obwohl der Panagía Gorgoepíkoös (der schnellhelfenden Gottesmutter) und Agios Elefthérios (der Beschützerin der Gebärenden) geweiht, wird die Kirche auch liebevoll Mikrí Mitrópoli (Kleine Metropolis) genannt.

INFOBOX

Plateía Mitropóleos, Pláka.
Karte 6 E1. Ⓜ *Monastiráki.*
○ *tägl. 7–19 Uhr.* ✝

Die Südfassade, überschattet von der Großen Metropolis

Allegorische Tierdarstellungen
Detail eines von zwei Flachreliefs, Westfassade

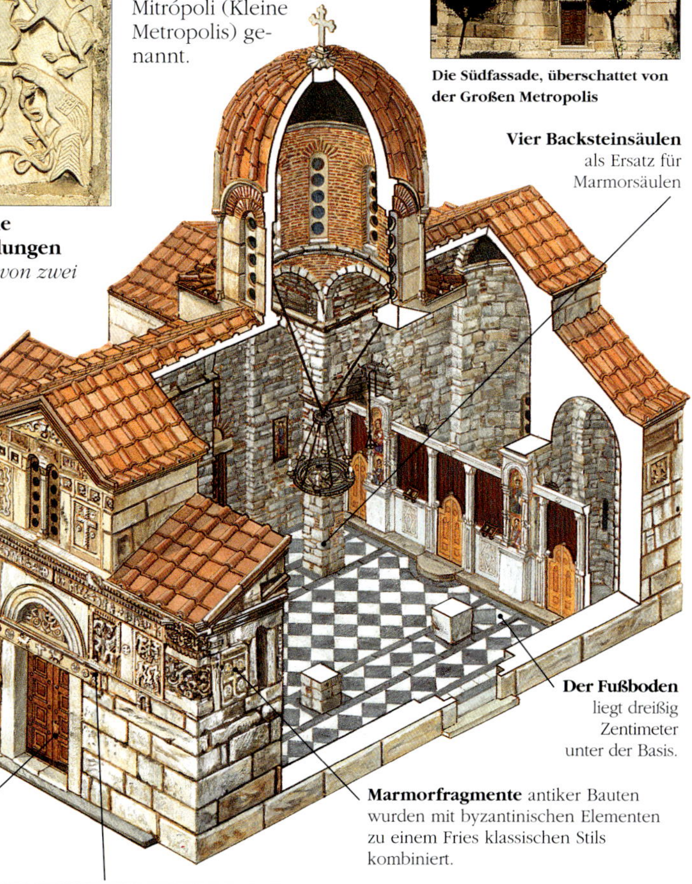

Vier Backsteinsäulen als Ersatz für Marmorsäulen

Der Fußboden liegt dreißig Zentimeter unter der Basis.

Marmorfragmente antiker Bauten wurden mit byzantinischen Elementen zu einem Fries klassischen Stils kombiniert.

Haupteingang

Fenstersturz-Fries
Dieser Fries (4. Jh. v.Chr.) stellt die vier Jahreszeiten dar. Das Kreuz in der Mitte kam im 12. Jahrhundert hinzu.

Moderne Mosaiken über dem Haupteingang der Großen Metropolis

Große Metropolis ⓬
Μητρόπολη

Plateía Mitropóleos, Pláka. **Karte** 6 E1. ☎ *210 322 1308.* Ⓜ *Monastiráki.* ◯ *tägl. 6.30–19 Uhr.*

Als Baumaterialien dieser großen, 1840 begonnenen Kathedrale verwendete man unter anderem den Marmor von 72 zerstörten Kirchen. Den Grundstein legten König Otto und Königin Amalía Weihnachten 1842, fertiggestellt wurde sie jedoch erst zwanzig Jahre später, nachdem drei Architekten (Franz Boulanger, Theophil Hansen und Dimítrios Zézos) Hand angelegt hatten – vielleicht eine Erklärung für ihr unvorteilhaftes Äußeres. Am 21. Mai 1862 (Mariä Verkündigung) wurde die größte Kirche Athens vom Königspaar offiziell diesem Fest, Evangelismós Theotókou, geweiht.

Die Kathedrale ist Sitz des Athener Bischofs und ein bedeutendes Gotteshaus, in dem Ereignisse wie Krönungen, Trauungen und Trauerfeiern der Oberschicht stattfinden.

Im Innern liegen die Gräber zweier von den Türken ermordeter Heiliger, Agía Filothéi und Gregor V., die Gebeine des ersteren sind in einem silbernen Reliqienschrein zu sehen. Zu ihrem wohltätigen Wirken gehörte unter anderem der Freikauf griechischer Frauen aus türkischen Harems. Gregor V., Patriarch von Konstantinopel, wurde 1821 erhängt und seine Leiche in den Bosporus geworfen, wo sie griechische Seeleute bargen und nach Odessa brachten. Von dort wurde sie schließlich, 50 Jahre später, nach Athen überführt.

Von Anafiótika blickt man auf die Agios Nikólaos Ragavás

Agios Nikólaos Ragavás ⓭
Άγιος Νικόλαος ο Ραγυαβάς

Ecke Prytaneíou u. Epichármou, Pláka. **Karte** 6 E2. ☎ *210 322 8193.* Ⓜ *Monastiráki.* 🚌 *1, 2, 4, 5, 9, 10, 11, 12, 15, 18.* ◯ *tägl. 8–12, 17–20 Uhr.* ♿ *begrenzt.*

Die byzantinische Kirche aus dem 11. Jahrhundert wurde im 18. Jahrhundert durch einen Neubau ersetzt. Bei der Restaurierung in den späten 70er Jahren fügte man Marmorsäulen und Relikte antiker Bauten in ihre Mauern ein. Sie ist eine der beliebtesten Pfarrkirchen der Pláka, hier finden an Wochenenden häufig Hochzeiten statt, die nach der Trauung in den Straßen weitergefeiert werden. Sie war die erste Kirche, die nach dem Unabhängigkeitskrieg (1821) eine Glocke hatte und am 12. Oktober 1944 die Befreiung von den Deutschen einläutete.

Anafiótika ⓮
Αναφιώτικα

Karte 6 D2. Ⓜ *Monastiráki.*

Das sich an den Akropolis-Nordhang schmiegende Viertel gehört zum ältesten Siedlungskern. Mit seinen weißgetünchten Häusern, engen Gäßchen, schläfrigen Katzen, Basilikumtöpfen auf

◁ **Blick von Anafiótika auf die antike Agora**

Fenstersimsen strahlt es die Atmosphäre eines Kykladen-Dorfes aus. Seine ersten Bewohner nach dem Peloponnesischen Krieg *(siehe S. 30)* waren Flüchtlinge, um 1841 besiedelten es Handwerker von der Kykladen-Insel Anáfi, daher der Name. Ein Teil von ihnen half nach der Unabhängigkeit, das Viertel neu aufzubauen, wobei man die Verordnung von 1834 ignorierte, nach der das Gebiet archäologische Zone war, und errichtete Häuser in einer Nacht-und-Nebel-Aktion. Nach osmanischem Recht waren die Behörden machtlos und konnten die neuen Häuser nicht wieder abreißen lassen.

Das Viertel wird von zwei Kirchen des 17. Jahrhunderts begrenzt: Agios Geórgios tou Vráchou mit ihrem blumengeschmückten Kirchhof im Osten und Agios Symeón im Westen. Sie besitzt die Kopie einer ursprünglich aus Anáfi stammenden Ikone.

Terrakotta-Sphinxe, *akrokérama*, auf einem Dach in Anafiótika

Plateía Lysikrátous ⓯
Πλατεία Λυσικράτους

Lysikrátous, Sélley u. Epimenídou, Pláka. **Karte** 6 E2. 🚌 *1, 5, 9, 18.*

Der Platz östlich der Pláka ist nach dem Lysikrates-Denkmal in seinem Zentrum benannt. Lord Elgin gelang es glücklicherweise nicht, das einzige erhaltene Choregen-Denkmal Athens nach England zu verschiffen. Choregen-Monumente wurden zu Ehren der Sieger bei den alljährlich stattfindenden Wettbewerben im Dionysos-Theater *(siehe S.100)* gestiftet. Üblicherweise gereichte es einem Sponsor *(choregos)* zur Ehre, sich finanziell für ein Siegerteam einzusetzen, daher die Bezeichnung. Das 334 v.Chr. errichtete Monument besitzt wohl die frühesten korinthischen Wandsäulen Athens. Den von sechs Säulen gebildeten Rundbau schließt eine mit Akanthusblattwerk verzierte Kuppel ab. Darauf ruhte der Bronze-Dreifuß des Siegers mit der Inschrift: »Lysikrates aus Kikynna, Sohn des Lysitheides, war Chorege; der Stamm Akamantis siegte mit einem Knabenchor; Theon spielte die Flöte; der Athener Lysiades war Chorleiter; Evainetos war Archon.« Die Athener wählten alljährlich neun Archonten (höchste Beamte) und bezeichneten die Jahre nach einem, dem »namengebenden Archonten«. Ein umlaufender Fries zeigt die Gefangennahme des Dionysos durch thyrrenische Piraten, vermutlich das Thema, mit dem Lysikrates siegte. Der von Satyrn umgebene Gott verwandelt dabei die Piraten in Delphine und ihren Schiffsmast in eine Seeschlange.

Das Denkmal für Lysikrates, den siegreichen Choregen beim Theaterwettbewerb

Kapuzinermönche erwarben später das Denkmal und bezogen es in ihren Bibliotheksbau ein. Frühe Griechenland-Reisende, Chateaubriand (1768–1848) und Lord Byron *(siehe S. 149)* etwa, weilten hier im Kloster, das 1669 gegründet wurde. Als Byron sich hier aufhielt, schrieb er 1810, anläßlich seiner letzten Athenreise, einen Teil seines Versepos *Childe Harolds Pilgerfahrt*.

Unweit von hier liegt die restaurierte byzantinische Kirche (11. Jh.) Agía Aikateríni (St. Katharina), die 1767 in Besitz des Klosters St. Katharina vom Berg Sinai überging. 1882 wurde sie Pfarrkirche.

Ikonenmaler in der Plaka

Die Pláka ist übersät von Künstlerateliers, in denen auf traditionelle Art Ikonen gemalt werden. Die besten liegen südlich der Plateía Mitropóleos, auf der Agías Filothéis und Apóllonos, zwischen den Läden, in denen liturgische Gewänder und Geräte verkauft werden. In einigen Werkstätten wird noch nach byzantinischer Art mit Ei-Temperafarben auf speziell vorbehandeltes Holz gemalt. Käufer aller Religionen können hier Ikonen mit dem Heiligen ihrer Wahl anfertigen lassen. Eine Ikone mittlerer Größe mit einem von einem Foto kopierten Heiligen kann innerhalb eines Tages gemalt werden.

Ornamentalstickerei aus Epiros im Griechischen Volkskundemuseum

Griechisches Volkskunde-museum ⓰
Μουσείο Ελληνικής Λαϊκής Τέχνης

Kydathinaíon 17, Pláka. **Karte** 6 E2. *210 321 3018. 2, 4, 9, 10, 11, 12, 15. 1, 5. Di–So 10–14 Uhr. Feiertage. begrenzt.*

GRIECHISCHE Folklore, unter anderem allerfeinste Stickereien und Trachten vom Festland und von den Ägäischen Inseln, wird auf fünf Museums-Stockwerken präsentiert. Dokumentiert wird auch das Wiederaufleben des Kunsthandwerks im 18. und 19. Jahrhundert, das Zeugnis ablegt vom reichen griechischen Erbe handwerklicher Techniken wie Weben, Holzbildhauerei und Metallbearbeitung.

Im Erdgeschoß ist eine reiche Stickerei-Sammlung in verschiedensten Techniken zu bewundern.

Im Zwischengeschoß zu sehen: Keramiken, Metallarbeiten und Holzschnitzereien. Die Keramiken reichen von architektonischen Exponaten, Kaminen etwa, bis zu dekorativen Objekten für das Haus wie Kochtöpfen. Terrakotta- und Fayence-Objekte, glasiert und unglasiert, sind vertreten. Viele der Metallobjekte aus Kupfer, Bronze, Eisen, Stahl und Zinn weisen raffinierte Dekore auf, nicht selten sind es Intarsienarbeiten mit Perlmutt, Elfenbein oder Silber. Für die Schnitzereien verwendete man eine breite Palette an Hölzern, Walnuß-, Zedern- und Olivenholz etwa. Außerdem sind auf diesem Stock Theatermasken zu sehen. Der Ursprung dieses Handwerks geht bis auf die antiken Dionysien zurück, bei denen Masken getragen wurden. Die Puppen des Karagkiózis-Theaters *(siehe S. 151)* erfreuten das Publikum bei satirischen Aufführungen zu politischen und gesellschaftlichen Themen.

Im ersten Stock sind volkstümliche Bilder untergebracht, hierzu gehören unter anderem auch Arbeiten von Theófilos Chatzimichaïl *(siehe S. 218)*. Der zweite Stock ist Silberobjekten gewidmet, kirchlichen Exponaten, Kelchen und Kreuzen unter anderem, und weltlichen Stücken, ornamentgeschmückten Waffen und erlesenem Schmuck. Im dritten Stock findet man Web- und Steinschnittarbeiten. Zu den für Webereien verwendeten Materialen zählen Lammwolle, Ziegenhaar, Seidenfäden und Pflanzenfasern. Auch traditionelle Trachten gibt es hier zu sehen. Ornamentik und Design der aus den verschiedensten Regionen Griechenlands zusammengetragenen Gewänder fallen offensichtlich unterschiedlich aus.

Dekorplatte aus Rhodos

Jüdisches Museum ⓱
Εβραϊκό Μουσείο της Ελλάδας

Níkis 39, Sýntagma. **Karte** 6 F2. *210 322 5582. Sýntagma. 1, 2, 4, 5, 9, 10, 11, 12, 15, 18. Mo–Fr 9–14.30, So 10–14 Uhr. Griechische u. Jüdische Feiertage.*

DAS MUSEUM, das 1996 verbesserte Räumlichkeiten bezog, dokumentiert die bis ins 3. Jahrhundert v. Chr. zurückreichende Geschichte des griechischen Judentums. Die Sammlung porträtiert die Sephardim-Juden, die im 15. Jahrhundert aus Spanien und Portugal flohen und sich in der religiös toleranten Zeit des Osmanischen Reichs in ganz Griechenland niederließen.

Rekonstruierter Schrein aus Patras

Unter den Exponaten, u. a. jüdischen Gewändern und Zeremonialgegenständen, erweckt insbesondere die *Ehal*-Rekonstruktion Interesse. Der Schrein birgt die Thora aus der Synagoge in Patras, die in den 1920er Jahren entstand. Die Thora wurde vom Gründer des Museums, Nikólaos Stavroulákis, gerettet, der auch zahlreiche, im Museums-Shop erhältliche Bücher über das griechische Judentum schrieb.

In einer bewegenden Dokumentation wird über das Schicksal der Juden in der deutschen Besatzungszeit berichtet: 87 Prozent von ihnen kamen um, über 45 000 Griechen allein aus Thessaloníki starben in nur fünf Monaten in Auschwitz und anderen Lagern.

Der Hadrians-Bogen, unweit vom Tempel des Olympischen Zeus

Tempel des Olympischen Zeus ⓲
Ναός του Ολυμπίου Διός

Ecke Amalías u. Vasilíssis Olgas, Pláka. **Karte** 6 F3. *210 922 6330.* *2, 4, 11.* *tägl. 9–15 Uhr.* *Feiertage.* *begrenzt.*

Der Tempel des Olympischen Zeus, der größte Griechenlands, übertrifft in seinen Ausmaßen selbst den Parthenon. Begonnen wurde er im 6. Jahrhundert v. Chr. unter dem Tyrannen Peisistratos, der den Bau forcierte, um sich im Volk beliebt zu machen, fertiggestellt wurde der Tempel jedoch erst 650 Jahre später.

Während seines zweiten Athen-Aufenthalts anläßlich der Panhellenischen Spiele 132 n. Chr. weihte der römische Kaiser Hadrian den Tempel dem Olympischen Zeus. Er ließ im Innern auch eine mit Gold und Elfenbein intarsierte Zeus-Statue aufstellen, eine Kopie des Pheidias-Originals in Olympia *(siehe S. 170f)*, und daneben sein eigenes Standbild. Beide sind verlorengegangen.

Obwohl nur 15 der ursprünglich 104 korinthischen Säulen erhalten sind, vermitteln diese eine Vorstellung von den Tempelausmaßen mit wahrscheinlich rund 96 Metern Länge und 40 Metern Breite. 174 v. Chr. hatte ein römischer Architekt die wesentlich schlichteren dorischen Säulen mit korinthischen Kapitellen versehen.

Der Hadrians-Bogen wurde 131 n. Chr. mit Bedacht in der Nähe des Tempels errichtet, um die Grenze zwischen der antiken Stadt und dem neuen Athen Hadrians zu markieren.

Korinthische Säulenrelikte am Tempel des Olympischen Zeus

Die russische Dreifaltigkeits-Kirche mit ihrer großen Kuppel

Russische Dreifaltigkeits-Kirche ⓳
Σωτείρα του Λυκοδήμου

Filellínon 21, Pláka. **Karte** 6 F2. *210 323 1090.* *1, 2, 4, 5, 9, 10, 11, 12, 15, 18.* *Mo–Fr 7.30–10 Uhr, Sa, So 7–11Uhr.* *Feiertage.* *begrenzt.*

Die noch benutzte Kirche der russischen Gemeinde war einst das größte Gotteshaus der Stadt. 1701 wurde die 1031 mit Unterstützung der Familie Lykodímou (auch Nikodímou) errichtete Kirche 1701 durch ein Erdbeben zerstört. 1780 trug der türkische Gouverneur *(voivode)* Hadji Ali Haseki ihre Mauern teilweise ab, um die Steine für eine Stadtmauer zu verwenden, und während der Belagerung 1827 wurde sie durch griechische Granaten noch stärker beschädigt. 20 Jahre später sorgte die russische Regierung für ihren Wiederaufbau und weihte sie der Heiligen Dreifaltigkeit. Das Ungewöhnlichste an der kreuzförmigen Kirche ist die Kuppel von zehn Metern Durchmesser. Den Innenraum gestaltete der bayrische Kirchenmaler Ludwig Thiersch. Im 19. Jahrhundert errichtete man auch den separat stehenden Glockenturm, dessen Glocke Zar Alexander II. stiftete.

Grabmal des Unbekannten Soldaten am Syntágma-Platz

Plateía Syntágmatos ⑳
Πλατεία Συντάγματος

Syntágma. **Karte** 6 F1. *1, 5, 9, 10, 12, 15, 18.* Syntágma.

Am Syntagma-Platz liegen das Voulí-Gebäude, das griechische Parlament, und das Grabmal des Unbekannten Soldaten, geschmückt mit einem Relief, das einen schwerbewaffneten griechischen Soldaten zeigt. Die Mauern zu beiden Seiten des am 25. März 1932 (Nationaler Unabhängigkeitstag) eingeweihten Grabmals tragen Inschriften aus der Grabrede des Perikles. An den anderen Mauern um den Platz brachte man Bronzeschilder an, auf denen die griechischen Siege seit 1821 verzeichnet sind.

Soldaten der Nationalgarde *(évzones)* in Faltenrock und Pomponschuhen patroullieren vor dem Grabmal. Sonntags um 11 Uhr vormittags ist Wachwechsel.

Nationalgärten ㉑
Εθνικός Κήπος

Zwischen Vasilíssis Sofías, Iródou Attikoú, Vasilíssis Olgas u. Vasilíssis Amalías, Syntágma. **Karte** 7 A1. M *Sýntagma.* *1, 3, 5, 7, 8, 10, 13, 18.* *bei Tageslicht.*
Botanisches Museum, **Zoo**, **Cafés.** *tägl. 7.30–15 Uhr.*

Hinter dem Voulí-Parlamentsgebäude erstreckt sich der beliebte, 16 Hektar große Park. Kraft Verordnung wurden die einstigen »Königlichen Gärten« 1923 in Nationalpark umbenannt. Königin Amalía ordnete um 1840 die Anlage des Parks an und beauftragte sogar die griechische Marine, 15 000 Setzlinge aus aller Welt zu holen. Für den Landschaftsbau zeichnete der preußische Gartenbauarchitekt Friedrich Schmidt verantwortlich, der die ganze Welt auf der Suche nach seltenen Pflanzen bereiste.

Obwohl die Anlage nicht mehr so schön wie einst ist, blieb sie einer der friedlichsten Orte der Stadt. Schattige Wege führen an Plätzen, Bänken und Goldfischteichen vorüber. Der Park beherbergt auch eine große verwilderte Katzenpopulation. Die Gartenatmosphäre verschönern hier aufgefundene römische Mosaiken und ein alter Aquädukt. Moderne Schriftsteller-Skulpturen, etwa von Dionýsios Solomós, Aristotélis Valaorítis und Jean Moreas, sind überall aufgestellt. Mann kann im Park auch ein kleines **Botanisches Museum**, einen Zoo und Cafés besuchen.

Südlich des Parks liegt die **Záppeion**-Ausstellungshalle, gestiftet von den Cousins Evángelos und Konstantínos Záppas, die heute als Konferenzzentrum dient. Der zwischen 1874 und 1888 von dem Architekten Hansen, dem Erbauer der Athener Akademie, errichtete Bau liegt in einem separaten Garten. Im eleganten Café neben dem Záppeion findet man nach einem schönen Parkspaziergang Entspannung, und Erfrischung.

Entspannung im Nationalpark

Präsidentenpalast ㉒
Προεδρικό Μέγαρο

Iródou Attikoú, Syntágma. **Karte** 7 A2. M *Sýntagma.* *3, 7, 8, 13.* *nicht zugänglich.*

Der Staatspräsident residiert im Palast, der von 1878 bis zum überstürzten Abgang König Konstantins 1967 von der griechischen Königsfamilie bewohnt wurde. Das Gebäude entstand 1878 unter Leitung von Ernst Ziller *(siehe S. 81)* und wird von Evzonen bewacht, die am Anfang der Straße stationiert sind. Seit Abschaffung der Monarchie ist er auch offizieller Sitz des Staatspräsidenten, in dem heute auch Würdenträger empfangen werden. Einen Blick auf seine gepflegten Gärten hat man nur durch die Umzäunung.

Das von Evzonen bewachte Parlamentsgebäude

Kallimármaro-Stadion ㉓

Καλλιμάρμαρο Στάδιο

Archimídous 16, Pagkráti. **Karte** 7 B3. 210 752 6386. 3, 4, 11. *tägl. 8 Uhr bis Sonnenuntergang.*

Die weitläufige marmorne Stadionanlage liegt in einer kleinen Senke am Ardittós, dort wo auch das von Lykourgos 330–329 v.Chr. erbaute antike Panathenäen-Stadion lag. Sein erster Umbau für die römischen Gladiatorenspiele fand unter Hadrian (117–138 n.Chr.) statt, dann folgte die Ausstattung mit weißem Marmor für die Panathenäen 144 n.Chr. durch den reichen römischen Mäzen Herodes Atticus. Die Marmorblöcke des zerfallenen Stadions wurden später für Neubauten zweckentfremdet oder zu Kalk gebrannt.

1895 stiftete Geórgios Avérof vier Millionen Golddrachmen für die Restaurierung anläßlich der ersten Olympischen Spiele der Neuzeit 1896. Die Gestalt der Anlage von Anastásios Metaxás entspricht exakt der bei Pausanias in seiner *Beschreibung Griechenlands (siehe S.56)* geschilderten. Im 204 Meter langen und 83 Meter breiten Stadion aus pentelischem Marmor finden bis zu 60 000 Zuschauer Platz. Die Vorarbeiten für Metaxás hatte Ernst Ziller durch seine Ausgrabungen von 1869–79 geliefert, bei denen er eine doppelköpfige Apollon- und Dionysiusstatue fand, eine von vielen, die entlang der Aschenbahn standen, und die heute im Archäologischen Nationalmuseum ausgestellt ist *(siehe S. 68f)*.

Reich geschmückte Gräber, Athener Zentralfriedhof

Ein einsamer Athlet im großen Kallimármaro-Stadion

Athener Zentralfriedhof ㉔

Πρώτο Νεκροταφείο Αθηνών

Eingang in Anapáfseos, Méts. **Karte** 7 A4 210 923 6118. 2, 4. *tägl. 5.30–18 Uhr.* *begrenzt.*

Auf dem Friedhof der Stadt Athen, nicht zu verwechseln mit dem antiken Kerameikós *(siehe S. 88f)*, herrscht unter Pinien und Olivenbäumen beschauliche Ruhe, den Lämpchen auf gepflegten Gräbern entströmt zarter Weihrauchduft.

Hier kann man die Grabmalkunst des 19. Jahrhunderts betrachten, ob schwülstig geschmückte Marmormausoleen oder die schlichte *Kimoméni* oder *Die Schlafende (siehe S. 42)* im Belle-Époque-Stil. Das schöne, von Giannoúlis Chalepás geschaffene Grab liegt rechts neben dem Hauptweg, wo auch viele Familiengräber reicher Griechen zu finden sind.

Bedeutende Persönlichkeiten fanden hier ihre letzte Ruhe: Theódoros Kolokotrónis *(siehe S. 80)*, der britische Historiker George Finlay (1799–1875), der deutsche Archäologe Heinrich Schliemann *(siehe S. 180)*, der Literaturnobelpreisträger Giórgos Seféris (1900–71) und die Schauspielerin und Kulturpolitikerin Melina Merkoúri (1922–94).

Neben den Gräbern von Berühmtheiten beherbergt der Friedhof auch das bewegende Denkmal für 40 000 Athener, die während des Zweiten Weltkriegs verhungerten.

Einkaufen in Athen

Shopping in Athen bereitet Vergnügen, es gibt Straßenmärkte, Arkadengeschäfte, Kunst- und Folkloreläden sowie Mode-Boutiquen, die es leicht mit Pariser oder New Yorker Läden aufnehmen können. Die Athener kaufen Artikel des täglichen Bedarfs, Kleider und Schuhe in dem Viertel um Omónoia, Syntágma und Monastiráki. Für günstige Lederwaren empfehlen sich die Straßenzüge Mitropóleos, Ermoú, Aiólou. An den eleganteren Straßen Stadíou und Panepistímou liegen führende Juwelierläden und Bekleidungshäuser. Im Arkadenlabyrinth des Zentrums findet man Lederwaren, Buchhandlungen, Cafés und Ouzobars. Eleganteste Shopping-Meile ist die Kolonáki mit den teuersten Galerien und Antiquitätenläden sowie Boutiquen, in denen die neueste griechische wie ausländische Designer-Mode erhältlich ist. In Athinás, Monastiráki und Pláka gibt es ein buntes nebeneinander von Kräuter- und Gewürzläden, Ikonen- und Kerzenverkäufern, Antiquariaten und Haushaltswarengeschäften. Ausländische Besucher schätzen an Athen gerade die Verbindung von großstädtischer Atmosphäre und folkloristischem Markttreiben.

Bunte Schattenpuppe

Öffnungszeiten

Die allgemeine Ladenöffnungszeit ist montags bis samstags 8–14 Uhr, dienstags, donnerstags und freitags am Abend von 17.30 bis 20.30 Uhr. Kaufhäuser, Touristenläden, Supermärkte, Blumenläden und Konditoreien *(zacharoplasteía)* haben häufig längere Öffnungszeiten. Viele Geschäfte schließen jedes Jahr im August ganz.

Kaufhäuser und Supermärkte

Die grössten Kaufhäuser sind **Fokás** und **Lambrópoulos**. Sie unterhalten große Kosmetika-, Bekleidungs-, Geschenk-, Elektro- und Haushaltswarenabteilungen. Fokás ist nicht so groß wie Lambrópoulous, dafür aber exklusiver mit Bekleidungs-, Kosmetik- und Geschenkabteilungen. **Carrefour** ist eine Supermarktkette wie **Marinópoulos** und **AB Vassilópoulos**, beide im Zentrum.

Auf der Adrianoú, im Zentrum des Monastiráki-Flohmarkts

Lambrópoulous gehört zu den größten Kaufhäusern Athens

Märkte

Athen ist berühmt für seine Flohmärkte. In **Monastiráki** beginnt er samstags früh, wenn die Händler ihre Waren auf der Adrianoú und den benachbarten Straßen ausbreiten. *Salépi*-Verkäufer (ein Getränk aus Sesamsamen) und Klarinette spielende Zigeuner mischen sich unter die Menge. Täglich geöffnet haben die Touristen- und Antiquitätenläden, sie firmieren als »Monastiráki-Flohmarkt«, an der Pandrósou und Ifaístou. Beste Zeit für den Flohmarkt an der Plateía Avissynías ist Freitag-, Samstag- und Sonntagmorgen. Ein ausgezeichnetes Lebensmittel-Angebot führt der **Zentralmarkt**, aber auch die Obst- und Gemüsestraßenmärkte *(laïkés agorés)*, die täglich in verschiedenen Vierteln stattfinden, sind empfehlenswert und geben einen guten Einblick in den Alltag der Athener. Der Markt auf der **Xenokrátous** in Kolonáki findet jeden Freitag statt.

Griechen kaufen *en gros* ein. Es ist eher verpönt, weniger als ein Pfund einer Obst- oder Gemüsesorte kaufen zu wollen. Meist erhalten Sie eine Tüte zur Selbstbedienung – haben Sie keine Hemmungen, dabei Ihren Tast-, Geruchs- oder gar Geschmackssinn einzusetzen.

Kunst und Antiquitäten

Echte griechische Antiquitäten sind immer schwerer zu finden, viele Geschäfte sind gezwungen, Möbel, Glas und Porzellan aus aller Welt zu importieren. Man kann mit etwas Glück jedoch immer noch alten Schmuck, Messing- und

Kupferobjekte, Teppiche und Stickereien, Stiche und Drucke zu angemessenen Preisen kaufen. **Antiqua**, direkt hinter Plateía Syntágmatos, ist eine solche Fundgrube. Erste Adresse in Kolonáki für kleine, exklusive Läden sind die Sólonos, Skoufá und deren Nebenstraßen. Alte griechische Werbeposter gibt es bei **Patrick François**, antike Kelims und Teppiche bei **Serafetinídis**, beide Geschäfte liegen an der Charítos. Kolonáki gilt als Kunstzentrum mit einer ganzen Reihe renommierter Galerien. Die führende Kunsthandlung der Stadt, **Zoumpouláki Galleries**, ist auf Kunst und Antiquitäten spezialisiert.

Auch in Monastiráki gibt es viele Antiquitätenläden: Bei **Giórgos Goútis** findet man Schmuck und Gewänder aus dem 19. Jahrhundert. **Iákovos Serapian** verkauft Folkloreartikel und Glaswaren, bei **Vergína** bekommen Sie in Kupfer gearbeitete Gegenstände aller Art, besonders Marineartikel, bei **Martínos** Ikonen und Silber.

Antiker Schmuck und Zierat bei Giórgos Goútis

Traditionelle Volkskunst und Kunsthandwerk

Folkloristisches und Kunsthandwerkliches sowie Souvenirs zu erschwinglichen Preisen gibt es in Monastiráki und Pláka. Hier finden sich zahllose mit kirchlichem Tand angefüllte Geschäfte und enge Ikonenmaler-Ateliers, aber auch ausgefallene Läden mit besonderem Service. **Stávros Melissinós**, ein dichtender Autodidakt und Sandalenmacher, fertigt die verschiedensten Sandalen und Lederwaren, und als Zugabe gibt es Übersetzungen seiner Gedichte. Viele Läden haben Holzschnitzereien, bemalte Holztabletts und bunte *flokáti*-Teppiche *(siehe S. 209)* auf Lager. **Amorgós** ist reichhaltig bestückt mit Holzschnitzereien und Puppen des Karagkiózis-Theaters in Maroúsi *(siehe S. 151)*.

Der bekannte Schuhmacher und Dichter Stávros Melissinós

Die **Nationale Wohlfahrt** hat eine große Warenpalette im Angebot: Stickereien, Teppiche und Nadelkissen. Beschnitzte Hirtenstöcke aus Epirus, aber auch eine große Auswahl feiner Keramikgegenstände werden im interessanten **Centre of Hellenic Tradition** angeboten.

Schmuck

Überall in Monastiráki und Pláka gibt es kleine Juwelierläden, die Gold- und Silberschmuck anbieten. Die bekannteste Schmuckmeile ist jedoch die Voukourestíou, in der zahlreiche Geschäfte gehobenen Niveaus wie **Anagnostópoulos** und **Vourákis** liegen. Bestechend sind auch die Auslagen des weltbekannten Schmuckdesigners **Zolótas**, zu dessen Kreationen Kopien antiker Museumsschätze gehören. Ein weiterer bekannter Name ist Ilías Lalaoúnis, dessen Kollektionen bei reichen und berühmten Persönlichkeiten sehr gefragt sind. Er orientiert sich an klassischen und anderen archäologischen Funden, dem Goldschatz von Mykene etwa. Im **Ilías Lalaoúnis Schmuckmuseum** sind über 3000 Kreationen ausgestellt. Es gibt auch eine Werkstatt, in der Sie die Goldschmiede bei der Arbeit beobachten und Schmuck kaufen können.

Antiquitäten-Kopien

Anspruchsvolle Einkäufe kann man auch in Museums-Shops tätigen. Die gut gearbeiteten und geschmackvollen Kopien in verschiedensten Formen und Größen haben die große Palette antiker und byzantinischer Kunst als Vorbilder. Im **Benáki-Museum** *(siehe S. 78f)* kann man Kopien von Silber, Keramik, Stickereien und Schmuck kaufen.

Im **Museum für kykladische und antike griechische Kunst** *(siehe S. 74f)* gibt es einige exzellente Nachbildungen von Tanagran- und Kykladen-Statuetten, Gefäßen und Vasen. Eine große Auswahl an Reproduktionen von Statuen und Keramiken bietet der Souvenir-Shop des **Archäologischen Nationalmuseums** *(siehe S. 68f)*. Neben den Museen führt auch **Orféas** in Monastiráki qualitativ hochwertige Marmor- und Keramikreproduktionen klassischer griechischer Werke und Kopien byzantinischer Ikonen.

Kopien rot- und schwarzfiguriger Vasen

Ein *Períptero* in Kolonáki mit Zeitungen in allen Sprachen

Bücher, Zeitungen und Zeitschriften

Alle Kioske *(períptera)* im Zentrum führen ausländische Zeitungen und Zeitschriften. Griechische Publikationen in Englisch sind: *Athens News* (wöchentlich) und das Monatsmagazin *Odyssey*. In vielen Buchläden gibt es auch ausländische Publikationen. Die reichhaltigste Auswahl bietet **Raÿmóndos**, der sich am Voukourestíou befindet; in der großen Buchhandlung **Eleftheroudákis** auf der Panepistimíou finden Sie auf sieben Etagen fremdsprachige Bücher inklusive einem Café. Spezialisiert auf die Antike und Archäologie ist **Androméda Books**, auf Geschichtsbücher und Reiseführer **Ekdotikí Athinón**.

Einer von vielen Designer-Modeläden in Kolonáki

Kleidung

Obwohl es auch bekannte griechische Modeschöpfer gibt – **Aslánis** entwirft Prêt-à-porter-Partykleider, **Parthénis** hat das Markenzeichen der Schwarz-Weiß-Schlichtheit, führt die Mehrzahl der Modegeschäfte Ausländisches. Jede Designermarke läßt sich in Kolonáki, dem Modeviertel der Stadt, finden. An Zweiggeschäften international bekannter Modeschöpfer sind beispielsweise **Max Mara** und **Ralph Lauren** zu nennen. Die Geschäfte gehobener Preisklasse, **Sótiris** und **Mohnblümchen** sind tonangebend für den modebewußten urbanen Schick Griechenlands. Auch **Marks & Spencer** ist hier vertreten.

Haushaltswaren

Die Haushaltsgeschäfte rund um den Zentralmarkt sind auf typisch griechisches Küchengerät und auf Tischausstattung spezialisiert. Hier findet man weiße Tässchen und Kupferkännchen für griechischen Kaffee, Rollen für Pasteten und Olivenölkännchen aus Metall. Bei **Kotsóvolos** in der 3 Septemvriou gibt es eine Großauswahl günstiger Küchengeräte, darunter die traditionellen Weinkrüge *(kantária)* für Retsina, runde Tiegel *(tapsiá)* und zweigriffige Pfannen *(saganákia)* zum Backen von Käse. Eleganteres findet man bei **Méli Interiors** in Kolonáki: Zinn, traditionelle griechische Keramik und Mini-Tavernenstühle.

Essen und Trinken

Athen bietet unzählige Gourmet-Freuden, zum Beispiel geräucherte Dorschrogen in Bienenwachs konserviert *(avgotáracho)*, seltene Kräuter und Gewürze, Käse und Weine. Unwiderstehlich sind Bäckereien und Konditoreien *(zacharoplasteía)* mit Broten, Keksen, Eis und Joghurtspeisen. Bei **Aristokratikón** hinter der Plateía Syntágmatos gibt es Schokolade und Marzipan. **Asimakópoulos**, eine der besten Konditoreien Athens, ist voll mit *mpaklavás* und kandierten Früchten.

Der Zentralmarkt in der Athinás ist einer der verführerischsten Orte für den Gaumen. Rundum liegen Läden mit Käse, Pistazien oder Trocken- und Hülsenfrüchten wie gelben Erbsen *(fáva)* und Butterbohnen *(gígantes)*. Bei **Papalexandrís** findet man zwanzig verschiedene Olivenöle und Essige, bei **Bahar** Kräuter und Gewürze, insbesondere Bohnenkraut und Salbei, Zitronenkraut und Safran. Neu ist **Green Farm**, Filiale einer Bio-Supermarktkette. Zwei Weinhandlungen *(cavés)*, **Cellier** in der Kriezótou und **Oino-Pnévmata** in der Irakleítou, führen eine große Auswahl an Weinen und Spirituosen aus griechischen Kellereien. Bei **Vrettós** in der Pláka kann man aus einem attraktiven Angebot von Schnäpsen und Likören eigener Herstellung auswählen.

Typischer Haushaltswarenladen

AUF EINEN BLICK

KAUFHÄUSER UND SUPERMÄRKTE

AB Vassilópoulos
Stadíou 19, Syntágma.
Karte 2 F5.
210 322 2405.
Eine von mehreren Filialen.

Carrefour
Palaistínis 1, Alimos.
210 989 3100.

Fokás
Ermou 11 & Voulis, Sýntagma. **Karte** 6 E1.
210 285 5524.

Lambrópoulos
Aiólou 99 und Lykoúrgou 26, Omónoia. **Karte** 2 E4.
210 324 5811.

Marinópoulos
Kanári 9, Kolonáki.
Karte 3 A5.
210 362 4907.
Eine von mehreren Filialen.

MÄRKTE

Zentralmarkt
Athinás, Omónoia.
Karte 2 D4.

Monastiráki
Adrianoú u. Pandrósou, Pláka.
Karte 6 E1.

Xenokrátous
Xenokrátous, Kolonáki.
Karte 3 C5.

KUNST UND ANTIQUITÄTEN

Antiquities
Pandrósoou 58,, Monastiráki. **Karte** 6 D1.
210 325 0539.

Antiqua
Amaliás 4, Syntágma.
Karte 4 F2.
210 323 2220.

Giórgos Goutis
Dimokritou 10, Kolonáki.
Karte 3 A5.
210 361 3557.

Iákovos Serapian
Ifaístou 6, Monastiráki.
Karte 5 C1.
210 321 0169.

Katerina Avdelopulou-Vonta
Lykavittoú 8, Kolonáki.
Karte 3 A5.
210 361 6386.

Martínos
Pandrósou 50, Pláka.
Karte 6 D1.
210 321 3110.

Patrick François
Cháritos 27, Kolonáki.
Karte 6 D1.
210 725 7716.

Serafetinídis
Pat. Ioakim 21, Kolonáki.
Karte 3 B5.
210 721 4186.

Vergína
Adrianoú 37, Pláka.
Karte 6 E1.
210 321 7065.

Zoumpouláki Galleries
Kriezótou 7, Kolonáki.
Karte 2 F5.
210 363 4454.
Eine von drei Filialen.

TRADITIONELLE VOLKSKUNST UND KUNSTHANDWERK

Amorgós
Kódrou 3, Pláka.
Karte 6 E1.
210 324 3836.

Centre of Hellenic Tradition
Mitropóleos 59 (Arkade) – Pandrósou 36, Monastiráki. **Karte** 6 D1.
210 321 3023.

Nationale Wohlfahrt
Ypatías 6 und Apóllonos, Monastiráki. **Karte** 6 E1.
210 325 0524.

Stávros Melissinós
Pandrósou 89, Monastiráki. **Karte** 6 D1.
210 321 8272.

SCHMUCK

Anagnostópoulos
Voukourestíou 21, Kolonáki. **Karte** 2 F5.
210 360 4426.

Ilías Lalaoúnis-Schmuckmuseum
Kaaryatidon u. P. Kallisperi 12 4a, Pláka. **Karte** 6 D3.
210 922 1044.

Vourákis
Voukourestíou 8, Kolonáki. **Karte** 2 F5.
210 331 1089.

Zolótas
Stadiou 9 & Kolokotroni, Kolonáki. **Karte** 2 F5.
210 322 1222.

ANTIQUITÄTEN-KOPIEN

Orféas
Pandrósou 28B, Pláka.
Karte 6 D1.
210 324 5034.

BÜCHER UND ZEITSCHRIFTEN

Androméda Books
Mavromicháli 46, Exárcheia. **Karte** 2 F3.
210 360 0825.

Ekdotikí Athinón
Akadímias 34, Kolonáki.
Karte 2 F5.
210 360 8911.

Eleftheroudákis
Panepistimíou 17, Kolonáki. **Karte** 2 F5.
210 331 4180.

Raÿmóndos
Voukourestíou 18, Kolonáki. **Karte** 2 F5.
210 364 8189.

KLEIDUNG

Askánis
Anagnostopoúlou 16, Kolonáki. **Karte** 3 A4.
210 360 0049.

Helen B
Tsakálof & Dimokrítou 34, Kolonáki. **Karte** 3 A5.
210 363 6188.

Marks & Spencer
Ermou 33–35, Sýntagma.
Karte 6 E1.
210 360 2142.

Max Mara
Akadímias 14, Kolonáki.
Karte 3 A5.
210 360 2142.

Mohnblümchen
Plateía Dexamenís 7, Dexaméni. **Karte** 3 B5.
210 723 6960.

Parthénis
Dimokrítou 20, Kolonáki.
Karte 3 A5.
210 363 3158.

Ralph Lauren
Kassavéti 19, Kifisiá.
210 808 55 50.
Eine von zwei Filialen.

Sótiris
Anagnostopoúlou 30, Kolonáki. **Karte** 3 A4.
210 363 9281.
Eine von zwei Filialen.

HAUSHALTSWAREN

Kotsóvolos
3 Septemvriou 10, Omónoia.
Karte 2 D4.
210 321 2866.

Méli Interiors
Voukourestíou 41, Kolonáki. **Karte** 3 A5.
210 360 9324.

ESSEN UND TRINKEN

Aristokratikón
Karagiórgi Servías 9, Syntágma. **Karte** 2 E5.
210 322 0546.

Asimakópoulos
Chariláou Trikoúpi 82, Exárcheia. **Karte** 3 A3.
210 361 0092.

Bahar
Evripídou 31, Omónoia.
Karte 2 D4.
210 321 7225.

Cellier
Kriezótou 1, Kolonáki.
Karte 3 A5.
210 361 0040.

Green Farm
Dimokrítou 13, Kolonáki.
Karte 3 A5.
210 361 0040.

Oino-Pnévmata
Irakleítou 9A, Kolonáki.
Karte 3 A5.
210 360 2932.

Papalexandrís
Sokrátous 9, Omónoia.
Karte 2 D4.
210 321 1461.

Vrettós
Kydathinaíon 41, Pláka.
Karte 6 E2.
210 323 2110.

Unterhaltung in Athen

Allein die Vielfältigkeit des Open-air-Unterhaltungsangebots Athens im Sommer ist einzigartig. Man kann Freiluftvorführungen der neuesten Filme besuchen, entspannte Abende in Garten-Bars verbringen oder einem Konzert im Herodes-Atticus-Theater, unterhalb der Akropolis, lauschen.

Mit der Mousikís-Mégaron-Konzerthalle verfügt Athen heute über ein erstklassiges Konzertforum für klassische Musik. Für die meisten Athener bedeutet Unterhaltung jedoch ein Essen am späten Abend in der Taverne und ein Bummel durch Bars und Klubs bis in die Morgenstunden. Es gibt außerdem über ganz Athen verteilt eine Vielzahl an Diskotheken, Musikhallen und gemütlichen *Rembétiko*-Klubs, in denen griechische Folkloremusik gespielt wird. Welche Musik auch immer Sie bevorzugen, diese lebendige Stadt bietet für jeden etwas. Außerdem gibt es eine Vielzahl an Sportmöglichkeiten und anderen Freiluftaktivitäten, insbesondere Wassersport, denn die attische Küste ist ja nicht weit entfernt.

Zwei Programmzeitschriften

Programmzeitungen

Am ausführlichsten sind die wöchentlichen griechischen Programmzeitschriften *Athinorama* und *Time Out*, die beide donnerstags erscheinen. Sie verzeichnen Veranstaltungen und berichten über angesagte Musikbars und Klubs. Auch in den an Kiosken erhältlichen englischen Publikationen, den Wochenzeitschriften *Athens News* und *Hellenic Star*, der Monatszeitschrift *Atlantis* und der Zweimonatsschrift *Odyssey* gibt es Veranstaltungshinweise.

Vorverkaufsstellen

Für das Festival Athinon *(siehe S. 46)* im Sommer und für Konzerte in der Mégaron-Konzerthalle muß man den Kartenvorverkauf benutzen. Für die meisten Theater und Musikklubs gibt es Karten an der Abendkasse. Das zentrale Kartenbüro, geöffnet täglich 10–16 Uhr, liegt nahe der Plateía Syntágmatos, hier kann man Karten für Konzerte in der Mégaron-Konzerthalle und für das Athener Sommerfestival kaufen.

Theater und Tanz

Im Zentrum Athens gibt es viele Theater, meist in umgebauten klassizistischen Villen oder Arkadenhäusern. Das **Lampéti** und andere Häuser spielen populäre Stücke, eine Mischung aus Satire und Komödie. Das **Nationaltheater** bringt Inszenierungen griechischer und anderer europäischer Stücke des 19. Jahrhunderts.

Viele Theater, so beispielsweise **Evros**, **Athínon**, **Alfa** und **Vrettánia**, haben Stücke bekannter Dramatiker des 19. und 20. Jahrhunderts wie Ibsen auf griechisch im Programm.

Die größten klassischen Häuser, u.a. das **Nationaltheater**, verstehen sich gleichermaßen als Ballett-, Tanz-, Sprech- und Opernbühnen. Das **Dóra Strátou Dance Theatre** auf dem Philopáppos bietet zwischen Mai und September nächtliche Folkloredarbietungen aus den verschiedenen griechischen Regionen.

Ibsen im Evros-Theater, Psyrrí

Griechische Folklore, dargeboten vom Dóra-Strátou-Tanztheater

Eingang zum Freiluftkino Refresh Dexamení

Kino

Die Athener gehen gern ins Kino, besonders von Ende Mai bis September, wenn die Open-air-Kinos geöffnet haben. Alle ausländischen Filme sind griechisch untertitelt, nur Kinderfilme sind meist synchronisiert. Die letzte Vorstellung beginnt um 23 Uhr, so kann man vorher noch essen gehen.

Die Breitwandkinos im Zentrum zeigen aktuelle internationale Filme. **Idéal**, **Elly** und **Astor Nescafé** sind komfortable Indoor-Kinos mit Dolby-Stereo-Tonanlage. Das **Alphaville-Bar-Cinema** und das **Aavóra** gelten als Filmkunst- und Kultfilm-Häuser.

Die Athener bevölkern mit Vorliebe die Bars und Tavernen in der Nähe von Open-air-Kinos, beispielsweise **Refresh Dexamení** in Kolonáki oder **Riviéra** in Exarcheía, um dann die Spätvorstellung zu besuchen. Die Akustik ist zwar nicht immer perfekt, doch die entspannte Atmosphäre, die lauen Sommertemperaturen und auch das sich mit der Tonspur mischende Autogebrause und Katzenmiauen sind ein unvergeßliches Erlebnis. Diese Open-air-Kinos mit ihren Tischen für Getränke und Snacks neben den Sitzen ähneln eher Klubs. Das Freiluftkino **Thiseíon** bietet die zusätzliche Attraktion des Ausblicks auf die nachts angestrahlte Akropolis.

Klassische Musik

Das alljährlich im Sommer stattfindende Festival Athinon bringt die bedeutendsten Ballett-, Opern- und Theaterensembles und Orchester der Welt auf die Freilichtbühne des **Herodes-Atticus-Theaters** und in andere Theater der Stadt. Die Festspiele sind immer das wichtigste kulturelle Ereignis. Seit Einweihung der **Mousikís-Mégaron-Konzerthalle** 1991 gibt es dort das ganze Jahr über Opern- und Ballettaufführungen und klassische Konzerte. Der Marmorpalast bietet Platz für zwei akustisch hervorragende Konzertsäle, Ausstellungsflächen, einen Shop und ein Restaurant. Das Olýmpia Theatre ist Stammhaus der **Lyrikí Skiní** (Nationaloper) und bietet ausgezeichnete Ballett- und Operninszenierungen.

Näheres über Konzerte der Kulturinstitute, des **Institut Français** etwa, liefern die Programmzeitschriften.

Akkordeonspieler, Plateía Kolonakíou

Griechische Volksmusik

Griechische Folklore kann man vielerorts im Zentrum Athens hören. Nicht zu übersehen sind die Plakate der großen Syngróu-Musikhallen. Die Gastspiele der Top-Stars in **Diogénis Studio**, **Fever** und **Rex** sind Attraktionen für deren große Fan-Gemeinde. Die altmodischeren Klubs **Zoom** und **Mnisikléous** in der Pláka bieten einen gemütlicheren Rahmen für die *Rembétiko*-Musik, die ihre Inspiration aus dem Dasein der Armen in der urbanen Gesellschaft bezieht. Bei **Rempétiki Istoría** und **Taksími** kann man echten Busuki (griechische Mandolinen-Musik) hören. In beiden Bars spielen renommierte Busuki-Künstler, trotzdem sind die Preise vernünftig. Die Jüngeren zieht es zum Durchtanzen ins **Mpoémissa**, auch wenngleich die Musik hier freilich nicht immer ganz authentisch ist.

Klassisches Konzert im Herodes-Atticus-Theater

Rock- und Jazzmusik

Auftritte bekannter Gruppen finden meist in Stadien oder, anläßlich des Sommerfestivals Athinon, unter freiem Himmel im **Lykavittós Theatre** statt. Auch im **Ródon**, einem gelungenen Kinoumbau, gibt sich die Crème ausländischer und griechischer Rockbands die Ehre. Im **Lollapalooza** treten Salsa-, Country- und Westernbands auf. Griechische Bands sind im **An Club** und im **Decadence** zu Gast, wo es Dinner-Tanz bei griechischem Rock 'n' Roll gibt. Erste Adresse für Jazz ist der **Half Note Jazz Club** in einer ehemaligen Steinmetzwerkstadt am Zentralfriedhof. Er bietet besten modernen Jazz. Guten Blues gibt es zum Beispiel im gleichnamigen **Blues** in Ambelokipi. Afrolatinische Musik kann man im **Café Asante** oder im **Cubanita Havana Club** erleben, die auftretenden kubanische Bands sind allein schon wegen ihres Auftritts sehenswert.

Live-Musik im Ródos, einem beliebten Rockmusik-Klub

Nachtklubs

In Athen geht es zu wie in einem Bienenstock, was Kommen und Gehen von Bars und Nachtklubs betrifft. Die meisten offerieren DJ-Nachtprogramme, Attraktionen für Paparazzi und Jet-set. In vielen Tanzklubs, **Horostásio**, **+Soda** und **Camel Club** etwa, kann man Sinnesfreuden frönen und bis zum frühen Morgen tanzen. In sind auch **Kalúa**, **Wild Rose** und **Exodus**, wo man viel Jet-set und VIPs trifft.

Marathonläufer auf der Spur seiner antiken Vorfahren

Sport

Die Fußballbegeisterung der Athener kennt fast keine Grenzen. Sogar viele Taxifahrer überfallen ihre Kunden spontan mit Nachrichten über ihr jeweiliges Lieblingsfußballteam. Die beiden rivalisierenden Vereine, Panathenaïkós und Olympiakós, stehen im Mittelpunkt heftiger Debatten und werden von privaten Firmenkonsortien gesponsert. Beide unterhalten auch gleichnamige Basketball-Teams. Saison ist von Mai bis September, dann finden mittwochs und sonntags Fußballspiele statt, Basketball, der jüngste griechische Volkssport, wird ebenfalls wöchentlich gespielt.

Jogger sieht man mangels geeignetem Parkgelände in Athen selten, eine Ausnahme bilden die jährlichen **Athens Open Marathon** im Oktober. Die Strecke verläuft von Marathon bis ins Kallimármaro-Stadion im Zentrum Athens *(siehe S. 112)*. Das 1982 gebaute **Olympiakó-Stadion** in Maroúsi faßt 80 000 Zuschauer und ist Spielstätte der Panathenaïkós-Fußballmannschaft. Auf dem 100 Hektar großen Stadiongelände gibt es moderne Anlagen für vielerlei Sportarten, darunter eine Halle und Tennisplätze. Die Olympiakós-Mannschaft ist im **Karaïskáki-Stadion** in Piräus beheimatet. Auch hier gibt es andere Anlagen, für Volley- und Basketball etwa.

Ein wichtiges jährliches Sportereignis ist auch die **Acropolis Rally**, das Oldtimer-Rennen im Frühjahr mit 50 bis 100 Autos rund um die Akropolis.

Außerhalb der Stadt sind zu nennen: das **Bowling Centre of Piraeus** und der **Glyfáda Golf Course** mit 18 Löchern in der Nähe des Flughafens. Miet-Tennisplätze gibt es an den verschiedensten Orten, dazu zählt auch der **Pefki Tennis Club**.

Natürlich gibt es wegen der Meernähe ein großes Wassersport-Angebot; Windsurfen und Wasserski fahren kann man ausgiebig an fast allen Stränden. Details über Wasserski-Schulen und deren Unterichtsangebot erhalten Sie bei der **Hellenic Water-ski Federation**, Tauchstunden kann man in der **Piraeus Kartelías School** nehmen, wo es verschiedene Angebote für Anfänger und Fortgeschrittene gibt.

Basketball wird in Griechenland immer beliebter

AUF EINEN BLICK

THEATER UND TANZ

Alfa
Patisíon u. Stournára 37, Exárcheia. **Karte** 2 E2.
210 523 8742.

Athínon
Voukourestíou 10, Kolonáki. **Karte** 2 E5.
210 331 2343.

Dóra Strátou Dance Theatre
Filopáppou Hügel, Filopáppou. **Karte** 5 B4.
210 921 4650.

Lampéti
Leof Alexándras 106, Avérof. **Karte** 4 D2.
210 646 3685.

National-theater
Agíou Konstantínou 22, Omónoia. **Karte** 1 D3.
210 522 3242.

Vrettánia
Panepistimíou 7, Syntágma. **Karte** 2 E4.
210 322 1579.

KINO

Aavóra-Nescafé
Ippokrátous 180, Neápolis. **Karte** 2 E4.
210 646 2253.

Alphaville-Bar-Cinema
Mavromicháli 168, Neápolis. **Karte** 2 F4.
210 646 0521.

Astor Nescafé
Stadiou 19, Kolonáki. **Karte** 2 E5.
210 323 1297.

Atikon Renault
Chàritos 50, Kolonáki. **Karte** 3 B5.
210 322 8821.

Elly
Akadimias 64, Omónia. **Karte** 2 E3.
210 363 2789.

Idéal-Lux
Panepistimíou 46 Omómoia. **Karte** 2 E4.
210 382 6720.

Refreh Dexamení
Plateía Dexamenís, Dexamení. **Karte** 3 B5.
210 362 3942.

Riviéra
Valtetsioú 46, Exárcheia. **Karte** 2 F3.
210 384 4827.

Thiseíon
Apostólou Pávlou 7, Thiseío. **Karte** 5 B2.
210 347 0980.

KLASSISCHE MUSIK

Institut Français
Sína 29–31, Kolonáki. **Karte** 3 A4.
210 399 8601.

Herodes-Atticus-Theater
Dionysíou Areopagítou, Akropolis. **Karte** 6 C2.
210 323 9132.

Lyrikí Skiní, Olympia Theatre
Akadimías 59, Omónoia. **Karte** 2 F4.
210 361 2461.

Mousikís-Mégaron-Konzerthalle
V Sofías u. Kókkali, Stégi Patrídos. **Karte** 4 E4.
210 728 2333.

GRIECHISCHE VOLKSMUSIK

Diogénis Studio
Leof A Syngroú 259, N. Smyrni.
210 942 5754.

Fever
Leof A Syngroú & Lagousitsi 25, Kallithéa.
210 921 7333.

Mnisikléous
Mnisikléous 22, Pláka. **Karte** 6 D1.
210 322 5558

Mpoémissa
Solomoú 19, Exárcheia. **Karte** 2 D2.
210 384 3836

Rempétiki Istoría
Ippokrátous 181, Neápoli. **Karte** 3 C2.
210 642 4937.

Rex
Panepistimíou 48, Syntágma.
210 381 4591.

Taksími
C Trikoúpi u. Isávron 29, Neápoli. **Karte** 3 A2.
210 363 9919.

Zoom
Kydathinaíon 39, Pláka. **Karte** 6 E2.
210 322 5920.

ROCK-, JAZZ-, ETHNOMUSIK

An Club
Solomoú 13–15, Exárcheia. **Karte** 2 E2.
210 330 5056.

Blues
Panórmou 20, Ambelokipi. **Karte** 4 F2.
01 330 5056.

Café Asante
Damaréos 78, Pangrati. **Karte** 8 E3.
210 756 0102.

Cubanita Havana Club
Karaiskáki 28, Psyrri. **Karte** 1 C5.
210 331 4605.

Decadence
Voulgaroktónou 69 & Poulcherias 2, Strefi Hill. **Karte** 3 A2.
210 882 3544.

Half Note Jazz Club
Trivonianoú 17, Stádio. **Karte** 6 F4.
210 921 3310.

Lykavittós Theatre
Lykavittós **Karte** 3 B4.
210 722 7209.

Ródon
Márni 24, Váthis. **Karte** 1 C3.
210 524 7427.

NACHTKLUBS

Camel Club
Irakleidón 74, Thiselo. **Karte** 5 B1.
210 347 6847.

Exodus
Ermou 116, Psyrrí. **Karte** 1 B5.
210 331 6766.

Horostásio
Skouleíou 2, Plateia Klathmònos. **Karte** 2 E5.
210 331 4330.

Kalúa
Amerikís 6, Syntágma. **Karte** 2 F5.
210 360 8304.

+Soda
Ermoú 161, Thiseío. **Karte** 1 A5.
210 345 6187.

Wild Rose
Panepistimíou 10, Syntágma. **Karte** 2 E4.
210 364 2160.

SPORT

Bowling Centre of Piraeus
Profítis Ilías, Kastélla.
210 412 7077.

Glyfáda Golf Course
Glyfáda.
210 894 6820.

Hellenic Water-Ski Federation
Leof Possidónos, 16777 Athens.
210 894 7413.

Karaïskáki Stadium
Néo Fáliro.
210 481 2902.

Olympiakó Stadium
Leof Kifisías 37, Maroúsi.
210 683 4000.

Pefki Tennis Club
Peloponnissou 3, Ano Pefki.
210 806 6162.

Piraeus Karteliás School
Mikrás Asias 3,Néo Fáliro.
210 482 5887.

Kartenteil Athen

Die Kartenverweise hinter den Sehenswürdigkeiten beziehen sich auf die Karten der folgenden Seiten. Verweise finden sich auch hinter Hotels *(siehe S. 264f)*, Restaurants *(siehe S. 286f)* und bei nützlichen Adressen im Abschnitt Grundinformationen *(siehe S. 296f)*. Die erste Ziffer verweist auf die jeweilige Karte, die zweite auf das jeweilige Feld in der Karte. Die unten abgebildete Karte zeigt die mit den acht Karten abgedeckte Region Athens (schwarze Kartennummern). Die Symbole für Sehenswürdigkeiten und andere Punkte werden in der Liste unten erklärt.

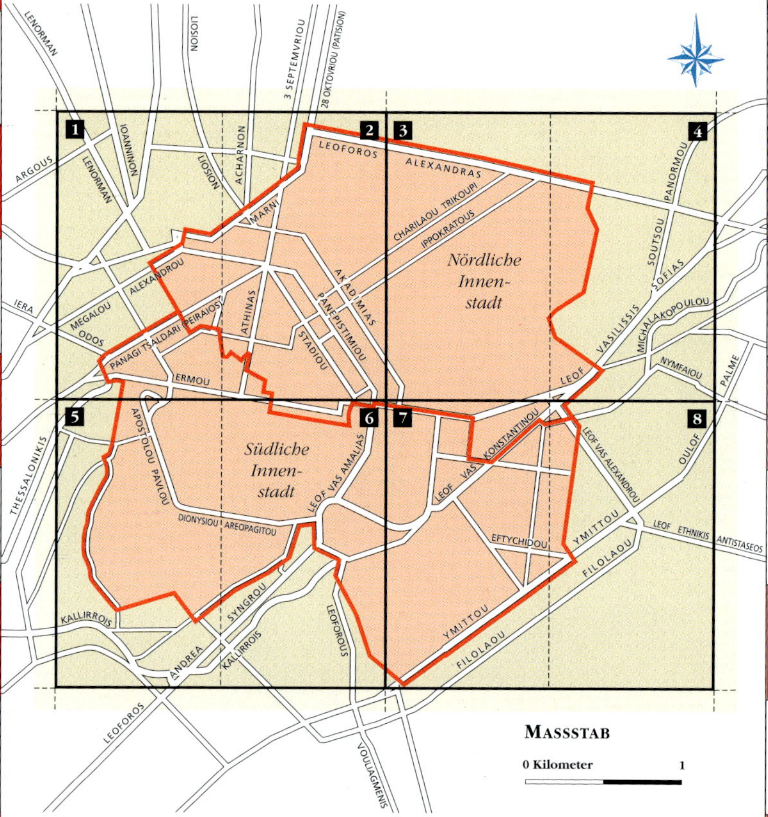

Massstab

0 Kilometer 1

Legende

- Hauptsehenswürdigkeit
- Interessanter Ort
- Sehenswürdigkeit
- Metrostation
- Bahnhof
- Busbahnhof
- Trolleybus-Haltestelle
- Seilbahn
- Taxistand
- Parken
- Information
- Krankenhaus mit Ambulanz
- Polizei
- Kirche
- Synagoge
- Postamt
- Bahnlinie
- Einbahnstraße
- Fußgängerzone

Achtung: Das Metro-Gesamtnetz soll 2004 fertig sein *(siehe S. 324f)*.

Kartenmassstab

0 Meter 250

Kartenregister

ABKÜRZUNGEN

Ag	Agios, Agía (Heilige/r)
Leof	Leofóros (Straße)
Pl	Plateía (Platz)

Achtung: Plätze und Straßen sind nach ihrem Namen eingetragen, gefolgt von Plateía oder Leofóros.

A

B

C

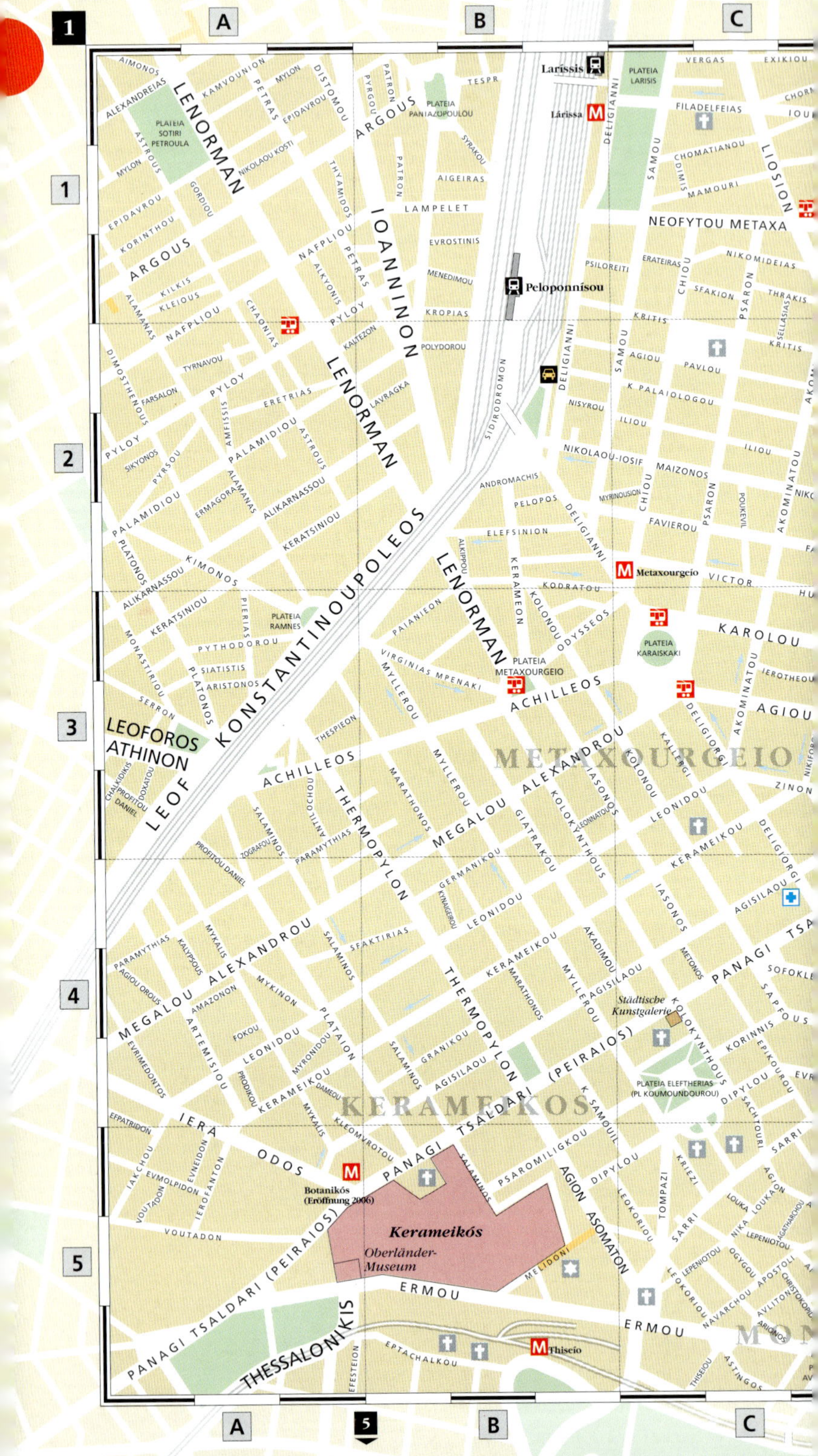

1
A
B
C
2
3
4
5
LENORMAN
IOANNINON
LEOF KONSTANTINOUPOLEOS
LEOFOROS ATHINON
PLATEIA SOTIRI PETROULA
PLATEIA PANIAZOPOULOU
PLATEIA LARISIS
Laríssis
Lárissa
Peloponnísou
NEOFYTOU METAXA
LIOSION
FILADELFEIAS
SAMOU
DELIGIANNI
SIDIRODROMON
ARGOUS
NAFPLIOU
PYLOY
KERATSINIOU
ACHILLEOS
PLATEIA RAMNES
PLATEIA METAXOURGEIO
Metaxourgeio
PLATEIA KARAISKAKI
KAROLOU
AGIOU
METAXOURGEIO
MEGALOU ALEXANDROU
THERMOPYLON
KERAMEIKOU
LEONIDOU
Städtische Kunstgalerie
PLATEIA ELEFTHERIAS (PL KOUMOUNDOUROU)
KERAMEIKOS
PANAGI TSALDARI (PEIRAIOS)
IERA ODOS
Botanikós (Eröffnung 2006)
Keramеikós
Oberländer-Museum
ERMOU
AGION ASOMATON
THESSALONIKIS
EPTACHALKOU
Thiseío
VOUTADON

D
E
F
2
1
3
2
3
4
3
5
6
Victória
FERON
AIGYPTOU
AINIANOS
IOULIANOU
28 OKTOVRIOU (PATISION)
MAVROMATAION
LEOFOROS ALEXANDRAS
ALKIVIADOU
FYLIS
ACHARNON
ARISTOTELOUS
ALITSIS
TRIKORFON
3 SEPTEMVRIOU
SMYRNIS
SKARAMAGKA
EIROU
IPEIROU
FAISTOU
DONIAS
MAKEDONIAS
AFTOKRATOROS
KYVELLIS
RETHYMNOU
ELLIS
SARIPOLOU
METSOVOU
MPOUMPOULINAS
ZAIMI
NOTARA
SPYRIDONOS
TRIKOUPI
SKYLITSI
ASIMAKI FOTILA
PLAPOUTA
KALLIDROMIOU
IRAKLEIOU
DELIGIANNI
Archäologisches National-museum
PLATEIA MAVROKORDATOU
RMELI
AVEROF
MARNI
KAPNO
MAGER
KOUNTOURIOTOU
METHONIS
ZOSSIMADON
POLYTECHNEIOU
Polytechnische Schule
TOSITSA
STOURNARA
ERESSOU
OIKONOMOU
TSAMADOU
KANINGOS
GEORGE
MPOTASI
SOLOMOU
PLATEIA ANEXARTISIAS (PL VATHIS)
KAMATEROU
VATHIS
KAPODISTRIOU
PLATEIA EXARCHEION
THEMISTOKLEOUS
DERVENION
CHALKOKONDYLI
EXARCHEIA
ARACHOVIS
VERANZEROU
PLATEIA KANINGOS
PATOUSA
SOLONOS
KLEISOVIS
VALTETSIOU
XOUTHOU
SATOVRIANDOU
M KOTOPOULI
DOROU
EMMANOUIL MPENAKI
ANDREA METAXA
TZAVELLA
KOLETTI
MESOLONGIOU
MANIS
PIGIS
GRAVIAS
GLADSTONOS
ZOODOCHOU
NSTANTINOU
PLATEIA OMONOIAS
Omónoia
NIKITARA
GAMVETTA
MAVROKORDATOU
AKADIMIAS
KIAFAS
ZALONGOU
SOULIOU
LONTOU
NAVARINOU
SOKRATOUS
ONOS
OMONOIA
FEIDIOU
TRIKOUPI
MAVROMICHALI
PANEPISTIMIOU
PEFKAKIA
LYKOURGOU
AIOLOU
ATHINAS
HARILAOU
IPPOKRATOUS
ASKLIPIOU
IKTINOU
KLEISTHENOUS
Rat-haus
EVPOLIDOS
PLATEIA KOTZIA
G STAVROU
STADIOU
SANTAROZA
ARSAKI
STOA SOFOKLI VENIZELOU
Theater-museum
STAIKOU
KAPLANON
KRATINOU
STREIT
STOA DIMOSION YPALLILON
STOA ATHINON
PESMAZOGLOU
(LEOF VENIZELOU)
National-bibliothek
RIGA FERAIOU
Universität
MASSALIAS
SOLONOS
SOFOKLEOUS
ARMODIOU
ARISTOGEITONOS
Zentral-markt
ARISTEIDOU
STOA NIKOLOUDI
STOA PESMAZOGLOU
PATRIARCHOU GRIGORIOU
Akademie der Wissenschaft
SINA
KORAI
Panepistímio
EVRIPIDOU
AGIOI THEODOROI
DRAGATSANIOU
PLATEIA KLAFTHMONOS
Augen-klinik
VISSARIONOS
Agios Dionysios
MELANTHIOU
KALAMIDA
VLAC HAVA
POLYKLEITOU
CHRYSOSPILIOTISSIS
AGIOU MARKOU
PRAXITELOUS
PALAION PATRON GERMANOU
PAPARRIGOPOULOU
Museum der Stadt Athen
EDOUARDOU
OMIROU
ALLADOS
KAIRI
VYSSIS
AGATHONOS
MILTIADOU
LEOCHAROUS
PARNAS SOU
CHRISTOU LADA
AMERIKIS
VALAORITOU
Schliemann-Haus
NIKIOU
CHAVRIOU
PLATEIA KARITSI
VOREOU
VASILIKIS
LIMPONA
KOLOKOTRONI
Historisches National-museum
STOA SPYROMILIOU
VOUKOURESTIOU
KAROR
KALAMIOTOU
EVANGELISTRIAS
KLEITOU
ROMVIS
THISEOS
LEKKA
STOA VYZANTIOU
KRIEZOTOU
AGIAS EIRINIS
Monastiráki
ATHINAIDOS
PERIKLEOUS
KARAGIORGI SERVIAS
STOA EMPORIOU
VOULIS

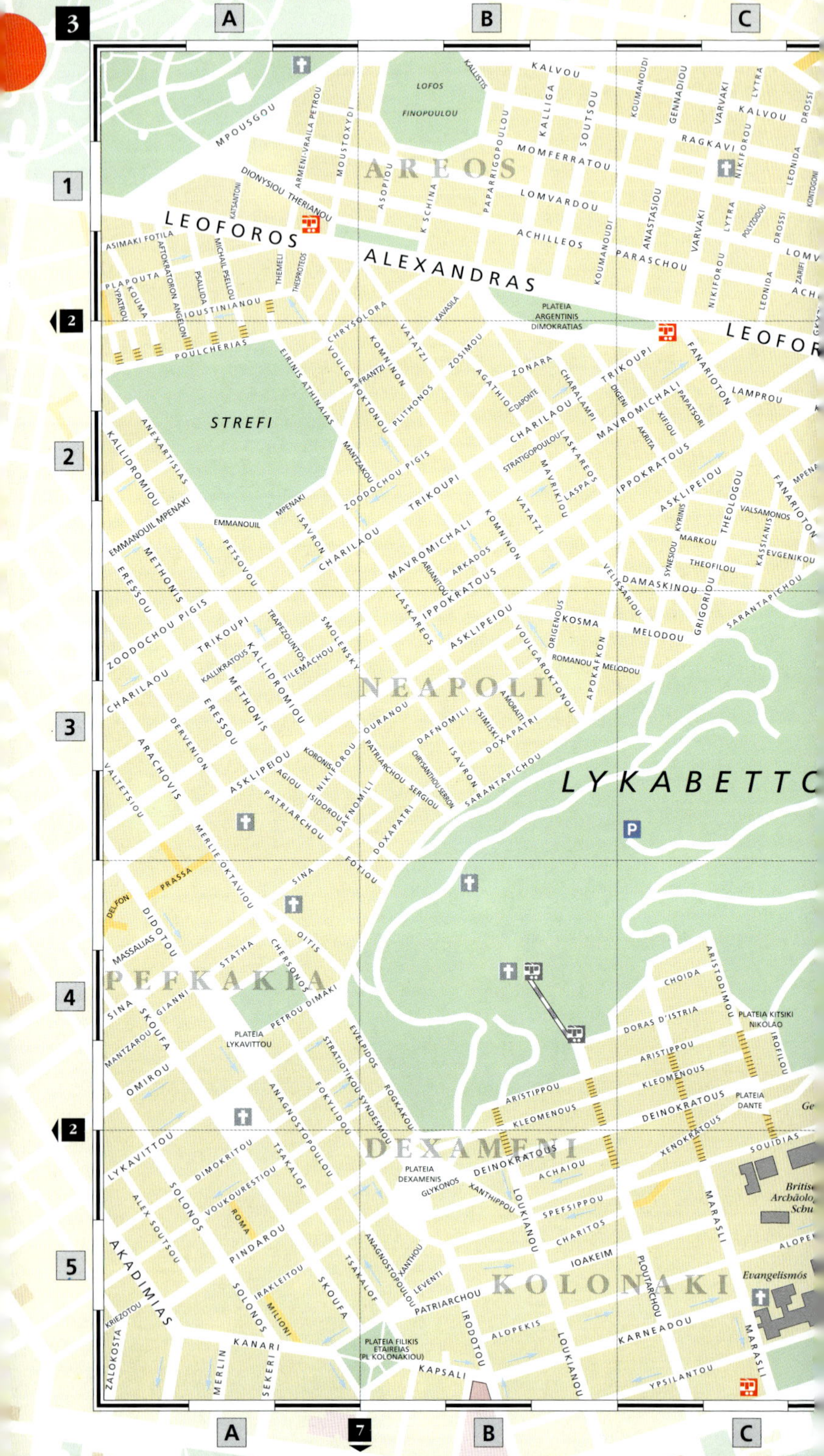
3
A
B
C
1
2
3
4
5
7
LOFOS
FINOPOULOU
AREOS
KALLISTIS
KALVOU
KALLIGA
SOUTSOU
KOUMANOUDI
GENNADIOU
VARVAKI
LYTRA
DROSSI
RAGKAVI
NIKIFOROU
LEONIDA
KONTOGONI
MOMFERRATOU
PAPARRIGOPOULOU
ASOPIOU
K. SCHINA
LOMVARDOU
ACHILLEOS
ANASTASIOU
POLYZOIDOU
PARASCHOU
ZARIFI
LOMV
ACH
MPOUSGOU
ARMENI-VRAILA PETROU
MOUSTOXYDI
DIONYSIOU THERIANOU
KATSANTONI
LEOFOROS
ALEXANDRAS
LEOFOR
ASIMAKI FOTILA
AFTOKRATORON ANGELON
MICHAIL PSELLOU
PSALLIDA
THEMELI
THESPROTEOS
PLAPOUTA
YPATROU
KOUMA
IOUSTINIANOU
POULCHERIAS
PLATEIA ARGENTINIS DIMOKRATIAS
CHRYSOLORA
KAVASILA
VATATZI
KOMNINON
ZOSIMOU
FRANTZI
VOULGAROKTONOU
PLITHONOS
EIRINIS ATHINAIAS
STREFI
AGATHIOU
DAPONTE
ZONARA
CHARALAMPI
TRIKOUPI
DIGENI
FANARIOTON
LAMPROU
PAPATSORI
XIFIOU
AKRITA
MAVROMICHALI
CHARILAOU
STRATIGOPOULOU
LASKAREOS
MAVRIKIOU
LASPA
IPPOKRATOUS
ASKLIPEIOU
KYRINIS
THEOLOGOU
VALSAMONOS
FANARIOTON
MPENAKI
KASSIANIS
EVGENIKOU
MARKOU
SYNESIOU
THEOFILOU
DAMASKINOU
VELISSARIOU
SARANTAPICHOU
GRIGORIOU
MELODOU
KOSMA
ORIGENOUS
ROMANOU
APOKAFKON
ANEXARTISIAS
KALLIDROMIOU
EMMANOUIL MPENAKI
MPENAKI
EMMANOUIL
MANTZAKOU
ZOODOCHOU PIGIS
ISAVRON
PETSOVOU
METHONIS
ERESSOU
ARIANITOU
ARKADOS
KOMNINON
VATATZI
ZOODOCHOU PIGIS
TRAPEZOUNTOS
SMOLENSKY
TILEMACHOU
KALLIKRATOUS
NEAPOLI
AMORAITI
TSIMISKI
DOXAPATRI
DAFNOMILI
OURANOU
PATRIARCHOU
CHRYSANTHOU SERRON
SERGIOU
KORONIS
NIKIFOROU
AGIOU
ISIDOROU
DERVENION
ARACHOVIS
VALTETSIOU
LYKABETTO
SARANTAPICHOU
FOTIOU
MERLIE OKTAVIOU
PRASSA
DELFON
DIDOTOU
SINA
MASSALIAS
STATHA
CHERSONOS
OITIS
PEFKAKIA
GIANNI
SKOUFA
MANTZAROU
PETROU DIMAKI
PLATEIA LYKAVITTOU
OMIROU
STRATIOTIKOU SYNDESMOU
EVELPIDOS
FOKYLIDOU
ANAGNOSTOPOULOU
ROGKAKOU
ARISTODIMOU
CHOIDA
DORAS D'ISTRIA
PLATEIA KITSIKI NIKOLAO
IROFILOU
ARISTIPPOU
KLEOMENOUS
DEINOKRATOUS
PLATEIA DANTE
XENOKRATOUS
SOUIDIAS
DEXAMENI
LYKAVITTOU
DIMOKRITOU
TSAKALOF
PLATEIA DEXAMENIS
GLYKONOS
XANTHIPPOU
ACHAIOU
SPEFSIPPOU
LOUKIANOU
MARASLI
British Archäolog Schu
ALEX SOUTSOU
SOLONOS
VOUKOURESTIOU
ROMA
CHARITOS
ALOPEK
IOAKEIM
PINDAROU
ANAGNOSTOPOULOU
XANTHOU
LEVENTI
PATRIARCHOU
KOLONAKI
PLOUTARCHOU
Evangelismós
AKADIMIAS
IRAKLEITOU
MILIONI
SKOUFA
TSAKALOF
IRODOTOU
ALOPEKIS
KARNEADOU
KRIEZOTOU
ZALOKOSTA
MERLIN
SEKERI
KANARI
PLATEIA FILIKIS ETAIREIAS (PL KOLONAKIOU)
KAPSALI
YPSILANTOU
Ge

D
E
F
1
2
3
4
5
AVEROF
STEGI PATRIDOS
ILISIA
ALSOS ELEFTHERIAS
LEOFOROS ALEXANDRAS
LEOFOROS VASILISSIS SOFIAS
MICHALAKOPOULOU
PANORMOU
SOUTSOU
Themis-Palast (Gericht)
Agios Sávvas
Ampelókipoi
Marikas Iliádi
Ippokráteio
Marine
Mousikís Mégaron Konzerthalle
Mégaro Mousikís
Alexándras
Aretaíeion
Aiginiteio
NIMITS
PLATEIA ELENAS VENIZELOU
PLATEIA MAVILI
PLATEIA VRAZILIAS
VORGOVITSAS
ROIDI
MPOUKOUVALA
MYSTRA
PALLI
ALEXANDROU
DIMOULITSA
PARGAS
ZOLIOTI
SKALTSA DIMOU
KEDRINOU
KALVOU
RAGKAVI
MOMFERATOU
PLATYPODI
LOUKAREOS
KYRILLOU
IEREMIOU
PAPATHYMIOU
ARASCHOU
FROUDA
PRIINIS
AVGERINOU
VERNARDAKI
DIMITSANAS
ALFEIOU
NONAKRIDOS
SAMPSOUNTOS
SITHONIAS
TROADOS
KOLCHIDOS
MAKRYNITSAS
ARETAIOU
VATHEOS
MEGALOU
SPILAIOU
MAINEMENIS
VRASTOVOU
OITYLOU
FTHIOTIDOS
LOUIZIS DE RIENCOURT
AGIOU DIMITRIOU
LAMIAS
KERKINIS
KORONIAS
ORESTIADOS
XYNIADOS
VEGORITIDOS
PROUSOU
AMPELAKION
MILEON
AMALIADOS
OREON
VATOPEDIOU
POULIOU
PATRIARCHOU
LAMPROU
KATSONI
KAI KLEFTON
KONIARI
PANATHINAIKOU
ANASTASIOU
TSOCHA
AGION PANTON
ALDOU MANOUTIOU
VOURNASOU
IOANNI ATHANASIADI
KOSMA
GERODIMOU
AITOLOU
NIKOTSARA
DASKALOGIANNI
MELA
ELEFTHERIOU VENIZELOU
KYRIAKOU
PAPADOPOULOU
CHRISTOU
SYINIS
FILIMONOS
KOTYAIOU
AR PAPPA
GEROSTATHI
MICHAIL
SKOPETEA
LEONIDA
DORILAIOU
VASSOU
CHATZIKOSTA
PASTER
TIMOLEONTOS
GELONOS
KAISAREIAS
EVZONON
MAKEDONON
XENIAS
KARTALI
EVROU
NESTOU
ALEXANDROUPOLEOS
LACHITOS
KERASOUNTOS
LAMPSAKOU
SEMITELOU
PONTOU
MIKRAS ASIAS
SEVASTEIAS
DAMASIPPOU
PAPADIAMANTOPOULOU
KORONAIOU
ILISION
LAODIKEIAS
GEDROSIAS
ARACHOSIAS
NYMFAIOU
LIVYIS
KRATEROU
EFIVON
DIMOCHAROUS
DEINOKRATOUS
PAPADIMA
MONIS
PETRAKI
VLADIMIROU
MPENSI
AIGINITOU
SISINI
MAIANDROU
ALKMANOS
DIMITRESSA
IRIDANOU
ALSOS
CHATZIGIANNI
GRIVOGIORGOU
MEXI VENTIRI
POTAMIANOU
ANTIFILOU
ALKAIOU
SEMELIS
VAKCHYLIDOU
VALETTA

8

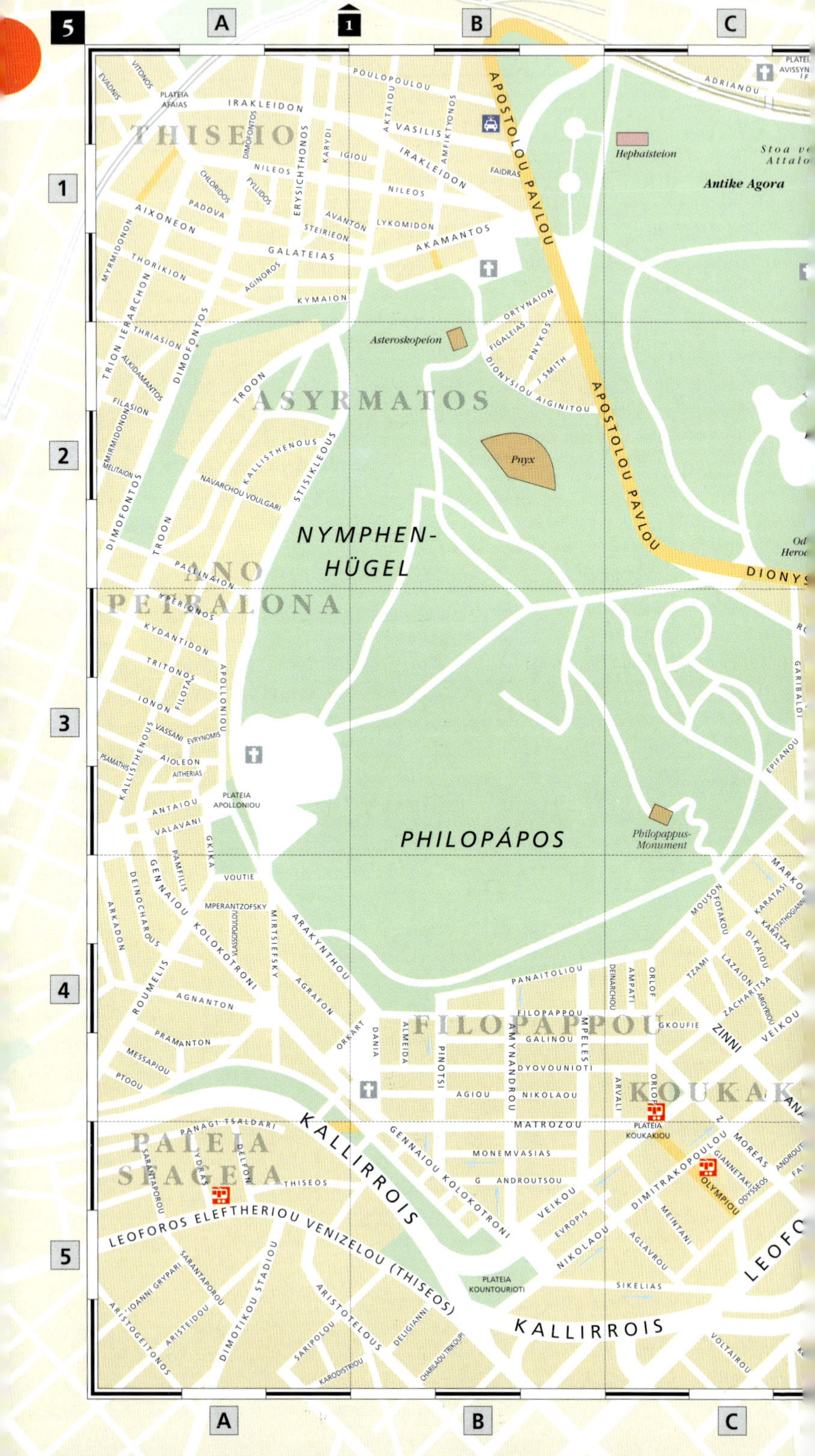
5
A
1
B
C
1
2
3
4
5
A
B
C
THISEIO
ASYRMATOS
NYMPHEN-
HÜGEL
ANO
PETRALONA
PHILOPÁPOS
FILOPAPPOU
KOUKAKI
PALEIA
SFAGEIA
Hephaisteion
Antike Agora
Stoa von Attalos
Asteroskopeion
Pnyx
Philopappus-
Monument
PLATEIA
AFAIAS
PLATEIA
APOLLONIOU
PLATEIA
KOUKAKIOU
PLATEIA
KOUNTOURIOTI
APOSTOLOU PAVLOU
DIONYS
ADRIANOU
POULOPOULOU
IRAKLEIDON
VASILIS
AMFIKTYONOS
AKTAIOU
KARYDI
IGIOU
NILEOS
FAIDRAS
LYKOMIDON
AKAMANTOS
AVANTON
STEIRIEON
GALATEIAS
AGINOROS
KYMAION
ERYSICHTHONOS
DIMOFONTOS
CHLORIDOS
FYLLIDOS
PADOVA
AIXONEON
THORIKION
MYRMIDONON
EVADNIS
VITONOS
ORTYNAION
FIGALEIAS
PNYKOS
DIONYSIOU AIGINITOU
J. SMITH
TRION IERARCHON
THRIASION
ALKIDAMANTOS
FILASION
MIRMIDONON
MELITAION
TROON
KALLISTHENOUS
STISIKLEOUS
NAVARCHOU VOULGARI
PALLINAION
SPERIONOS
KYDANTIDON
TRITONOS
FILOTA
IONON
APOLLONIOU
VASSANI
EVRYNOMIS
PSAMATHIS
AIOLEON
AITHERIAS
ANTAIOU
VALAVANI
GKIKA
PAMFILIS
GENNAIOU
DEINOCHAROUS
ARKADON
VOUTIE
MPERANTZOFSKY
KOLOKOTRONI
MIRTSIEFSKY
ARAKYNTHOU
AGRAFON
ROUMELIS
AGNANTON
PRAMANTON
MESSAPIOU
PTOOU
ORKART
DANIA
ALMEIDA
PINOTSI
AMYNANDROU
MPELES
PANAITOLIOU
FILOPAPPOU
GALINOU
DYOVOUNIOTI
AGIOU
NIKOLAOU
ARVALI
ORLOF
DEINARCHOU
AMPATI
TZAMI
GKOUFIE
ZINNI
VEIKOU
MOUSON
FOTAKOU
KARATASI
KARYATIDON
DIKAIOU
LAZAION
ZACHARITSA
ARGYRIOU
EPIFANOU
GARIBALDI
MARKOU
MATROZOU
MONEMVASIAS
ANDROUTSOU
GENNAIOU KOLOKOTRONI
KALLIRROIS
VEIKOU
EVROPIS
NIKOLAOU
DIMITRAKOPOULOU
OLYMPIOU
GIANNETAKI
MOREAS
ODYSSEOS
ANDROUTSOU
MEINTANI
AGLAVROU
SIKELIAS
VOLTAIROU
LEOFO
PANAGI TSALDARI
YDRAS
DELFON
THISEOS
SARANTAPOROU
LEOFOROS ELEFTHERIOU VENIZELOU (THISEOS)
IOANNI GRYPARI
SARANTAPOROU
ARISTOGEITONOS
ARISTEIDOU
DIMOTIKOU STADIOU
ARISTOTELOUS
SARIPOLOU
KARODISTRIOU
DELIGIANNI
CHARILAOU TRIKOUPI
KALLIRROIS

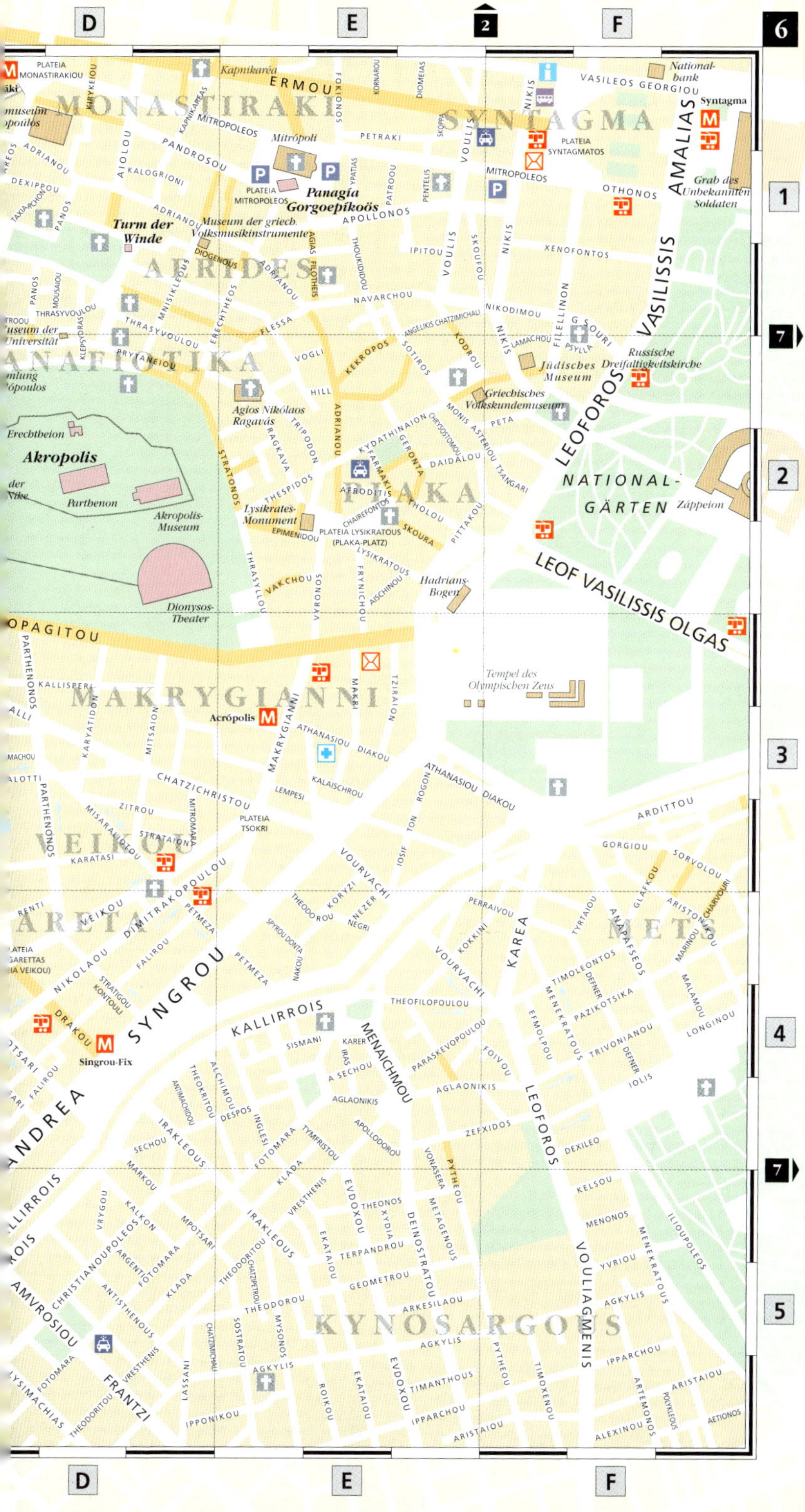

D
E
2
F
6
1
2
3
4
5
7
PLATEIA MONASTIRAKIOU
Kapnikaréa
ERMOU
MONASTIRAKI
SYNTAGMA
National-bank
VASILEOS GEORGIOU
Syntagma
AMALIAS
PLATEIA SYNTAGMATOS
MITROPOLEOS
Mitrópoli
PETRAKI
PLATEIA MITROPOLEOS
Panagía Gorgoepíkoös
APOLLONOS
OTHONOS
Grab des Unbekannten Soldaten
Turm der Winde
Museum der griech. Volksmusikinstrumente
AERIDES
XENOFONTOS
VASILISSIS
NAVARCHOU
NIKODIMOU
KEKROPOS
Jüdisches Museum
Russische Dreifaltigkeitskirche
Griechisches Volkskundemuseum
ANAFIOTIKA
Agios Nikólaos Ragavás
Erechtheion
Akropolis
Parthenon
Akropolis-Museum
LEOFOROS
NATIONAL-GÄRTEN
Záppeion
PLAKA
Lysikrates-Monument
PLATEIA LYSIKRATOUS (PLAKA-PLATZ)
LEOF VASILISSIS OLGAS
Hadrians-Bogen
Dionysos-Theater
OPAGITOU
MAKRYGIANNI
Tempel des Olympischen Zeus
Acrópolis
ATHANASIOU DIAKOU
CHATZICHRISTOU
PLATEIA TSOKRI
ARDITTOU
VEIKOU
SYNGROU
METS
KAREA
VOURVACHI
KALLIRROIS
Singrou-Fix
ANDREA
MENAICHMOU
LEOFOROS
KYNOSARGOUS
VOULIAGMENIS
AMVROSIOU
FRANTZI

7
A
3
B
C
1
6
2
3
4
6
5
ELEFTHERIOU VENIZELOU (V SOFIAS)
Benaki-Museum
Museum für kykladische Kunst
Kriegsmuseum
Byzantinisches Museum
Evangelismos
Vouli
SYNTAGMA
NATIONAL-GÄRTEN
Zappeion
Präsidentenpalast
LEOFOROS VASILEOS KONSTANTINOU
LEOFOROS V GEORGIOU
PLATEIA TROUMAN
Nationales Forschungszentrum
PLATEIA SKOUZE
AGIOU SPYRIDONOS
PLATEIA STADIOU
ALSOS PAGKRATIOU
LOFOS ARDITTOU
Kallimármaro-Stadion
METS
STADIO
PLATEIA PLASTIRA
PLATEIA PAGKRATIOU
PLATEIA VARNAVA
PLATEIA PROFITI ILIA
EFTYCHIDOU
ARCHIMIDOUS
PARMENIDOU
MELISSOU
YMITTOU
FILOLAOU
ATHENER ZENTRAL-FRIEDHOF
GOUVA
A
B
C

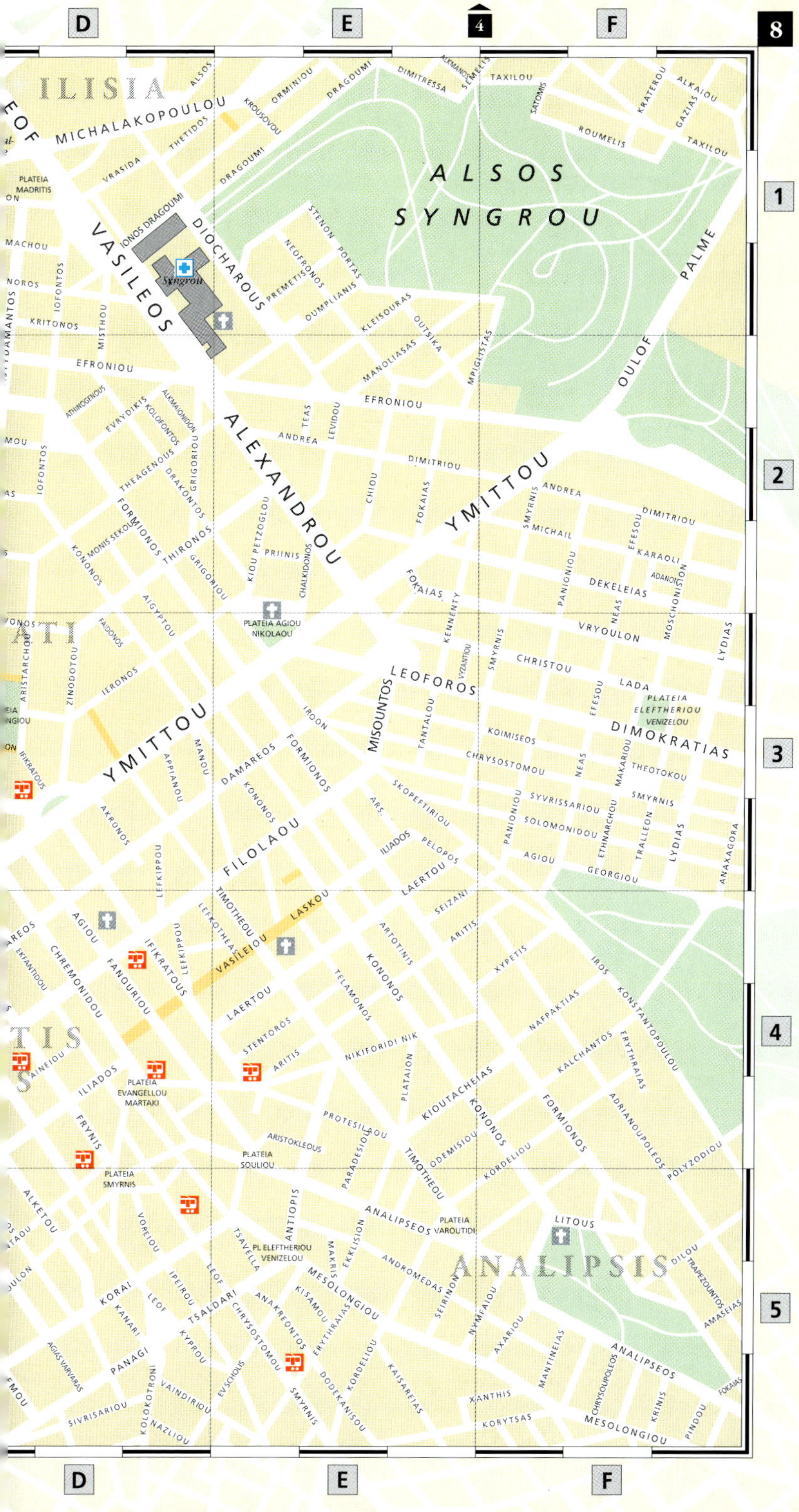

8
D
E
4
F
1
2
3
4
5
ILISIA
ALSOS SYNGROU
ANALIPSIS
MICHALAKOPOULOU
VASILEOS
ALEXANDROU
YMITTOU
LEOFOROS
DIMOKRATIAS
FILOLAOU
OULOF
PALME
DIOCHAROUS
Syngrou
EFRONIOU
DIMITRIOU
ANDREA
PLATEIA MADRITIS
PLATEIA AGIOU NIKOLAOU
PLATEIA ELEFTHERIOU VENIZELOU
PLATEIA EVANGELLOU MARTAKI
PLATEIA SOULIOU
PLATEIA SMYRNIS
PLATEIA VAROUTIDI
PL ELEFTHERIOU VENIZELOU
FORMIONOS
KONONOS
TIMOTHEOU
VASILEIOU LASKOU
LAERTOU
KIOUTACHEIAS
ANALIPSEOS
MESOLONGIOU
KONSTANTOPOULOU
TAXILOU
ROUMELIS
DRAGOUMI
KRITONOS
VRYOULON
CHRISTOU
LADA
MISOUNTOS
SMYRNIS
LYDIAS
XANTHIS
KORYTSAS

Die Regionen

Das griechische Festland

Die Attraktion des Festlands erklärt sich mit der reichen antiken Überlieferung in einer großartigen Landschaft. Die klassischen Stätten liegen meist im Süden des Landes, um Athen, an den Küsten Attikas und auf dem Peleponnes, die makedonischen Ruinen im gemäßigteren Nordosten. Überall verstreut sind byzantinische Klöster und Kirchen zu finden, allein zwanzig auf der Halbinsel Chalkidikí um den heiligen Berg Athos.

Region der Metéora-Klöster (siehe S. 216f): *Auf den Sandsteinfelsen thronen die ältesten mittelalterlichen Klöster Griechenlands.*

Delphi (siehe S. 228f): *Hier liegen die Ruinen der weltberühmten antiken Orakelstätte und eines Theaters auf dem Parnass.*

Im antiken Olympia (siehe S. 170f) *fanden vom 8. Jahrhundert v. Chr. bis zum 4. Jahrhundert n. Chr. die Panhellenischen Spiele statt, Vorbild für die Olympischen Spiele der Neuzeit. Der Hera-Tempel (um 6. Jh. v. Chr.) ist am besten erhalten* (links).

Mystrás (siehe S. 192f)*: eine der am besten erhaltenen byzantinischen Stadtanlagen Griechenlands, beispielhaft ist die Kirche Hagia Sophia (Agía Sofía). Die Stadt trotzte den Türken bis 1460.*

Die Halbinsel Máni *(siehe S. 194ff.)* ist von Türmen übersät.

0 Kilometer 50

◁ **Moní Spiliótissa bei Arísti im westgriechischen Zagora-Massiv**

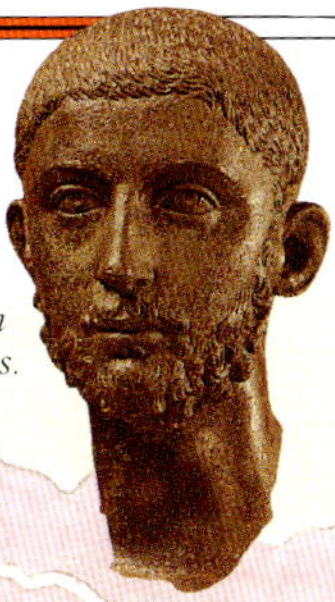

Thessaloníkis *Archäologisches Museum* (siehe S. 246f) *besitzt herrliche Goldschätze aus den Gräbern der makedonischen Könige. Hier ein Bronzekopf (235 n.Chr.) von Alexander Severus.*

Das Kloster Osios Loúkas (siehe S. 222f) *liegt inmitten von Obstgärten. Die oktagonale Kuppel aus dem 11. Jahrhundert wurde oft kopiert. Das schlichte Äußere kontrastiert mit den Goldgrund-Mosaiken im Innern.*

Der Berg Athos wird seit 1060 ausschließlich von Mönchen bewohnt *(siehe S. 252f).*

Alt-Korinth (siehe S. 162), *war einst Hauptstadt der römischen Provinz Achaia. Das Schmuck-Kapitell erinnert daran.*

Das Kloster Daphni (siehe S. 152f) *ist wegen seiner Architektur und der herrlichen byzantinischen Mosaiken in der Klosterkirche berühmt.*

Mykene (siehe S. 178f), *ist eine der frühesten griechischen Stätten (1550 v.Chr.). Das Löwentor führt in das einst von Agamemnon beherrschte Fort.*

In Epidaurus *(siehe S. 184f)* liegt eines der besterhaltenen Theater Griechenlands.

Monemvasía (siehe S. 186f), *der »einzige Zugang«, spielt auf die strategische Lage der byzantinischen Seehafenfestung an. Die Vergangenheit als wichtigster Hafen im byzantinischen Griechenland spiegelt sich in den Altstadthäusern.*

Umgebung von Athen

Attika

Das Athener Umland, *Attika, ist seit alters das kulturelle Zentrum des Landes. Seine antiken Stätten zogen Archäologen und Plünderer gleichermaßen an. Die attischen Berge und die zerklüftete Küste boten in Notzeiten Schutz, heute locken die Sandstrände an der Ostküste Erholungsuchende, die dem Lärm Athens entfliehen wollen.*

Der Reichtum Athens gründete sich auf das umliegende attische Territorium. Für Tempel und Skulpturen nutzte man den am Ymittós und Pentéli gebrochenen Marmor; der Erlös aus den Silberminen in Lávrio (Laurion) finanzierte die Errichtung der Bauwerke; und die bäuerlichen Produkte der Region ernährten die Bevölkerung.

Piräus: Warten auf die Fähre

Attika war Schauplatz historischer Ereignisse: Auf der Marathon-Ebene fand eine der blutigsten Schlachten der griechischen Geschichte statt. Der größte Hafen des Landes, Piräus, war bereits Hafen für das antike Athen. In den weniger bekannten Tempelruinen, Eleusis, Ramnoús und Brauron, kann man sich in ländlicher Ruhe von der Hektik der schmutzigen Stadt erholen. Der gut erhaltene Poseidon-Tempel auf Kap Sounion diente seit alters Seefahrern als Orientierung.

Auch aus byzantinischer Zeit blieben Attika viele Schätze erhalten: Die eindrucksvollen Klöster Daphni und Kaisarianí mit dekorativen Mosaiken und elegantem Mauerwerk sind beispielhaft.

Die Sommerhitze garantiert ideale Wachstumsbedingungen für den Süden Attikas: Auf Weintrauben und Retsina ist die Mesógeia (das Mittelland) spezialisiert. Nördlich von Athen lockt der bewaldete Párnis zu Spaziergängen und sein Gipfel bietet eine herrliche Aussicht.

Die Ruinen des Parthenon der Bärenmädchen in Brauron

◁ **Christus Pantokrátor in der Kuppel des *katholikón* im Kloster von Daphni**

Umgebung von Athen

Rund um das ausgedehnte Stadtgebiet Athens hat Attika entlegene Gebirgsregionen, byzantinische Klöster und Kirchen, archäologische Stätten und feine Sandstrände zu bieten. Die Nähe zum Meer und auch zur Natur erklärt, warum viele Griechen die Übervölkerung und die Luftverschmutzung des Großraums mit Piräus und dem antiken Eleusis in Kauf nehmen. Die Bergregionen Párnis und Ymittós bieten vielen Tieren eine Heimat, hier gibt es einsame Pfade, Höhlen und eisige Quellen. Im Sommer zieht es die Athener an die gepflegten Strände zum Wassersport, in die Bars und Klubs. An der Straße nach Kap Soúnion liegen zahllose Fischtavernen, die Felsbuchten sind ideal zum Schnorcheln.

Boote im Hafen Mikrolímano, Piräus

Siehe auch

- ***Übernachten*** S. 268
- ***Restaurants*** S. 290f

Legende

- Schnellstraße
- Hauptstraße
- Nebenstraße
- Panoramastraße
- Fluß
- Aussichtspunkt

Unterwegs in der Umgebung von Athen

Drehscheibe für die Region ist Athens internationaler Flughafen Eleftherios. Von Athen führen zwei Straßen nach Südosten: Die beliebte Küstenstraße von Piräus nach Soúnion und die Straße über Korópi und Markópoulo in die Ostküstenorte Pórto Ráfti und Lávrio. Dies ist auch der Weg zur Abzweigung nach Rafína, wo die Fähren nach Euböa und zu den Kykladen starten. Ein regelmäßiger Busverkehr verbindet Athen mit allen Orten der Region. Zum Párnis und nach Nordattika nimmt man die Nationalstraße E75.

Poseidon-Tempel am Kap Soúnion

ZUR ORIENTIERUNG

SEHENSWÜRDIGKEITEN AUF EINEN BLICK

Katholikón des Klosters Kaisarianí

Das Enkoimitírion bei Oropós

Antikes Oropós 1
Ωρωπός

Kálamos, Attika. **Straßenkarte** D4. *0295 62144.* *Kálamos.* *tägl.* *Feiertage.*

Das Heiligtum bei Oropós liegt idyllisch in Kiefern- und Thymianhainen am linken Cheímarros-Ufer. Es war dem Heilgott Amphiáraos geweiht, der, in der Schlacht bei Theben verwundet, von Zeus gerettet worden sein soll. Nach der Legende spaltete sich die Erde und verschlang Amphiáraos mitsamt seinem Streitwagen; der Gott tauchte jedoch alsbald aus der hier sprudelnden heiligen Quelle wieder auf. Im Altertum warf man in der Hoffnung auf gute Gesundheit Münzen in die Quelle.

Seit dem 4. Jahrhundert v.Chr., nachdem der dorische Tempel und der Opferaltar errichtet worden waren, entwickelte sich das Amphiareion zu einer bekannten griechischen Heilstätte. Am rechten Ufer des Flüßchens sind noch die Ruinen der in der Römerzeit errichteten Häuser zu sehen, als die Region sich zu einem beliebten und vielbesuchten römischen Kurzentrum entwickelt hatte. Der eindrucksvollste Bau war die heute teilweise erhaltene lange Stoa, das Enkomitírion, wo die Kranken durch *enkimisis* behandelt wurden: Zunächst war ein Ziegenopfer notwendig, und anschließend mußte der Patient die Nacht im blutigen Fell des geopferten Tieres verbringen. Am nächsten Morgen verordneten Priester nach Interpretation dessen nächtlicher Träume ihre Medizin.

Oberhalb der Stoa liegen die Ruinen eines Theaters; es besitzt ein *Proskenion* (Bühne) und fünf skulpturengeschmückte Marmorsessel, einst als Ehrenplätze Priestern und Gästen vorbehalten, die gut erhalten geblieben sind. Gegenüber dem Altar befindet sich eine Wasseruhr (4.Jh. n.Chr.).

Marmorsessel im Amphiáreion, Oropós

Ramnoús 2
Ραμνούς

Attika. **Straßenkarte** D4. *22940 63477.* *tägl. (nur Nemesis-Heiligtum).* *Feiertage.*

Die Ruinen von Ramnoús, des einzigen griechischen Heiligtums für die Rachegöttin Nemesis, liegen einsam und landschaftlich schön auf einer Anhöhe über dem Golf von Euböa. Das Heiligtum wurde unter dem byzantinischen Kaiser Arcadius verwüstet, der 399 n. Chr. anordnete, alle erhaltenen Tempel zu zerstören.

In der Anlage sind die Ruinen zweier Tempel zu sehen. Das kleinere und ältere Themis-Heiligtum aus dem 6. Jahrhundert v.Chr. wurde in der Antike als Schatzkammer und Magazin benutzt. Nur seine polygonalen Mauern blieben stehen. In der Cella fand man einige bedeutende Statuen der Göttin und ihrer Priesterin Aristonoë, die heute im Archäologischen Nationalmuseum ausgestellt sind *(siehe S. 68ff)*.

Der größere Nemesis-Tempel (Mitte des 5. Jh. v.Chr.) ähnelt in der Ausführung dem Hephaisteion auf der Athener Agora *(siehe S. 90f)* und dem Poseidon-Tempel in Soúnion *(siehe S. 148)*. Der dorische Tempel enthielt eine Nemesis-Statue von Agorakri-

Die Ruinen des Nemesis-Tempels in Ramnoús

tos, einem Pheidias-Schüler *(siehe S. 98)*. Einige Teilstücke der Statue konnten jüngst aus Fragmenten rekonstruiert werden. Der Kopf der Statue befindet sich mittlerweile im British Museum in London.

Marathon ❸
Μαραθώνας

Attika. **Straßenkarte** D4. *0294 55155.* **Stätte und Museum** *Di–So.* *Feiertage.*

Auf der Marathon-Ebene fand einst die siegreiche Schlacht der Athener gegen die Perser statt. Der Grabhügel für die Gefallenen mit einem Umfang von 180 Metern und einer Höhe von zehn Metern liegt vier Kilometer außerhalb der heutigen modernen Stadt Marathon. In ihm sind die Gebeine der 192 Athener begraben, die bei der Schlacht ums Leben kamen; gedacht wird ihrer mit der schlichten Stele für den gefallenen Soldaten Aristion aus der Hand des Bildhauers Aristocles. Das Original befindet sich heute im Athener Archäologischen Nationalmuseum *(siehe S. 68ff)*. Auf der Kopie ist ein Epigramm des antiken Dichters Simonides zu lesen: »Die Athener fochten bei Marathon an erster Stelle im griechischen Heer; sie besiegten die an Schätzen reichen Perser und brachen ihre Vormacht.«

1970 wurden im nahen Dorf Vraná die Grabhügel der Platäer und Königsgräber aus mykenischer Zeit gefunden. Die Platäer entsandten einst als einzige Truppen zur Verstärkung der Athener aufs Schlachtfeld. Im **Marathon-Museum** sind Funde aus diesen Stätten zu sehen

Hafenanlage von Rafína

und außerdem einige Statuen im ägyptischen Stil (2. Jh. n.Chr.). Sie wurden auf den Marathon-Ländereien des reichen Mäzens Herodes Atticus entdeckt, der hier geboren wurde und aufwuchs. Er ging als Stifter vieler Athener Bauwerke, unter anderem des nach ihm benannten Theaters *(siehe S. 100)*, in die Geschichte ein.

Platte aus dem Platäer-Grab

Umgebung: Acht Kilometer westlich von Marathon liegt der künstliche **Marathon-See**, über den ein schmaler Damm führt. Die Staumauer des Wasserreservoirs aus pentelischem Marmor wurde 1926 errichtet. Der See wird von den aus dem Párnis *(siehe S. 151)* herabströmenden Flüssen Charádras und Varnávas gespeist. Er war bis 1956 Athens einziger Wasserspeicher. Hier kann man sich gut zu einem gemütlichen Picknick niederlassen.

Rafína ❹
Ραφήνα

Attika. **Straßenkarte** D4. *8600.*

Die unzähligen Ruderboote und Fähren im Hafen machen den Charme des lebhaften Fischerdorfs aus. Nach Piräus ist Rafína der zweitwichtigste attische Hafen, von hier starten Luftkissenboote und Fähren zu den Kykladen und anderen ägäischen Inseln.

Als Verwaltungsregion *(demes)* des antiken Athen besitzt die Siedlung eine lange Geschichte. Zwar gibt es nur wenig historisch Interessantes, um so exzellenter sind die zahlreichen Fischrestaurants und Tavernen. Lassen Sie sich in einem Lokal am Meeresufer nieder und beobachten Sie das bunte Treiben im Hafen.

Umgebung: Nördlich von Rafína windet sich eine Straße hinauf in das landschaftlich schön gelegene **Máti**. Das einst einsame Dorf besitzt heute zahlreiche schicke Cafés, Bars, Apartmenthäuser und Sommerhäuser reicher Athener.

Die Schlacht von Marathon

Als der Perser Darius 490 v.Chr. in der Bucht von Marathon landete, sahen sich 10 000 griechische Soldaten einer gewaltigen persischen Übermacht von 25 000 Mann gegenüber. Ihren Sieg verdankten die Griechen dem Taktiker Miltiades, der entgegen der üblichen Schlachtordnung seine Flügel verstärkte. Die allseits umzingelten Perser mußten sich schließlich auf ihre Schiffe zurückziehen und davonsegeln. Es heißt, die Feinde hätten rund 6000 Tote gehabt, die Athener nur 192. Der berühmte Marathonlauf hat hier seinen Ursprung: 41 Kilometer lief ein Soldat in Rüstung nach Athen. Nachdem er den Sieg verkündet hatte, brach er vor Erschöpfung tot zusammen.

Vasendarstellung: Ein Grieche kämpft gegen einen Perser

Antikes Brauron ❺

Βραυρώνα

Das unweit des heutigen Vravrona gelegene Brauron ist eine der beeindruckendsten Stätten bei Athen. Zwar blieb wenig von der einstigen Architektur übrig, doch die Funde im Museum bezeugen die Bedeutung des wichtigsten Heiligtums der Artemis, Beschützerin der Gebärenden und der Tiere *(siehe S. 53)*. Der Legende zufolge brachten die Kinder Agamemnons, Orestes und Iphigenie, den Artemis-Kult nach Griechenland. Oberhalb des Heiligtums fand man Spuren einer neolithischen und mykenischen Siedlung, doch berühmt wurde Brauron erst durch den Tyrannen Peisistratos, der den Athenern im 6. Jahrhundert v.Chr. den Artemis-Kult verordnete.

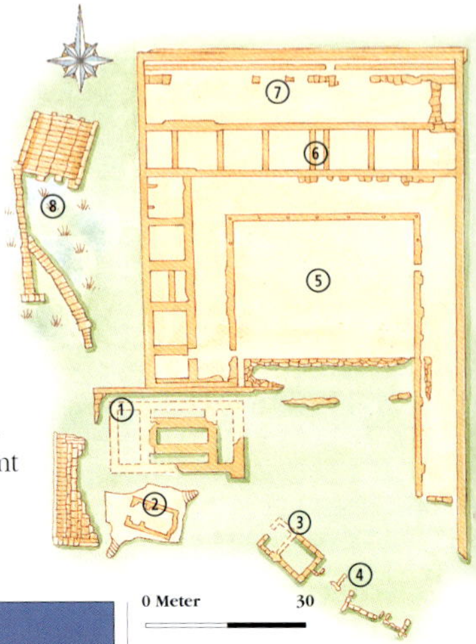

Parthenon der Bärenmädchen in Brauron

Legende zum Artemis-Heiligtum

① Artemis-Tempel
② Kapelle Agios Geórgios
③ Heiliges Haus
④ Grotte der Iphigenie
⑤ Parthenon der Bärenmädchen
⑥ Schlafsäle
⑦ Stoa
⑧ Steinbrücke

Überblick: Antikes Brauron

Das Kultzentrum des Artemis-Heiligtums lag nördlich der prähistorischen Akropolis: Der dorische **Artemis-Tempel**, von dem nur noch Fundamente erhalten sind, stand im Mittelpunkt der Artemis-Verehrung. Daneben liegt die **Agios Geórgios** geweihte spätbyzantinische Kapelle, von der ein Pfad zur südöstlich gelegenen **Grotte der Iphigenie** führt, der Hohepriesterin der Artemis. Ihr im Südosten benachbart liegt das Fundament des **Heiligen Hauses**, das Wohnhaus der Priesterinnen. Der weitläufigste Bau des Heiligtums, der **Parthenon der Bärenmädchen**, liegt im Nordosten. Diese Hofanlage könnte der Aufführung des rituellen Bärentanzes vorbehalten gewesen sein und war von einer **Stoa** aus dem späten 5. Jahrhundert eingerahmt. Im hinteren Hofteil lagen die Speise- und **Schlafsäle** der Mädchen, von denen nur Fundamente erhalten blieben, doch die steinernen Liegebetten und die Statuensockel sind noch sichtbar. Auch eine westlich gelegenen **Steinbrücke** (5. Jh.) kann man noch erkennen.

Die byzantinische Kapelle Agios Geórgios

Das brauronische Fest

Das alle fünf Jahre stattfindende Frühlingsfest galt als Sühnefeier für die Tötung eines Lieblingsbären der Artemis. Aristophanes erwähnt in seiner *Lysistrata*, daß Jungfrauen den »Bärentanz« aufzuführen hatten, sonst ist kaum etwas über diesen Ritus bekannt. In safranfarbene Gewänder – eine Erinnerung an Bärenfelle – gekleidete Mädchen zwischen fünf und zehn Jahren führten diesen Tanz zu Ehren des heiligen Tiers vor.

Relief mit Pilgern vor dem Artemis-Altar während des brauronischen Fests

INFOBOX

10 km nordöstl. von Markópoulo, Attika. **Straßenkarte** D4. *22990 27020.* **Stätte** *Do–So 8.30–15 Uhr.* **Museum** *Di–So 8.30–15 Uhr.* *Mo, 1., 6. Jan, 25. März, Rosenmontag, Karfreitag, Ostersonntag u. Mo, 1. Mai, 25., 26. Dez.* *begrenzt zur Stätte.*

Mykenische Vase im Brauron-Museum, 1200–1100 v.Chr.

Brauron-Museum

Bärenmädchen-Statue

Das interessante Museum besitzt reiche, im Heiligtum aufgefundene Schätze. Saal 1: In den Vitrinen verschiedene Weihegeschenke, beispielsweise Miniaturvasen und Schmuck. Saal 2: Arktoi-Skulpturen (»Bärenmädchen«). Saal 3: Votivrelief mit den Gottheiten Zeus, Leto, Apollon und Artemis, außerdem Fragmente eines klassischen Altars. Saal 4 und 5: Eine Palette prähistorischer und mykenischer Funde, darunter verzierte geometrische Vasen.

RETSINA

Viele Griechen trinken heute zwar lieber Whisky als Wein, doch bei Touristen ist Retsina nach wie vor beliebt. Rund 16 Millionen Flaschen wurden 1994 geleert, die Hälfte davon im Ausland. Der besondere Weingeschmack wird durch kleine Mengen von Aleppo-Kiefernharz erzeugt, die während der Gärung zugesetzt werden. Schon im Altertum wurde griechischer Wein so konserviert und bekam damit seine spezielle Blume. Seit 1981, dem griechischen EU-Beitritt, wurden Bezeichnungen für die einzelnen Anbaugebiete eingeführt. Kenner stimmen überein, daß einige der besten Retsina-Weine aus der Mesógeia kommen, wo die Savatiano-Traube angebaut wird. Die Weinberge der größten Kellerei, Kourtákis, liegen in Markópoulo und Koropí.

Kiefernharze

Pórto Ráfti 6

Πόρτο Ράφτη

Attika. **Straßenkarte** D4. *3300.*

NAMENSGEBERIN für Pórto Ráfti war die der Bucht vorgelagerte Insel Ráfti, auf der eine riesige Marmorstatue einer sitzenden Frau zu sehen ist. Das römische Standbild heißt im Volksmund »Schneider« *(ráftis)* und wurde wahrscheinlich als Leuchtturm benutzt, der den Hafen für die Seefahrer ausleuchtete. Obwohl Pórto Ráfti einen der besten Naturhäfen Griechenlands besitzt, entwickelte sich der Ort niemals zu einem wichtigen Seehafen. Im April 1941 wurden vom hiesigen Strand 6000 neuseeländische Soldaten evakuiert. Heute ist Pórto Ráfti vor allem ein angenehmer Ferienort mit Tavernen und Bars, sein Umland verfügt über eine interessante Archäologie: In **Peratí** südlich der Bucht, einem bedeutenden Hafen des 7. und 6. Jahrhunderts v.Chr., entdeckte man mykenische Gräber.

UMGEBUNG: Die Ruinen einer im Chremonideischen Krieg (265–261 v.Chr.) zwischen Ägypten und Makedonien errichteten Festung sind in **Koróni** auf einer Landzunge im Süden zu besichtigen. Der nördliche Küstenstrich von **Peratí** ist gespickt mit Höhlen und lockt zum Schwimmen im klaren Wasser und zum Fischen von schroffen Felsen.

Markópoulo, Marktort und Weinbauzentrum, acht Kilometer im Inland, hat viele Tavernen. Außerdem gibt es würzige Würstchen beim Schlachter, und aus den Bäckereien duftet es nach frischem Brot.

Hafen von Pórto Ráfti vor der Insel Ráfti

Einer von zahllosen klassizistischen Bauten in Lávrio

Lávrio ❼
Λαύριο

Attika. **Straßenkarte** D4. 8800. *Do.*

Berühmt waren in der Antike die Silberminen von Lávrio (Laúrion), waren sie doch die Einnahmequelle der Athener und ermöglichten Perikles im 5. Jahrhundert v.Chr. sein großes öffentliches Bauprogramm in Athen *(siehe S. 30)*. Sie gestatteten es auch General Themistokles, die Flotte bauen zu lassen, mit der er 480 v.Chr. in der Schlacht bei Salamis die Perser besiegte und die in der Folgezeit die Seemacht Athens begründete. Vor der Schließung der Minen im 20. Jahrhundert gewannen französische und griechische Gesellschaften aus den Halden auch Mangan und Kadmium.

In den umliegenden Hügeln wurden mehr als 2000, einst von Sklaven abgebaute Stollen entdeckt. Einige sind heute als **Mineralogisches Museum** für Besucher zugänglich – das einzige Museum Griechenlands dieser Art. Bei einem Gang durch die Stollen erkennt man an den Felsen Spuren von Eisenerz und Mineralien. Seit Minenschließung leidet die Region unter großer Arbeitslosigkeit. Nur die klassizistischen Häuser und verlassenen Lagerhallen am Hafen zeugen noch vom ehemaligen Wohlstand. Die schmale Insel Makrónisos gegenüber dem Hafen diente im Bürgerkrieg *(siehe S. 42)* als Gefängnis für politische Häftlinge.

Mineralogisches Museum
Leof Andréa Kordelá. *22920 262 70.* *Mi, Sa, So 10–12 Uhr.*

Soúnion ❽
Σούνιο

9 km südlich von Lávrio, Attika. **Straßenkarte** D4. *22920 39363.* *bis Lávrio.* *tägl. 10 Uhr – Sonnenuntergang.*

Die Lage des Poseidon-Tempels auf einem jäh ins Ägäische Meer abfallenden Felsplateau am Kap Soúnion war ein idealer Standort für das Heiligtum des Meeresgottes: Die auffallend weißen Marmorsäulen des Tempels leuchteten seit alters zu den Schiffen auf See herüber.

Der heutige Tempel entstand 444 v.Chr. über einer älteren Anlage. Östlich des Hauptzugangs befinden sich 13 Friesplatten aus Paros-Marmor. Die stark verwitterten Reliefs stellen Szenen aus dem mythologischen Kampf der Lapithen gegen die Kentauren dar und die heroischen Abenteuer des Theseus, nach einigen Legenden der Sohn Poseidons.

Dorische Säulen des Poseidon-Tempels

Für die 34 schlanken dorischen Säulen, von denen 15 erhalten sind, verwendete man heimischen Marmor aus dem nahen Agriléza. Der Tempel besitzt zudem eine architektonische Besonderheit,

Ruinen des Poseidon-Tempels von Soúnion

die ihn gegen Salzwasser-Erosion schützt: Statt der sonst üblichen zwanzig Kannelüren weisen die Säulen nur 16 auf, wodurch sich die den Elementen ausgesetzte Oberfläche verkleinert.

Als Lord Byron 1810 seinen Namen in eine der Säulen ritzte, gab er damit ein schlechtes Beispiel: Seit jener Zeit haben unzählige Nachahmer den Tempel mit ihrem Namen verunziert.

Byron in Griechenland

Der englische romantische Dichter Lord Byron (1788–1824) kam 1809 im Alter von 21 Jahren erstmals nach Griechenland. Er bereiste mit seinem Freund John Cam Hobhouse Epirus und Attika. In Athen schrieb er, inspiriert von der Liebe zur Tochter seiner Wirtin, *Die Jungfrau von Athen* und Teile von *Childe Harolds Pilgerfahrt*. Diese Werke machten ihn über Nacht berühmt. 1812, wieder in England, verkündete er: »Wenn ich ein Dichter bin, hat mich die griechische Luft dazu gemacht.« 1823 kehrte er nach Griechenland zurück, um im Unabhängigkeitskrieg *(siehe S. 40f)* gegen die Türken zu kämpfen. Man empfing ihn als Helden, doch starb er vor dem Einrücken am Ostersonntag 1824 in Mesolóngi an Fieber. Lord Byron wird auch heute noch in Griechenland verehrt: Straßen und Neugeborene werden nach ihm benannt.

Byron in griechischer Tracht, Gemälde von T. Phillips (1813)

Ein Restaurant an der attischen Meeresküste in Várkiza

Attische Küste ❾
Παραλία Αττικύς

Attika. **Straßenkarte** D4.

DER KÜSTENSTREIFEN VON Piräus nach Soúnion wird häufig »Apollon-Küste« – nach einem kleinen Apollon-Tempel in Vouliagméni – genannt. Hier reihen sich Strände und Ferienorte aneinander, die an Wochenenden und besonders im Sommer während der Urlaubszeit überlaufen sind.

Einer der ersten Orte hinter Piräus ist das kleine **Palaió Fáliro**, wo der Phaleron-Soldatenfriedhof mit dem Athen-Denkmal liegt, das 1961 zu Ehren der 2800 britischen Gefallenen des Zweiten Weltkriegs errichtet wurde.

Die lauten Küstenorte in der Nähe des Athener Flughafens, **Glyfáda** und **Alimos** (Geburtsort des antiken Historikers Thukydides, *siehe S. 56*), sind wegen ihrer Sporthäfen, Hotels und Geschäfte stark kommerzialisiert.

Im exklusiven **Vouliagméni**, das einen großen Jachthafen besitzt, steht auf den Klippen ein Luxushotel neben dem anderen. Nördlich der Küstenstraße gelangt man nach einem kurzen Fußmarsch zum Vouliagméni-See, einem Süßwassersee inmitten steil abfallender Kalkfelsen. Das warme, schwefelhaltige Wasser wird zur Rheumatherapie genutzt, hier gibt es Umkleideräume und ein Café.

Die weite Bucht von **Várkiza** ist ein Eldorado für Windsurfer. An der Hauptstraße stehen zwei riesige Musiktempel, *On the Rocks* und *Riba's*, in denen während der Sommersaison populäre griechische Sänger auftreten. Die gewundene Straße führt weiter nach **Vári**, bekannt für seine Fleisch-Restaurants. Zwei Kilometer nördlich des Ortes liegt die Vári-Grotte, in deren einem Höhlenraum es eine Süßwasserquelle und interessante Stalaktiten, im anderen unbedeutendere antike Fragmente gibt, die meisten Funde wurden in Museen verbracht. Man kann die Grotte kostenlos betreten.

Zwischen Várkiza und Soúnion liegen kleine Badebuchten, Fisch-Tavernen und Luxusvillen. **Anávysos** ist ein lebendiger Marktort inmitten von Feldern und Weinbergen. Im Hafen wird täglich ab Schiff lokal gefangener frischer Fisch verkauft, samstags gibt es hier einen kleinen Straßenmarkt, auf dessen Ständen sich Obst und Gemüse der jeweiligen Saison türmen.

Bunter Gemüse-und Obststand in Anávysos

Skulpturen im Garten des Vorrés-Museums

Paianía ⑩
Παιανία

Attika. **Straßenkarte** D4. *9700.* *Di.*

Genau östlich von Athen liegt der verschlafene Ort Paianía. An seinem Hauptplatz erhebt sich die Kirche **Zoödóchou Pigís**, bemerkenswert wegen der modernen Fresken (20. Jh.) des Ikonenmalers Fótis Kóntoglou. Bekannt ist der Geburtsort des antiken Redners Demosthenes (384–322 v. Chr.) heute vor allem wegen seines in einem herrlichen Garten gelegenen **Vorrés-Museums**. Zu sehen gibt es in zwei Abteilungen eine bunte Palette alter und moderner Kunst, 3000 Jahre Geschichte und künstlerisches Erbe Griechenlands, zusammengetragen vom Privatsammler Ion Vorrés. Im einstigen Anwesen des Sammlers, zwei alten Dorfhäusern, liegt die erste Abteilung: Antike Skulpturen, Folkloreobjekte, Keramiken, byzantinische Ikonen, Seelandschaften, Möbel. In einem Neubau erhält der Besucher Einblick in die moderne griechische Kunst seit 1940: Werke von 300 Malern und Bildhauern, die alle Richtungen vom Fotorealismus bis zur Pop-Art abdecken, sind zu sehen.

Vorrés Museum
Diadóchou Konstantínou 1. *01 664 4771.* *Sa, So 10–14 Uhr.* *Aug u. Feiertage.*

Umgebung: Am Ymittós, oberhalb von Paianía, liegt die 12 200 Quadratmeter große **Koutoúki-Höhle**. Sie wurde 1926 von einem Hirten auf der Suche nach einer verlorenenen Ziege entdeckt. Alle halbe Stunde werden Führungen durch die 17 Grad warme Höhle angeboten. Während der Ton-Licht-Schau kann man die Stalagmiten und Stalaktiten gut erkennen.

Koutoúki-Höhle
4 km westlich von Paianía. *210 664 2108.* *tägl. 9–16 Uhr.*

Moní Kaïsarianís ⑪
Μονή Καισαριανής

5 km östlich von Athen, Attika. **Straßenkarte** D4. *0210 723 6619.* *bis Kaisarianís.* *Di–So 8.30–15 Uhr.* *Feiertage.*

Gegründet wurde das in einem bewaldeten Tal unterhalb des Ymittós gelegene Kloster im 11. Jahrhundert. 1458 erhielt es, nach der Eroberung Athens durch Sultan Mehmet II., die Steuerfreiheit, da der Abt dem Eroberer die Stadtschlüssel übergeben hatte. Die Blüte des Klosters währte bis zum Verlust des Steuerprivilegs 1792, danach verarmte es und wurde nach dem Unabhängigkeitskrieg nur noch bis 1855 als Kloster benutzt. Erst 1956 renovierte man die Klostergebäude.

Ornamentschmuck am Kloster Kaïsari

Das kleine *Katholikón* ist dem Tempelgang Mariens geweiht. Alle Klosterfresken stammen aus dem 16. und 17. Jahrhundert, am schönsten sind die der Narthex (Vorhalle), 1682 vom peloponnesischen Künstler Ioánnis Ypatos gemalt.

Der idyllische Klostergarten ist im Besitz des Vereins Athener Baumfreunde, die die während des Zweiten Weltkriegs gefällten Bäume aufforsteten. Oberhalb des Klosters entspringt der Ilissós, zu seiner heiligen Quelle Kylloú

Kloster Kaisarianí am bewaldeten Fuß des Ymittós

Péra pilgern seit alters Frauen, da sie zur Fruchtbarkeit verhelfen soll. Das Wasser sprudelt östlich des Klosters aus einer Marmoröffnung in Form eines Widderkopfs. Bis zum Bau des Marathon-Damms *(siehe S. 145)* war die Quelle das Hauptwasserreservoir Athens.

Die kleine Kapelle Agía Triáda am Párnis

Kifisiá ⓬
Κηφισιά

12 km nordöstlich von Athen, Attika. **Straßenkarte** D4. *40 000.* *Kifisiá.*

In Kifisia verbringen die Athener seit der Römerzeit mit Vorliebe die heißen Sommer. Von der einstigen Exklusivität ist heute wegen der Apartmenthäuser und Geschäftspassagen fast nichts mehr zu spüren; nur während einer Kutschfahrt kann man noch etwas von der früheren Idylle erahnen. Die Droschken kutschieren die Passagiere von der Metro durch schattige Alleen, an denen Landhäuser und Villen der verschiedensten Stile stehen.

Das 1974 eröffnete **Gouländris-Museum für Naturkunde** ist in einer dieser Villen untergebracht. Die Sammlungen sind der Tierwelt und den Mineralienvorkommen Griechenlands gewidmet. Das Herbarium umfaßt 200 000 Pflanzenarten, mehr als 1300 ausgestopfte Tiere werden in ihrem Lebensraum präsentiert.

Muschel vor dem Gouländris-Naturkundemuseum

Gouländris-Naturkundemuseum

Levidou 13. *210 801 5870.* *Sa–Do 9–14.30 Uhr.* *Feiertage.*

Umgebung: In Maroúsi, einem Vorort Kifisiás, liegt das 1995 eröffnete **Spathári-Museum für Schattentheater**. Es widmet sich der Geschichte des Karagkiózis-Puppentheaters, eines Schattenspiels, dessen Ursprünge im Fernen Osten liegen. Eingeführt wurde es in Griechenland zuerst von fahrenden Spielern, die ihre Kunst im 18. Jahrhundert osmanischen Sultanen vorführten; in Griechenland entwickelte sich das Schattentheater bald zum Volkstheater. Der Name Karagkiózis stammt von der verarmten griechischen Theaterfigur, die von dem reichen Pascha und dem Rauhbein Stárakas gequält wird. Das Museum zeigt die Geschichte zweier Spathári-Generationen, Exponenten dieser sterbenden Kunst, sowie selbstgefertigte Puppen, die die Sparthäris bei ihren früheren Vorstellungen verwendeten.

Puppe des Schattentheater-Museums

Spathári-Museum für Schattentheater

Vas Sofias und D. Ralli, Maroussi. *210 612 7245.* *Mo–Fr 10–13.30 Uhr.* *Feiertage.*

Párnis ⓭
Ορος Πάρνηθα

Attika. **Straßenkarte** D4. *bis Acharnés, Thrakomakedónes u. Agía Triáda.*

Im Altertum waren am Párnis Raubtiere beheimatet, heute lebt in dem sich 25 Kilometer von West nach Ost erstreckenden Gebirgszug eine harmlosere Fauna. Im Unterholz schleichen Schildkröten, über dem 1413 Meter hohen Karampóla kreisen Raubvögel.

Besonders im Frühling und Herbst gibt es eine üppige Wildblumenflora, Krokus- und Alpenveilchen-Teppiche überziehen die Hänge. Diese Alpin-Landschaft liegt nur eine Autostunde von Athen entfernt. Von **Acharnés** kann man mit der Seilbahn zu einem 900 Meter hoch gelegenen Kasino gelangen.

In der noch kaum von Wanderern entdeckten Bergwelt gibt es viele anspruchsvolle Pfade. Eine beliebte zweistündige Wanderung mit spektakulären Rundblicken führt von Thrakomakedónes im Tal zur Bafí-Hütte. Zunächst windet sich der breite Weg durch mediterrane Macchia und endet schließlich zwischen Bergkiefern in luftiger Gebirgshöhe. Von der Bafí-Hütte empfiehlt sich die Wanderung zur Flampoúri-Hütte. Phantastische Aussicht belohnt die Wanderer!

Kloster Daphni ⓮

Μονή Δαφνίου

Fresko-Detail

DAS ERSTE KLOSTER (5. Jh.) – Lorbeersträucher *(dáfnes)* gaben ihm seinen Namen – entstand aus den Ruinen des antiken, 395 zerstörten Apollon-Heiligtums. Das spätere Kloster (11. Jh.) schenkte Otto de la Roche, der erste Athener Frankenherzog, Anfang des 13. Jahrhunderts den Zisterziensern Burgunds. Erst im 16. Jahrhundert, nach Rückgabe des Klosters an einen griechisch-orthodoxen Orden, entstanden die Bauten südlich der Kirche. Die Hauptattraktion in der Hauptkirche *(katholikón)*, die byzantinischen Blattgold-Mosaiken *(siehe S.18f)* , werden aufgrund eines Erdbebens im Jahr 2002 derzeit restauriert.

Luftaufnahme des Klosters

Die gothische Exonarthex entstand fast 30 Jahre nach der Hauptkirche.

Kreuzgänge

Kreuzgang aus dem 16. Jahrhundert. Über dem Kreuzgang auf der anderen Seite lagen die Mönchszellen.

Die Ebenmäßigkeit macht Daphni zu einem der schönsten byzantischen Bauten Attikas.

Eingang

LEGENDE: MOSAIKEN DER KLOSTERKIRCHE

WÄNDE

- **1** Auferstehung
- **2** Anbetung der Könige
- **4** Erzengel Gabriel
- **5** Erzengel Michael
- **6** Geburt der Maria
- **8** Johannes der Täufer
- **9** Einzug in Jerusalem
- **12** Tod Marias
- **13** Abendmahl
- **14** Fußwaschung
- **15** Verrat des Judas
- **16** Gebet von Joachim und Anna
- **17** Segnung der Priester
- **18** Mariä Verkündigung
- **20** Ungläubiger Thomas

DECKE UND KUPPEL

- **3** Christi Geburt
- **7** Verkündigung
- **10** Christós Pantokrátor
- **11** Christi Verklärung
- **19** Christi Taufe

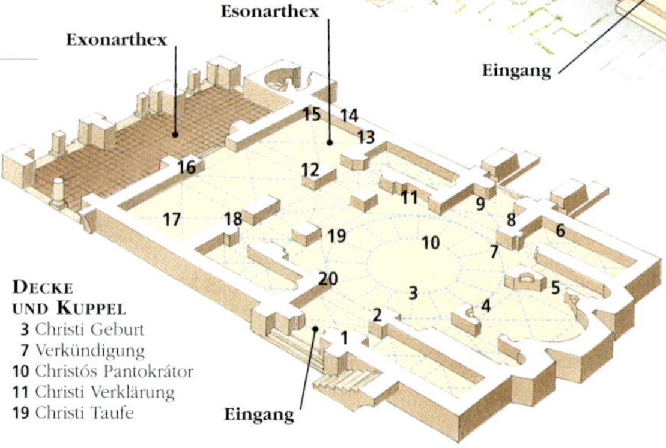

★ Christós Pantokrátor
Der Pantokrátor (»Weltenherr«), umgeben von den 16 Propheten, blickt streng von der Katholikón-*Kuppel herab.*

INFOBOX

10 km nordwestlich von Athen, Attika. **Straßenkarte** D4. ☎ 210 581 1558. 🚌 ● *evtl. noch wg. Renovierung geschlossen. Details telefonisch erfragen.*

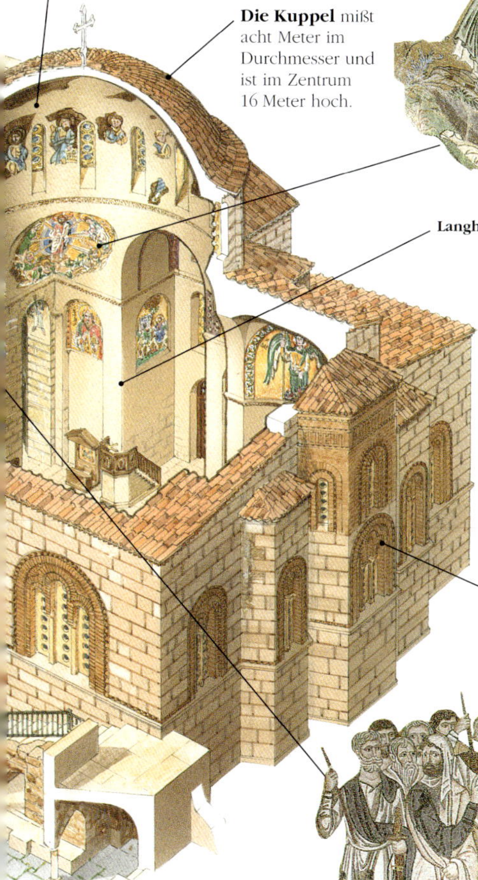

Die Kuppel mißt acht Meter im Durchmesser und ist im Zentrum 16 Meter hoch.

Langhaus

Christi Verklärung
Mosaik der Nordwest-Eckwölbung unter der Kuppel: Elias und Moses zu beiden Seiten Jesu, die Apostel Petrus, Jakobus und Johannes sitzen unten.

Fenster
Jeweils drei verzierte Backsteinstreifen verlaufen um die Fenster.

Kasse und Museum

★ Esonarthex-Mosaiken
Darstellung des Abendmahls *und der* Fußwaschung*. Das schönste Mosaik ist der* Verrat des Judas*: Christus steht wie versteinert, als Judas ihn küßt.*

NICHT VERSÄUMEN

- ★ **Pantokrátor-Mosaik**
- ★ **Esonarthex-Mosaiken**

Piräus ⓯

Πειραιάς

Warten auf eine Fähre

Als einer der größten Mittelmeerhäfen ist Piräus auch eine der größten Städte Griechenlands und seit der Antike Hafen Athens. Themistokles initiierte 480 v. Chr. den Bau der Langen Mauern zwischen Piräus und Athen, die Sulla 86 v. Chr. schleifen ließ. Im Mittelalter war Piräus wenig mehr als ein Fischerdorf. Erst als Athen 1834 Hauptstadt wurde, stieg auch die Bedeutung von Piräus wieder, klassizistische Gebäude und moderne Fabriken entstanden. 1923 nahm die Stadt 100 000 Flüchtlinge aus Kleinasien auf, deren fremde Kultur die kosmopolitische Atmosphäre der Hafenstadt bereicherte.

Blick über den Kentrikó Limáni mit Fähren im Vordergrund

Überblick: Piräus

Die Junta *(siehe S. 43)* zerstörte Anfang der 1970er Jahre unwiederbringlich viele öffentliche Gebäude im Zentrum. Heute wartet die Stadt wieder stolz mit einem Stadttheater und eleganten Straßenrestaurants und Brunnen vor klassizistischen Fassaden auf. In den Straßen hinter dem Kai des **Kentrikó Limáni** (des Haupt-Fährhafens) mit den Kassen der Fährlinien liegen feine Restaurants und Geschäfte, aber auch schöne klassizistische Gebäude, das **Rathaus** etwa. Die Abfahrtsorte der Fähren ab Kentrikó Limáni finden sich auf *Seite 321*.

Südlich des Bahnhofs erstreckt sich um die Navarínou das Marktviertel mit Fischhändlern, Obst- und Gemüseständen, Schiffsbedarfs- und Metallwarenläden. Flohmarkt gibt es sonntags morgens im Antiquitätenviertel um die Plateía Ippodameías, in der Alipédou und Skylítsi.

Die zwei Häfen von Piräus liegen östlich vom Kentrikó Limáni: Im **Pasalimáni** (Pascha-Hafen oder Limín Zéas), einst Hafen der osmanischen Flotte, ankern heute Luxusyachten. Dieser antike Zéa war einer der wichtigsten Marinehäfen des Themistokles mit Trockendocks für 196 Trieren. **Marína Zéas**, der »Mund« von Pasalimáni, ist ein Landungskai, von wo die Luftkissenboote zu den Saronischen Inseln starten. Im zweiten Hafen **Tourkolímano** (Mikrolímano, »Kleiner Hafen«) liegen viele pittoreske Fischkutter. Beliebt ist er wegen seiner Fischrestaurants am Wasser, die

Boote im idyllischen Hafen Tourkolímano

eine gemütliche Atmosphäre ausstrahlen.

In die renovierten klassizistischen Villen im noblen Viertel Kastélla um die Uferstraße zwischen Pasalimáni und Tourkolímano sind exklusive Bars und Klubs eingezogen. Selbst das traditionelle Arbeiterviertel Drapetsóna erscheint heute in neuem Glanz. Das bedeutendste Industrie-Ballungsgebiet des Landes ist gleichermaßen bekannt für seine Restaurants, in denen man bis spätnachts essen kann.

Stadttheater

Agíou Konstantínou 2. ☎ *210 412 0333.* ◯ *Di–So.*

Die klassizistische Fassade des Theaters gehört zu den interessantesten Sehenswürdigkeiten der Stadt.

Das von Ioánnis Lazarímos (1849–1913) nach dem Vorbild der Pariser Opéra Comique entworfene Haus bietet 800 Zuschauern Platz und ist damit eines der größten modernen Theater im Land. Nach fast zehnjähriger Bauzeit wurde es am 9. April 1895

Fassade des Stadttheaters

eingeweiht. Heute sind hier auch die **Städtische Kunstgalerie** und das **Bühnenbild-Museum Pános Aravantinoú** untergebracht. In letzterem sind Bühnenbilder von Pános Aravantinoú zu sehen (er arbeitete in den 1920er Jahren an der Berliner Oper) und Sammlerobjekte rund um die griechische Oper.

Athena-Statue im Archäologischen Museum

Archäologisches Museum

Chariláou Trikoúpi 31. *210 452 1598.* *Di–So 9–15 Uhr.* *Feiertage.*

Das Museum besitzt einige schöne Bronzestatuen, die 1959 beim Straßenbau ans Licht kamen: Die köchertragende Artemis, Athena mit eulengeschmücktem Helm und Apollon, sie alle stehen für die Ausdruckskraft antiker Skulpturen. Der *koúros* von Piräus (520 v. Chr.) ist die früheste bislang gefundene Ganzkörper-Statue. Außerdem sind eine sitzende Kultstatue der Göttin Kybele und noch andere griechische und römische Standbilder und Grabstelen zu sehen. In Museumsnähe liegen die Ruinen des **Zéa-Theaters** (2. Jh. v. Chr.) mit gut erhaltenem Bühnengebäude.

Hellenisches Marinemuseum

Aktí Themistokléous, Freatýda. *210 451 6264.* *Di–Sa 9–14 Uhr.* *Feiertage, Aug.*

Am Marína-Zéas-Kai markiert ein altes U-Boot den Eingang in das faszinierende Museum, in dessen ersten Saal ein Originalabschnitt der Themistokles-Mauern einbezogen wurde. Mehr als 2000 Exponate, Trieren-Modelle, Kriegsschiff-Zubehör und Bilder griechischer *Trechantíri* (schnelle Fischerei-Segelboote) veranschaulichen die Welt der griechischen Seefahrer.

INFOBOX

10 km südwestlich von Athen, Attika. **Straßenkarte** D4. *200 000.* *Kentrikó Limáni.* *Kékropos (für Peloponnes), Kanári (für Nordgriechenland).* *Piraeus.* *Plateía Koraï (für Athen), Plateía Karaiskáki (andere Ziele).* *EOT Athen (210 331 0692).* *So (Flohmarkt).* *Theater- und Musikfestival: Mai–Juli.*

Ob frühe Trieren-Expeditionen ins Schwarze Meer oder Dokumente über Transatlantik-Überquerungen während der Auswanderungswelle im 20. Jahrhundert – jeder Aspekt der komplexen griechischen Marinegeschichte findet Berücksichtigung. Zu den Exponaten gehören Schiffe, Karten, Flaggen, Uniformen und Bilder. Auch der Unabhängigkeitskrieg wird anschaulich geschildert. Die in der Nähe ankernde *Averof*, bis 1951 Flaggschiff der griechischen Marine, wurde komplett renoviert und kann nunmehr besichtigt werden.

Antikes Eleusis ⓰

Αρχαία Ελευσίνα

DAS ANTIKE RELIGIÖSE Zentrum Eleusis war alljährlich Schauplatz der Riten der Eleusinischen Mysterien. Zu diesen pilgerten Menschen aus allen Regionen der griechisch sprechenden Welt. Eingeweihter der Gemeinde *(mystes)* konnte jeder werden, ob weiblich oder männlich, mit Ausnahme von Barbaren und Mördern. Das seit mykenischer Zeit bestehende Heiligtum wurde 392 n. Chr. vom römischen Kaiser Theodosius geschlossen und nach den Verwüstungen des Gotenkönigs Alarich 396 und dem anschließenden Eindringen des Christentums in Griechenland ganz aufgegeben.

Anaktoron
Der kleine, rechteckige Steinbau mit nur einem Eingang galt als der heiligste Ort des Heiligtums. Das Anaktoron, der »Palast«, ist älter als das Telesterion, das um ihn herum gebaut wurde.

Telesterion
In dem von Iktinos im 5. Jahrhundert v. Chr. errichteten Tempel fanden Tausende Platz.

Läden und Buleuterion (Rathaus), 4. Jahrhundert

Felsentempel der Kore

Römerhäuser

ANTIKES ELEUSIS

Diese Rekonstruktion, Sicht von Osten, stellt Eleusis zur Römerzeit dar (ca. 150 n. Chr.), als die Mysterien noch stattfanden. Obwohl heute fast nichts mehr steht, läßt die Stätte doch noch das Geheimnisvolle in den Ritualen der Mysterienspiele erahnen.

DIE ELEUSINISCHEN MYSTERIEN

Die Riten für die Schmerzensmutter Demeter, deren Tochter Persephone (Kore) stets in den drei heißen Sommermonaten in die Unterwelt entschwand *(siehe S. 52)*, wurden wohl ab 1500 v. Chr. fast 2000 Jahre lang vollzogen. Die Mysten mußten einen Geheimhaltungseid leisten, daher sind kaum Einzelheiten überliefert. Vor der Prozession vom Kerameikós *(siehe S. 88f)* nach Eleusis wurde geopfert, im Heiligtum verkündeten Priesterinnen die Heilsvision, wahrscheinlich wurde dabei ein Feuer entzündet, das Symbol für das Leben nach dem Tod.

Priesterin mit einer *kiste mystika* (Korb)

Ploutonion
Aus dieser Höhle – sie galt als Hades-Heiligtum – soll Persephone stets hervorgetreten sein, wenn sie aus der Unterwelt zur Erde zurückkehrte.

Große Propyläen
Sie wurden vom römischen Kaiser Antonius Pius (2. Jh.) aus pentelischem Marmor erbaut. Vorbild waren die Propyläen auf Athens Akropolis.

Einer von zwei Triumphbögen

Artemis-Tempel

Kleine Propyläen
Fragment mit Korngarben und Mohn, aus beiden wurde das Mystes-Getränk kykeon *gebraut.*

Kallichoron-Brunnen
Hier soll Demeter um Persephone getrauert haben.

INFOBOX

Gioka 2, Eleusis, 22 km nordwestlich von Athen, Attika.
Straßenkarte D2.
Stätte und Museum ☎ *210 554 6019.* 🚌 ◯ *Di–So 8.30–15 Uhr.* ● *Feiertage.*

Telesterion-Relief, heute im Museum

Eleusis-Museum

Südlich des Telesterions liegt das Museum mit fünf Sälen. Das Telesterion-Relief, auf dem Triptólemos die erste Ähre von Demeter erhält, eine große Amphore (7. Jh. v. Chr.) und eine Kopie des Ninnion-Weihebildnisses, eine der seltenen Darstellungen der Eleusinischen Mysterien, empfangen die Besucher in der Halle. Im ersten Saal links sind hervorzuheben: ein schlanker *koúros* (6. Jh. v. Chr.) und eine römische Dionysos-Statue aus dem 2. Jahrhundert v. Chr. Im zweiten Saal sind zwei Rekonstruktionen des Heiligtums zu sehen. Im dritten Saal befinden sich ein Terrakotta-Sarkophag und eine Karyatide aus den Kleinen Propyläen mit einer *kiste mystika* auf dem Kopf. Unter den keramischen Fragmenten im letzten Saal befinden sich seltene Terrakotta-Behältnisse, mit der bei der heiligen Kernoforía-Prozession Lebensmittel transportiert wurden.

Fliehende Jungfrau

DER PELOPONNES

PELOPONNES

ALS EINES DER ZENTREN *und Hauptschlachtfelder der Revolution von 1821–31 wurde der Peloponnes zur Keimzelle des modernen Griechenland. Die riesige Halbinsel, nur durch die schmale Landenge von Korinth mit dem Festland verbunden, besitzt erstaunlich abwechslungsreiche Landschaften und eine Vielfalt an Kulturdenkmälern.*

»Peloponnes« bedeutet »Insel des Pelops«. Pelops wurde, so die Legende, von seinem Vater Tantalos den Göttern als Opfer dargebracht. Auferstanden, zeugte er das Königsgeschlecht der Atriden, deren Irrwege und finstere Festungen durch die Ausgrabungen von Mykene der Realität näher rückten. Heute wetteifern in der Region Argolid antike und mittelalterliche Sehenswürdigkeiten mit der klassizistischen Stadt Náfplio.

Leonidas-Statue in Spárti

Im Westen liegt das antike Olympia, sportlicher und religiöser Mittelpunkt in der Antike und Ursprung der olympischen Idee. In der Küstenebene von Ileía, im frühen Mittelalter Herzstück eines von Kreuzrittern beherrschten Gebietes, entstanden franko-byzantinische Bauten, die bekanntesten davon in Chlemoútsi. Weniger verfälschte byzantinische Baukunst ziert die Kirchen von Mystrás und Geráki und viele andere in der Region Máni, deren Bewohner im Mittelalter behaupteten, Nachfahren der Krieger des antiken Sparta zu sein. Die beeindruckenden Festungsanlagen der Venezianer über den Stränden der Kaps von Methóni, Koróni und Monemvasía ermöglichten ihnen, auch nach dem Verlust des Großteils ihrer ägäischen Besitzungen an die Osmanen in dieser Gegend präsent zu bleiben.

In Arkadien erheben sich koniferenbewachsene Berge über üppigem Ackerland, zerrissen von Schluchten wie dem Loúsios. Klöster und Städte in den Bergen, Stemnítsa beispielsweise, bilden einen Kontrast zum mediterranen Bild von Griechenland.

Restaurantterrasse mit Blick auf das Meer, Monemvasía

◁ Náfplio, von der Treppe zum Palamid, der venezianischen Zitadelle der Stadt

Überblick: Der Peloponnes

HAUPTATTRAKTION für Besucher des Peloponnes sind die antiken und mittelalterlichen Ruinenstätten. Obwohl abseits von Argolid wenige Gebiete touristisch erschlossen sind, zieht es Tausende von Trekkern und Naturliebhabern in die Gegend um die Loúsios-Schlucht und Kalógria. Das Landesinnere ist noch vorwiegend durch die Landwirtschaft geprägt; die einzige größere Stadt ist Pátra. Bewaldete Berge sind ein Hauptmerkmal der Landschaft, und im Westen zwischen Pátra und Methóni liegen einige der schönsten Strände.

Karítaina, Loúsios-Schlucht

Unterwegs

Hauptstraßen führen von Athen über Korinth nach Pátra und von Korinth nach Trípoli. Interessanter sind die Nebenstraßen, die meisten sind befestigt, aber oft gefährlich schmal. Linienbusse verbinden die größeren Orte, und eine marode Eisenbahn tuckert entlang der Nord- und Westküste, die andere diagonal durch das Binnenland über Trípoli nach Kalamáta, wo beide Strecken enden. Fähren und Tragflächenboote *(siehe S. 321)* laufen verschiedene Orte an der Ostküste an, darunter Monemvasía und Neápoli. Kalamáta besitzt außerdem einen Flughafen.

Sehenswürdigkeiten auf einen Blick

Andrítsaina ⓬
Antikes Korinth S. 162ff ❶
Antikes Messene ㉚
Antikes Neméa ❹
Antikes Olympia S. 170ff ❿
Antikes Tegéa ⓭
Antikes Tiryns ⓰
Antikes Troezen ⓳
Argos ⓮
Äußere Máni S. 194f ㉔
Chelmós ❺
Epidaurus S. 184f ⓲
Festung Chlemoútsi ❾
Geráki ㉑
Heraion von Perachóra ❸
Kalávryta-Diakoftó-Eisenbahn ❻
Kanal von Korinth ❷
Kalógria ❽
Koróni ㉖
Loúsios -Schlucht S. 174f ⓫
Methóni ㉗
Monemvasía S. 186f ⓴
Mykene S. 178ff ⓯
Mystrás S. 192f ㉓
Náfplio S. 182f ⓱
Palast des Nestor ㉙
Pátra ❼
Pýlos ㉘
Spárti ㉒
Tiefe Máni S. 198f ㉕

Der Hafen von Gýtheio, Tiefe Máni

Zur Orientierung

Siehe auch

- ***Übernachten*** S. 269ff
- ***Restaurants*** S. 291f

Legende

	Schnellstraße
	Hauptstraße
	Nebenstraße
	Unbefestigte Straße
	Panoramastraße
	Fluß
	Aussichtspunkt

Antikes Korinth ❶

Αρχαία Κόρινθος

DAS ANTIKE KORINTH kam durch seine Lage auf der Landenge zwischen saronischem und korinthischem Golf zu Reichtum. Der Weg über die Landenge stellte schon vor dem Kanalbau *(siehe S. 167)* die schnellste Verbindung zwischen Mittelmeer und Adria bzw. Italien dar. Die Stadt wurde von den Römern 146 v. Chr. geschleift und ein Jahrhundert später neu erbaut, sie wuchs unter dem Schutz der römischen Imperatoren auf 750 000 Einwohner, denen eine lasterhafte Lebensweise nachgesagt wurde. Als Paulus 52 n. Chr. hier durchreiste, machte er ihnen deswegen Vorhaltungen. Ausgrabungen führen die Ausdehnung der Stadt, die durch Erdbeben zerstört wurde, vor Augen. Ihre Ruinen sind Zeugnis für die größte römische Stadtanlage in Griechenland.

ZUR ORIENTIERUNG

★ **Die Straße nach Lechaion**
Diese marmorgepflasterte Straße verband den Hafen von Lechaion mit der Stadt und endet noch heute an einer Treppe vor einer beeindruckenden Säulenvorhalle.

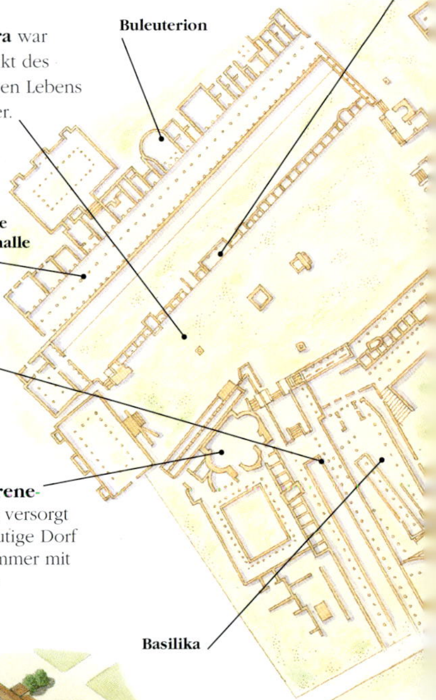

Das *Bema* (Plattform) ist der Ort, an dem Paulus von den Juden von Korinth des Sakrilegs beschuldigt wurde.

Die Agora war Mittelpunkt des öffentlichen Lebens der Römer.

Buleuterion

Südliche Säulenhalle

Die Pirene-Quelle versorgt das heutige Dorf noch immer mit Wasser.

Basilika

REKONSTRUKTION DES ANTIKEN KORINTH (100 N. CHR)

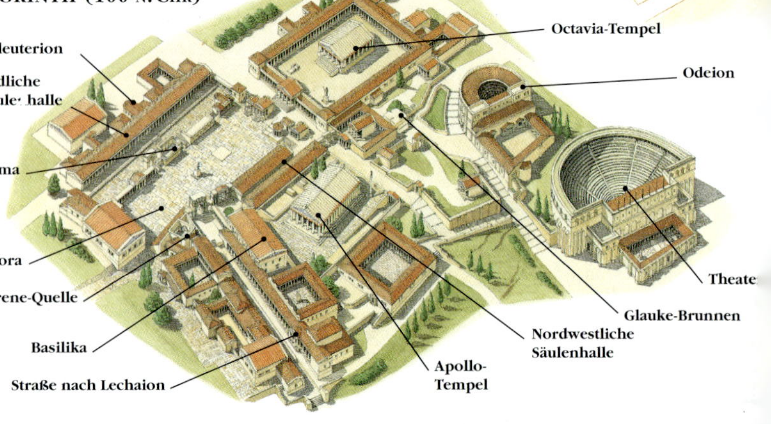

Octavia-Tempel
Die drei reich verzierten korinthischen Säulen und der wiederhergestellte Architrav darüber sind die Überreste eines Tempels, der der Schwester des Kaisers Augustus geweiht war.

INFOBOX

7 km südwestlich des modernen Korinth, Peloponnes.
Straßenkarte C4.
27410 31207. **Stätte u. Museum** *Apr–Okt, tägl. 8–19 Uhr; Nov–März tägl. 8–19 Uhr.* *Mo vormittags (nur Museum), 1. Jan, 25. März, Karfreitag, Ostersonntag, 1. Mai, 25., 26. Dez.* *begrenzt.* **Akrokorinth:** 4 km südlich des antiken Korinth.
tägl. 8.30–15 Uhr.

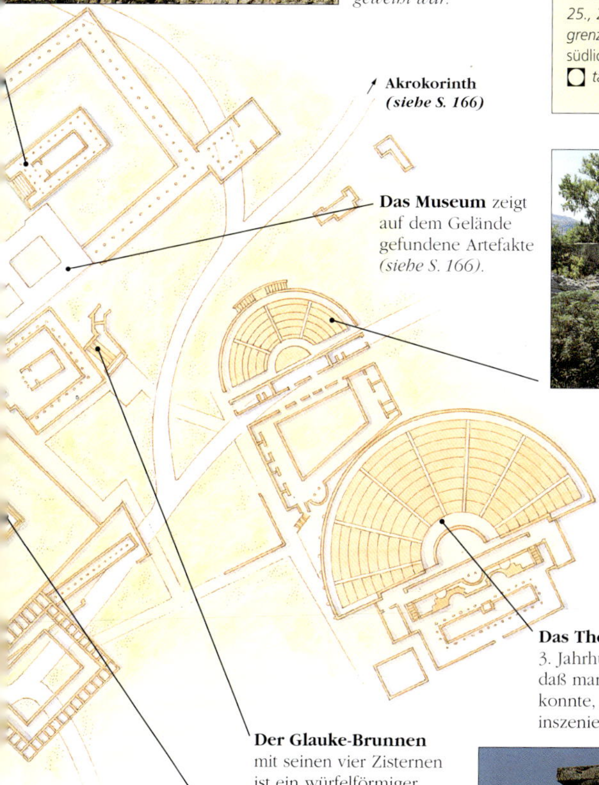

Das Museum zeigt auf dem Gelände gefundene Artefakte (siehe S. 166).

Odeion
Eines von vielen Bauwerken, die Herodes Atticus, ein reicher Athener und enger Freund des Kaisers Hadrian, stiftete.

Das Theater wurde im 3. Jahrhundert so umgebaut, daß man Wasser hineinleiten konnte, um Seeschlachten zu inszenieren.

Der Glauke-Brunnen mit seinen vier Zisternen ist ein würfelförmiger, behauener Monolith. Das Wasser kam über einen Aquädukt aus den Bergen.

Die nördliche Säulenhalle war eine ausgedehnte Marktterrasse. Nur ein überwölbter Bau ist geblieben.

★ Apollo-Tempel
Das faszinierendste Bauwerk der Unterstadt ist eines der wenigen von den Römern beim Neuaufbau 46 v.Chr. wiederhergestellten Gebäude. An der südöstlichen Ecke führt eine Stufenrampe zur Tempelterrasse.

NICHT VERSÄUMEN

★ **Apollo-Tempel**

★ **Straße nach Lechaion**

Die verbliebenen dorischen Säulen des Apollo-Tempels im antiken Korinth ▷

Überblick: Akrokorinth und das Museum

Die Ausgrabungen der letzten Jahre haben zahlreiche Artefakte, die sich heute im Museum befinden, und die Ausdehnung der antiken Stadt mit dem Hügel von Akrokorinth ans Licht gebracht. Die Ruinen sind Reste der römischen Stadtanlage in Griechenland, denn nach der Zerstörung durch die Römer 146 v.Chr. waren nur wenige vorrömische Bauwerke wiederhergestellt worden. Akrokorinth wurde im Mittelalter zu einer der wichtigsten Festungen und ist heute von der Unterstadt aus über eine Straße am Westhang des Hügels zu erreichen.

Akrokorinth

Akrokorinth, vier Kilometer oberhalb der eigentlichen Stadt, wurde seit Römerzeiten von jeder Besatzungsmacht in Griechenland gehalten und neu befestigt. Im Westen, wo der Berg den geringsten natürlichen Schutz bietet, stehen drei Tore aus verschiedenen Epochen. Das untere ist weitgehend osmanisch, das mittlere fränkisch, das obere, obwohl wie die zwei angebauten Türme großenteils aus antikem Mauerwerk, byzantinisch. Dahinter liegen 24 Hektar verwilderter Terrassen mit Minarettstümpfen, Moslemgräbern und vereinsamten Moscheen – Reste einer nach der Niederlage ihrer letzten Verteidiger, der Türken, vor mehr als hundert Jahren verlassenen Stadt.

Ein venezianischer Turm krönt die Höhe an der Südwestecke des fünf Kilometer langen Mauerrings; auf dem eigentlichen Gipfel finden sich die armseligen Fundamente eines Tempels der Aphrodite, der dort in der Antike tausend heiligen Huren diente, einer der Gründe für die zwei »Korintherbriefe« des heiligen Paulus. Heutige Besucher kommen wegen der überwältigenden Aussicht; vom Geráneia-Gebirge im Nordosten bis zu den Gipfeln des Zíria im Südwesten blickt man bis zu 60 Kilometer weit in die Runde. Penteskoúfi, in Richtung Zíria, ein auffälliger Berg in der Nähe, wurde im 13. Jahrhundert zur fränkischen Festung. Akrokorinth konnte dank der oberen Peirene-Quelle an der Südostseite der Wälle langen Belagerungen standhalten. Eine rechtwinklige Treppe führt zu einem Becken in einem unterirdischen Gewölbe. In Dürrezeiten gibt das Wasser eine Säule frei, die ein prächtiges hellenistisches Giebeldreieck trägt.

Bacchus-Mosaik, 2. Jahrhundert n.Chr., im Museum

Museum

Trotz eines ungeklärten Einbruchs 1990 zählt das örtliche Museum, südlich des Odeion, zu den besten in der Provinz. Die Geschichte der alten Stadt ist vollständig wiedergegeben, hervorragend die römische Galerie im Westflügel. Die Glanzstücke sind Mosaikfußböden (2. Jh. n.Chr.) aus den umliegenden Villen: Bacchus' Haupt (Dionysos) in kreisrundem Ornament, der nackte Schafhirte, der für drei Kühe Flöte spielt, die Ziege, die unter einem Baum döst. Die Säulen am Nordeingang haben die Gestalt phrygischer Gefangener. Ihre verschränkten Arme, Umhänge und ihr langes Haar scheinen die Kunst des Mittelalters vorwegzunehmen. Die östliche Galerie zeigt ältere Artefakte. Attische Stücke des 5. Jahrhunderts v.Chr. *(siehe S. 60f)*, darunter die berühmte »Eulenvase«, sind nicht so reichlich vertreten wie die teils mit phantastischen Tieren bemalte Keramik (7. und 6. Jh. v.Chr.), eine Spezialität der Korinther.

Beim Asklepios-Heiligtum, direkt an der Innenseite der alten nördlichen Stadtmauer, fand man Votivgaben in Form kranker Körperteile, Vorläufer der *Támmata* und der *Exvotos*, die noch heute in orthodoxen Kirchen zurückgelassen werden. Bemerkenswert sind eine Marmor-Sphinx (6. Jh.) und hellenistische Giebeldreiecke mit Löwenkopfspeirohren, deren prächtige Kolorierung gut erhalten ist.

Reliefs im mittleren Hof zeigen u.a. die Taten des Herakles *(siehe S. 53)*, von denen eine im Heiligtum von Neméa vollbracht wurde.

Der dreitorige Eingang von Akrokorinth

Schiffe auf dem Kanal von Korinth, darüber die Straßenbrücke

Kanal von Korinth ❷

Διώρυγα της Κορίνθου

Peloponnes. **Straßenkarte** C4.
🚌 *Loutráki.*

DAS STÜRMISCHE KAP Matapan oder Taínaro *(siehe S. 199),* südlichster Punkt des Peloponnes, war in der Antike gefürchtet und wurde nur ungern umfahren. Lieber schleppte man die Schiffe auf dem sechs Kilometer langen *díolkos* (gepflasterte Trasse) quer über die Landzunge, um sie am anderen Ufer wieder zu Wasser zu lassen.

Korinth kam durch den Verkehr zu Wohlstand, und bald gab es Pläne für den Kanalbau, der von Kaiser Nero begonnen, aber erst zwischen 1882 und 1893 vollendet wurde. Der 23 Meter breite Kanal wirkt im Zeitalter der Containerschiffe, die das Kap problemlos umfahren, museal. Von der Brücke sieht man häufig kleine Frachter hindurchziehen.

UMGEBUNG: Nahe dem südlichen Ende des Kanals liegt das **antike Isthmia** (Poseidon geweiht); es ist alle zwei Jahre Austragungsort der Isthmischen Spiele. Heute findet man dort nur noch Fundamente des Poseidon-Tempels (7. Jh. v. Chr.) und daneben im verschwundenen Stadion Reste eines Starttores für Läufer.

Im örtlichen Museum befinden sich vor allem Funde aus Korinths Osthafen Kechriés, darunter Unikate wie bemalte Glasscheiben und in Harz eingebettete Steine. Sie waren zur Ausschmückung eines Isis-Tempels vorgesehen, wegen eines Erdbebens 375 n. Chr. aber nicht verwendet worden.

Antikes Isthmia
Südlich am Kanal von Korinth. **Stätte und Museum** ☎ *27410 37244.*
◯ *Mai–Okt tägl. 8.30–18 Uhr; Nov–Apr tägl. 8–15 Uhr.*
● *Feiertage.* ♿

Ansicht des Heiligtums der Hera in Perachóra, Kap Melangávi

Heraion von Perachóra ❸

Ηραίον της Περαχώρας

13 km westlich von Loutráki, Peloponnes. **Straßenkarte** C4. 🚌

DAS HERAION VON PERACHÓRA (Dorf in der Nähe), vermutlich im 8. Jahrhundert v. Chr. entstanden, war wie das antike Isthmia ein religiöses Zentrum. Fundamente und Säulenstümpfe sind vom Tempel der Hera Limeneia geblieben, dazu ein Altar und eine klassische Stoa. Das Gelände liegt wunderschön, oberhalb einer kleinen Bucht am Südufer von Kap Melangávi, nahe einem Leuchtturm (19. Jh).

Der von Pinien umsäumte Vouliagénis-See drei Kilometer östlich lädt zum Schwimmen ein, am Westufer liegen einige Tavernen.

Antikes Neméa ❹

Αρχαία Νεμέα

5 km nordöstlich von Neméa, Peloponnes. **Straßenkarte** C4.
☎ *27460 22739* 🚌 **Stätte u. Museum** ◯ *Mai–Okt Di–So 8.30–19 Uhr; Nov–Apr Di–So 8.30–15 Uhr.*
● *Feiertage.* ♿

EIN WAHRZEICHEN der Region in einem abgelegenen Tal ist das antike Neméa mit den drei weithin sichtbaren, dorischen Säulen des Zeus-Tempels aus dem 4. Jahrhundert. Neben ihnen liegen Bruchstücke der zwischen dem 4. und 13. Jahrhundert umgestürzten Säulen. An der Westseite des vollständig erhaltenen Tempelbodens hat man ein tiefes *Adyton* (Gruft) geöffnet.

Südwestlich davon, zu Fuß schnell erreichbar, wird unter einem riesigen Schutzbau ein hellenistisches Badehaus ausgegraben. Bis jetzt sind nur Tauchbecken und Zuflüsse freigelegt. Jüngste Grabungen haben ein im 4. Jahrhundert gegründetes byzantinisches Dorf mit einer Basilika, Gräbern, Trockenöfen, einer Pilgerherberge und einer Taufkapelle ans Licht gebracht.

Das **Museum** zeigt sehenswerte Rekonstruktionen und alte Gravuren. Das hellenistische Stadion, 400 Meter südöstlich, besitzt den ältesten bekannten überkuppelten Eingangstunnel.

Drei Säulen des Zeus-Tempels, Neméa

Blick von Südosten auf die Gipfel des Chelmós bei Tagesanbruch

Der Chelmós ❺
Ορος Χελμός

Peloponnes. **Straßenkarte** C4.
nach Kalávryta.

MIT 2355 METERN ist der Chelmós der dritthöchste Punkt auf dem Peloponnes. Seine Ausläufer sind bewaldet und von tiefen Schluchten durchzogen. Der von der Nordflanke des Gipfels herabstürzende Wasserfall soll die Quelle des Sagenflusses Styx sein.

Über dem waldigen Feneoú-Tal liegt am Südosthang das Kloster **Agíou Georgíou Feneoú**, 1693 gegründet, aber größtenteils um die Mitte des 18. Jahrhunderts erbaut. Im *katholikón* mit hoher Kuppel und Querschiff befinden sich außergewöhnliche Fresken. Über Treppe gelangt man in eine geheime Schule, die zu osmanischer Zeit genutzt wurde.

Das **Moní Agías Lávras**, sechs Kilometer von Kalávryta entfernt, spielte eine zentrale Rolle in der griechischen Revolution. Der Erzbischof von Pátra hißte hier am 25. März 1821 die Fahne der Revolution, die heute Kernstück einer nationalistischen Gedenkstätte in der Schatzkammer im Obergeschoß ist *(siehe S. 40f)*. Das Kloster, 961 gegründet, wurde nach der Zerstörung durch die Deutschen 1943 wiederaufgebaut. Am Tag vor ihrer Ankunft hier hatten die Deutschen die Stadt Kalávryta in Brand gesteckt, wo sie eines der abscheulichsten Verbrechen der Besatzungszeit begangen hatten. Sie hatten als Vergeltung für den Widerstand des Ortes 1436 Männer und Knaben umgebracht. Die Uhr der Kathedrale zeigt für immer die Zeit an, zu der das Morden begann.

Die **Höhle der Seen** bei Kastriá war schon in der Antike bekannt, aber bis zu ihrer Wiederentdeckung 1964 vergessen. Sie hat drei Ebenen; Gruppen können die ersten 350 Meter, d.h. zwei von 15 Seen, besichtigen. Die Stalaktitenhöhlen wusch ein unterirdischer Fluß aus, der im Winter noch fließt.

Höhle der Seen
16 km südlich von Kalávryta.
26920 31633. *tägl.*

Alte Dampflokomotive in Diakoftó

Diakoftó-Kalávryta-Eisenbahn ❻
Οδοντωτός Σιδηρόδρομος Καλαβρύτων–Διακοφτού

Peloponnes. **Straßenkarte** C4.
26920 22245. *tägl. Kalávryta – Diakoftó.*

DIE VERGNÜGLICHE Schmalspurbahn wurde 1889 bis 1896 von einer italienischen Gesellschaft für den Erztransport gebaut. Über 22 Kilometer Schienen wurden verlegt, davon sechs Kilometer mit einer dritten Schiene (für das »Zahnstangengetriebe«), die zum Einsatz kommt, wo das Gefälle besonders groß ist (bis zu 14 Prozent). In Diakoftó sind zwei der alten Dampflokomotiven ausgestellt, die 1959 ausgetauscht wurden.

Der Weg führt durch 14 Tunnel und über viele Brücken durch die Vouraikós-Schlucht. Der einzige Bahnhof, der kleine Ort Méga Spílaio, liegt ungefähr in der Streckenmitte. Dort beginnt der 45-minütige Aufstieg zum Kloster **Moní Méga Spílaio**, das als das älteste Kloster in ganz Griechenland gilt.

Pátra 7
Πάτρα

Peloponnes. **Straßenkarte** C4.
231 000.
Othónus Amalias 6 (2610 46740).

Die drittgrösste Stadt Griechenlands mit dem zweitgrößten Hafen ist keine Schönheit. Die wenigen eleganten Straßen der klassizistischen Reißbrettstadt werden von Hochhäusern überragt. Pátra ist Hochburg des griechischen Karnevals, der der homosexuellen Gemeinde und Studenten Abwechslung bietet.

Die ursprünglich byzantinische Festung auf der alten Akropolis trägt Merkmale aller späteren Epochen. Der große Zwinger mit Gärten und Obstbäumen und das nahe römische Backstein-Odeion sind oft Schauplatz öffentlicher Veranstaltungen.

Im Südwesten der Stadt steht am vermuteten Richtplatz des heiligen Andreas die neobyzantinische Basilika **Agios Andréas**, in der sein Schädel und ein Stück seines Kreuzes aufbewahrt werden.

Umgebung: Griechenlands erste kommerzielle, 1861 gegründete **Kellerei Achaï Klauss** ist heute mit einem Ausstoß von 30 Millionen Litern pro Jahr ein Marktführer im griechischen Weinhandel. Die Trauben kommen aus dem ganzen Land. Bei Führungen kann man im Kaiserkeller den mit süßem Most vergorenen schweren Dessertwein Mavrodaphne kosten.

Kellerei Achaïa Klauss
6 km südöstlich von Pátra. *2610 325051.* *tägl. 11–19 Uhr.* *Feiertage.*

Kalógria 8
Καλόγριά

Peloponnes. **Straßenkarte** B4.
nach Lápas. *Lápas Rathaus (26930 31234).*

Die lagunenbesetzte Küste von der Araxos-Mündung bis zur Kotýchi-Lagune ist eines der größten Feuchtgebiete Europas, heute mit den Stofiliá-Sümpfen und 2000 Hektar Pinienwald in den Dünen ein teilweise geschütztes Gebiet. Die Erschließung wurde auf das Gebiet zwischen der Prokópos-Lagune und dem sieben Kilometer langen Strand von Kalogriá begrenzt. Auf den Dünen wachsen Pinien und Eichen, und in den Sumpfgräben schwimmen Barsche, Aale und Wasserschlangen. In der Lagune gibt es Zugvögel wie Enten, Spießenten und Wasserhühner. Sumpfweihen, Eulen und Falken sieht man das ganze Jahr. Ein neues **Besucherzentrum** in Lápas veranstaltet Wanderungen in die nahen Dünen.

Die Sandstrände von Kalogriá

Besucherzentrum
Kotýchion Strofiliás, Lápas
26930 31651. *Mo–Fr 8.30–14.30 Uhr.* *Feiertage.*

Burg Chlemoútsi 9
Χλεμούτσι

Kástro, Peloponnes. **Straßenkarte** B4. *tägl.*

Die bekannteste fränkische Burg (nach der Tournois-Goldmünze, die hier im Mittelalter geprägt wurde, auch »Castel Tornesi« genannt) wurde zwischen 1219 und 1223 errichtet, um den blühenden Hafen Glaréntza (Kyllíni) und die fränkische Hauptstadt Andreville zu schützen. Um den geringen natürlichen Schutz wettzumachen, baute man außerordentlich dicke Mauern und ein robustes Tor. Große Teile des Wehrganges sind noch begehbar. In dem sechseckigen Bergfried gibt es hallende Gewölbe. Eine Tafel am Eingang erinnert an Konstantínos Palaiológos, den letzten Kaiser von Byzanz, der hier als Gouverneur von Ileía 1428–32 residierte.

Eine Treppe führt zum Dach, von dem man die Ionischen Inseln sieht. Chlemoútsi wird zur Zeit rekonstruiert; in seinem fächerförmigen Innenhof finden Konzerte statt.

Die byzantinische Basilika Agios Andréas, Pátra

Antikes Olympia ⓾

Ολυμπία

OLYMPIA, am Zusammenfluß von Kládeos und Alfeiós, war 1000 Jahre lang eine religiöse und sportliche Kultstätte. Trotz früher Blüte zu mykenischer Zeit *(siehe S. 26f)* gewann der Ort erst mit der Ankunft der Dorer und ihrer Verehrung des Zeus seine große Bedeutung. Zeus' Heimstatt auf dem Berg Olympos gab dem Heiligtum den Namen. Bis etwa 300 v. Chr. wurden weitere, reichere Tempel- und Profanbauten errichtet, und das Heiligtum nahm in dieser Epoche klassischen Charakter an. Am Ende der Regierungszeit des römischen Kaisers Hadrian (117–138 n. Chr.) verlor Olympia an religiöser und politischer Bedeutung.

Luftaufnahme des heutigen Olympia

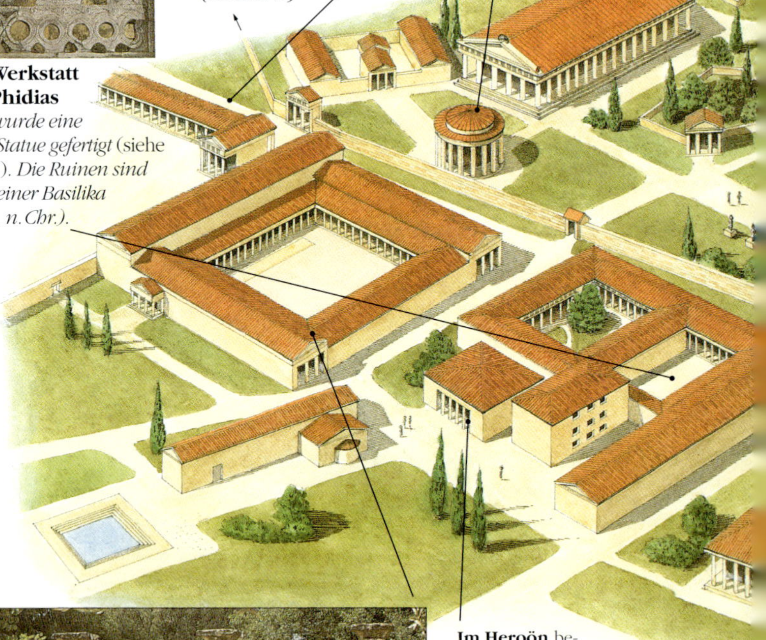

Die Werkstatt des Phidias
Hier wurde eine Zeus-Statue gefertigt (siehe S. 241). *Die Ruinen sind Reste einer Basilika (5. Jh. n. Chr.).*

Der Hera-Tempel, im 7. Jahrhundert v. Chr. begonnen, ist einer der ältesten Griechenlands.

Das Philippeion gab Philipp II. zu Ehren der makedonischen Dynastie in Auftrag.

Haupteingang

Olympia-Museum ***(siehe S. 172)***

Im Heroön befand sich ein Altar, einem unbekannten Helden geweiht.

0 Meter 50

Palaestra
Hier lag einst ein Trainingszentrum für Ringer, Boxer und Weitspringer; die Kolonnade um den zentralen Hof ist weitgehend rekonstruiert.

Eingang zum Stadion
Im späten 3. Jahrhundert v. Chr. wurde der Stadioneingang mit einer teilweise erhaltenen Kuppel versehen. Das noch vorhandene Stadion war das dritte in Olympia.

INFOBOX

Peloponnes. **Straßenkarte** B4.
226240 22517.
Stätte *Apr–Okt tägl. 8–19 Uhr; Nov–März tägl. 8–17 Uhr.*
Museum *26240 22742.*
siehe Stätte.
Stätte u. Museum
Feiertage.

Die Schatzhäuser, in denen die Votivgaben ihrer Stifter, der Stadtstaaten, aufbewahrt wurden, sahen wie kleine Tempel aus.

Das Metroön war ein dorisches Heiligtum der präolympischen Göttin Rhea.

Südliche Halle

Altar der Schwüre

Das Buleuterion, das Beratungshaus, war Sitz des olympischen Senats.

Eingang zum Heiligtum

Im Leonidaion mit dem kleeblattförmigen Zierteich wurden angesehene Gäste untergebracht.

REKONSTRUKTION VON OLYMPIA (100 N. CHR.)

So sah Olympia zur Römerzeit aus. Damals dominierte der Zeus-Kult, die Spiele waren Zeus gewidmet, und sein Tempel (mit einer riesigen Statue des Gottes) bildete den Mittelpunkt des olympischen Bereichs.

Tempel des Zeus
Nur Säulenbasen und -bruchstücke dieses dorischen Tempels (5. Jh. v. Chr.) sind erhalten, und doch wird seine Erhabenheit deutlich.

Überblick: Archäologisches Museum von Olympia

Archaischer Hera-Kopf, Ton

DAS ARCHÄOLOGISCHE Museum von Olympia, zur Aufnahme der vielen Kostbarkeiten gegenüber dem Ausgrabungsgelände errichtet und 1982 eröffnet, ist eines der reichsten Museen des Landes. Abgesehen vom Mittelsaal, der nur Giebel- und *Metopen*-Skulpturen vom Zeus-Tempel enthält, und dem Eckraum, der den Spielen gewidmet ist, sind die Ausstellungsräume, beginnend mit der Vorgeschichte in der Eingangshalle, über die klassische bis zur römischen Periode chronologisch angeordnet.

Prähistorische, geometrische und archaische Funde

Blickfang im ersten Raum links der Eingangshalle ist ein Bronzepferd (9. Jh. v.Chr.). Weitere Funde sind unter anderem ein dreifüßiger Bronzekessel und gestreckte männliche Figuren, die Kesselgriffe hochhalten. Im zweiten Raum befinden sich asiatisch beeinflußte, mit phantastischen Wesen verzierte Bronzegußstücke. Im 7. Jahrhundert v.Chr. waren Greifenköpfe ein beliebter Kesselschmuck. Auf einem gehämmerten Relief betreut eine Greifenmutter ihr Junges. Zwei geflügelte Ungeheuer dienten als Schildembleme, und Knochenintarsien bilden die Augen einer einflügeligen Harpyie.

***Zeus und Ganymed*, Terrakotta**

Klassische Funde

Helme waren beliebte Opfergaben der Pilger und Athleten in Olympia an Zeus. Ein assyrischer Helm und der Helm des Miltiades, Sieger der Schlacht bei Marathon *(siehe S. 145)*, beide während der Perserkriege *(siehe S. 29)* verwendet und zusammen ausgestellt, gehören zu den bekanntesten. *Zeus und Ganymed*, korinthische Terrakotta (5. Jh. v.Chr.), die menschlichste Zeus-Darstellung überhaupt, befindet sich im selben Raum.

Der Mittelsaal zeigt die erhaltenen Reliefs vom Zeus-Tempel. Durch einen Glücksfall sind beide Giebelfelder erhalten, ihre Komposition ist ausgeglichen, aber nicht ganz symmetrisch. Der eher statische Ostgiebel erzählt von dem Wagenrennen, das König Oinomaos und Pelops, Bewerber um die Hand der Königstochter Hippodameia, austrugen. Zeus steht zwischen den Wettkämpfern, ein Seher zu seiner Linken sagt Oinomaos' Niederlage voraus, und links und rechts sind personifizierte Darstellungen der zwei örtlichen Flüsse zu sehen. Der Westgiebel stellt den *Kampf der Lapithen und Kentauren* dar, Metapher für die Spannungen zwischen Barbarei und Kultur.

Die betrunkenen Kentauren, Gäste auf der Hochzeit des Lapithen-Königs Peirithous, versuchen die Frauen der Lapithen zu entführen. In der Mitte legt Apollo, Gott der Vernunft, beruhigend die Hand auf Peirithous' Schulter, der seine Braut aus dem Griff des Anführers der Kentauren befreit. Links von Apollo ist Theseus im Begriff, einen anderen Kentauren unschädlich zu machen. Die nicht so gut erhaltenen inneren *Metopen* zeigen die *Zwölf Taten des Herakles*, dessen Mythos eng mit dem Heiligtum verknüpft ist.

Die *Nike* des Bildhauers Paionios aus dem 5. Jahrhundert v.Chr., Fragment in einer besonderen Nische, war ein Dankopfer der Städte Messene und Náfpaktos nach ihrem Sieg über Sparta in den Peloponnesischen Kriegen *(siehe S. 30)*. Die Gipsrekonstruktion vermittelt eine Vorstellung von der geflügelten Göttin, die auf einem Adler vom Himmel herabfährt, um den Sieg zu verkünden. Ebenfalls in einem besonderen Raum rettet *Hermes*, von Praxiteles geschaffen und besser erhalten, den Säugling Dionysos vor der eifersüchtigen Hera. Den Arm, der die Gottheit trägt, stützt er auf einen Stamm, an dem sein Mantel hängt. Dionysos greift nach Weintrauben in der heute verlorenen rechten Hand des älteren Gottes.

***Hermes*-Skulptur des Praxiteles**

Römische Funde

Im vorletzten Raum stehen Standbilder römischer Imperatoren und Feldherren sowie der von Regilla, der Gattin des Herodes Atticus, gestiftete Marmorstier.

Der letzte Raum hat die Wettkämpfe zum Thema. Die Bronzestatuette eines Läufers am Start aus dem 5. Jahrhundert v.Chr. widmete ein Athlet dem Gott Zeus, wie einer Inschrift am Oberschenkel zu entnehmen ist. Ferner sind unter anderem *halteres* (Sprunggewichte), ein Bronzediskus und Reste eines Startblocks zu sehen.

Die Geschichte der Olympischen Spiele

Die ersten Olympischen Spiele 776 v.Chr. gelten als das erste belegte Ereignis in der Geschichte Griechenlands. Ursprünglich einzige Disziplin war der Wettlauf der Männer. Die Teilnehmer kamen aus dem Umland, und Koroivos, ein Koch aus dem nahen Elis, war der erste überlieferte Sieger. Im Laufe des 8. und 7. Jahrhunderts v.Chr. kamen Ring-, Box- und Reitdisziplinen hinzu. Viele Städte entsandten Wettkämpfer und stellten Siegestrophäen bereit, die Teilnahme blieb aber bis 146 v.Chr. den Griechen vorbehalten. Die Städte der Region stritten um die Leitung der Spiele, aber ein Heiliger Friede garantierte Zuschauern und Teilnehmern sicheres Geleit. Die Christen verachteten die Spiele als Teil eines heidnischen Festes, und so kam 393 n.Chr. ihr Ende.

Olympia-Broschüre von 1896

Zum antiken Fünfkampf *gehörten Laufen, Ringen, Speer- und Diskuswerfen und der Weitsprung (mit Hilfe von Schwunggewichten). Ab 720 v.Chr. waren die Sportler nackt, und Frauen hatten keinen Zutritt.*

Ringkampf und Boxkampf *sind auf dieser Amphore (6. Jh. v.Chr.) dargestellt. Die Boxer tragen* Himantes, *Vorläufer der Boxhandschuhe aus um die Hand und das Handgelenk gewickelten Lederstreifen.*

Die olympische Idee *wurde 1896 mit den ersten Spielen der Neuzeit in Athen wiederbelebt* (siehe S. 113). *Der Franzose Baron Pierre de Coubertin hatte sie ins Leben gerufen.*

Zeitskala

Diskuswerfer

470–456 v.Chr. Bau des Zeus-Tempels; Blütezeit von Olympia

393 Verbot der Spiele durch Kaiser Theodosius

1896 Erste Olympiade der Neuzeit

1875 Beginn wissenschaftlicher Grabungen durch Deutsche, noch andauernd

3000 v.Chr.	2000 v. Chr.	1000 v. Chr.	1 n. Chr.	1000

3. Jahrtausend v.Chr. Erste Besiedelung des Gebiets von Olympia

776 v.Chr. Erste überlieferte Spiele

67 n.Chr. Nero nimmt teil; dank unfairer Machenschaften »gewinnt« er fast alle Preise

600 Sandablagerungen des Alfeiós begraben das Gelände unter sich

551 Große Teile durch Erdbeben zerstört

Loúsios-Schlucht ⓫

Φαράγγι του Λούσιου

Wanderer in der Schlucht

DER LOUSIOS, ein Nebenfluß des Alfeiós, fließt in seinem Oberlauf durch eine der faszinierendsten Klammen Griechenlands. Die Loúsios-Schlucht ist kaum fünf Kilometer lang und an der engsten Stelle fast 300 Meter tief. Wegen der abgelegenen Gebirgslage, fast in der Mitte des Peloponnes, wurde das Gebiet am Loúsios im griechischen Unabhängigkeitskrieg *(siehe S. 40f)* zu einem Stützpunkt der Aufständischen. An die steilen Felswände klammern sich mittelalterliche Klöster und Kirchen, und inzwischen gibt es markierte Wanderwege zu den interessantesten Zielen. Die malerischen Dörfer *(siehe S. 176)* östlich der Schlucht eignen sich gut als Ausgangspunkt für Touren.

Dimitsána ist der günstigste Ausgangspunkt

Néa Moní Filosófou
Dieses Kloster aus dem 17. Jahrhundert, am Westrand der Schlucht an der engsten Stelle gelegen und dank der Initiative eines Mönchs renoviert und wieder bewohnt, besitzt Kirchenfresken aus dem Jahre 1693, in denen selten geschilderte Bibelgeschichten wie die von den Schweinen von Gadarene *dargestellt sind.*

★ Antikes Gortys
Das Asklepieion des antiken Gortys, ein Ort der von Kranken aufgesucht wurde, mit den Fundamenten des Tempels des Asklepios, des Gottes der Heilkunde, aus dem 4. Jahrhundert v.Chr., liegt in einer tiefen Grabung am Westrand.

Agios Andréas, eine Kapelle des 11. Jahrhunderts, steht dicht unterhalb der engsten Stelle der Schlucht.

Die Brücke von Kókkoras
Über diese restaurierte mittelalterliche Brücke führte einst die uralte Straße von Arcadia nach Ileía. Aus dem eisigen Flußwasser werden Forellen geangelt.

NICHT VERSÄUMEN

- ★ **Moní Aimyalón**
- ★ **Antikes Gortys**
- ★ **Moní Agíou Ioánnou Prodrómou**

Blick von Süden auf die Steilhänge der Loúsios-Schlucht

INFOBOX

Peloponnes. **Straßenkarte** C4. *Dimitsána.* **Alle Klöster** *bei Tageslicht.* **Moní Aimyalón** *tägl. 14–17 Uhr.* **Néa Moní Filosófou***: tägl.* **Antikes Gortys** *tägl.* *Feiertage.*

Paleá Moní Filosófou, heute eine Ruine, ist das älteste Kloster der Gegend (um 960).

★ Moní Aimyalón
Das 1605 gegründete Kloster duckt sich oberhalb von Gemüsegärten in eine Seitenschlucht. Über einen teilweise in den Felsen gehauenen Weg erreicht man die Kirche mit Tonnengewölbe und Fresken von 1608.

LEGENDE

- P Parken
- Nebenstraße
- Fußweg

Stemnítsa *(siehe S. 176)* ist ein hübsches Dorf, ein schöner Abschluß der Wanderung durch die Schlucht.

★ Moní Agíou Ioánnou Prodrómou
Zwischen Palisaden an der Ostflanke der Schlucht eingekeilt, ist dieses Kloster aus dem 12. Jahrhundert der sehenswerteste Bau am Loúsios. Die freskenverzierte Kirche, deren Form durch die Felsen bestimmt ist, bietet nur zwölf Mönchen Platz.

Überblick: Umgebung der Loúsios-Schlucht

Oberhalb der Schlucht liegen einige der schönsten Bergstädte der Region Arkadien, alle als Ausgangspunkt für Ausflüge geeignet. Von Dimitsána fahren täglich zwei Busse nach Trípoli, einer davon über Stemnítsa. Unterhalb von Karýtaina kann man die Busse von Andrítsaina nach Trípoli besteigen (nur wochentags). Mit dem Auto kommt man am besten herum, und in den meisten Städten sind auch Taxis zu bekommen. Im Winter kann es kalt werden – nicht selten sind Schneeketten erforderlich.

Die Brücke über den Alfeiós, unterhalb Karýtaina, mit der Kapelle

Die engen Gassen von Dimitsána

Dimitsána

Die anheimelnde Stadt liegt auf einem Bergrücken, dort wo das klassische Teuthis stand, an drei Seiten vom Loúsios umgeben, und bietet eine wunderbare Aussicht ins Tal. Sie besitzt vier Glockentürme – der von **Agía Kyriakí** ist nachts erleuchtet. Der Turm von **Pyrsogiannítiko** wurde 1888 von Baumeistern aus Epirus errichtet.

Zwei Geistliche wurden hier geboren, die in den Aufstand gegen die Türken 1821 verwickelt waren *(siehe S. 40f)*. An der Geburtsstätte von Erzbischof Germanós von Pátra wurde nahe dem Gipfel des westlichen Hügels eine Tafel angebracht. Eine Gedenktafel für Patriarch Gregor V. steht unten auf dem Marktplatz. Er wurde in Istanbul gehängt, nachdem der Sultan von der Revolte erfahren hatte.

Die drei- und vierstöckigen Häuser stammen aus der Blütezeit der Stadt als Handelszentrum (18. Jh.). Während des Unabhängigkeitskrieges gab es hier 14 Pulverfabriken.

Stemnítsa

In einer weiten Senke gelegen, ist Stemnítsa eine natürliche, verborgene Festung. Auch diese Stadt hat eine beachtliche Geschichte, dennoch mögen die Einwohner den alten Namen Ypsoús nicht wieder übernehmen. Im Mittelalter war Stemnítsa ein Zentrum des metallverarbeitenden Handwerks, doch heute gibt es lediglich noch einen Silberschmied. In einem **Heimatmuseum** wurden Werkstätten und Inneneinrichtungen aus der Stadt rekonstruiert. Im Obergeschoß werden Waffen, Textilien und Keramiken der Familie Savvopoúlou gezeigt.

Unter den großartigen mittelalterlichen Kirchen besitzen **Treís Ierárches**, nahe dem Museum, und **Profitis Ilías** (10. Jh.), oben auf dem Festungshügel, Fresken in ausgezeichnetem Zustand. **Panagía Mpaféro** (12. Jh.), ebenfalls auf dem Festungshügel gelegen, hat ein ungewöhnliches Portal. Im **Moní Zoödóchou Pigís** auf den nördlichen Hügeln hatten die Revolutionsführer im Unabhängigkeitskrieg ihre erste Zusammenkunft. Aus diesem Grund wird Stemnítsa als erste Hauptstadt Griechenlands bezeichnet.

Heimatmuseum
Stemnítsa. ☎ *27950 81252.*
○ *Mi – Mo.* ● *Feiertage.*

Karýtaina

Die Ortschaft in einer Alfeiós-Schleife ist heute mit weniger als 200 Einwohnern eine Geisterstadt. Die Festung **(Kástro)** stammt aus dem 13. Jahrhundert, als die Stadt Residenz eines fränkischen Barons war. In der Burg hielt sich 1826 Theódoros Kolokotrónis versteckt und überstand dort die Belagerung durch die Türken. Die restaurierten Säulenkapitelle (11. Jh.) der **Panagía tou Kástrou** sind mit Reliefs geschmückt.

Umgebung: Eine Brücke (sie zierte den alten 5000-Drachmen-Schein) über den Alfeiós östlich von Karýtaina wird auf 1439 datiert. Vier der sechs alten Bögen existieren noch, in einen der Pfeiler ist eine Kapelle gebaut.

Blick von Osten auf Dimitsána

Andrítsaina ⓬

Ανδρίτσαινα

Peloponnes. **Straßenkarte** C4.
900.

IN DAS SCHLÄFRIGE Städtchen kommen Fremde heute nur noch auf dem Weg zum Tempel von Bassae. In den Tavernen und Läden am Stadtplatz, auf dem vormittags Bauern ihre Erzeugnisse feilbieten, nimmt man wenig Rücksicht auf die neue Zeit, wie die angebotenen Gerichte und kunterbunten Auslagen zeigen. Die Stadt war im 18. Jahrhundert wichtiges Handelszentrum. Das **Heimatmuseum** unterhalb des Traní-Brunnens aus demselben Jahrhundert zeigt Flickenteppiche, Trachten und Metallarbeiten aus dem Ort.

Heimatmuseum

Andrítsaina. *tägl.*
Feiertage.

UMGEBUNG: Der **Tempel von Bassae** (5. Jh. v. Chr.) erhebt sich auf einem schroffen Hügel, abgelegen wie kein anderes wichtiges antikes Heiligtum. Bis die 50 Millionen Euro für das Wiederaufsetzen der Architrave aufgebracht werden, bleibt er unter einem Zelt verborgen. Ohne die Stützgerüste bekämen die Kolonnaden des Tempels im Winter Frostschäden.

Unterhalb von Bassae liegt Figaleía, das den Namen der antiken Stadt westlich davon trägt, deren Einwohner dem Apollo Epikourios diesen Tempel bauten. Ein Pfad führt in die Néda-Klamm.

Tempel von Bassae

14 km südlich von Andrítsaina.
26260 22275. *tägl.*

Antikes Tegéa ⓭

Τεγέα

Peloponnes. **Straßenkarte** C4.
27150 56540. **Stätte** *tägl.*
Museum *Di–So.* *Feiertage.*

SÜDLICH DES heutigen Trípoli, nahe dem Dorf Aléa, liegen die Ruinen der antiken Stadt Tegéa. Beeindruckend sind die Reste des dorischen Tempels der Athena Aléa (4. Jh. v. Chr.) mit seinen massigen Säulensegmenten, der auf dem Peloponnes an Größe nur durch den Zeus-Tempel in Olympia *(siehe S. 171)* übertroffen wird. Das örtliche **Museum** zeigt Skulpturen aus der Stadt, darunter Fragmente vom Tempelgiebel.

Straßencafé in der traditionsreichen Stadt Andrítsaina

Argos ⓮

Αργος

Peloponnes. **Straßenkarte** C4.
20 000.

DIE STADT, eine der ältesten Siedlungen Griechenlands, ist heute mit dem Messegelände neben dem klassizistischen Marktplatz eine etwas schäbige Handelsstadt. Das **Archäologische Museum** östlich des zentralen Platzes zeigt lokale Funde aus allen Epochen. Glanzstücke sind ein mykenischer Bronzehelm und Brustpanzer, ein archaisches Tonfragment, auf dem die Blendung des Polyphimos durch Odysseus dargestellt ist, und ein *Krater* aus dem 7. Jahrhundert v. Chr.

Die sichtbarsten Spuren des antiken Argos findet man am Weg nach Trípoli. Die römischen Bäder und ein Amphitheater wirken winzig neben einem der größten und steilsten Theater Griechenlands. Von dort führt ein Weg zum Lárisa-Hügel, einer der beiden Akropolen von Argos.

Archäologisches Museum

Östlich der Plateía Agíou Pétrou.
27510 47597. *tägl.*
Feiertage.

UMGEBUNG: Richtung Süden, am Theater vorbei, führt eine Straße vom antiken Argos nach **Ellinikó**, an dessen Rand ein intaktes, pyramidenähnliches Gebäude steht. Man nimmt an, daß es sich um ein Fort zur Sicherung der Straße nach Arkadien handelt, deren Entstehung auf das 4. Jahrhundert v. Chr. geschätzt wird.

Lérna, weiter südlich, ist ein Palast (ca. 2200 v. Chr.), der wegen der urspünglichen Terrakotta-Bedachung das »Dachziegelhaus« genannt wird. Es steht heute unter einem Schutzdach. Benachbarte Fundamente aus der Jungsteinzeit und zwei mykenische Gräber lassen auf eine zweitausendjährige Besiedelung schließen. Die Quellen zogen Siedler an, sie bewegten Mühlräder und füllen noch heute einen Teich an der Küste, in dem die legendäre Hydra hauste, die von Herakles getötet wurde *(siehe S. 53)*.

Blick von der Bühne auf die Sitzreihen im alten Theater von Argos

Mykene ⑮

Μυκήναι

DAS BEFESTIGTE Palastareal von Mykene, 1874 von dem Archäologen Heinrich Schliemann *(siehe S. 180)* entdeckt, ist einer der ältesten hochentwickelten Festungsbauten. Der Ausdruck »mykenisch« bezeichnet eine Kultur zwischen 1700 und 1100 v.Chr., also der jüngeren Bronzezeit. Nur die Oberschicht lebte in dem Palast auf dem Hügel, die Handwerker und Kaufleute wohnten außerhalb der Stadtmauer. Die Stadt wurde 1100 v.Chr. nach einer Zeit schwerer Unruhen in der Region verlassen.

Geheimtreppe
99 Stufen führen zu einer Zisterne tief unter der Festung hinab, die auch während einer Belagerung die Wasserversorgung sicherte. Sie wird über Rohre aus einer Quelle gespeist.

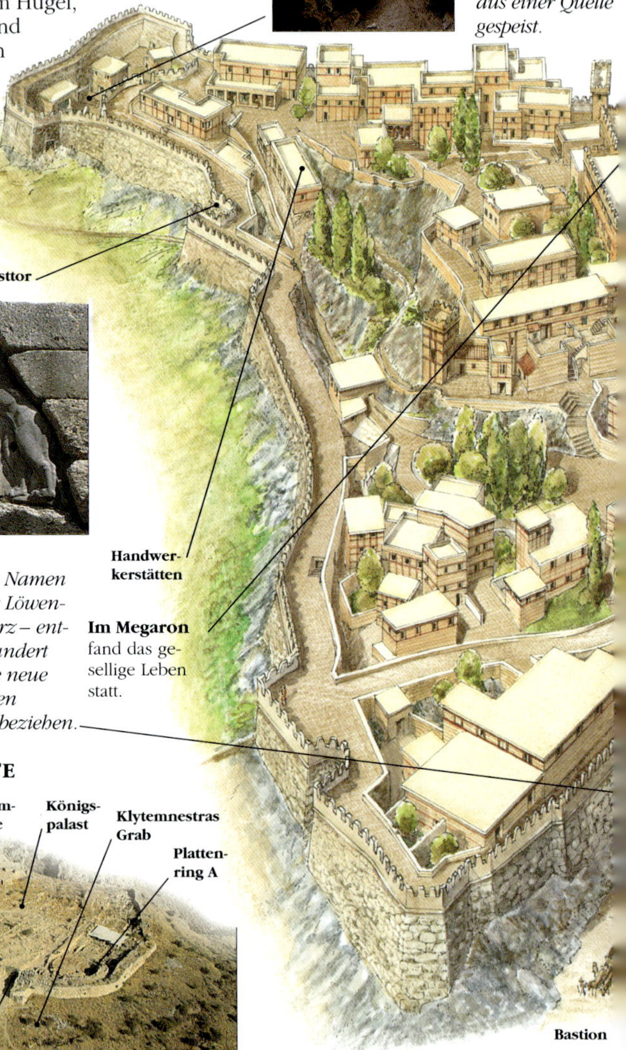

Nordosttor

Handwerkerstätten

Im Megaron fand das gesellige Leben statt.

Bastion

Löwentor
Das Löwentor – den Namen bekam es wegen des Löwenreliefs über dem Sturz – entstand im 13. Jahrhundert v.Chr., als man eine neue Mauer baute, um den Plattenring A einzubeziehen.

MYKENE HEUTE

REKONSTRUKTION VON MYKENE

Die Abbildung zeigt das Mykene des Atreus und des Trojanischen Krieges 1250 v.Chr. *(siehe S. 54f)*. Die meisten Gräber liegen außerhalb der Mauern *(siehe S. 180)*.

Königspalast
Von diesem wichtigen Bau auf dem Gipfel der Akropolis sind nur die Fußböden erhalten. Die Steine zeigen noch Brandmale von der Zerstörung 1200 v. Chr.

INFOBOX

2 km nördlich von Mykínes, Peloponnes. **Straßenkarte** C4. *27510 76585.* *bis Mykínes.* *Apr–Okt tägl. 8.30–21 Uhr; Nov–März tägl. 8.30–15 Uhr.* *1. Jan, 25. März, Karfreitag, Ostersonntag, 1. Mai, 25., 26. Dez.* *nur zum Schatzhaus des Atreus.*

Die »Kyklopischen« Mauern waren bis zu 14 Meter stark und nicht zu brechen. Man erzählte sich später, sie seien von Riesen gebaut worden.

Die Häuser von Mykene gaben mehrere Tafeln mit archaischen Schriftzeichen frei. Die als Linear B bezeichnete Schrift wurde 1952 von Michaïl Ventrís entziffert.

Das Tsoúntas-Haus, nach seinem Entdecker benannt, war ein zweitrangiger Palast.

Große Rampe

Plattenring A
Hier befanden sich in sechs königlichen Schachtgräbern 19 Skelette; 14 Kilo goldener Grabbeigaben sind in Athen zu besichtigen (siehe S. 70).

Klytemnestra nach dem Mord an ihrem Gatten Agamemnon

DER FLUCH DER ATRIDEN

König Atreus schlachtete die Kinder seines Bruders Thyestes und gab sie ihm zu essen. Dafür belegten die Götter ihn und seine Nachkommen mit einem Fluch *(siehe S. 180)*. Thyestes zeugte mit seiner überlebenden Tocher Pelopia einen Sohn, Aigistos, der seinerseits Atreus tötete und Thyestes wieder als König von Mykene einsetzte. Aber auch Atreus hatte einen Erben, Agamemnon. Agamemnon stellte eine Flotte auf, um den Trojaner Paris, der Helena, die Gattin seines Bruders, geraubt hatte, zu bestrafen. Er opferte seine Tochter, damit der Wind ihm günstig sei. Nach seiner Rückkehr wurde er von seiner Gattin Klytemnestra und ihrem Liebhaber Aigistos ermordet. Beide wurden später von Agamemnons Kindern, Orestes und Elektra, getötet.

Überblick: Die Gräber von Mykene

DIE EDELLEUTE von Mykene wurden in Schaftgräbern wie in Plattenring A *(siehe S. 179)* oder in *Tholos* (Kuppelgräbern) beigesetzt. Zehn Kuppelgräber außerhalb der Mauern wurden aus ringförmig verlegten Blöcken gebildet, die übereinander vorkragten, so daß der Durchmesser sich so verengte, daß die Kuppel mit einem Stein geschlossen werden konnte. Der Bau mit Ausnahme des *Dromos*, eines offenen Ganges, wurde vergraben.

Der Eingang zum Grab von Atreus mit einem Loch über dem Türsturz

Schatzhaus des Atreus

Das Schatzhaus des Atreus *(siehe S. 179)* am Südrand des Geländes ist das stattlichste der *Tholos*-Gräber. Es stammt aus dem 14. Jahrhundert v.Chr. und ist eines von zwei Doppelkammergräbern in Griechenland. Der *Dromos* ist 36 Meter lang, und ein kleines Beinhaus (die zweite Kammer) diente zur Aufnahme der Knochen früherer Beigesetzter.

Der Sturz über dem Eingang ist neun Meter lang und wiegt fast 120 Tonnen. Wie er in seine Position gebracht wurde, bleibt rätselhaft.

Das Schatzhaus wird auch als Grab des Agamemnon bezeichnet. Der legendäre König und Anführer des trojanischen Feldzugs *(siehe S. 54f)* kann aber dort nicht begraben sein, da der Trojanische Krieg vermutlich mehr als 100 Jahre nach dem Bau des Grabes stattfand.

Grab der Klytemnestra

Nur eines der *Tholos*-Gräber ist so gut erhalten wie das des Atreus, nämlich das sogenannte Grab der Klytemnestra, welches sich westlich des Löwentores befindet. Die kleine Grabstätte besteht aus einer Grabkammer mit sich nach oben verjüngenden Wänden; der wunderbar gemeißelte *Dromos* und eine dreieckige Luftöffnung über dem Eingang (die den Druck vom Türsturz wegnimmt) stammen aus der gleichen Periode.

HEINRICH SCHLIEMANN

Heinrich Schliemann (1822–90), geborener Mecklenburger, war Autodidakt und mit 47 Jahren Millionär – nur um seine archäologischen Grabungen zu finanzieren. Nachdem er Troja entdeckt und damit den Wahrheitsgehalt der Dichtung Homers belegt hatte, kam er 1874 nach Mykene, wo er am Plattenring A zu graben begann. Als er eine goldene Totenmaske fand, die die Haut auf einem königlichen Schädel konserviert hatte, rief er: »Ich habe das Antlitz Agamemnons erblickt!« Inzwischen haben Archäologen die Maske datiert; sie ist 300 Jahre älter als alle trojanischen Krieger, aber ihre Entdeckung erhärtet Homers Beschreibung des »schönen Mykene, reich an Gold«.

SCHATZHAUS DES ATREUS

Im Gegensatz zu ihren griechischen Zeitgenossen, die ihre Toten verbrannten, setzten die Mykener ihre Toten in Gräbern bei. Im Schatzhaus des Atreus wurde ein mykenischer König mit seinen Waffen sowie Speise und Trank für seine Reise durch die Unterwelt begraben.

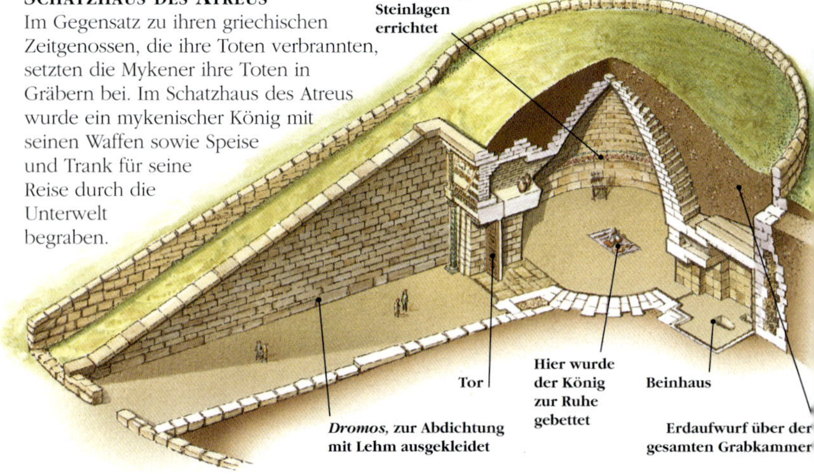

Antikes Tiryns ⑯
Τίρυνθα

4 km nordwestlich von Náfplio, Peloponnes. **Straßenkarte** C4. 27520 22657. *tägl. 8.30–15 Uhr.*

DIE BURG VON Tiryns aus dem 13. Jahrhundert v.Chr. bestätigt mit ihrem mächtigen Gemäuer die Beschreibung Homers. Die 700 Meter lange und bis zu acht Meter dicke, »kyklopische« Ringmauer (nach den Riesen benannt, denen man zutraute, die immensen Steine zu bewegen) hatte die doppelte Höhe der Ruinen. Die Anlage mußte stabiler sein als die von Mykene, da das Gelände nicht

Überreste der kyklopischen Ringmauer, Tiryns

viel Schutz bot. Der Felsen, auf dem sie stand, war nur 18 Meter höher als die ihn umgebende Ebene, damals ein Salzsumpf.

Eine schräge, mit scharfen Kehren ausgestattete Rampe im Osten ermöglichte den Angriff auf die ungeschützte Flanke des Feindes. Sie führt bis an das massive Mitteltor, dessen Sturz schon lange fehlt. An der Südseite, unterhalb des verschwundenen inneren Tores, sind die Wände einer Galerie von den Fellen der Schafe glattpoliert, die über Jahrhunderte hier Schutz suchten. Eine steinerne, vollkommen erhaltene Treppe führt zwischen innerer und äußerer Mauer zur Westpforte. Die nördliche Unterburg, die einerseits dem Schutz der Gemeinen und des Viehs und andererseits auch der Wasserversorgung diente, wurde zuletzt gebaut.

UMGEBUNG: Im Friedhof von **Agía Triáda**, einem Dorf fünf Kilometer nördlich von Tiryns, erhebt sich der byzantinische Bau der Kirche der Panagías (frühes 13. Jh.). Die Wände bestehen bis auf Schulterhöhe aus antikem Mauerwerk. Darüber haben die Erbauer an der Südostecke eine ganze klassische *Grabstele* vermauert.

Das **Argive Heraion**, weiter nördlich, war das religiöse Zentrum im archaischen und klassischen Argolid. Die beeindruckendsten Überreste gehören zu einem Tempel aus dem 5. Jahrhundert v.Chr. Seitlich des Tempels, der die Priesterinnen der Hera und eine Elfenbein-Gold-Statue der Göttin beherbergte, gab es Stoen, wie die verbliebenen Säulenstümpfe zeigen. Auf dem Felsvorsprung darüber schworen die Achaier-Fürsten Agamemnon die Treue, bevor sie nach Troja segelten. Westlich davon, mit erhaltener Ablaufrinne, steht das »Peristyl«, wohin man zu Symposien lud.

Argive Heraion
10 km nördlich von Tiryns.
tägl. 8.30–15 Uhr.

Náfplio ⑰

Siehe S. 182f.

Epidaurus ⑱

Siehe S. 184f.

Turm des Theseus, antikes Troezen

Antikes Troezen ⑲
Τροιζήνα

60 km östlich von Náfplio, Peloponnes. **Straßenkarte** D4. *uneingeschränkter Zugang.*

NAHE DEM heutigen Dorf Troizína findet man die spärlichen Ruinen des antiken Troezen, der legendären Geburtsstätte des Helden Theseus und des Schauplatzes von Euripides' Inzesttragödie *Hippolytos*. Überreste aus vielen Epochen liegen weit verstreut, am auffälligsten sind drei byzantinische Kapellen, als *Episkopí* bekannt, aus der Zeit, als hier der Sitz des Bischofs von Damála war. Die Stadt wurde auf den Felsen erbaut, von Schluchten eingeschlossen. Wandert man in die westliche Schlucht, trifft man nach einer halben Stunde auf einen Felsbogen, der sie überspannt, den »Teufelsbogen«. Am Ende der Schlucht steht der »Theseus-Turm«, unten hellenistisch, oben mittelalterlich.

Grundmauern des Argive Heraion im Morgengrauen

Náfplio ⓱

Ναύπλιο

MIT SEINEM MARMORPFLASTER, den Burgen und der erstaunlich homogenen Architektur ist Náfplio die eleganteste Stadt des griechischen Festlands. Aus dem Nichts aufgetaucht, mußte sie in den Kämpfen zwischen Türken und Venezianern um die Häfen des Peloponnes vielen Belagerungen standhalten. Das alte Viertel im Westen stammt großenteils aus der zweiten venezianischen Besatzungszeit (1686–1715). Die Stadt war 1829–34 die erste Hauptstadt des befreiten Griechenlands.

Blick über Náfplio von der Treppe zur Palamídi-Festung

Überblick: Náfplio

An der Nordküste einer Halbinsel des Golfs von Argolid liegt Náfplio, gesichert im Norden durch die Festungen Akronafplía und Palamídi und im Süden durch die Burg Boúrtzi. Die **Plateía Syntágmatos** ist seit der venezianischen Periode Mittelpunkt des öffentlichen Lebens und sieht noch immer fast so aus wie vor 300 Jahren, als die siegreichen Osmanen hier mehrere Moscheen errichteten. Die an der Ostseite des Platzes ist heute ein Kino. In der südlichen Vouleftikó-Moschee trat das griechische Parlament *(Voulí)* zum ersten Mal zusammen. Die Kathedrale **Agios Geórgios** wurde während der ersten Besetzung durch die Osmanen (1540–1686) als Moschee erbaut. In der **katholischen Kirche** nahe dem Gipfel des Potamianoú, einer ebenfalls konvertierten Moschee, steht ein Denkmal für gefallene Philhellenen, darunter ein Neffe George Washingtons. Aus der Zeit der zweiten türkischen Besetzung (1715–1825) gibt es noch vier Brunnen; bekannt ist vor allem der gegenüber **Agios Spyrídon** auf dem Kapodistríou. Wenig entfernt wurde Präsident Kapodístrias am 9. Oktober 1831 ermordet. Nicht ganz so kunstvolle osmanische Brunnen gibt es an der Treppe von Tersétou Nr. 9 und an der Ecke Potamiánou und Kapodistríou.

Präsident Kapodístrias

Archäologisches Museum

Plateía Syntágmatos. ☎ 27520 27502. ◯ Di–So 8.30–14.30 Uhr. ● Feiertage.

Die Exponate in diesem venezianischen Lagerhaus sind meist prämykenischen Ursprungs und stammen von verschiedenen Grabungsstätten, unter anderem aus Tiryns *(siehe S. 181)*. Bemerkenswert sind ein jungsteinzeitlicher *Thylastro* (Säuglingsflasche), eine späthelladische Oktopus-Vase und eine mykenische Bronzerüstung. Seltsam sind weibliche Votivfiguren aus Mykene (2300–2000 v. Chr.) von bis zu einem Drittel Lebensgröße. Sie konnten an Haken aufgehängt werden wie orthodoxe Votivtafeln.

Volkskunstmuseum

Vas. Alexandron 1. ☎ 27520 28379. ◯ Mi–Mo 9–15 Uhr.

Das preisgekrönte, von der Volkskunst-Stiftung des Peloponnes eingerichtete Museum ist dem Textilhandwerk gewidmet. Im Erdgeschoß werden Anbau bzw. Haltung von Fasern produzierenden Pflanzen und Tieren sowie Techniken wie Spinnen und Weben einschließlich der Produkte vorgestellt. Oben sind lokale Trachten und ein Geschenkeladen untergebracht. Die Exponate werden wegen Platzmangels öfters ausgetauscht.

Boúrtzi

Nordwestl. des Hafens. ℹ Xenia Pallás Hotel, Akronafplía (27520 28981).

Das Erscheinungsbild der Inselfestung geht auf die zweite venezianische Besatzungszeit zurück. Bis 1930 wohnte hier der Scharfrichter. Die Festung verteidigte die

Die Inselfestung Boúrtzi nördlich des Hafens von Náfplio

einzige Fahrrinne in die Bucht. Sie wurde mit einer Kette zwischen Festung und Stadt geschlossen.

Die Festung Palamídi, von Boúrtzi aus gesehen

Akronafplía

Westlich von Palamídi.
uneingeschränkter Zugang.

Akronafplía oder Its Kale (türkisch für »Innere Burg«) auf dem Gelände der byzantinischen und frühmittelalterlichen Stadt besitzt vier venezianische Burgen. Interessantestes Relikt ist das venezianische Relief des St.-Markus-Löwen über dem Tor (15. Jh.) oberhalb der katholischen Kirche. Die »Griechenburg«, die westlichste, war die antike Akropolis von Náfplio. Hier steht heute der Uhrturm, das Wahrzeichen der Stadt.

Palamídi

Polyzoïdou. *27520 28036.*
tägl. *Feiertage.*

Palamídi, nach dem Erfinder Palamedes benannt, der hier im 13. Jahrhundert v. Chr. geboren wurde, wurde 1711–14 als venezianische Zitadelle errichtet. Sie war so konstruiert, daß sie Artilleriebeschuß standhalten konnte, fiel aber 1715 an die Osmanen und am 30. November 1822 nach 18 Monaten Kampf an die griechischen Rebellen unter Staïkos Staïkópoulos.

Der größte Festungsbau Griechenlands besteht aus sieben von einer Ringmauer umgebenen Forts, die heute nach griechischen Helden benannt sind. Für den Fall, daß Feinde einrangen, konnte man auch die eigenen Schießscharten unter Beschuß nehmen. Fort Andréas mit dem St.-Markus-Löwen über dem Tor war das Hauptquartier der Venezianer. Die Piazza d'Armi, von der aus Náfplio unten wie eine Spielzeugstadt aussieht, ist der beste Aussichtspunkt des Landes. Am Gipfel steht ein achtes, von den Osmanen erbautes Fort, das den Strand von Karathóna bewacht.

INFOBOX

Peloponnes. **Straßenkarte** C4.
12 000. *an der Ecke Polyzoïdou.* *Syngroú.*
Ikostispémptis Martíou 24 (27520 24444). *Náfplio-Kulturfestival: Juli.*

UMGEBUNG: Das Kloster **Agía Moní** (12. Jh.) liegt vier Kilometer vor Náfplio. Der achteckige Kuppelbau ruht auf vier korinthischen Säulenkapitellen. In einem Garten an der Mauer fließt noch immer die Kánathos-Quelle aus einer mit Tierreliefs geschmückten Nische. Hier war das antike Anymone, wo die Göttin Hera beim alljährlichen Bad ihre Jungfräulichkeit wiederherstellte.

Agía Moní, Detail über der Quelle

ZENTRUM VON NAFPLIO

Agios Geórgios ④
Agios Spyrídon ⑤
Akronafplía ⑦
Archäologisches Museum ①
Katholische Kirche ⑥
Plateía Syntágmatos ②
Volkskunstmuseum ③

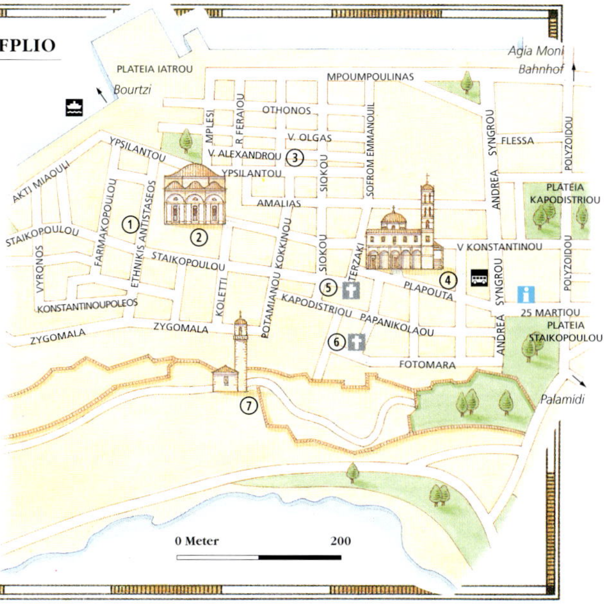

LEGENDE

Busbahnhof
Fähre
Information
Kirche
Festungsanlagen

Epidaurus ⓲

Επίδαυρος

EPIDAURUS, ein Heiligtum des Asklepios, des Gottes der Heilkunst, ist vor allem wegen seines Theaters bekannt, wurde aber hauptsächlich von Heilungssuchenden und aus religiösen Gründen aufgesucht. Asklepios war ein Arzt, den Zeus nach seinem Tode zum Gott erhob, weil er einen Patienten aus der Unterwelt zurückgeholt hatte. In seinem Tempel wurde er mit einem Stab und mit Hund und Schlange an seiner Seite dargestellt. Die Kultstätte wurde vom 6. Jahrhundert v.Chr. bis mindestens zum 2. Jahrhundert n.Chr. aufgesucht.

Aufführung im Theater von Epidaurus in der Abenddämmerung

Das Theater

Das Theater, von Polykleitos dem Jüngeren im 4. Jahrhundert v.Chr. entworfen, ist für seine fast perfekte Akustik berühmt, die die Fremdenführer immer wieder vorführen. Da das Heiligtum weitab liegt, wurden die Steine nicht gestohlen, und die Restaurierung hat erst kürzlich begonnen. Die runde *Orchestra* (Bühne) ist die einzige erhaltene, der Altar aus der Mitte ist jedoch verschwunden. Die Schauspieler kamen durch zwei Seitengänge, die *Paradoi,* auf die Bühne. Die Pfeiler der monumentalen Tore wurden wiederaufgerichtet. Hinter der *Orchestra*, gegenüber dem Zuschauerraum, befinden sich die Reste der *Skene*, der großen Eingangshalle, und des *Proskenion*, das als erweiterte Bühne diente. Im Theater finden heute während der Sommermonate Theaterfestspiele des antiken Schauspiels statt.

Fundamente des *Tholos* im Asklepieion

Das Asklepieion

Ein großer Teil des Asklepieions wird derzeit ausgegraben, und viele Bereiche sind gesperrt. Die *Propylaia*, monumentales Tor und eigentlicher Eingang am Nordrand des Heiligtums, kann jedoch besichtigt werden. Erhalten sind außerdem eine Rampe und Teile des holprigen Pflasters von der Heiligen Straße, die vom Tor in die alte Küstenstadt Epidaurus führte. Am Nordwestrand steht der *Tholos*

Rekonstruktion des Theaters

Die die *Orchestra* umgebende, nach Norden offene *Cavea* (Höhle) des Theaters hat einen Durchmesser von 114 Metern und ist durch 36 Aufgänge in Blöcke aufgeteilt.

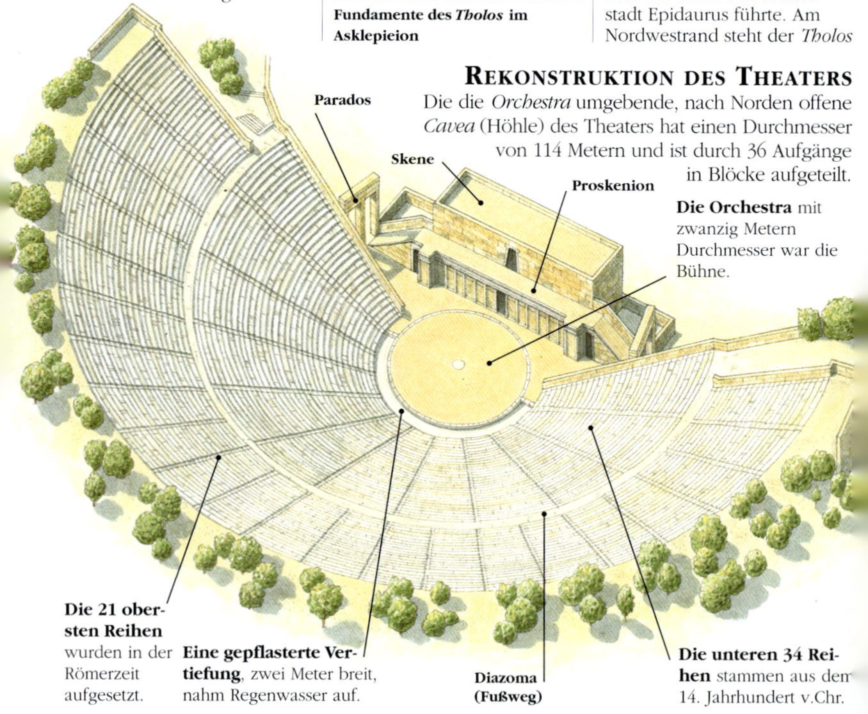

Überblick über die heutige Anlage, unten das Stadion (Westen)

(ein Rundbau, dessen Zweck unbekannt ist, ebenfalls von Polykleitos) mit konzentrischen Gängen, die wohl als heilige Schlangengrube oder vielleicht als Schauplatz der von den Priestern zelebrierten Riten dienten. Die Kranken schliefen in der *Enkoimitíria*, einem Saal nördlich des *Tholos*, wo sie auf einen diagnostischen Traum oder einen Besuch von den harmlosen Schlangen warteten. Auch heilende Mineralquellen, die neben dem Museum noch immer fließen, spielten bei der Heilung der Kranken eine Rolle. Vom Asklepios-Tempel sind nur die Fundamente östlich des *Tholos* erhalten.

Unbeschädigt blieb auch das spätklassische Stadion südlich des *Tholos* mit steinernen Zuschauerbänken und noch immer sichtbarer Startlinie. Es belebte sich alle vier Jahre bei einem Fest zu Ehren des Asklepios. Die Römer bauten in der hellenistischen Sportstätte ein Odeion, das für musikalische Wettbewerbe verwendet wurde.

INFOBOX

30 km östlich von Náfplio, Peloponnes. **Straßenkarte** C4. *27530 22009.* **Stätte u. Museum** *März–Apr tägl. 8–18 Uhr; Mai–Okt tägl. 8–19 Uhr; Nov–Feb tägl. 8–17 Uhr. 1. Jan, 25. März, Karfreitag, Ostersonntag, 1. Mai, 25., 26. Dez.* *begrenzt.*

UMGEBUNG: Das benachbarte Dorf Lygourió macht die Bedeutung der Region in byzantinischer Zeit deutlich. Drei byzantinische Kirchen stehen dort; herausragend ist **Koímisis tis Theotókou** aus dem 14. Jahrhundert mit vorzüglichen frühmittelalterlichen Fresken.

DER URSPRUNG DES GRIECHISCHEN SCHAUSPIELS

Das griechische Schauspiel entwickelte sich aus Rollenspielen beim Dionysos-Fest *(siehe S. 52)*. Es begann mit Gruppentänzen – athenische Vasen (6. Jh. v. Chr.) zeigen teils als Tiere kostümierte Gruppen. Im späten 6. Jahrhundert v. Chr. gab es die ersten Theater in Form von Gevierten (später Rundbauten) mit Sitzreihen an drei Seiten. Zum singenden und tanzenden Chor gesellten sich drei männliche Schauspieler, die alle Rollen spielten, wobei die jeweilige Figur weithin sichtbar durch eine Maske verdeutlicht wurde. Die Darstellung von Tierchören auf Vasen läßt vermuten, daß komische Stücke gespielt wurden, die ersten Schauspiele in Athen waren jedoch Tragödien, als Trilogien eines einzelnen Autors auf die Bühne gebracht *(siehe S. 57)*. Es wurden Episoden aus epischen Gedichten und aus der Mythologie dargestellt. Die Komödie taucht bei den Festen in Athen erst 480–470 v. Chr. auf. Die Aufführungen waren Massenveranstaltungen. In der römischen Periode faßte das Theater von Epidaurus 13 000 Besucher. Unklar ist noch, ob Frauen die Vorstellungen sehen durften.

Solche Masken *trugen die Schauspieler zur Charakterisierung der Figur, die sie spielten.*

Souvenir-Statuetten *wie diese Terrakotta-Figur, ein Bösewicht aus einer der späten Komödien, konnten nach der Vorstellung als Andenken erworben werden.*

Der Chor *war meist neutraler Beobachter, wandte sich aber oft direkt an die handelnden Figuren und befragte sie zu dem Sinn ihres Tuns.*

Monemvasía ⓴

Μονεμβασία

Wandgemälde, Hauptportal der Agía Sofia

DIE BEFESTIGTE Stadt, auf einem Felsen 350 Meter über dem Meer auf zwei Ebenen erbaut, trägt ihren Beinamen »Gibraltar Griechenlands« zu Recht. Monemvasía war jahrhundertelang halbautonomer Stadtstaat. Die Einwohner, 15 000 in der Blütezeit im 15. Jahrhundert, lebten vom Seehandel (und ein wenig Piraterie) sowie von der strategisch günstigen Lage am Seeweg von Italien zum Schwarzen Meer. Die Festung konnte nie gestürmt werden und fiel erst nach einer langen Belagerung *(siehe S. 188)*. Die Oberstadt ist zerstört, die Unterstadt jedoch weitgehend restauriert.

Oberstadt
Eine gestufte Straße führt in Serpentinen von der Unterstadt hinauf zum Torturm der Oberstadt (siehe S. 188).

★ Agía Sofía
Das einzige erhaltene Bauwerk der Oberstadt von Monemvasía ist diese Kirche aus dem 13. Jahrhundert (siehe S. 188).

Giánnis-Rítsos-Haus
Das Geburtshaus des Dichters und Kommunisten Giánnis Rítsos (1909–90) direkt am Tor ist durch eine Tafel und eine Büste an der Fassade gekennzeichnet.

Die Moschee
wurde als Museum für örtliche Funde, teils hervorragende Marmorarbeiten, wiederhergestellt.

Panagía Myrtidiótissa
Die Fassade dieser Kirche (18. Jh.) glänzt mit einer byzantinischen Inschrift und einem Doppeladler von einer älteren Kirche.

NICHT VERSÄUMEN

★ **Agía Sofia**

★ **Stadtmauer**

»Das Gibraltar Griechenlands«
Monemvasía wurde 375 n.Chr. durch ein Erdbeben vom Festland getrennt und blieb eine Insel, bis im 6. Jahrhundert der Damm gebaut wurde.

Infobox

Peloponnes. **Straßenkarte** C5.
800. Hauptplatz.
Géfira. 27320 61210.
Moscheemuseum:
27320 61403.
Mai–Okt Di–So 8.30–19 Uhr; Nov–Apr Di–So 8.30–15 Uhr.
Hohe Feiertage.

Agios Nikólaos, 1703 begonnen, ähnelt der Myrtidiótissa in Mauerwerk, Kreuzgrundriß und zementgedeckter Kuppel.

★ Mauern
Die Mauern aus dem 16. Jahrhundert sind 900 Meter lang und bis zu 16 Meter hoch. Große Teile des Wehrgangs sind begehbar.

Am Osttor liegt eine ehemalige Begräbnisstätte, die Lípsoma.

Panagía Chrysafítissa mit der an einer Zypresse aufgehängten Glocke.

Das Tor zum Meer erlaubte den Zugang zum Wasser, wenn das Haupttor belagert wurde.

Christós Elkómenos
Einziger Schmuck dieser im 13. Jahrhundert erbauten und 1697 wiederhergestellten Kirche mit venezianischem Glockenturm ist eine Platte mit zwei Pfauen über dem Portal.

Die Kirche Agía Sofia auf den Felsen der Oberstadt, Monemvasía

Die Belagerung von Monemvasia

Die Belagerung von Monemvasía durch die Griechen zu Beginn des Unabhängigkeitskrieges *(siehe S. 40f)* begann am 28. März 1821. Durch eine List der Griechen besaß die türkische Garnison nur geringe Lebensmittelvorräte, und der Nachschub blieb aus. Ende Juni waren Christen wie Moslems gezwungen, Katzen und Mäuse zu essen, sogar Kannibalismus kam vor. Türkische Zivilisten in der Unterstadt drangen auf Übergabe, die Soldateska in der Oberstadt weigerte sich jedoch. Auch die Belagerer schienen müde, aber eines Nachts überredete der griechische Kommandant in der Stadt drei Kuriere, zu den Revolutionstruppen auf dem Festland hinüberzuschwimmen, um sie zum Durchhalten zu bewegen. Das geschah, und am 1. August übergaben die Türken die Stadt dem griechischen Prinzen Kantakouzinós.

Die Eroberung von Monemvasía durch Prinz Kantakouzinós

Überblick: Die Oberstadt
Die Oberstadt, im 6. Jahrhundert als Fluchtburg gegen Awaren-Überfälle entstanden, ist der älteste Teil des Ortes. Die Ruinen stehen heute unter Denkmalschutz. Im Mittelalter war die heute verlassene Oberstadt der am dichtesten besiedelte Teil der Halbinsel, der letzte Bewohner ging 1911.

Ruinen der Festung von Monemvasía (13. Jh.)

An der Nordwestecke der Stadt führt ein Weg über die Felsen hinauf zu einem Tor, dessen Eisenbeschläge noch vorhanden sind. Geradeaus führt ein Trampelpfad zu der noch gut erhaltenen Kirche **Agía Sofia**. Sie wurde von Kaiser Andronikos II. (1282–1328) in Anlehnung an das Kloster Dafní *(siehe S. 152f)* bei Athen erbaut. Mit ihrer 16seitigen Kuppel ist sie am Rand der nördlichen Klippe weithin sichtbar. Das Westportal ist venezianisch, die Nische an der Südwand stammt aus der Zeit, in der die Kirche eine Moschee war. Die wenigen noch aus dem frühen 14. Jahrhundert erhaltenen Fresken sind stark verblaßt, doch immerhin bleiben *Der Alte* im Gewölbe der Hauptapsis und die *Geburt Johannes' des Täufers* im nördlichen Gewölbe noch erkennbar. Bildhauerarbeiten wie die Marmorkapitelle an den Südfenstern, auf denen mythische Ungeheuer und eine reich gekleidete Frau dargestellt sind, haben sich besser gehalten.

Im Westen liegen die Reste einer **Festung** des 13. Jahrhunderts mit den Trümmern einer Kaserne einschließlich Wachräumen und Pulvermagazin aus der venezianischen Periode. Eine große **Zisterne** erinnert an die Belagerungen, für die man große Wasservorräte speichern mußte. Feste Nahrung war das größere Problem, wie sich bei der Belagerung 1821 zeigte.

Blick von Geráki auf Agía Paraskeví

Geráki ㉑
Γεράκι

Peloponnes. **Straßenkarte** C5.
2000.

Auf einem Vorsprung des Párnonas gelegen, wirkt Geráki mit seiner **Festung** *(Kástro)* oberhalb der mit Fresken geschmückten byzantinischen Kirchen an den unteren Hängen wie ein Miniatur-Mystrás. Die polygonale Burg wurde 1254/55 von dem Franken Jean de Nivelet erbaut und 1262 mit Monemvasía und Mystrás an Byzanz übergeben. Das dritte Schiff und der Narthex, beide nach 1262 hinzugekommen, machen **Agios Geórgios** innerhalb der Festung zu einem franko-byzantinischen Zwitter mit Marmor-Ikonostase und Fresken.

Unterhalb des Westtores liegt **Zoödóchou Pigís** (13. Jh.) mit erhaltenem gotischem Portal und Südfenster sowie jüngeren Fresken im Inneren, u.a. *Christus auf dem Weg nach Golgatha*.

Sehenswert sind die *Geburt Jesu* im Kreuzgewölbe und das Bild der Stifterfamilie an der Westwand der **Agía Paraskeví** (14. Jh.) am Fuße des Hügels.

Umgebung: In **Geráki**, ein paar Autominuten westlich, stehen vier weitere Kirchen. Agios Athanásios (12. Jh.) und Agios Sózon (13. Jh.) besitzen beide hohe Kuppeln auf vier Pfeilern über einem Vierkonchenquadrat-Grundriß. In Stein gehauene Marktedikte des Kaisers Diokletian rahmen das Portal von Agios Ioánnis Chrysóstomos (14. Jh.), mit Tonnengewölbe und Szenen aus dem Leben Jesu. In der Kuppel von Evangelístria prangt ein Pantokrátor-Fresko.

Das Leben im antiken Sparta

Sparta gewann um 700 v.Chr. an Bedeutung und wurde einer der mächtigsten Stadtstaaten. Diese Macht gründete sich auf strenge soziale und militärische Disziplin und auf Fremdenhaß, was schließlich zum Untergang Spartas führte, da es keine Verbündeten hatte. Die »Stadt« bestand aus fünf Dörfern, in denen die Männer in ständiger Kriegsbereitschaft zusammenlebten. Die Krieger wurden mit sieben Jahren ausgewählt und ausgebildet. Es gab im Heiligtum der Artemis Orthia Prügelwettkämpfe, die Kleinen waren die Opfer. Sparta konnte ein stehendes Heer unterhalten, weil es das benachbarte Messenia erobert und versklavt hatte. Diese Sklaven lieferten alle nötigen Nahrungsmittel. Sparta führte die griechischen Streitkräfte gegen die Perser an, büßte jedoch nach der Niederlage bei Theben 371 v.Chr. seine Macht ein.

Spartanischer Krieger, Bronze (5. Jh. v.Chr.)

Frauenkopf von der Akropolis in Spárti, Ton (7. Jh. v.Chr.)

Spárti ㉒
Σπάρτη

Peloponnes. **Straßenkarte** C5.
20 000. *Rathaus, Plateia Kentrikí (27310 26516).*

Aus der Blütezeit Spartas, einst der mächtigste Stadtstaat Griechenlands und doch unbefestigt, gibt es wenige Ruinen. Die Akropolis liegt 700 Meter westlich des heutigen Zentrums. Am Westrand der Akropolis befindet sich die Grube des römischen Theaters, dessen Mauer zum Bau von Mystrás verwendet wurde. Östlich davon steht die Säulenhalle mit den Arkaden, die einst Läden beherbergten. Vom Heiligtum der Artemis Orthia im Osten der Stadt, wo junge Spartaner dazu gezwungen wurden ihre Männlichkeit unter Beweis zu stellen, sind nur ein paar Sitze geblieben. Die interessantesten Funde befinden sich im **Archäologischen Museum**. Glanzstücke sind die römischen Mosaiken aus dem 4. und 5. Jahrhundert, darunter Arion auf dem Delphin, Achill in der Tracht der Frauen von Skyros und ein Porträt des Alkibiades. Der Marmorkopf eines Kriegers, vielleicht Leonidas I. *(siehe S. 224)*, stammt von der Akropolis, die Basreliefs von Schlangengöttern aus der Unterwelt von einem Apollo-Heiligtum in Amyklés, acht Kilometer südlich von Spárti. Die Keramikmasken sind kleinere Nachbildungen derer, die bei Tänzen im Artemis-Orthia-Heiligtum benutzt wurden.

Archäologisches Museum

Agíou Níkonos 71. *27310 28575.*
Di–So 8.30–15 Uhr. *Feiertage.*

Mystrás ㉓

Μυστράς

Marmortafel mit Doppeladler, Mitrópolis

DAS MAJESTÄTISCHE MYSTRÁS liegt auf einem Vorsprung im rauhen Taÿgetos-Gebirge. 1249 von den Franken an der Stelle des mittelalterlichen Spárti gegründet, fiel es bald an Byzanz und wuchs auf 20 000 Einwohner, bis es nach 1348 Sitz der Despoten von Morea wurde. Unter deren fast unumschränkter Herrschaft war es im 15. Jahrhundert zu einem der letzten wichtigen Zentren der byzantinischen Kultur geworden und zog Gelehrte und Künstler aus Italien, Serbien und Konstantinopel an. Der Schmuck der Kirchen von Mystrás mit seinen pastellfarbenen, detailfreudigen Fresken zeigt den Einfluß der italienischen Renaissance.

INFOBOX

5 km westlich von Spárti, Peloponnes. **Straßenkarte** C5. *27310 83377. bis Néos Mystrás. Mai–Sep tägl. 8–19 Uhr; Okt–Apr tägl. 8.30–15 Uhr. 1. Jan, 25. März, Karfreitag, Ostersonntag, 1. Mai, 25., 26. Dez.*

PLAN VON MYSTRAS

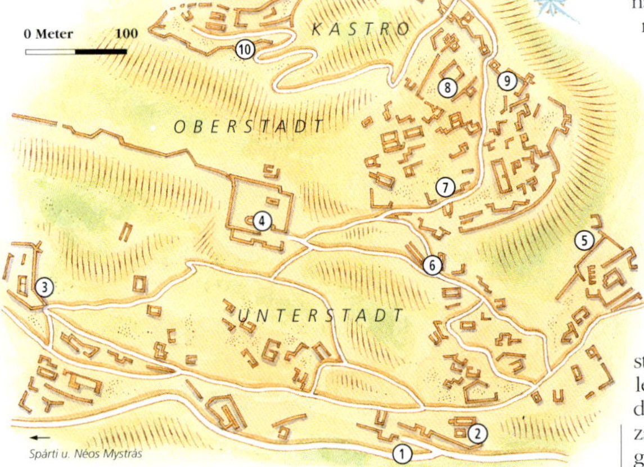

LEGENDE

① Eingang zur Unterstadt
② Mitrópolis
③ Moní Perivléptou
④ Moní Pantánassas
⑤ Vrontóchion
⑥ Monemvasía-Tor
⑦ Despotenpalast
⑧ Agía Sofía
⑨ Eingang zur Oberstadt
⑩ Kástro

Überblick: Mystrás

Die Ruinen von Mystrás bestehen aus der Ober- und der Unterstadt mit dem Monemvasía-Tor dazwischen. Man betritt das Gelände bei der Burg an der höchsten Stelle der Oberstadt oder von der untersten Stelle der Unterstadt aus. Für die Klöster, Kirchen, Paläste und Häuser sollte man sich einen halben Tag Zeit nehmen. Die Nordwest-Südost-Ausrichtung der Kirchen ist durch das steile Gelände bedingt.

Mitrópolis

Mitrópolis am unteren Eingang der Stadt ist die älteste der Kirchen. Man erreicht sie über zwei Höfe. Wie viele andere Kathedralen auf dem Balkan besaß sie 1291 zunächst ein Mittelschiff mit Tonnengewölbe und zwei Seitenschiffe. Die Kuppeln kamen im 15. Jahrhundert dazu – ein mißglückter Versuch, die Architektur von Pantánassas und Afentikó nachzuahmen. Die Fresken, meist frühes 14. Jahrhundert, zeigen das Martyrium des Schutzheiligen (Agios Dimítrios) im Nordostgewölbe, die Wunder Jesu gleich daneben, beginnend mit der *Heilung der Leprösen*, und im südwestlichen Seitenschiff Szenen wie die *Hochzeit von Kana*. Im Narthex bewundert man die von Engeln umrahmte *Thronbereitung für die Wiederkunft Jesu*, ein Thema, das sich in der Sakristei wiederholt. Ein Doppeladler kennzeichnet die Stelle, an der der letzte Kaiser von Byzanz, Konstantínos Palaiológos, 1449 gekrönt wurde.

Moní Perivléptou

Die dreischiffige Kirche des Klosters Perivléptou (14. Jh.) steht hart an der Felswand. In der kleinen Kuppel sieht man auf einem Fresko den Pantokrátor, neben ihm die Jungfrau und die Propheten, nach ihrer Bedeutung angeordnet. Die Fresken des 14. Jahrhunderts, die vollkommensten von Mystrás, behandeln die zwölf wichtigsten Kirchenfeste, darunter die *Geburt* und die *Taufe Jesu* im südlichen Gewölbe, die *Verklärung Jesu* und den *Einzug in Jerusalem* samt spielenden Kindern im Westschiff sowie den *Ungläubigen Thomas* und das *Pfingstereignis* im Nordgewölbe über dem Eingang.

Geburt Jesu **(14. Jh.), Fresko im Südgewölbe von Moní Perivléptou**

◁ ***Heilung des Lahmen***, **Fresko, Moní Pantánassas, Mystrás**

Hügel mit den Ruinen des byzantinischen Mystrás

Moní Pantánassas

Pantánassas (um 1428) ist die jüngste Kirche von Mystrás. Mit den geschmückten Apsiden und den Ziegelmauern und Arkaden des Glockenturms ist sie ein eklektisches Experiment, eine Nachahmung von Afentikó im Vrontóchion. Die höchsten Fresken (1430), insbesondere die *Erweckung des Lazarus* im Nordostgewölbe, sind hervorragend. In der *Geburt Jesu* und der *Verkündigung* sind Tiere zu sehen. Eine *Höllenfahrt* im Südostschiff zeigt Christus, der Adam und Eva aus ihren Särgen erhebt, und an der Wand gegenüber sieht man den *Einzug in Jerusalem*.

Vrontóchion

Der im 13. Jahrhundert unter Abt Pachómios erbaute Klosterkomplex war das kulturelle Zentrum des mittelalterlichen Mystrás, und im 15. Jahrhundert lehrte hier der Neuplatoniker Geórgios Gemistós oder Plethon (1355–1452). Die ältere der beiden Kirchen, Agioi Theódoroi (1295), besitzt die größte Kuppel von Mystrás, die auf acht Bogen ruht. Nur wenige Fresken sind erhalten. Die Emporen und die Kapellen an der Nordseite der verzierten Afentikó (oder Panagía Odigítria, 14. Jh.) mit den sechs Kuppeln sind gesperrt, aber in der Kuppel der West-empore sind eine *Betende Jungfrau* und *Propheten* und im Südgewölbe eine *Taufe Jesu* mit Wasserungeheuern zu sehen. Über dem Altar gestikulieren Apostel in Richtung der Aura Jesu in der *Auferstehung*. Die am besten erhaltenen Fresken findet man in der nördlichen Apsis des Narthex.

fendikó, Kirche im Kloster Vrontóchion

Despotenpalast

Der zweiflügelige Palast wird derzeit rekonstruiert. Der Nordostflügel wurde von den Franken begonnen. Der nordwestliche Saal, nach 1348 erbaut, einer der seltenen byzantinischen Profanbauten, enthält den Thronsaal der Herrscher von Cantacuzene und Palaiológos. Der Platz wurde unter den Despoten für öffentliche Veranstaltungen genutzt, unter den Osmanen war er Marktplatz.

Blick von Süden auf die Ruinen des Despotenpalastes

Kástro

Man erreicht die an den Süd- und Westseiten von steilen Schluchten begrenzte Festung *(Kástro)*, den höchsten Punkt der Oberstadt, vom oberen Eingang, oberhalb der Agía Sofía. Das fränkische Aussehen, das der Erbauer Guillaume de Villehardouin ihr 1249 gab, ist trotz größerer Umbauten durch Byzantiner und Türken erhalten geblieben. Zwei Höfe sind von einem doppelten Mauerring umgeben, den man, mit Panoramablick über die Unterstadt, fast ganz umwandern kann.

Hier hatte Goethe im zweiten Teil seiner Tragödie das Zusammentreffen von Faust und der nach 3000 Jahren wiederbelebten Trojanerin Helena angesiedelt.

Äußere Máni ㉔

Έξω Μάνη

DIE KARGE, entlegene Region Máni war die letzte in Griechenland, die sich zum Christentum bekehrte. Das geschah im 9. Jahrhundert mit einer Begeisterung, die sich noch heute in Dutzenden byzantinischer Kapellen manifestiert. Das Gebiet war gegen Eindringlinge gut geschützt, aber innere Fehden führten zum Bau zahlreicher Turmhäuser. Eine Schlucht trennt bei Oítylo die Tiefe Máni im Süden *(siehe S. 198f)* vom fruchtbareren Teil der Äußeren oder Messenianischen Máni, die zu den reizvollsten Gegenden am Mittelmeer gehört.

INFOBOX

Peloponnes. **Straßenkarte** C5. Kalamáta.

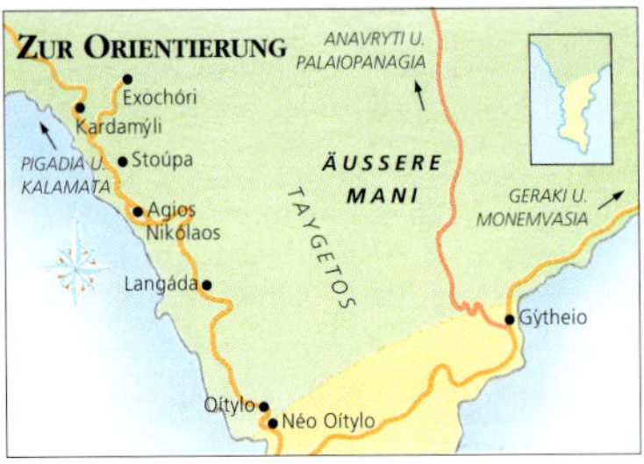

Oítylo

Das Dorf Oítylo (sprich Aitilo) im Verwaltungsbezirk Lakonía gehört traditionell zur Äußeren Máni. Von hier hat man einen Rundblick über die Bucht von Limeníou und über die Schlucht, die seit jeher als die Grenze zwischen Tiefer und Äußerer Máni gilt, bis hin zur Burg Kelefá *(siehe S. 198)*. Die relativ gute Wasserversorgung erzeugt üppigen Pflanzenwuchs, Zypressen und Obstbäume in der Umgebung des Dorfes. Oítylo hat, im Gegensatz zu den meisten Dörfern der Máni, keine wirtschaftlichen Sorgen. Unter den vielen hübschen Häusern finden sich auch Herrenhäuser aus dem 19. Jahrhundert. Das Dorf war vom 16. bis zum 18. Jahrhundert die Hauptstadt der Máni und der übelste Sklavenmarkt in der Gegend. Man verkaufte Venezianer an Türken und Türken an Venezianer. Eine Tafel auf dem Dorfplatz erinnert an die Flucht von 730 Oítyloten vom Klan der Stefanópoulos 1675 nach Korsika. Vor den Türken fliehend, wurde den Oítyloten von den Genuesern die Durchfahrt gewährt, und sie gründeten auf Korsika die Dörfer Paomia und Cargèse. Es gibt deshalb Theorien, die Napoleon maniotische Wurzeln zuschreiben.

Blick auf Oítylo mit der Burg Kelefá

UMGEBUNG: An der Südwestseite von Oítylo führt ein Weg hinunter zu einer Oase und zum **Moní Dekoúlou**. Die Kirche (18. Jh.) besitzt ein reich verziertes *Témblon* (hölzerne Ikonostase) und lebhafte Fresken in Originalfarben, die durch die Dunkelheit erhalten blieben. Leider braucht man nun eine Taschenlampe, um sie zu bewundern. Das Kloster ist nur abends oder nach Vereinbarung mit den dort lebenden Verwaltern zu besichtigen. Das Dorf **Néo Oítylo** liegt vier Kilometer südlich des Klosters. Es verfügt über einen ruhigen Kiesstrand mit herrlicher Aussicht.

DIE FEHDEN DER MANIOTEN

Pétros Mavromichális

Bis zum 15. Jahrhundert hatten sich mehrere byzantinische Familien in die Máni geflüchtet, aus denen eine Nyklianer genannte Adelsschicht hervorging. Da der Boden nur wenig abwarf, befehdeten sich die Klans ständig untereinander. Jedoch hatten nur die Nyklianer das Recht, die Steintürme zu errichten, die bald fast jedes Dorf der Máni überragten. Die Blutsfehden konnten Jahre dauern. Die Mitglieder der Klans beschossen einander von den Türmen aus, die sie immer höher bauten, um Felsbrocken auf gegnerische Dächer schleudern zu können. Die Feindseligkeiten endeten nur mit der Ausrottung oder Unterwerfung der Unterlegenen. Die einflußreichsten Klans waren die Mavromichális in Areópoli, die Grigorákis in Gýtheio und die Troupákis in Kardamýli. Ihre Mitglieder rühmten sich, nie einer fremden Macht unterlegen zu sein. Die Osmanen sahen klugerweise davon ab, die Máni unmittelbar zu regieren. Sie schürten im stillen die Fehden zwischen den Klans. Und sie ernannten einen Führer der Nyklianer zum Bey (Landesherrn), der den Sultan dort vertrat. Unter dem letzten Bey, Pétros Mavromichális, schlossen sich die Klans zusammen und trugen so zum Ausbruch des griechischen Unabhängigkeitskrieges am 17. März 1821 bei *(siehe S. 40f)*.

Das Südfenster von Agios Spyrídon, von Marmorreliefs umrahmt

Kardamýli

Hier war der Sitz der Familie Troupákis, die mit den Mavromichális rivalisierte. Erstere wurden wegen ihrer Zähigkeit auch Moúrtzinos (Bulldoggen) genannt und behaupteten, von der byzantinischen Kaiserdynastie der Palaiológon abzustammen. Die Haupteinnahmequelle von Kardamýli war Olivenöl *(siehe S. 283)*, heute ist es der Tourismus.

Auf der antiken und mittelalterlichen Akropolis befinden sich mykenische Doppelkammergräber, und entlang der Kirche **Agios Spyrídon** aus dem 18. Jahrhundert, ebenfalls auf dem Gelände, reihen sich Turmbauten der Troupákis. Die Kirche, aus geplünderten hellenistischen Steinen erbaut, besitzt einen vierstöckigen Glockenturm. Ihr Südfenster und Portal umrahmen zierliche Marmorreliefs.

UMGEBUNG: Von Kardamýli führt ein Weg flußaufwärts durch die **Vyrós-Schlucht**, wo sich zwei Klöster unter die Felsen drücken, ein zweiter führt nach Gourniés und Exochóri. Ein paar Autominuten südlich, in **Stoúpa**, liegen zwei beliebte Sandbuchten. Dies ist der Schauplatz von *Alexis Zorbas*. Der Autor Nikos Kazantzákis (1883–1957) hat hier kurze Zeit gelebt. Das Dorf **Agios Nikólaos** südlich davon umrahmt den fotogensten Hafen der Äußeren Máni. Vier Tavernen gibt es hier, und in Agios Dimítrios, drei Kilometer weiter im Süden, gibt es einen Strand.

Der Taÿgetos und die Vyrós-Schlucht

Taÿgetos

Der charakteristische Gipfel und messerscharfe Grat des 2404 Meter hohen Taÿgetos teilt die Regionen Messinía und Lakonía. Der dicht mit schwarzen Pinien und Nadelhölzern bewachsene Kalkfels ist die Wasserscheide der Region und ideal für mehrtägige Trekking-Touren für erfahrene, gut ausgerüstete Bergsteiger.

Als Ausgangsbasis eignen sich die Dörfer Anavrytí und Palaiopanagiá an der Ost- sowie Pigádia und Kardamýli an der Westseite. Es gibt mehrere Wege durch die Schluchten des Vyrós und des Ríntomo, die vom Hauptgrat nach Westen fließen. Eine nicht bewirtschaftete Hütte in Varvára-Deréki, oberhalb Palaiopanagiá, ist das beste Basislager für den Aufstieg zum Gipfel.

livenhain vor dem Kamm des Taÿgetos

Tiefe Máni ㉕

Μέσα Μάνη

Die Tiefe oder Lakonische Máni besteht aus dem »schattigen« Teil an der Westflanke und dem »sonnigen« östlichen Küstenstreifen. Ersterer ist bekannt für seine Höhlen und Kirchen, letzterer für seine Dörfer, die auf hohen Felsen über dem Meer thronen. Die goldenen Zeiten der Tiefen Máni sind vorbei *(siehe S. 194)*, die Menschen wandern ab, und nur als Urlaubsregion hat sie noch eine Zukunft. Athener Pensionäre haben die berühmten Türme *(siehe S. 20)* als Jagdhäuser für die Wachtel- und Turteltaubenjagd im Herbst restauriert.

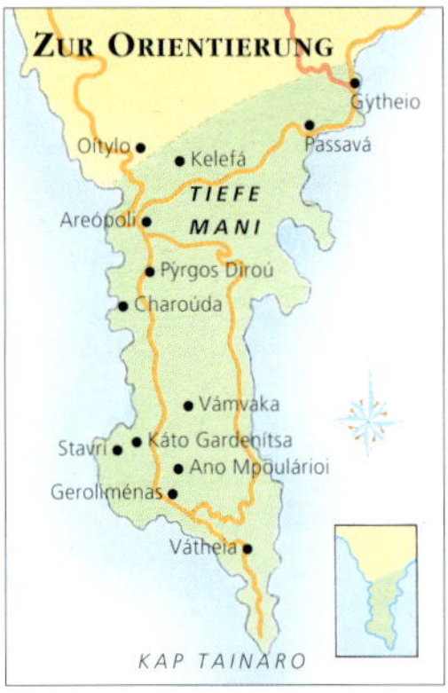

Gýtheio

Gýtheio, eine der schönsten Küstenstädte auf dem südlichen Peloponnes, ist das Tor zur Halbinsel Máni. Hier lag einst die Flotte des antiken Sparta *(siehe S. 189)*, wichtigstes Bauwerk der Antike ist jedoch ein römisches Theater im Norden. Zur Römerzeit war die Stadt durch den Export von Purpurschnecken, mit denen fürstliche Togen gefärbt wurden, reich geworden. Bis zum Zweiten Weltkrieg exportierte sie zum Lederfärben verwendete Eicheln, die Frauen und Kinder in den umliegenden Tälern sammelten.

Das Herz der Stadt ist die Plateía Mavromicháli mit den gekachelten Häusern (19. Jh.) am Kai. Morgens erlebt man hier Sonnenaufgänge über dem Golf von Lakonía, der schneebedeckte Taÿgetos liegt hinter einem niedrigen Bergrücken im Norden.

In der Bucht, mit dem Hafen durch einen Damm verbunden, liegt die Insel Marathonísi, das Kranaïs Homers, wie man annimmt. Hier haben Paris und Helena ihre erste Nacht verbracht *(siehe S. 52)*. Heute steht dort der im 18. Jahrhundert erbaute, zinnenbewehrte Tzanetbey-Grigorákis-Turm. In der Festung ist das **Máni-Museum** untergebracht. Die Exponate im Erdgeschoß stammen aus der mittelalterlichen Máni, und im Obergeschoß werden die Turmhäuser und ihr sozialer Kontext beleuchtet.

Infobox

Peloponnes. **Straßenkarte** C5. *Gýtheio.* *Areópoli.* *Vasiléos Georgíou 20, Gýtheio (27330 24484).* **Máni-Museum** Insel Marathonísi. *27330 22676.* *tägl.* **Pýrgos Diroú-Höhlen u. Museum** 12 km südlich von Areópoli. FAX *27330 52223.* *Di–So 8–15 Uhr.*

Umgebung: Zwölf Kilometer südwestlich errichtete der fränkische Neuilly-Klan 1254 die **Burg Passavá** zur Sicherung eines Weges von Kelefá nach Oítylo. Der Name ist aus *Passe-avant*, dem Motto des Klans, entstanden. Heute steht an der Stelle ein türkischer Bau (18. Jh.). Die Türken verließen die Burg 1780, nachdem Tzanetbey Grigorákis dort 1000 muslimische Dorfbewohner umgebracht hatte, um den Mord an seinem Onkel zu rächen. Die Ruinen erreicht man am besten von Südwesten.

Areópoli

Mavromichális *(siehe S. 194)* Stützpunkt Tsímova heißt wegen seiner Rolle im Unabhängigkeitskrieg *(siehe S. 40)* Areópoli, »Stadt des Ares« (Kriegsgott). Hier hatte Pétros Mavromichális den Aufstand der Manioten gegen die Türken proklamiert. In der Altstadt sind zwei Kirchen aus dem 18. Jahrhundert zu sehen: **Taxiarchón**, mit dem höchsten Glockenturm der Máni und Reliefs von Tierkreiszeichen in der Apsis, und **Agios Ioánnis**, die mit Fresken geschmückte Kapelle der Mavromicháli.

Umgebung: Westlich von Passavá und zehn Kilometer nördlich von Areópoli steht die osmanische **Feste Kelefá**. Sie wurde 1670 zum Schutz der Buchten von Oítylo und Liméni und gegen die bevorstehende Invasion der Venezianer errichtet

Häuser aus dem 19. Jahrhundert am Hafen von Gýtheio

◁ **Halbverfallene Turmhäuser in Vátheia, dem architektonischen Juwel der Máni** *(siehe S. 38)*. Die Bastionen des fünfeckigen Mauerrings sind erhalten. Man erreicht sie über Fußwege von Areópoli und Oítylo *(siehe S. 194)*.

Höhlen von Pýrgos Diroú
Die Höhlen zählen zu den größten und farbigsten in Griechenland. Im Sommer steht man Schlange, um in einem Boot 30 Minuten über den unterirdischen Fluß zu fahren, auf dem sich in der Glyfáda-Höhle herabhängende Stalaktiten spiegeln. 15 Minuten dauert der Fußweg zum Ausgang. Die Alepótrypa-Höhle daneben, trockener, aber derzeit gesperrt, bietet spektakuläre Wasserfälle und einen See. Bis ein Erdbeben den Eingang verschloß, war sie von Steinzeitmenschen bewohnt. Ein **Museum** dokumentiert deren Leben und Sterben.

Die Schattige Küste
Zwischen Pýrgos Diroú und Geroliménas liegen die 17 Kilometer der sogenannten Schattigen Küste, einer einst besonders dicht besiedelten Region der Máni und bekannt für die zahlreichen, zwischen dem 10. und 14. Jahrhundert erbauten byzantinischen Kirchen. Ruinen der Turmhäuser der Manioten sind auch noch zu finden.

Zu den schönsten Kirchen gehört **Taxiarchón** in Charoúda aus dem 11. Jahrhundert mit Fresken aus dem 18. Jahrhundert. Weiter südlich, in Vámvaka, steht **Agios Theódoros**, deren Kuppel von geschnitzten Balken getragen wird. Den Marmorsturz zieren Vögel mit Trauben in den Schnäbeln. Káto Gardenítsa schmückt sich mit **Agía Soteíra** (12. Jh.) mit freskierter Ikonostase und Kuppelnarthex; **Episkopí**, ebenfalls 12. Jahrhundert, nahe Stavrí, besitzt einen vollständigen Freskenzyklus (18. Jh.).

Bei Ano Mpoulárioi bietet **Agios Panteleímon** die ältesten und naivsten Fresken der Máni (10. Jh.). Im Dorf steht **Agios Stratigós** mit Fresken des 12. und 13. Jahrhunderts, von denen die *Wunder Jesu* sehenswert sind.

Zehn Kilometer östlich von Geroliménas ist das mit Turmhäusern gespickte **Vátheia** eines der exponiertesten der Dörfer. Hoch über dem Meer am Kap Taínaro bietet es ein Paradestück der örtlichen Baugeschichte.

Eckturm der osmanischen Burg Kelefá bei Areópoli

Die Turmhäuser von Vátheia

Koróni ㉖

Κορώνη

Peloponnes. **Straßenkarte** C5.
1400.

KORONI WAR (wie Methóni) ein »Auge Venedigs«. Die Stadt überblickt die Wasserstraßen von der Adria nach Kreta. Sie liegt unterhalb einer ab 1206 erbauten venezianischen Burg, deren Mauern das Kloster **Timíou Prodrómou** mit seinen sehenswerten Zellen und Kapellen schützen. Am Tor des Klosters steht eine byzantinische Kapelle, daneben liegen die Fundamente eines Artemis-Tempels.

Die Stadt mit ihren Stufenstraßen, den zierlichen, schmiedeeisernen Balkonen, den Fensterläden und den Ziegel-»Schnäbeln« auf gewellten Dächern wurde 1830 gegründet und hat sich kaum verändert. Nur am Hafen hat man sich auf Touristen eingestellt.

Die Schlacht bei Navarino

Dieses Seegefecht, das den Unabhängigkeitskrieg entschied *(siehe S. 40f)*, fand am 20. Oktober 1827 statt. Der Sieg der französischen, russischen und englischen Alliierten über die osmanische Flotte machte des Sultans Ablehnung eines Waffenstillstands gegenstandslos. Die 27 Schiffe der alliierten Flotte liefen unter dem Kommando der Admiräle Codrington, de Rigny und Heyden in die Bucht von Navarino ein, wo die 89 Galeeren des Ibrahim Pascha vor Anker lagen. Die schwächeren Alliierten beabsichtigten nur, Ibrahim zum Verlassen der Bucht zu bewegen. Als sie jedoch beschossen wurden, entbrannte eine regelrechte Schlacht, und am Abend waren drei Viertel der osmanischen Flotte gesunken – damit war die Unabhängigkeit Griechenlands besiegelt. Zu Ehren der Admiräle wurde in Pýlos ein Obelisk errichtet.

Szene aus der *Schlacht bei Navarino* von Louis Ambroise Garneray (1783–1857)

Methóni ㉗

Μεθώνη

Peloponnes. **Straßenkarte** B5.
1300.

METHONI, ein wichtiger venezianischer Hafen, kontrollierte seit 1209 das einträgliche Geschäft mit Palästina-Pilgern. Die weitläufige, an drei Seiten vom Meer umgebene **Burg** ist auf der Landseite durch einen Graben geschützt, über den die Franzosen 1828 eine Brücke bauten. Der Bau vereint venezianische, osmanische und französische Militärarchitektur. Innerhalb der Mauern liegen die Reste zweier *Hamam* (Bäder), eine venezianische Kirche, Minarettsockel und die Hauptstraße. Boúrtzi, eine befestigte Insel, liegt vor dem venezianischen Seetor.

Burg *tägl 9–19 Uhr (Winter 9–15 Uhr).*

Pýlos ㉘

Πύλος

Peloponnes. **Straßenkarte** C5.
2500.

DAS NACH DEN Awarenstämmen, die im 6. Jahrhundert hier einfielen, früher Avaríno (dann Navaríno) genannte Pýlos wirkt, ähnlich wie Methóni, eher französisch. Das öffentliche Leben beschränkt sich auf die Plateía Trión Navárchon und auf den Hafen.

Die osmanisch-venezianische Feste **Niókastro** wurde von den Franzosen nach 1828 sorgfältig wiederhergestellt. Ihre Kaserne ist heute ein Museum für die Stiche von René Puaux (1878–1938), und in den Verliesen des sechseckigen Bergfrieds ist ein Institut für Unterwasserarchäologie untergebracht. Vom Dach blickt man über den äußeren Hof auf die Bucht und die Insel Sfaktiría, den Schauplatz

Die Festungsinsel Boúrtzi vor Methóni mit dem Achteckturm aus dem 16. Jahrhundert

Die Kirche Sotíros, eine ehemalige Moschee, Pýlos

des Sieges der Athener über die Spartaner.

Die ansonsten verfallenen Ringmauern sind zwischen der imposanten Westbastion über der Bucht und dem Osttor noch begehbar. Nur die Kirche **Sotíras**, eine ehemalige Moschee mit Kuppel und Arkaden im äußeren Hof, zeugt noch vom Mittelalter.

Niókastro

Stadtzentrum. *27230 22897.* *Apr–Okt tägl; Nov–März Di–So.* *Feiertage.* *begrenzt.*

UMGEBUNG: Bootstouren führen zu Denkmälern, die auf und um **Sfaktiría** zu Ehren der Opfer der Schlacht bei Navaríno errichtet wurden.

Die Bucht von Navaríno besitzt elf Kilometer nördlich von Pýlos ausgezeichnete Strände, besonders in der Lagune von **Voïdokoiliá**, wo Odysseus' Sohn Telemach sein Schiff verließ, um König Nestor nach seinem Vater zu befragen. Ein Weg führt die Dünen hinauf zu der großen Höhle **Spiliá tou Néstora**, die vielleicht Homers Vorbild für die Höhle war, in der Nestor und Neleos ihre Kühe hielten. Anstrengender ist der Weg nach Palaiókastro, einer alten Akropolis und franko-venezianischen Burg auf mykenischen Fundamenten.

Badewanne (13. Jh. v.Chr.) aus dem Nestor-Palast

Nestor-Palast ㉙

Ανάκτορο του Νέστορα

16 km nordöstlich von Pýlos, Peloponnes. **Straßenkarte** B5. *27630 31437.* **Stätte** *tägl.* **Museum** *Di–So.* *Feiertage.* *begrenzt.*

DER PALAST DES mykenischen Königs Nestor aus dem 13. Jahrhundert v.Chr. wurde 1939 entdeckt. 1952 begann Carl Blegen hier zu graben. Man fand Hunderte von Tafeln mit der alten Linear-B-Schrift, eine Badewanne und Ölkrüge (deren Inhalt 1200 v.Chr. den verheerenden Brand schürte). Nur hüfthohe Mauern und Säulenbasen unter einem Schutzdach deuten noch den mykenischen, zweigeschossigen Bau um einen Mittelsaal an. Das **Museum** in Chóra, zwei Kilometer von hier, zeigt Fresken aus dem Palast.

Antikes Messene ㉚

Αρχαία Μεσσήνη

34 km nordwestlich von Kalamáta, Peloponnes. **Straßenkarte** C5. *27240 51201.* **Stätte** *tägl.* *Feiertage.*

DAS ANTIKE Messene heißt heute Ithómi, benannt nach dem Berg darüber. Es ist ein interessanter Platz, an dem nach wie vor Ausgrabungen stattfinden. Die neun Kilometer lange Stadtmauer (4. Jh. v.Chr.) umschließt ein weites Gelände mit einem Zeus-Tempel und einer Akropolis im Nordosten. Das massive, doppelte Arkadische Tor an der Nordseite wird von vierkantigen Türmen flankiert.

Die Grabungszone schließt das malerische Dorf Mavrommáti ein, das sein Wasser noch immer aus dem alten Klepsydra-Brunnen inmitten des Geländes bezieht. Unterhalb des Dorfes umgibt ein Amphitheater, ein *Buleuterion* (Ratssaal), Stoen und eine monumentale Treppe die Grundmauern eines Asklepios-Tempels. Geht man von hier ein Stück bergabwärts, findet man ein gut erhaltenes Stadion.

Zwischen Dorf und Arkadischem Tor zeigt ein Museum Skulpturen und Kleinbronzen aus der Grabungsstätte.

Ruine des Arkadischen Tores mit herabgefallenem Sturz, Messene

Zentral- und Westgriechenland

Epirus · Thessalien · Sterea Ellada

Zentral- und Westgriechenland *umfassen zahlreiche weniger bekannte Gebiete des griechischen Festlands, die somit vom Tourismus kaum berührt sind. Während Epirus eine eigene und weitgehend autonome Kultur entwickelt hat, war Stereá Elláda wegen des Thermopylen-Passes und des Tempe-Tales, den Einfallrouten ins Herz Griechenlands, schon immer von strategischer Bedeutung.*

Frau aus Métsovo, nördliches Píndos-Gebirge

Die mittelthessalische Ebene bestimmt diesen Teil Griechenlands, dessen Sehenswürdigkeiten vorwiegend am Rande zu finden sind. Durch das Píndos-Gebirge isoliert, hat die im Westen gelegene Region Epirus die am stärksten ausgeprägte regionale Identität. In der Antike war sie unbedeutend, und unter den Türken behielt sie weitgehend ihre Autonomie. Ioánnina, die Hauptstadt von Epirus, ist daher eine faszinierende Mischung aus türkischer Architektur und den ortsansässigen Kunstgewerben wie dem Silberschmieden und Holzschnitzen.

Im Osten durchschneidet der Katára-Paß das Gebirge. Er wurde zu osmanischer Zeit durch die Stadt Métsovo bewacht und ermöglichte den Zugang zu den byzantinischen Meteóra-Klöstern.

In Stereá Elláda befindet sich eine der wichtigsten antiken Sehenswürdigkeiten: die Ruinen des Orakels von Delphi. Eine kurze Autostrecke davon entfernt liegt das Kloster Osios Loúkas, eines der sehenswertesten spätbyzantinischen Bauwerke, das mit einem der prächtigsten Mosaiken der Epoche verziert ist.

Während sich am Golf von Korinth viele Urlaubsorte befinden, haben sich die Städte Lamía, Arta, Tríkala und Mesolóngi (Sterbeort des Dichters Lord Byron) nur wenig dem Tourismus geöffnet. Hier kann der Besucher einen Einblick in das griechische Leben gewinnen: Märkte, Tavernen, Kirchgänge und Abend-*vólta*.

Megálo Pápigko, eines der vielen abgelegenen Dörfer von Zagória in Epirus

◁ Das byzantinische Kloster Osios Loúkas mit Glockenturm im Vordergrund

Überblick: Zentral- und Westgriechenland

Das gesamte Gebiet Zentral- und Westgriechenlands reicht von Attika im Süden bis nach Makedonien im Norden. Es bietet von allem etwas: von herrlichen Stränden bis zu ehrwürdigen Städten wie Ioánnina und Métsovo mit ihren Handwerkerzünften und ihrem osmanischen Erbe. Im Pílio-Gebirge sind reizvolle Landschaften und Strände vereint. Auf keinen Fall versäumen sollte man die beiden Hauptattraktionen: das antike Delphi, Sitz des Orakels von Apollon, und die byzantinische Pracht der Metéora-Klöster. Wer zu Fuß unterwegs ist, sollte sich im Norden die Víkos-Schlucht und das Píndos-Gebirge mit einigen der höchsten Berge Griechenlands nicht entgehen lassen. Hier gibt es im Frühling eine reiche Fauna und Flora. Für Naturliebhaber sind das Sumpfgebiet um Mesolóngi und der Ambrakische Golf bei Arta zu empfehlen.

Legende

- Schnellstraße
- Hauptstraße
- Nebenstraße
- Panoramastraße
- Fluß
- Aussichtspunkt

Agíou Nikoláou, eines der Metéora-Klöster

Sehenswürdigkeiten auf einen Blick

Antikes Delphi S. 228 ff 19
Arta 10
Dodóni 6
Golf von Korinth 20
Ioánnina 5
Kassópi 8
Kloster Osios Loúkas S. 222 f 16
Lamía u. Thermopylae 18
Mesolóngi 21
Metéora S. 216 f 11
Métsovo 4
Parnassus 17
Párga 7
Pílio S. 218 ff 14
Píndos-Gebirge 1
Préveza 9
Theben 15
Tríkala 12
Tempe-Tal 13
Zagória 2

Tour

Víkos-Schlucht 3

Dorische Säulen des Apollontempels, Delphi

ZUR ORIENTIERUNG

UNTERWEGS IN ZENTRAL- UND WESTGRIECHENLAND

Es gibt Inlandflughäfen in Préveza, Larisa und Ioánnina, wobei in Préveza im Sommer auch Charterflüge aus Europa ankommen. Inlandflüge sind allerdings recht teuer. Innerhalb einer Region reist man am besten mit dem Auto. In Zentralgriechenland sind die Straßen im allgemeinen gut. Die Fahrtzeit kann wegen der Serpentinen jedoch oft länger dauern als erwartet. Die E55 ist eine gute Schnellstraße, wie auch die anderen E-Straßen. Im Osten der Region gibt es einige wenige Zugverbindungen; ansonsten verkehren Busse zwischen den größeren Städten, und von diesen auch zu kleineren Orten.

Barterrasse mit Blick auf die Westküste, Párga

0 Kilometer 25

25

SIEHE AUCH

- ***Übernachten*** S. 271ff
- ***Restaurants*** S. 293f

Drakolímni-See, dahinter die steilen Klippen von Astráka

Píndos-Gebirge ❶

Οροσειρά Πίνδου

Epirus. **Straßenkarte** B2. ✈ 🚌 *Ioánnina.* ℹ *Dedònis 39, Ioánnina (26510 41868).*

Das Píndos-Gebirge erstreckt sich von der albanischen Grenze nach Süden bis weit hinter Métsovo und von Makedonien im Osten bis zum Ionischen Meer im Westen. In diesem Gebiet befinden sich zwei Nationalparks, Griechenlands zweitlängste Schlucht und sein zweithöchster Berg, der Oros Smólikas (2640 m). Der Píndos-Nationalpark liegt zwischen Métsovo und Vovoúsa im Westen Makedoniens; die Víkos-Schlucht *(siehe S. 208)* und der Fluß Aóos finden sich im Aóos-Nationalpark.

Von Oktober bis Mai sind die Gipfel in der Regel schneebedeckt. Danach sorgt das Schmelzwasser für eine herrliche Blumenpracht von violetten Krokussen, Enzianen und vielen Orchideenarten *(siehe S. 23)*. Gelegentlich können Besucher vielleicht sogar Rehe, Wildschweine oder eine europäische Wildkatze entdecken, von denen jeweils kleine Populationen hier im Nationalpark Schutz finden.

Wer gut ausgerüstet ist und sich auf eine Übernachtung im Zelt oder in der Berghütte eingerichtet hat, kann im Sommer auch den Oros Smólikas besteigen. Startet man aber von den hübschen Dörfern in der Víkos-Schlucht, dann sind der Gamíla (2500 m) und der Astráka (2440 m) leichter zu erreichen. Lohnenswert sind auch Abstecher zu den beiden Drakolímni-Seen unterhalb des Gamíla bzw. des Smólikas.

Es gibt von dieser Gegend gute Wanderführer und -karten mit eingezeichneten Schutzhütten und Übernachtungsmöglichkeiten in größeren Ortschaften. Erfahrung und eine gute Wanderausrüstung sind jedoch unbedingt erforderlich, da sich das Wetter schnell ändern kann und man oft weit von der nächsten Ortschaft entfernt sein wird. Gerade deshalb aber ist das Píndos-Gebirge so beliebt. Hier zeigt sich Griechenland von seiner rauhen, aber auch ruhigeren Seite.

Die Tierwelt im Píndos-Gebirge

Wer die flachen Küstengebiete besucht, mag eigentlich kaum glauben, daß es in Griechenland noch Wölfe und Bären gibt. Es ist zwar ungewiß und schwer festzustellen, wie viele es sind, doch hin und wieder wird ein Europäischer Wolf oder Braunbär gesichtet. Die meisten dieser bedrohten Tiere leben im nördlichen Teil des Píndos-Gebirges in den Grenzregionen zu Albanien. Sie wurden jahrhundertelang von Bauern und Ziegenhirten vertrieben und sind daher sehr menschenscheu. Wer also einen Bären sieht, kann sich glücklich schätzen. Wölfe nimmt man dagegen wegen ihres Heulens am Abend oder Morgen eher wahr. Auch antworten sie zuweilen, wenn man ihr Heulen imitiert. Sie bedeuten für Besucher aber keine Gefahr.

Europäischer Silberwolf, ein seltener Ureinwohner dieses Gebiets

Europäischer Braunbär im nördlichen Píndos-Gebirge

Zagória ❷
Ζαγόρια

Epirus. **Straßenkarte** B2.

Einige der schönsten Landstriche Europas gibt es in der Region Zagória, nur 25 Kilometer nördlich von Ioánnina *(siehe S. 210)*. Obwohl der Boden größtenteils nicht zu bewirtschaften ist, existieren noch an die 45 Dörfer in den Hügeln. Viele besitzen schöne Herrenhäuser (*archontiká; siehe S. 20*), die aus der Blütezeit des 18. und 19. Jahrhunderts stammen, als Zagória unter den Osmanen seine Autonomie erhielt.

Der größte Teil der seßhaften Bevölkerung sind walachische und Sevakatsanen-Hirten *(siehe S. 209)*. Während der Wintermonate arbeiten die Hirten als Steinmetzen oder Holzschnitzer. Sie bilden Zünfte und durchwandern zum Verkauf ihrer Waren den Balkan. Dieses harte und traditionelle Leben wird wohl aussterben, denn die junge Generation zieht es vor, ihren Lebensunterhalt im Tourismus zu verdienen.

Eine Reihe von Bogenbrücken gibt einen Einblick in das handwerkliche Geschick der Bevölkerung. Zwei besonders schöne Brücken stehen an den beiden Ortsausgängen von **Kípoi**.

Vítsa, nahe der Víkos-Schlucht

Eine von Wanderern und Kletterern gern benutzte Buslinie zwischen Ioánnina und Monodéndri sorgt für reges Treiben im Südwesten Zagórias. Einige Dörfer im östlichen Teil, etwa **Vrysochóri**, dienten den Guerillas im Zweiten Weltkrieg als Zufluchtsorte, weshalb sie von den Deutschen niedergebrannt wurden.

Bei dem verlassenen Dorf **Vradéto** windet sich ein im 15. Jahrhundert entstandener Maultierpfad die steilen Felsen hinauf zu einem Aussichtspunkt mit einem atemberaubenden Blick über die Víkos-Schlucht *(siehe S. 208)*. Ausgangspunkt für eine Durchquerung der Schlucht ist **Monodéndri**, gegenüber von Vradéto, oder **Vítsa**. In der Nähe befinden sich **Megálo Pápigko** und **Mikró Pápigko**, die vier Kilometer weit auseinander liegen. Die Namen spiegeln ihr Größenverhältnis wieder, auch wenn an den Kopfsteinpflasterstraßen von »Groß«-Pápigko lediglich einige Wohnhäuser, Restaurants und Pensionen stehen.

Weiter im Süden liegt **Tsepélovo**. Hier gibt es eine Buslinie nach Ioánnina, ein renoviertes Herrenhaus mit Übernachtungsmöglichkeiten sowie einige Gästehäuser und Tavernen. Das Kopfsteinpflaster und die schiefergedeckten Häuser geben Tsepélovo das typische Aussehen eines zagorianischen Dorfes.

Bogenbrücke bei Kípoi

Zagorianische Dörfer

In der Kalksteinwildnis des nördlichen Píndos-Gebirges verstreut liegen die Dörfer von Zagória südwestlich des Aóos zwischen Ioánnina und Kónitsa.

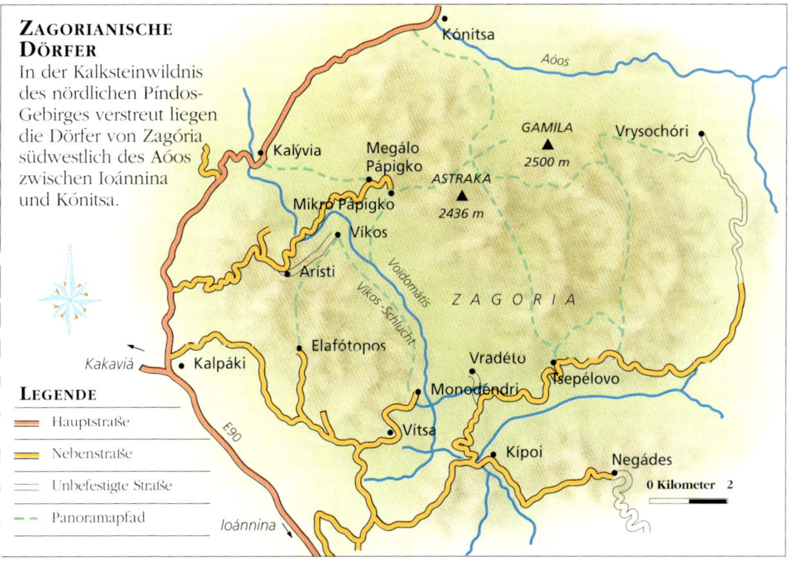

Zu Fuß durch die Víkos-Schlucht ❸

Der Wanderweg über die volle Länge der Víkos-Schlucht gilt weithin als einer der schönsten in ganz Griechenland. Vom Voïdomátis ausgewaschene Kalksteinfelsen ragen hier steil bis auf 915 Meter in die Höhe. Die Schlucht durchschneidet den 1975 eingerichteten Víkos-Aóos-Nationalpark. Dabei schlängelt sich der gekennzeichnete Weg durch das felsige Flußbett und führt durch Buchen-, Kastanien- und Ahornwäldchen hinauf auf die Hochebene. Häufig kann man Raubvögel wie den ägyptischen Geier am Himmel kreisen sehen oder zahlreiche Eidechsen und Schildkröten entdecken. Der Hauptweg durch die Schlucht beginnt bei Monodéndri; eine kürzere Strecke (4 km) führt von Mikró Pápigko im Norden nach Víkos.

Griechische Schildkröte

Felsspitze ④
Zu den Pápigko-Dörfern überquert man hier unterhalb einer aufragenden Felsspitze den Víkos. Der Weg zweigt rechts nach Vítsiko ab.

Megálo Pápigko ⑤
Eines der denkmalgeschützten Steindörfer der Region liegt auf einer Höhe von 950 Metern unterhalb der Felsen von Pýrgi.

Agía Triáda ③
Nach drei Stunden kommt man an dem weißen Schrein Agía Triáda und einem Brunnen vorbei.

Aussichtspunkt Oxiá ②
Eine Straße von Monodéndri führt zu diesem Aussichtspunkt – mit seinem Gegenüber Mpelóï einer der schönsten.

Monodéndri ①
Ein herrlicher Ausblick über die Schlucht und ein beliebter Ausgangspunkt der Wanderung. Der Weg ist von der Kirche am unteren Platz aus beschildert.

Legende

Routenempfehlung	Kloster
Nebenstraße	Aussichtspunkt
Piste	Parken

Routeninfos

Start: *Monodéndri.* ***Anreise:*** *40 km nordwestlich von Ioánnina, per Auto oder Bus.* ***Länge:*** *14 km bis Megálo Pápigko.* ***Schwierigkeitsgrad:*** *kaum Steigungen, trotzdem sind Wanderstiefel empfohlen.* ***Dauer:*** *6–7 Stunden.*

Métsovo ❹
Μέτσοβο

Epirus. **Straßenkarte** B2. *3500.*
26560 41233.

NAHE DEM Katára-Paß (der Straße über das Píndos-Gebirge) liegt das für griechische Bergdörfer ungewöhnlich belebte Métsovo. Ursprünglich war es ein kleines, von walachischen Hirten bewohntes Dorf. Nachdem es zur Zeit der Osmanen für die Bewachung des Passes Steuerprivilegien erhielt *(siehe S. 38f)*, wurde es zu einem der wichtigsten Handelszentren der Umgebung. Wohlhabende örtliche Kaufmannsfamilien investieren bis heute in die Ortschaft und geben den ansässigen Handwerkern finanzielle Anreize.

Eine dieser Familien waren die Tosítsas. Der Besuch ihres aus dem 18. Jahrhundert stammenden restaurierten Hauses *(siehe S. 20f)*, **Archontikó Tosítsa**, das heute als Museum dient, vermittelt eine Vorstellung von ihrem Besitz. Es handelt sich um ein dreistöckiges Herrenhaus mit einer Waffensammlung und Badezimmer im Erdgeschoß sowie großen, holzgetäfelten Empfangshallen und Schlafzimmern im ersten Stock, die mit wunderschönen gewebten Kelim-Teppichen ausgelegt sind. Auch feine Gold- und Silberarbeiten, Trachten aus Epirus und Stickereien können bewundert werden. Führungen gibt es jede halbe Stunde.

Hirtenstäbe, Teppiche und Silber in einem Souvenirladen in Métsovo

Ein weiterer Wohltäter in Métsovo war der Schriftsteller und Politiker Evángelos Avérof (1910–90), der die **Avérof-Galerie** gründete. Das Kernstück der Ausstellung ist Avérofs eigene Sammlung von etwa 200 Gemälden und Skulpturen. Er hat sie über Jahre hinweg mit dem Ziel zusammengetragen, eines Tages in seinem Heimatort ein Museum für moderne griechische Kunst zu eröffnen. Seine Sammlung ist erweitert worden und umfaßt nun auch einige griechische Künstler des 19. und 20. Jahrhunderts.

Innenansicht, Archontikó Tosítsa, Métsovo

Uralte Traditionen haben hier überlebt: angefangen vom Schnitzen der Hirtenstäbe (seit Métsovo erstmals Handel und Schafzucht trieb), über Sticken, bis hin zur Wein- und Käseherstellung. Die alten Männer (und auch einige Frauen) tragen zum Teil noch die Landestracht; man sieht sie oft in Hütten und Cafés am Dorfplatz sitzen. Die Hütten werden für den Winter gebraucht, in dem sich der 1156 Meter hoch gelegene Ort in ein Skigebiet verwandelt. Die Teppiche in den Souvenirläden spiegeln ebenfalls diesen typischen Charakter eines Gebirgsdorfes.

Archontikó Tosítsa
Abseits der Durchfahrtstraße. *26560 41084.* *Mo–Mi, Fr–So.*

Avérof-Galerie
Abseits des Hauptplatzes. *26560 41210.* *Mo, Mi–So.*

UMGEBUNG: Ein ausgeschilderter 15minütiger Fußweg von der Ortsmitte nach Süden führt zu dem hübschen, kleinen Kloster **Moní Agíou Nikoláou** aus dem 14. Jahrhundert. Heute leben nur noch Verwalter hier, die jedoch gerne die byzantinischen Fresken, den Wohnbereich der Mönche und deren Blumen-, Obst- und Gemüseanbau zeigen.

HIRTEN AUS DER WALACHEI

Es wird vermutet, daß die halbnomadischen walachischen Hirten weiter aus dem Norden der Balkanhalbinsel stammen. Heute leben die meisten im Píndos-Gebirge, besonders in und um Métsovo. Sie sprechen einen rumänischen Dialekt, weshalb man annimmt, daß es sich um Nachfahren römischer Siedler handelt, die über Illyrien in den nördlichen Balkan gewandert sind. Traditionell leben sie als Wanderschäfer: Den Sommer verbringen sie in den Bergen, und im Winter ziehen sie mit ihren Schafen für sechs Monate in die Ebene von Thessalien. Doch dieser rauhe Alltag verschwindet allmählich. Die heutigen Hirten leben im Sommer in den Dörfern wie Métsovo und Vovoúsa, in Epirus oder Avdélla, Samarína und Smíxi in Westmakedonien und haben ihre Winterwohnorte hauptsächlich um Kástoria *(siehe S. 240)*.

Walachischer Hirte aus Zagória

Ioánnina ❺

Ιωάννινα

Silberkelch aus Ioánnina

Die Hauptstadt von Epirus, Ioánnina, erlebte im Osmanischen Reich ihre Blütezeit *(siehe S. 38f)*, als sich die Handwerkszünfte, etwa die der Silberschmiede, bildeten. Der türkische Einfluß ist sehr deutlich an der Burganlage zu sehen, die sich auf einer Landzunge des Pamvótis-Sees erhebt. Die Datierung der Anlage geht bis ins 13. Jahrhundert zurück. 1815 wurde sie von Ali Pascha, einem türkischen Tyrannen, umgebaut. Innerhalb der Burgmauern herrscht ein idyllischer Friede, auch wenn das Treiben auf dem Basar und der moderne Teil der Anlage daran erinnern, daß dies die geschäftigste Stadt der Region ist.

Ioánnina mit der Insel Nisí

Aslan-Pascha-Moschee, die das Volkskunstmuseum beherbergt

Volkskunstmuseum

Aslan Pascha-Moschee. 26510 26356. tägl. Feiertage.

Das kleine Museum befindet sich in der 1618 von Aslan Pascha gebauten und nach ihm benannten Moschee im Nordteil der Burg. Ein Besuch der Moschee ist schon wegen der original erhaltenen Kuppelverzierung lohnend. Die Waffenausstellung und die Kostüme hingegen zeugen von Ioánninas jüngster Geschichte. Hier sind außerdem türkische Möbel mit Perlmuttintarsien sowie Teppiche und Wandteppiche aus Ioánninas Synagogen zu sehen.

Museum Byzantinischer Kunst

Innere Festung. 26510 25989. Di–So 8.30–17 Uhr, Mo 12.30–15 Uhr Feiertage.

Dieses Museum im Innern der Burg enthält hauptsächlich Ikonen (16.–19. Jh.), aber auch einige Ausgrabungsstücke aus der Umgebung. In der ehemaligen Schatzkammer sind Silbergegenstände zu sehen, die die Stadt so berühmt gemacht haben, und sogar die Nachbildung einer Silberschmiedewerkstatt.

Archäologisches Museum

Plateía 25 Martíou 6. 26510 25490. telefonisch erfragen.

Das Archäologische Museum in einem kleinen Park südlich der Burg präsentiert Kunstgegenstände, die zum Teil aus Dodóni stammen, wie z.B. ein Bronzeadler aus dem 5. Jahrhundert v.Chr. oder Kinderstatuen, aber auch Bleitafeln mit Fragen an das Orakel.

Heimatmuseum

Michaïl Angélou 42. 26510 20515. Di–So. Feiertage.

Fast gegenüber dem Archäologischen Museum befindet sich das Gebäude mit Sammlungen des hiesigen Kunsthandwerks. Außer Silbergegenständen und Trachten gibt es hier auch Webarbeiten der nomadischen Sarakatsanen, den großen Rivalen der zahlenmäßig überlegenen walachischen Hirten *(siehe S. 209)*.

Ali Pascha

Ali Pascha wurde 1741 in Albanien geboren und 1788 von den Türken als Pascha von Epirus eingesetzt. Unter ihm wurde die Stadt zu einer der reichsten in Griechenland. Er strebte die Unabhängigkeit von seinen Oberherren an und herrschte 1820 über ein Reich, das sich von Albanien bis zum Peloponnes erstreckte. Als seine beabsichtigte Errichtung eines griechisch-albanischen Staates dem türkischen Sultan Mahmud II. zu Ohren kam, entsandte dieser Truppen, um Ali Pascha auszuschalten. Nach langer Belagerung der Festung bei Ioánnina willigte Ali Pascha schließlich einer Begegnung mit dem türkischen Befehlshaber auf der Insel Nisí ein. Dort wurde er am 24. Januar 1822 ermordet.

Wandteppich mit Ali Pascha (Mitte), Moní Agíou Panteleímonos, Nisí

INFOBOX

Epirus. **Straßenkarte** B2. 90 000. 8 km nordwestlich von Ioánnina. Ecke Sína und Zossimadón (Nord- und West-Epirus), Bizaníou 28 (Süd- und Ost-Epirus). Dodònis 39 (26510 41868). Mo–Sa.

Nisí

15 Minuten mit dem Boot ab Festung.

Obwohl die ersten Bewohner der Insel Mönche waren, die Anfang des 13. Jahrhunderts hierherkamen, verdankt Nisí seine Existenz den Flüchtlingen von den Mániot-Fehden im 17. Jahrhundert *(siehe S. 194)*. Im Moní Agíou Panteleímonos, dem Hauptgebäude der Insel, ist eine Nachbildung des Zimmers zu sehen, in dem Ali Pascha ermordet wurde, samt Einschußlöchern im Boden. Andere Zimmer zeigen Gegenstände aus seinem Besitz, Trachten und Drucke.

Stalaktiten in den Pérama-Höhlen

UMGEBUNG: Die größten Tropfsteinhöhlen Griechenlands, die **Pérama-Höhlen**, liegen beim Dorf Pérama, vier Kilometer nördlich von Ioánnina. Sie wurden 1940 von einem Hirten entdeckt, der sich vor den Deutschen versteckte. Richtig erforscht wurden sie erst Jahre später. Heute gibt es regelmäßig Führungen durch die 1700 Meter langen Gänge, in denen schöne Stalaktiten- und Stalakmitenformationen angestrahlt werden.

Pérama-Höhlen

Pérama. 26510 81521. tägl.

Theater von Dodóni, eines der größten in Griechenland

Dodóni 6

Δωδώνη

Epirus. **Straßenkarte** B3. 26510 82287. tägl. Feiertage.

DER URSPRUNG des Zeus-Orakels bei Dodóni geht bis 1000 v. Chr. zurück. Es ist somit das älteste Orakel in Griechenland und nach Delphi das bedeutendste *(siehe S. 228f)*. Es liegt in einem grünen Tal, an den Hängen des Tómaros, 22 Kilometer südwestlich von Ioánnina.

Im Mittelpunkt des Orakels stand eine heilige Eiche, umgeben von einem Ring von Bronzekesseln, die an dreifüßigen Ständern befestigt waren und einander berührten. Zu dem Anschlagen der Kessel rauschten die Eichenblätter, und aus den entstehenden Tönen wurden Prophezeiungen offenbart. Ratsuchende schrieben ihre Fragen auf Bleitäfelchen und ließen sie von der Priesterin dem Zeus vortragen. Einige Täfelchen sind heute im Archäologischen Museum in Ioánnina zu sehen. Der Eiche wurde eine solche Kraft zugeschrieben, daß Iason bei der Suche nach dem Goldenen Vlies *(siehe S. 220)* vom Pílio-Gebirge herunterkam, um sich einen Zweig des Baumes zu holen und ihn an seinem Schiff Argo zu befestigen. Im 3. Jahrhundert v. Chr. wurde zum Schutz um den Baum ein Bogengang angelegt. Dazu gehörte auch ein kleiner Tempel, von dem heute nur noch die Grundmauern zu sehen sind. 393 n. Chr. wurde der Baum auf Geheiß des römischen Kaisers Theodosius (Regierungszeit 379–395) entwurzelt, um so die heidnischen Bräuche auszurotten.

Das heutige Wahrzeichen von Dodóni ist sein Theater, das 17 000 Zuschauer faßt und eines der größten in Griechenland ist. Seine 21 Meter hohen Wände werden von starken Türmen gestützt, auf denen nun Turmfalken nisten. In der griechischen Antike fanden hier Theateraufführungen statt und unter den Römern Tierkämpfe. Dazu wurden in den dreieckigen Käfigen auf beiden Seiten Stiere und Raubkatzen gehalten. Anfang der 1960er Jahre wurde die Gesamtkonstruktion renoviert, so daß im Sommer hier wieder Aufführungen stattfinden können.

In Dodóni sind auch die Ruinen eines Stadions, einer Akropolis und einer byzantinischen Basilika zu finden – alles Zeichen einer einst florierenden Handelsstadt. Dodóni begann im 6. Jahrhundert n. Chr. zu verfallen, als der römische Kaiser Justinian die Gründung des leichter zu verteidigenden Ioánnina beschloß.

Justinian, der letzte römische Kaiser, der Dodóni besuchte

Párga hat die Form eines Amphitheaters, Blick über die Bucht

Párga 7
Πάργα

Epirus. **Straßenkarte** B3. 2000. Alexandrou Paga 18 (26840 31222). Di.

DAS CHARMANTE Párga, der bedeutendste Badeort in Epirus, droht manchmal in der Flut seiner Sommergäste unterzugehen. Die Westseite des Hafens dominiert eine Ende des 16. Jahrhunderts errichtete Festung. Sie entstand auf dem ehemaligen Gelände eines 1537 unter türkischer Herrschaft zerstörten Bauwerks. Später kehrten die Osmanen unter Ali Pascha *(siehe S. 210)* zurück, der 1819 den Briten die Stadt abkaufte. Danach siedelten viele Bewohner nach Korfu über – die Stadt fiel allerdings 1913 wieder an Griechenland zurück.

Es gibt zwei kleine Strände, die von der Innenstadt zu Fuß erreichbar sind, und zwei größere in rund 2 km Entfernung: Váltos, der größte, liegt nördlich und Lynchos südwestlich. Entlang Párgas Küste reihen sich Fischrestaurants, die ihren Gästen einen herrlichen Blick über den Hafen bieten.

Griechisch-orthodoxe Priester in Párga

UMGEBUNG: 37 Kilometer südlich von Párga befindet sich das **Necromanteion von Efyras** (Orakel der Toten) – das Tor zum mythischen Hades. Über Stufen gelangt man in das Gewölbe; hier wurden im 4. Jahrhundert v.Chr. Besucher, die den Rat der Toten suchten, vor ihrem Gang in die Unterwelt vermutlich durch Drogen in erhöhte Spannung versetzt.

Kassópi 8
Κασσώπη

Zálongo, Epirus. **Straßenkarte** B3. tägl.

IN DIESER Region lebte im 4. Jahrhundert v.Chr. der Stamm der Kassopianer. Die Ruinen ihrer Hauptstadt liegen oberhalb des Sees von Ioánnina auf einem Hügel, von dem aus man die Insel Paxoí sehen kann. Kassópi erreicht man nach einem schönen Spaziergang durch Pinienwälder von Kamarína aus. Die Ruinen sind zwar kaum zu erkennen, doch vor Ort zeigt eine Karte den Grundriß der einstigen Stadt, die heute von Vögeln und Eidechsen bewohnt wird. Südöstlich davon liegt **Moní Zalóngou** mit einem Denkmal für die Frauen von Soúli, die sich 1806 lieber von den Klippen stürzten, als von den Turk-Albanern gefangengenommen zu werden.

Die Ruinen von Kassópi

Préveza 9
Πρέβεζα

Epirus. **Straßenkarte** B3. 13 000. Eleftheriou Venizélou (26820 21078). tägl (Fisch).

AUCH WENN Préveza oft als Durchgangsort gesehen wird, lohnt sich doch ein längerer Aufenthalt schon wegen der einladenden Atmosphäre der Cafés und Tavernen entlang der Küste. Dieser malerische Ort liegt an der Nordseite vom »Kanal der Kleopatra«, an der Mündung des Ambrakischen Golfs. Hier fand 31 v.Chr. die Seeschlacht von Aktium statt *(siehe S. 34)*.

Die beiden Festungen zu jeder Seite der Mündung erinnern an die venezianische Besetzung der Stadt im Jahr 1499, die 1789 zuerst an die Franzosen und dann an Ali Pascha fiel *(siehe S. 210)*.

UMGEBUNG: Sieben Kilometer nördlich von Préveza liegen die Ruinen von **Nikópoli** (»Siegesstadt«), das Kaiser Octavian zur Erinnerung an den Sieg bei Aktium an der Stelle des römischen Feldlagers errichten ließ. Später von den Goten geplündert, wurde es endgültig von den Bulgaren 1034 zerstört. Heute sind auf dem überwucherten Gelände in erster Linie die Ruinen der Stadtmauern und des Theaters sowie ein Museum von Interesse.

Nikópoli
26820 41336. *tägl.* *Feiertage.*

Arta ⑩
`Αρτα

Epirus. **Straßenkarte** B3. *33 000.* *26810 78551.* *Mo–Sa (Gemüse).*

OBWOHL ARTA nach Ioánnina die zweitgrößte Stadt von Epirus ist, bleibt sie nur wenig vom Tourismus berührt. Hier kann man noch eine typisch griechische Marktstadt erleben, deren basarartiger Umschlagplatz von den Türken eingerichtet wurde, die von 1449 bis 1881 Arta besetzt hielten. Die **Festung**, die mittlerweile für die Öffentlichkeit geschlossen ist, stammt aus dem 13. Jahrhundert, als Arta die Hauptstadt des Despotats von Epirus war. Das Despotat, das von Thessaloníki bis Korfu reichte, war ein unabhängiger byzantinischer Staat, der nach dem Fall von Konstantinopel im Jahr 1204 *(siehe S. 37)* gegründet wurde und bis zum Beginn der türkischen Besetzung bestand. Entlang der Straßen zur Festung liegen viele byzantinische Kirchen aus dem 13. und 14. Jahrhundert. Am eindrucksvollsten ist wohl die von 1283 bis 1296 erbaute **Panagía Parigorítissa** mit ihren prächtigen Türmen und Kuppeln. In der **Agía Theódora** steht der Marmorsarkophag der Gattin Michaels II., der im 13. Jahrhundert Epirus beherrschte.

Die Hauptstraße von Westen führt über eine Steinbrücke (17. Jh.) über den Arachthos in die Stadt. Laut einer Sage war der Erbauer der **Brücke** so niedergeschlagen, weil sein Tagwerk jedesmal über Nacht vom Fluß zerstört wurde, daß er auf den Rat eines Vogels hörte und seine Frau lebendig in das Fundament einmauerte, um so sein Werk fertigzustellen.

Fachwerkhäuser in der Altstadt von Tríkala

Meteora ⑪

Siehe S. 216f.

Tríkala ⑫
Τρίκαλα

Thessalien. **Straßenkarte** C2. *68 000.* *24310 27401.* *Mo–Sa.*

TRIKALA WAR DER Sitz des Asklepios, des Gottes der Heilkunde, und ist heute das Handelszentrum der fruchtbaren Ebene von Thessalien. Zu den Überresten der türkischen Vergangenheit gehören der **Markt** gegenüber dem Hauptplatz und die Moschee **Koursoúm Tzamí**, die 1550 am Südufer des Lithaíos errichtet wurde. Die **Festung** liegt im alten Viertel Varósi, in dem auch eine Reihe byzantinischer Kirchen stehen *(siehe S. 18f)*. Die Festung auf dem Platz der ehemaligen Akropolis des 4. Jahrhunderts v.Chr. ist ebenfalls byzantinisch. Von hier hat man auch einen herrlichen Blick über den Fluß.

Tempe-Tal ⑬
Κοιλάδα των Τεμπών

Thessalien **Straßenkarte** C2.

DIE E75 IN Richtung Makedonien verläuft entlang dem Fluß Pineíos durch das Tempe-Tal, in dem sich Apollon gewaschen haben soll, nachdem er die Schlange Python getötet hatte. Nahe den **Wolfsklauen** oder Lykostómio (der engsten Stelle der Schlucht) befindet sich die **Daphne-Quelle**, bei der eine Brücke zu der aus dem Felsen gehauenen Kapelle **Agía Paraskeví** führt. Das **Kástro Gónnon** im Norden des Tals wurde von Philipp II. von Makedonien gebaut, dem Vater Alexanders des Großen *(siehe S. 32f)*, und diente zur Bewachung einer der wenigen Straßen zwischen Zentral- und Nordgriechenland.

Steinerne Bogenbrücke, die von Westen nach Arta hineinführt

Meteóra ⓫

Μετέωρα

Ikone *Unser Herr*, Varlaám

Die natürlichen Sandsteintürme von Meteóra wurden 985 n.Chr. von einem Einsiedler namens Barnabas als religiöser Zufluchtsort genutzt. Es kamen andere hinzu, und 1336 gründete dann der Mönch Athanásios vom Berg Athos das Kloster Megálo Metéoro auf einer der rund tausend Felsnadeln. Es entstanden weitere 23 Klöster, von denen die meisten wegen ihrer gewagten Lage am Ende des 18. Jahrhunderts bereits verfallen waren. In den 20er Jahren wurden Stufen in die Felsen gehauen, um zu den noch erhaltenen sechs Klöstern einen besseren Zugang zu ermöglichen. Heute leben hier wieder viele Mönche und Nonnen.

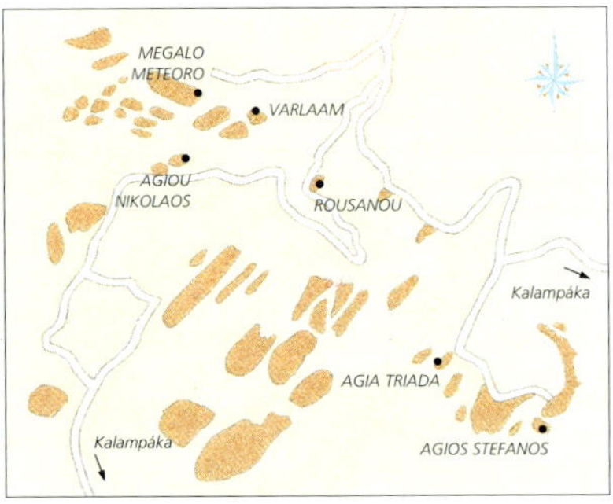

Lage der Meteóra-Klöster

Rousánou

Abenteuerlich an der Spitze einer Felsnadel erbaut, ist das Kloster Moní Rousánou wohl das eindrucksvollste. Seine Kirche Metamórfosis (1545) ist berühmt für ihre schreckenerregenden Fresken (1560) von Ikonenmalern der Kretischen Schule.

Varlaam

Das 1518 gegründete Kloster Varlaám ist nach dem ersten Einsiedler benannt, der 1350 auf diesem Felsen lebte. Im *katholikón* von 1542 sind einige Fresken des thebanischen Ikonenmalers Frágkos Katelános zu sehen.

Megálo Metéoro

Dieses auch als das Große Meteoron bekannte Kloster war das erste und das am höchsten (623 m) gelegene. Am Eingang befindet sich die Höhle, in der Athanásios zuerst lebte. Er liegt in der Hauptkirche begraben.

◁ **Links im Vordergrund Moní Rousánou, dahinter Moní Varlaám**

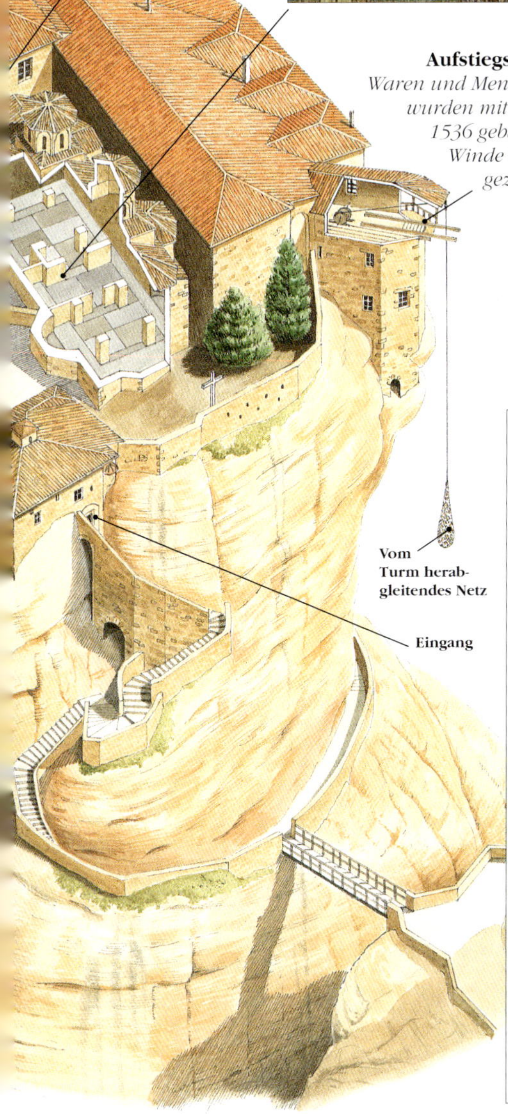

Katholikón
Die Kirche ist Agioi Pántes (allen Heiligen) geweiht und mit Fresken verziert, darunter eine von den Gründern Theofánis (rechts) und Nektários.

Das Refektorium beherbergt ein Ikonenmuseum.

INFOBOX

Thessalien. **Straßenkarte** B2. *Chatzipétrou 10, Kalampáka (24320 76100).* **Megálo Metéoro.** *24320 22278. Mo u. Mi–So.* **Varlaám** *24320 22277. Sa–Do.* **Agíou Nikoláou** *Apr–Okt tägl.* **Rousánou** *24320 22649. tägl.* **Agías Triádas** *24320 22220. tägl.* **Agíou Stefánou** *24320 22279. Di–So. alle Klöster 13–15 Uhr. zu allen Klöstern. Agías Triádas u. Agíou Stéfanou.*

Aufstiegsturm
Waren und Menschen wurden mit einer 1536 gebauten Winde hochgezogen.

Vom Turm herabgleitendes Netz

Eingang

DER BAU DER KLÖSTER

Es ist zwar unbekannt, wie die ersten Einsiedler die Spitze dieser Felswände erreichten, doch vermutlich schlugen sie Pflöcke in die schmalen Felsspalten, um so Baumaterial nach oben zu befördern. Andere vermuten, daß sie Drachen über die Gipfel steigen ließen. Daran sollen sie dicke Seile befestigt haben, aus denen die ersten Strickleitern entstanden.

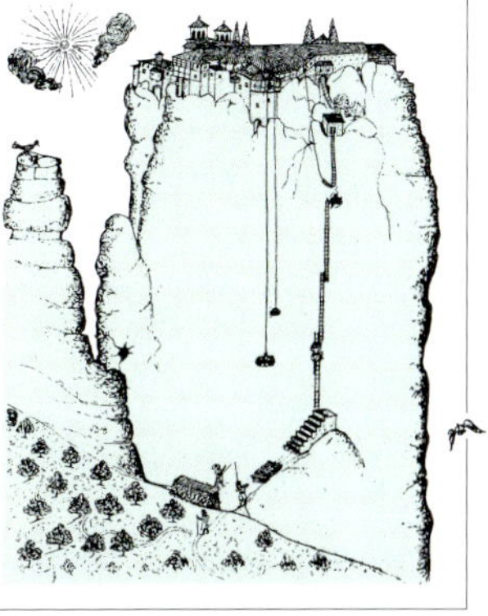

Pílio ⑭

Πήλιο

Fresko in der Kirche Taxiárchis, Miliés

Hier war in der Mythologie die Heimat der waldliebenden Kentauren. Die Pílio-Halbinsel ist mit ihren Walnuß-, Eichen- und Buchenwäldern eine der reizvollsten Gegenden des Festlands. Die Bergluft ist vom süßen Duft der Kräuter erfüllt, die in der Antike wegen ihrer Heilkräfte berühmt waren. Im 13. Jahrhundert siedelten sich hier Griechen auf der Flucht vor den Osmanen an *(siehe S. 38f)*, unter deren Herrschaft sie stark besteuert wurden. Doch die dicken Steinmauern und kleinen Fenster der typischen Pílio-Häuser lassen erkennen, wie unsicher ihre neugewonnene Freiheit wirklich war. Die Halbinsel besitzt eine ausgeprägte eigenständige Kultur und ist eine der wenigen griechischen Gegenden, die eine regionale Küche haben.

Makrinítsa
Hier gibt es steile, für Autos gesperrte Kopfsteinpflasterstraßen (siehe S. 220).

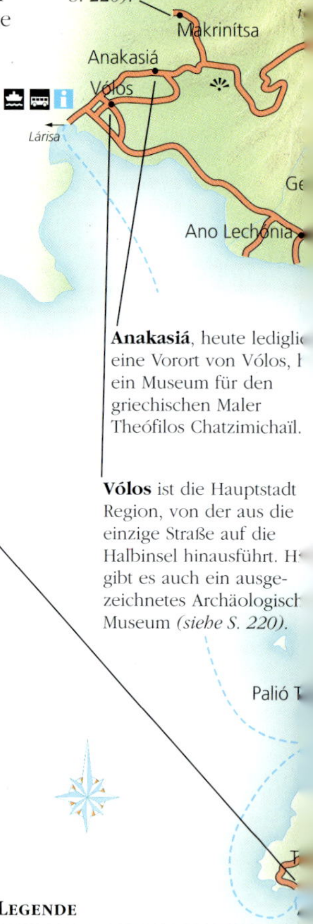

Anakasiá, heute lediglic[h] eine Vorort von Vólos, [h]at ein Museum für den griechischen Maler Theófilos Chatzimichaïl.

Vólos ist die Hauptstadt [der] Region, von der aus die einzige Straße auf die Halbinsel hinausführt. H[ier] gibt es auch ein ausgezeichnetes Archäologisch[es] Museum *(siehe S. 220)*.

Agía Kyriakí
Unterhalb des Bergdorfs Tríkeri liegt dieser kleine Fischerhafen. Hier gibt es zwar keine Strände und Hotels, dafür eine Bootswerft und gute, einfache Fischtavernen für die wenigen Besucher, die bis hierher kommen.

Theofilos Chatzimichail

Der 1873 auf Lesbos geborene Theófilos kam 1894 in das Pílio, nachdem er angeblich einen Türken in Smyrna umgebracht hatte. Er fertigte am liebsten Wandgemälde an, obwohl er auch je nach Lust und Laune Tongefäße, Fischerboote, *Kafeneío*-Theken oder Pferdewagen bemalte. Er war zwar gesellschaftlich weitgehend isoliert und wurde wegen seiner merkwürdigen Angewohnheiten verspottet (er kleidete sich wie Helden vergangener Zeit, zum Beispiel wie Alexander der Große), aber er liebte alles Griechische. Als sich 1912 Lesbos mit Griechenland vereinte, kehrte er krank und mittellos in seine Heimat zurück. Sein Schicksal wendete sich, als er seinen zukünftigen Gönner, Stratís Eleftheriádis, kennenlernte, der bis zu Theófilos' Tod im Jahr 1934 für ihn sorgte.

***Konstantínos Palaiológos* (1899), Wandgemälde von Theófilos**

Legende

- Hauptstraße
- Nebenstraße
- Piste
- Fähre
- Information
- Aussichtspunkt

Vyzítsa
In diesem Dorf mit Kopfsteinpflasterstraßen und von alten Platanen umgebenem Hauptplatz wurden Herrenhäuser in Gästehäuser umgestaltet.

INFOBOX

Thessalien. **Straßenkarte** D3. *Vólos.* *Plateía Ríga Feraiou, Vólos (24210 23500).* **Archäologisches Museum**, Athanasáki 1, Vólos. *24210 25285.* *Di–So 8.30–15 Uhr.* *Feiertage.* **Heimatmuseum, Miliés** *24230 86602.* *März–Nov Di–So.* **Theófilos-Museum, Anakasiá** *24210 49109.* *Di–So.* *Feiertage.*

Agios Ioánnis hat einen der beliebtesten Strände des Pílio.

Tsagkaráda ist ein bezauberndes Bergdorf an bewaldeten Hängen. Auf dem Hauptplatz befindet sich die größte und älteste (1000 Jahre) Platane Griechenlands.

Miliés
In diesem Bergdorf gibt es ein Heimatmuseum. Fresken wie dieser Erzengel Michael *(18. Jh.) schmücken die Kirche Taxiárchis.*

Argalastí
Die Hauptstadt des südlichen Pílio liegt sehr schön am Rande einer Hochebene. Trotz regen Markttreibens bewahren die Tavernen und Cafés eine ruhige Atmosphäre.

Plataniá
Wegen seiner schönen Strände und der Schiffsverbindung zur Insel Skiáthos ist Plataniá ein beliebter Ferienort. Viele Fischtavernen hier servieren hervorragende Meeresfrüchte.

Überblick: Das Pílio

Mit dem Auto erreicht man die Dörfer im Norden in einer Tagestour, die bei Vólos beginnt und über Afétes im Südosten nach Tsagkaráda führt. In dieser dichtbewaldeten Region ist der Berg Pílio mit 1650 Metern der höchste Gipfel. Es gibt hier aber auch eine Menge Apfel-, Birnen-, Pfirsich- und Olivenbäume. Der südliche Teil ist flacher, aber dennoch hügelig genug, um oft nur Stichstraßen zu den einzelnen Dörfern zuzulassen.

Renovierte alte Herrenhäuser am Hang von Makrinítsa

Vólos

Vólos ist eines der am schnellsten wachsenden Industriezentren Griechenlands. Da es in den 50er Jahren durch Erdbeben stark zerstört wurde, kann man sich eine mythologische Vergangenheit nur schwer vorstellen. Hier befand sich das antike Iolkós, die Heimatstadt Iasons, der sich auf die Suche nach dem Goldenen Vlies machte. Die Geschichte von Vólos wird im ausgezeichneten **Archäologischen Museum** dargestellt. Es zeigt eine Sammlung von bemalten Stelen (3. Jh. v.Chr.), die bei Dimitriás auf der gegenüberliegenden Seite des Golfs von Vólos gefunden wurden. Außerdem sind hier Sammlungen neolithischer Töpferwaren aus Sésklo und Dimíni zu sehen.

Nördliche Dörfer

Von Vólos verläuft die Straße südöstlich über Ano Lechónia durch die »Vólos-Riviera« und schließt so die Rundreise durch den gebirgigen Norden des Pílio. Nach den Urlaubsorten im Landesinnern, **Miliés** und **Vyzítsa** (das unter Denkmalschutz steht), führt die Straße nach Norden über Tsagkaráda bis nach **Agios Ioánnis**. Hier ist das Urlaubszentrum der Ostküste. Der Strand dort ist zwar oft sehr voll, doch gibt es noch die wunderschönen Strände Papá Neró und Pláka, die zu Fuß erreichbar sind. Einige der besten Restaurants des Pílio findet man in **Moúresi**.

Zur Rückfahrt nach Vólos biegt man nach **Makrinítsa** ab – einem alten Bergdorf, das bei vielen als wichtigste Sehenswürdigkeit dieser Region gilt. Es wurde im 13. Jahrhundert von Flüchtlingen der ersten Plünderung Konstantinopels *(siehe S. 37)* gegründet und hat mehrere schöne Kirchen aufzuweisen. Am meisten beeindrucken davon die Agios Ioánnis und die Moní Theotókou. Von den zahlreichen noch erhaltenen Herrschaftshäusern dienen heute viele als Gästehäuser. Neben der Agios Ioánnis befindet sich ein Café, das mit Fresken des Künstlers Theófilos *(siehe S. 218)* bemalt ist.

Anakasiá ist der letzte Ort vor Vólos. Touristen halten hier kaum an, obwohl das Theófilos-Museum sehenswert ist.

Fischer mit seinen Netzen an der Küste bei Vólos

Iason und die Argonauten

Der Sage nach stammte das Goldene Vlies von einem Widder mit Flügeln, der von Hermes, dem Götterboten, zum Schutz der beiden Kinder Helle und Phrixus geschickt wurde. Helle ertrank zwar, Phrixus jedoch wurde in Kolchis, dem heutigen Georgien, aufgezogen, wo der Widder geopfert und sein Vlies König Aeëtes geschenkt wurde. Jahre später segelte Iason, ein Vetter des Phrixus, von Iolkós (heute Vólos) los, nachdem sich sein Halbbruder des Throns bemächtigt hatte. Iason suchte nach dem Vlies, das den unbesiegbar machte, der es trug. Mit fünfzig Mann kam Iason nach Kolchis, wo ihm König Aeëtes mehrere Aufgaben stellte, bevor er ihm das Vlies überließ. Iason verliebte sich in Medea, die Tochter des Königs, und erfüllte alle Aufgaben. Die Argonauten brachten das Vlies nach Iolkós zurück.

Das Goldene Vlies von Herbert Draper (1864–1920; Ausschnitt; um 1905)

Teil eines Sarkophags vor dem Archäologischen Museum, Theben

Theben ⓯
Θήβα

Stereá Elláda. **Straßenkarte** D4.
20 000. *Stadtplatz (22620 22621).*

IM 4. JAHRHUNDERT V.CHR. war Theben für kurze Zeit die nächtigste Stadt Griechenands, heute ist es kaum mehr ıls ein Provinzstädtchen. Bis zum Sieg Philipps II. von Makedonien über die Stadt hatte es in den Machtkämpfen des klassischen Griechenlands eine bedeutende Rolle gespielt. Seine ursprüngliche Akropolis ist zwar durch Umbauten praktisch verschwunden, doch stieß man bei Ausgrabungen auf Wände aus mykenischer Zeit sowie auf Schmuck, Tongefäße und Tafeln mit der Linear-B-Schrift, die im **Archäologischen Museum** zu sehen sind. Eines der Glanzstücke des Museums ist eine Sammlung von mykenischen Sarkophagen, die denen von Kreta sehr ähneln. Der Hof und der Garten des Museums grenzen an einen fränkischen Turm, Überrest einer Burg (13. Jh.). Eine Brücke über das Flußbett weist auf den ursprünglichen Standort vom Brunnen des Ödipus hin, wo König Ödipus das Blut von seinen Händen gewaschen haben soll, nachdem er seinen Vater unwissentlich umgebracht hatte.

Archäologisches Museum
Plateia Threpsiádou 1.
22620 27913. *Mai–Okt Mo, Do, Fr 8–17 Uhr; Sa, So 8.30–15 Uhr; Nov–Apr 8.30–15 Uhr.*

UMGEBUNG: Zehn Kilometer nördlich von Theben befinden sich die Ruinen von **Gla** *(siehe S. 178ff)*. Sie haben eine drei Kilometer lange und fünf Meter hohe Maueranlage, die einen Hügel mit den Ruinen eines Palastes umgibt.

Kloster Osios Loúkas ⓰

Siehe S. 222f.

Parnaß ⓱
Ορος Παρνασσός

Stereá Elláda. **Straßenkarte** C3.
Delphi. *Vasiléon u. Pávlou Freiderikis 44, Delphi (22650 82900).*

MIT EINER HÖHE von 2457 Metern dominiert das Kalksteinmassiv des Parnaß den östlichen Teil der Region Stereá Elláda. An den unteren Hängen wachsen Tannen, unter denen im Sommer eine Blütenpracht von Wildblumen hervorleuchtet. Geier und Steinadler sind hier oft zu sehen. Gelegentlich begegnet man sogar Wölfen, die im Winter vom Píndos-Gebirge herunterkommen *(siehe S. 206)*.

Das Dorf **Aráchova** ist der beste Ausgangspunkt für Ausflüge in diese Region, die bekannt ist für ihren Wein, ihren Käse und ihre Schaffellteppiche. Es gibt hier viele Wanderwege – allerdings ist eine detaillierte Wanderkarte empfehlenswert. Der Liákoura, der höchste Gipfel, erfordert einen langen Aufstieg und eine Übernachtung im Zelt auf dem Berg.

Das Skigebiet von **Fterólakas** ist nur 26 Kilometer von Aráchova entfernt. Von Dezember bis April führt ein Sessellift bis auf 1900 Meter Höhe; von dort geht es mit dem Skilift weiter zu den Hängen. Im Sommer ist Fterólaka ein beliebtes Ausflugsziel.

DIE ÖDIPUS-SAGE

Ödipus war der vom Unglück verfolgte Sohn von Laios und Iokaste, dem König und der Königin von Theben. Schon vor seiner Geburt sagte das Orakel von Delphi *(siehe S. 228)* voraus, daß er seinen Vater umbringen und der Mann seiner Mutter werden würde. Um dieser Prophezeiung entgegenzuwirken, verstieß Laios Ödipus. Er wurde jedoch gerettet und von dem König und der Königin von Korinth aufgezogen, die er für seine richtigen Eltern hielt. Jahre später, als Ödipus von der Prophezeiung erfuhr, floh er nach Theben und brachte auf dem Weg dorthin einen Mann um, ohne zu wissen, daß es sich um König Laios handelte. Die Thebaner machten Ödipus zu ihrem König, und dieser heiratete die verwitwete Iokaste. Als Ödipus die Wahrheit erfuhr, nahm er sich das Augenlicht und verbrachte den Rest seines Lebens als Ausgestoßener.

Ödipus und die Sphinx auf einem Becher (5. Jh. v.Chr.)

annenbewachsene Hänge unterhalb des Parnaß-Grats

Kloster Osios Loúkas ⓰

Μονή Οσίου Λουκά

Madonnenmosaik

Einem Eremiten aus der Umgebung – dem heiligen Lukas – gewidmet, ist das um 1011 vom Kaiser Romanós errichtete Kloster einer der bedeutendsten mittelalterlichen Bauten Griechenlands. Die achteckige Gestaltung der Hauptkirche wurde zur typischen Eigenschaft des spätbyzantinischen Kirchenbaus *(siehe S. 18f)*, und die Mosaiken im Inneren führten die byzantinische Kunst zu ihrem letzten großen Höhepunkt. Die Kanonen im Hof zeugen von den zahllosen Schlachten, die hier zu Zeiten des Osmanischen Reiches *(siehe S. 38f)* stattfanden. 1821 sagte Bischof Isaias von hier aus den griechischen Freiheitskämpfern Unterstützung zu.

Blick auf das Kloster vor den Hängen des Elikónas im Hintergrund

★ Fußwaschung

Dieses Werk (11. Jh.), das stilistisch auf das 6. Jahrhundert zurückgeht, ist das schönste Mosaik im Narthex. Auf goldenem Hintergrund lehrt Christus die Apostel Demut.

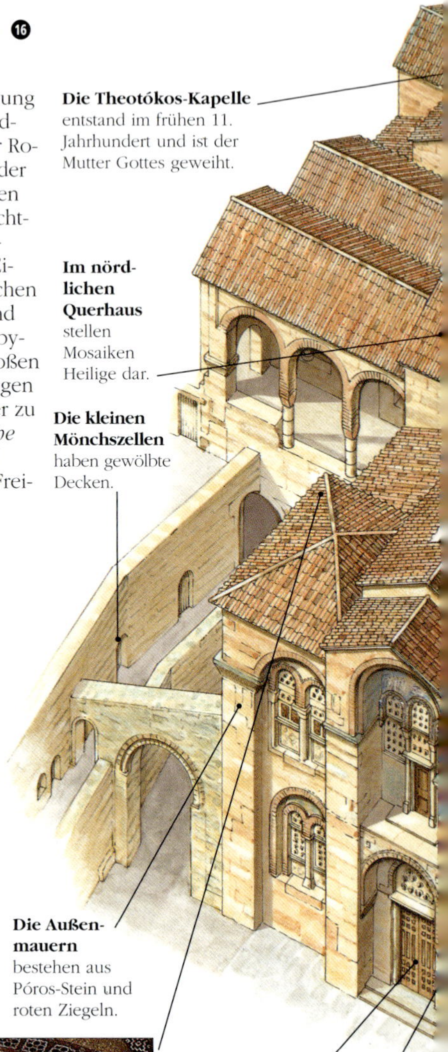

Die Theotókos-Kapelle entstand im frühen 11. Jahrhundert und ist der Mutter Gottes geweiht.

Im nördlichen Querhaus stellen Mosaiken Heilige dar.

Die kleinen Mönchszellen haben gewölbte Decken.

Die Außenmauern bestehen aus Póros-Stein und roten Ziegeln.

Westportal

Der Narthex im westlichen Bereich enthält Mosaiken von den Leiden Christi.

Nicht versäumen

- ★ ***Fußwaschung***
- ★ **Krypta**

INFOBOX

8 km östlich von Dístomo.
Straßenkarte C4. *22670 22797.*
Stätte und Museum *tägl. 8–17.30 Uhr.*

Kuppel
Die Hauptkuppel schmückt ein beeindruckendes Gemälde von Christus im Kreise von Heiligen und Engeln (16. Jh.).

In der Apsis ist eine Madonna mit Kind zu sehen, die 1659 ein verheerendes Erdbeben heil überstand.

Die achteckige Hauptkirche *(katholikón)* geht auf das Jahr 1011 zurück.

★ Krypta
Dieser Schrein aus dem 10. Jahrhundert enthält den Sarkophag des heiligen Lukas und Fresken wie diese Kreuzabnahme.

Die südwestliche Kapelle beherbergt Fresken des 11. Jahrhunderts.

Das Refektorium wurde auch als Werkstatt verwendet; heute ist es ein Museum für byzantinische Skulpturen.

DER HEILIGE LUKAS

Der 906 in Aegina geborene Osios Loúkas (»heiliger Lukas«) verließ schon als Jugendlicher sein Elternhaus, um in Zentralgriechenland die Einsamkeit zu suchen. Er machte sich einen Namen als Wunderheiler, und um 940 erreichte er diesen Ort an den westlichen Hängen des Elikónas. Zusammen mit einigen Schülern ließ er sich hier nieder und entwickelte, neben seinen Heilkräften, auch die Gabe der Vorsehung. Der heilige Lukas starb im Jahr 953, nachdem bereits einige Klosterzellen und die erste kleine Kirche entstanden waren.

Häuser am Wasser in Galaxídi am Golf von Korinth

Lamía und Thermopylae ⓲
Λαμία καί Θερμοπύλαι

Stereá Elláda. **Straßenkarte** C3. 68 000. *Loof. Kallidion 14 (22310 26050).* *Sa.*

Das in einem Tal zwischen bewaldeten Hügeln gelegene Lamía ist eine typische griechische Kleinstadt. Eine katalanische **Festung** *(Kástro)* aus dem 14. Jahrhundert, die heute die Stelle der antiken Akropolis einnimmt, bietet einen herrlichen Blick über die Dächer auf die umliegende Landschaft. Geschichtlich ist der Name Lamía eng mit dem Lamischen Krieg (323–322 v. Chr.) verbunden, bei dem sich Athen nach dem Tode Alexanders des Großen *(siehe S. 32f)* von der makedonischen Herrschaft zu befreien suchte. Diese Epoche wird im **Lamía-Museum** dokumentiert, das auch architektonische Fundstücke aus Delphi *(siehe S. 228ff)* in seiner Sammlung hat.

Wenige Kilometer östlich von Lamía überquert die Straße nach Athen den **Thermopylae-Paß**. An dieser Stelle traf ein Heeresverband von 7000 Mann unter dem Kommando des Spartaners Leonidas I. auf die zahlenmäßig weit überlegene persische Armee, deren Truppenstärke Herodot *(siehe S. 56)* mit 2 642 610 angibt. Leonidas konnte einige Tage lang die Stellung halten, aber am Ende erzwangen die Perser den Durchbruch und griffen die Griechen von hinten an. Das Gemetzel überlebten nur zwei griechische Soldaten, und in seiner Folge fiel das gesamte Zentralgriechenland in die Hände der Perser. Bei der Schlacht von Plataiai im Jahr 479 v. Chr. *(siehe S. 29)* konnten Athen und seine Alliierten dann schließlich doch die persischen Streitkräfte besiegen.

Standbild von König Leonidas am Thermopylae-Paß

Am Straßenrand gegenüber dem Grabhügel der hier gefallenen Soldaten steht eine beeindruckende Bronzestatue von König Leonidas, die 1955 gegossen wurde, und links neben dem Hügel sieht man die berühmten Schwefelquellen, von denen die Stadt Thermopylae – was »warme Tore« bedeutet – ihren Namen hat.

Lamía-Museum
Kástro. 22310 46106. Di–So. Feiertage.

Antikes Delphi ⓳

Siehe S. 228 ff.

Golf von Korinth ⓴
Κορινθιακός Κόλπος

Stereá Elláda. *bis Náfpaktos.*

An der Nordküste des Golfs von Korinth liegen mehrere bekannte Urlaubsorte und viele winzige Küstendörfer weit abseits der üblichen Touristenrouten. Sie sind durch gut ausgebaute Straßen verbunden, von denen man, ähnlich wie in den Urlaubsorten selbst, wunderbare Ausblicke über den Golf bis hinüber zu den Bergen des Peloponnes genießen kann.

Von Delphi aus führt die Landstraße nach Süden durch die größte Olivenplantage Griechenlands und an **Itéa**, einem geschäftigen Industriehafen, vorbei. 17 Kilometer westlich davon steht die Kirche Agios Nikólaos an exponierter Stelle auf einer Anhöhe, umgeben von den alten Steinhäusern von **Galaxídi**. Die Stadtgeschichte erzählt das Schiffahrtsmuseum, und die strandnahen Herrenhäuser des 19. Jahrhunderts erinnern an den Wohlstand, den die Werften der Stadt einst einbrachten. Anfang des 20. Jahrhunderts wurde das zugunsten der Industrie abgeholzte Gebiet wieder aufgeforstet.

Nächste größere Ortschaft ist **Náfpaktos**;

sie mag nicht ganz die Attraktivität von Galaxídi haben, zeigt aber immer noch viel Charme und Charakter. Oberhalb der Stadt erhebt sich eine venezianische Festung, deren Schutzmauern bis hinunter an den Strand reichen und beinahe den Hafen umschließen. Der venezianische Name der Stadt war Lepanto; hier war es, wo 1571 die berühmte Seeschlacht bei Lepanto *(siehe S. 38)* stattfand, in der Venezianer, Spanier und Genueser gemeinsam die osmanische Flotte besiegten.

Bei **Antírrio** reicht die Küste am nächsten an den Peloponnes heran. Von hier aus fahren auch Autofähren über den als »kleine Dardanellen« bekannten schmalen Wasserstreifen nach Río auf der anderen Seite, zusätzlich wurde eine Hängebrücke errichtet. Die original erhaltene franko-venezianische Festung Kástro Roúmelis ist einen Besuch wert. Eine weitere Burg erblickt man in der Ferne.

Schiffahrtsmuseum
Mouseíou 4, Galaxídi. 22650 41558. tägl. Feiertage.

Mesolóngi 21
Μεσολόγγι

Stereá Elláda. **Straßenkarte** B3. 12 000. *Spyridonos Trikoupi 29 (26310 27220). Di, Sa.*

DER NAME Mesolóngi bedeutet »in den Lagunen«, und die Stadt hat eine für die Fischerei geradezu ideale Lage, auch wenn dieser Erwerbszweig im Niedergang begriffen ist. Geschichtlich ist der Ort bekannt als Zentrum des Widerstands gegen die Türken im Unabhängigkeitskrieg *(siehe S. 40f)*. Nachdem Aléxandros Mavrokordátos, einer der Anführer der Aufständischen, 1821 hier sein Hauptquartier eingerichtet hatte, wurde die Stadt zum Sammelpunkt der griechischen Freiheitsbewegung, die auch Lord Byron *(siehe S. 149)* anzog. Byron kam im Januar 1824 hierher, starb aber bereits im folgenden April an Fieber. Sein Herz ist unter seiner Statue im Garten der Helden begraben. Mesolóngi wurde 1828 von den Türken kampflos überlassen.

Statue von Lord Byron bei Mesolóngi

Vögel der Salzpfannen

Wegen der Bedeutung für die Konservierung von Lebensmitteln ist die Produktion von Salz im Mittelmeerraum ein wichtiges Gewerbe, das sich in Griechenland auf die Region um Mesolóngi und den Golf von Arta konzentriert. Dabei wird Meerwasser in große Verdunstungsbassins geleitet, die zahllose Vögel anziehen. Garnelen fühlen sich in dem salzigen Wasser besonders wohl und bieten vielen Vogelarten reichlich Nahrung. Zwei der auffälligsten Wasservögel, denen man hier begegnen kann, sind Säbelschnäbler und Silberreiher; ebenfalls häufig kommen aber auch Stelzenläufer mit ihren roten Beinen vor.

Säbelschnäbler
Silberreiher

Der befestigte Hafen von Náfpaktos am Golf von Korinth

Antikes Delphi ⓳

Δελφοί

Karyatide am Schatzhaus von Sífnos

DIE LEGENDE besagt, Zeus habe zwei Adler von entgegengelegenen Enden der Welt freigelassen, und dort, wo sich ihre Flugbahnen am Himmel kreuzten, habe er Delphi entstehen lassen. Das als Heimstatt Apollons bekannte Orakel wurde seit dem 8. Jahrhundert v.Chr. regelmäßig von Menschen aus allen Teilen der antiken Welt befragt. Mit dem politischen Aufstieg Delphis im 6. Jahrhundert und der Umorganisation der Pythischen Spiele *(siehe S. 23)* begann für das Orakel ein Goldenes Zeitalter, das bis zur Ankunft der Römer 191 v.Chr. andauerte. Im Zuge der Christianisierung des Byzantinischen Reichs wurde das Heiligtum 393 n.Chr. endgültig geschlossen.

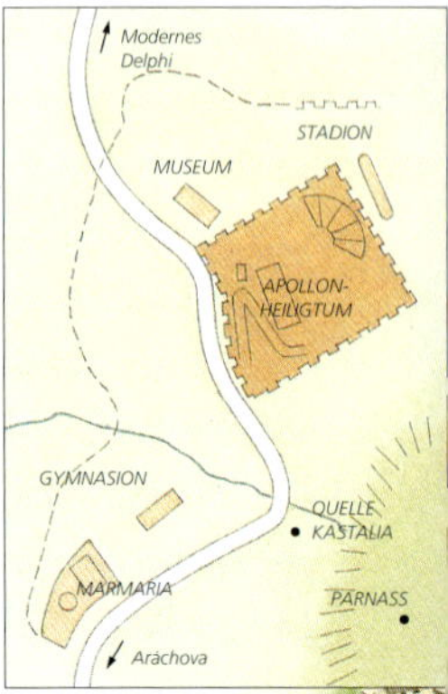

ZUR ORIENTIERUNG

Vouleuterion (Rathaus von Delphi)

Zum Museum *(siehe S. 231)*

Das Schatzhaus der Athener entstand nach der Schlacht von Marathon *(siehe S. 145)* und wurde 1906 neu errichtet.

Schatzhaus von Siphnian

Der Haupteingang war einmal ein Marktplatz *(Agora)*, auf dem religiöse Artikel feilgeboten wurden.

Am Fels der Sibylle verkündete nach der Sage die erste Prophetin von Delphi ihre Weissagung.

DAS ORAKEL VON DELPHI

Im Orakel konnte Apollon befragt werden, der durch die Priesterin Pythia sprach. Fragesteller mußten eine Gebühr *(pelanos)* entrichten und auf dem Altar ein Tier opfern. Ein männlicher Priester gab dann die Frage an die Pythia weiter. Durch Dämpfe aus einem Erdspalt, über dem sie auf einem Dreifuß saß, in Trance versetzt, gab die Pythia dann die Antwort. Ihre Beschwörungen mußten von den Priester interpretiert werden und waren oft mehrdeutig. So wollte König Krösus von Lydien (Regierungszeit 560–546 v.Chr.) wissen, ob er den Krieg gegen Kyros von Persien wagen sollte; in der Antwort erfuhr er, daß er ein großes Reich zerstören würde, wenn er einen Fluß überquere. Beim Aufmarsch gegen Kyros setzten seine Truppen über den Halys, und das zerstörte Reich war sein eigenes.

★ Heilige Straße

Der Weg führt zum Apollon-Tempel un war mit Schatzhäu sern der Stadtstaat gesäumt, in denen diese ihre Weihgeschenke unterbrachten.

◁ **Eindrucksvoller Blick auf das Theater von Delphi**

Der Heilige Bezirk

Dieser Bereich ist der Mittelpunkt der Anlagen von Delphi, zu denen noch ein Stadion und die Heilige Quelle zählen *(siehe S. 230f)*. Der Zugang erfolgt über eine Agora, von der aus die Heilige Straße sich durch die Ruinen der Denkmäler und Schatzhäuser schlängelt.

Infobox

Parnaß, Stereá Elláda.
Straßenkarte C4.
22650 82312.
Apr–Okt tägl. 7.30–19 Uhr; Nov–März tägl. 8.30–15 Uhr.
Feiertage.

Zum Stadion ***(siehe S. 230)***

Das Theater, vor 2500 Jahren erbaut, bietet 5000 Zuschauern Platz. Es wetteifert mit Epidaurus *(siehe S. 184f)* um den Rang des schönsten in ganz Griechenland.

★ Apollon-Tempel

An dieser Stelle stand schon seit dem 6. Jahrhundert v.Chr. ein Tempel, doch die heutigen Ruinen stammen aus dem 4. Jahrhundert v.Chr. Nach der Freilegung der Fundamente 1892 durch französische Archäologen wurden Teile der Anlage wiederhergestellt.

Eine Säule trug einst eine Statue des Prusias, König von Bithynien.

Rekonstruktion von Delphi (um 200 v.Chr.)

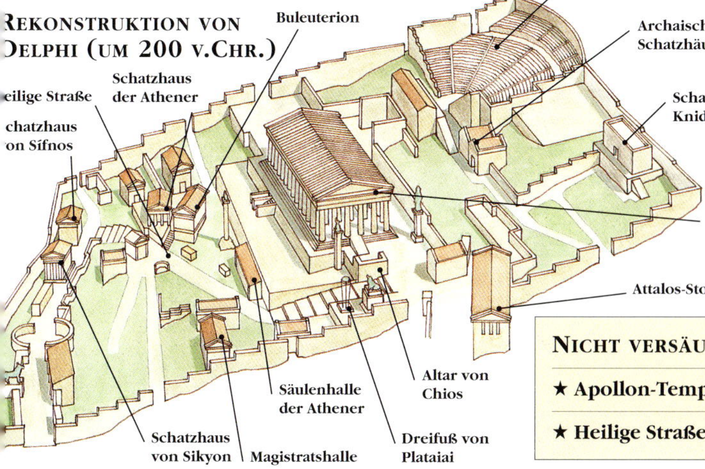

Nicht versäumen

★ Apollon-Tempel

★ Heilige Straße

Überblick: Delphi

Säule mit Frauenbildnis, Schatzhaus von Siphnian

Die ersten Ausgrabungen in Delphi fanden 1892 statt. Zwar ist der Ort vor allem wegen des Apollon-Heiligtums berühmt, er barg in alter Zeit aber auch einen Athene-Tempel und den als *Tholos* bekannten Rundbau, die beide in einem zweiten Bereich etwas weiter südlich zu sehen sind. Im Stadion, das nördlich des Theaters liegt, fanden die Pythischen Spiele statt, die nach denen von Olympia *(siehe S. 173)* wichtigsten sportlichen Wettkämpfe des antiken Griechenlands. Sie boten die Möglichkeit, auf sportlicher Ebene das Zusammengehörigkeitsgefühl der ansonsten oft zerstrittenen griechischen Stadtstaaten zu stärken.

Blick vom Torbogen des Eingangs auf das Stadion

Marmaria-Bezirk

Im Südosten des Apollon-Tempels führt ein Weg zum Marmaria-Bezirk mit dem Heiligtum der Athena Pronaia. Am Eingang stehen die Ruinen eines der Göttin Athena geweihten Tempels aus dem 4. Jahrhundert v.Chr. und am anderen Ende die eines frühen, der gleichen Göttin zugedachten Tempels aus der Zeit um 510 v.Chr. Dazwischen sieht man die bemerkenswerte und oft fotografierte *Tholos*, deren Bestimmungszweck noch immer unbekannt ist. Das kreisförmige Bauwerk aus dem 4. Jahrhundert v. Chr. war ursprünglich von zwanzig Säulen umgeben, von denen im Jahre 1938 drei wieder aufgebaut wurden, um einen Eindruck der ursprünglichen Schönheit zu vermitteln.

Die *Tholos* neben dem Heiligtum der Athena Pronaia, Marmaria-Bezirk

Stadion

Dieses Stadion zählt zu den am besten erhaltenen im Lande. Die 200 Meter lange Anlage faßte 7000 Zuschauer, die alle vier Jahre hierherkamen, um bei den Pythischen Spielen dabeizusein. Diese waren aus einem musischen Fest zur Erinnerung an die mythische Erlegung der Schlange Python durch Apollon *(siehe S. 228)* hervorgegangen, das im Rhythmus von acht Jahren im Theater abgehalten wurde. Musik und Poesie standen zwar auch später noch im Mittelpunkt der Ereignisse, doch ab 582 v.Chr. waren dann die sportlichen Wettkämpfe im Stadion dazugekommen, und das Fest wurde allmählich als die Pythischen Spiele bekannt. Die Preise waren nie materieller Art – Wettkampfsieger erhielten den traditionellen Lorbeerkranz und das Recht, ein Standbild von sich im Heiligtum zu errichten.

Das aus Steinen des Parnaß erbaute Stadion ist gut konserviert. Am besten erhalten sind die nördlichen hinteren Reihen, die für die Präsidenten der Spiele und für Ehrengäste reserviert waren.

Quelle Kastalía

Vermutlich mußten alle, die den Heiligen Bezirk betreten wollten, einschließlich der Athleten, sich vorher im klaren, aber eisigen Wasser der Heiligen Quelle Kastalía einer rituellen Waschung unterziehen, was in der Hauptsache im Waschen der Haare bestand. Auch die Pythia des Orakels *(siehe S. 228)* wusch sich hier, bevor sie ihre Weissagungen verkündete. Im dem Felsen, der die Quelle umgibt, enthielten früher einige Nischen Votivgaben für die Quellnymphe Kastalía.

Es heißt, der englische Dichter der Romantik, Lord Byron *(siehe S. 149)*, sei einmal in die Quelle eingetaucht in dem Glauben, ihr Wasser würde ihn zu neuen Gedichten inspirieren.

Nischen der Kastalía-Quelle

Gymnasion

Das eiskalte Wasser der kastalischen Quelle floß hier hinunter und speiste schließlich das Schwimmbad der für die Pythischen Spiele trainierenden Athleten (bis zur Einrichtung heißer Bäder durch die Römer im 2. Jh.). Die ursprüngliche Badanlage, die noch im Hof zu sehen ist, hatte einen Durchmesser von neun Metern. Im Osten davon liegt die Palaestra, der Trainingsbereich, mit den angeschlossenen Umkleideräumen. Neben einer Außenbahn gab es auch eine zweite, 180 Meter lange überdachte Bahn für Laufübungen bei schlechtem Wetter. Das Gymnasion diente auch eher geistigen Zwecken – die Poeten und Philosophen Delphis unterrichteten hier.

Archäologisches Museum

Das Museum von Delphi beherbergt eine große, bedeutende Sammlung von Skulpturen und architektonischen Exponaten, die in ihrer Bedeutung nur noch derjenigen der Athener Akropolis *(siehe S. 94ff)* nachsteht. Gleich beim Eingang steht eine Kopie des »Nabelsteines« Omphalos, der die Stelle markiert haben soll, über der sich die beiden Adler des Zeus in der Luft trafen und Delphi zum Mittelpunkt der Erde machten *(siehe S. 228)*.

In einem der 13 Säle des Museums befindet sich ein Modell des Apollon-Heiligtums, das die Anlage originalgetreu in weißem Kalkstein, blauem Marmor, Gold und Terrakotta rekonstruiert.

Die Votivkapellen oder sogenannten »Schatzhäuser« säumten die Heilige Straße *(siehe S. 228)*, und diese Kapellen enthielten Dankopfer in Form von Geld oder Kunstwerken von Städten, die eine vorteilhafte Weissagung von dem Orakel erhalten hatten. Das Schatzhaus von Theben wurde zum Beispiel nach dem thebanischen Sieg in der Schlacht von Leuktra im Jahre 371 v.Chr. errichtet. In zwei Räumen ist der Inhalt der Schatzhäuser von Siphnian beziehungsweise Athen zu sehen; Sífnos' großer Reichtum wird an dem herrlichen Fries deutlich, der eindrucksvolle Kampfszenen griechischer Helden gegen die Riesen zeigt. Die 2,3 Meter hohe Naxos-Sphinx wurde im Jahre 560 v.Chr. von den wohlhabenden Bürgern der Stadt gespendet und stand in früheren Zeiten einmal auf einer zehn Meter hohen Säule.

Der bronzene *Wagenlenker*

Das sicherlich berühmteste Exponat des Museums, der *Wagenlenker*, ist eine lebensgroße Bronzestatue, die der Tyrann Gelon von Syrakus zur Erinnerung an seinen Sieg im Wagenrennen bei den Pythischen Spielen von 478 v.Chr. in Auftrag gab. Ein weiteres Meisterwerk ist die *Statue der drei tanzenden Koren*. Man glaubt, die Mädchen feiern das Fest des Gottes Dionysos *(siehe S. 52)*, der ebenfalls hier im Heiligtum leben sollte. Seine Anwesenheit wurde im Winter geehrt, wenn der Gott Apollon ruhte oder unterwegs war.

Fries vom Schatzhaus von Siphnian im Archäologischen Museum

NORDGRIECHENLAND

MAKEDONIEN · THRAKIEN

MAKEDONIEN IST GRIECHENLANDS *größte Provinz, in der sich Thessaloníki, die zweitwichtigste Stadt des Landes, befindet. Hier war die Heimat Alexanders des Großen und das Herz des alten hellenischen Reiches. Ebenso wie Thrakien, das sehr stark von der türkischen Kultur beeinflußt wurde, ist Makedonien mit seinen Gebirgen und Flüssen eine Region von unbekannter Schönheit.*

Makedonien stammt von den Makednoi, einem Stamm, der die Region gegen Ende des 4. Jahrhunderts v.Chr. besiedelte. Der Einfluß des Makedonischen Reiches zeigt sich in vielen historischen Orten wie Vergína, wo sich das Grab Philipps befindet, Pélla, dem Geburtsort Alexanders, oder Díon am Fuße des Olymp. Während der Herrschaft des römischen Kaisers Galerius im 3. Jahrhundert v.Chr. wurde eine Vielzahl beeindruckender Bauten errichtet, darunter der Triumphbogen, das Wahrzeichen Thessaloníkis. Auch aus der byzantinischen Ära gingen großartige architektonische Werke hervor. Besonders in Thrakien ist der Einfluß der islamischen Kultur noch heute an den morgenländischen Basaren nachzuvollziehen. Das Klima in Makedonien und Thrakien ist feuchter als im restlichen Griechenland und die Vegetation vielfältiger. Am Übergang zu Mittelgriechenland erhebt sich der höchste Berg des Landes, der Olymp, und in einem Naturschutzgebiet im Nordwesten liegen die Préspa-Seen. Die bedeutendsten Produkte der Region sind Tabak aus Thrakien und Wein aus Náousa.

Kopf des Serapis im Archäologischen Museum in Thessaloníki

Während sich im Westen, entlang der Halbinsel Chalkidikí, belebte Strände ausdehnen, ragt im Osten der heilige Berg Athos empor. Es heißt, die Jungfrau Maria habe diesen Berg besucht, der byzantinische Kaiser Monomáchos untersagte es daraufhin Frauen und Kindern, je einen Fuß darauf zu setzen.

Dorfbewohner in einer Taverne im Néstos-Tal

◁ **Moní Grigoríou auf der heiligen Halbinsel von Athos**

Überblick: Nordgriechenland

Nordgriechenland bietet eine Vielzahl von Vergnügen. Das rege Treiben im modernen Thessaloníki läßt sich gut mit einem Badeurlaub in Chalkidikí oder der Erkundung antiker Sehenswürdigkeiten Makedoniens verbinden. Naturliebhaber bevorzugen den Nationalpark um die Préspa-Seen an der Grenze zu Albanien, sowie den Dadiá-Wald und das Evros-Delta im Osten, nahe der Türkei. Für Wanderer ist der Olymp wie geschaffen. Es lohnt sich auch, die beiden relativ unbekannten Städte Kastoriá und Kavála zu besuchen, da sie ideale Ausgangspunkte für Erkundungsreisen ins Landesinnere sind. Von Kavála aus bietet sich eine Fahrt in die faszinierende, aber noch wenig besuchte Umgebung Thrakiens an. Die interessantesten Städte dieser Region sind Xánthi, Komotiní und Alexandroúpoli; Kulturliebhaber finden hier eine Kombination griechischer und türkischer Baustile. Alexandroúpoli mit Stränden und Strandcafés ist zudem ideal für Familien.

Typischer Stand auf dem Obst- und Gemüsemarkt in Xánthi

Mikrolímni, einer der sehenswerten Préspa-Seen

Sehenswürdigkeiten auf einen Blick

Alexandroúpoli 21
Antikes Pélla 9
Avdira 18
Berg Athos S. 252 ff 14
Dadiá-Wald 22
Edessa 8
Kassándra 12
Kastoriá 2
Kavála 15
Komotiní 19
Lefkádia 7
Marόneia 20
Néstos-Tal 16
Nördliches Chalkidikí 11
Olympos 4
Préspa-Seen 1
Siátista 3
Sithonía 13
Thessaloníki S. 244 ff 10
Vergína 5
Véroia 6
Xánthi 17

Unterwegs in Nordgriechenland

Der Flughafen von Thessaloníki bedient nationale und internationale Routen, während Kastoriá, Kozáni und Alexandroúpoli nur Inlandsflüge abwickeln. Fähren verbinden Thessaloníki mit den Sporaden und Kavála sowie Alexandroúpoli mit der nördlichen Ägäis. Schnellzüge verkehren von Thessaloníki nach Süden in Richtung Athen und im Osten nach Thrakien und weiter nach Istanbul. Die Schnellstraße E75 führt von Thessaloníki nach Athen und Thrakien. Busse fahren zwischen Thessaloníki, Alexandroúpoli und Kastoriá.

Zur Orientierung

Siehe auch

- ***Übernachten*** S. 273ff
- ***Restaurants*** S. 294f

Legende

- Schnellstraße
- Hauptstraße
- Asphaltierte Straße
- Panoramastraße
- Fluß
- Aussichtspunkt

Der Hafen von Kavála im östlichen Makedonien

Paradiesische Landschaft an den Préspa-Seen

Préspa-Seen ❶
Εθνικός Δρυμός Πρεσπών

Makedonien. **Straßenkarte** B1. 🚌 *bis Flórina.* ℹ *Agios Germanós (23850 51452)*

Der Nationalpark der Préspa-Seen ist einer der schönsten und natürlichsten Parks auf dem Festland Griechenlands und der einzige, der hauptsächlich aus Wasserflächen besteht. Durch den südwestlichen Teil des Megáli-Sees verläuft die albanische Grenze, der sich die Grenze zur Republik Makedonien anschließt. Der griechische Teil dieses Sees, der Mikrí-See und die umgebende Landschaft, bedecken zusammen die 255 Quadratkilometer des 1974 eingerichteten Nationalparks. Das Gebiet um den Mikrí-See ist aufgrund seiner Tierwelt zu einem Naturschutzgebiet erklärt worden. Mit einer Fläche von 49 Quadratkilometern bildet diese Gegend somit einen Park im Park, dessen Grenze deutlich gekennzeichnet ist.

Neben den mehr als 1300 verschiedenen Pflanzenarten, zu denen auch eine hier heimische Flockenblume *(Cantaurea prespana)* mit gänseblümchenartigen Blüten zählt, leben mehr als 40 verschiedene Säugetierarten in diesem Naturschutzgebiet, darunter auch Bären, Wölfe und Wildkatzen. Zudem ist dies eine der letzten europäischen Brutstätten der seltenen dalmatinischen Pelikane. Von ihnen leben weltweit nur noch rund 1000 Paare, davon 150 an den Préspa-Seen. Weitere

Feuchtbiotope

Im Gegensatz zu der trockenen Felslandschaft, die sich durch den größten Teil Griechenlands erstreckt, trifft man im Norden des Landes auf einige außergewöhnliche Feuchtgebiete mit einer reichen Tier- und Pflanzenwelt. An den schilfbewachsenen Seeufern finden Vögel und Amphibien ideale Brutbedingungen, und im Wasser tummeln sich unzählige Fische und Wasserinsekten. Künstlich angelegte Lebensräume, wie Salzbecken und Lagunen, bieten Watvögeln geschützte Nistplätze.

***Der Korónia-See** liegt im Blickwinkel nahe gelegener Dörfer, von denen die meisten auch eigene Storchenkolonien haben. Im Frühling versammeln sich Frösche und Sumpfkröten am Seeufer.*

***An den Préspa-Seen** leben die seltenen dalmatinischen Pelikane, die zum Brüten die Weite und Ruhe dieser Landschaft benötigen.*

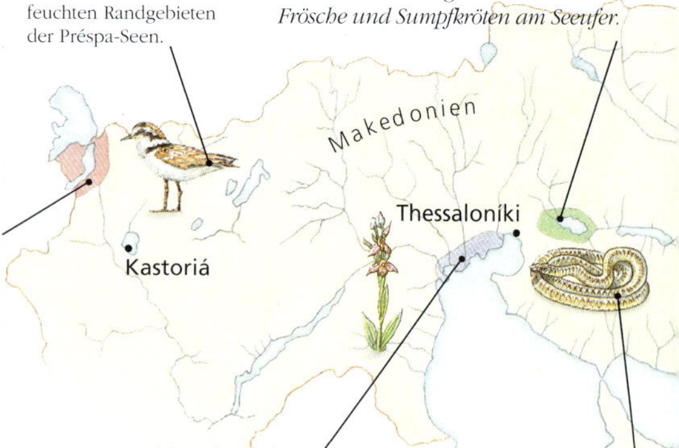

Kiebitze nisten in den feuchten Randgebieten der Préspa-Seen.

Das Axiós-Delta ist die Heimat zahlreicher Libellen. Am Rand blühen Frühlingsblumen und Orchideen.

Peitschenschlangen sind in Nordgriechenland nicht selten, besonders um den Korónia-See.

dort beheimatete Vogelarten sind unter anderen Kormorane, Störche und auch Reiher.

Psarádes, am Ufer des Megáli-Sees, ist eines der kleinen Dörfer, die um die Seen verstreut liegen. In diesem hübschen, traditionellen Fischerdorf bieten Einheimische Bootsfahrten auf die Seen an. Vom Wasser aus sieht man außer antiken Felsmalereien am Ufer auch zwei Kirchen: **Panagía i Eleoúsa** aus dem 13. Jahrhundert und **Metamórfosi**, die aus dem 14. Jahrhundert stammt. Im Norden des Dorfes **Mikrolímni** liegen ausgedehnte Feuchtwiesen, die vielen Vogelarten Heimat bieten. Südwestlich von Mikrolímni führt ein Pfad zur biologischen Forschungsstation Ellinikí Etaireía, die auch als Unterkunft für die hier arbeitenden Wissenschaftler dient.

Das Dorf Psarádes am Ufer des Megáli-Sees

Im Sommer vergnügt man sich an den feinen Sandstränden beim Baden im klaren, aber relativ kalten Wasser der Seen.

Fresko an der Kirche Metamórfosi

Umgebung: Nordöstlich des Parks liegt der Ort **Agios Germanós**. Dort befindet sich neben einer byzantinischen Kirche (11. Jh.) und einer Vielzahl traditionell im örtlichen Stil erbauter Häuser auch das **Préspa-Informationszentrum**. Hier ist das ganze Jahr über eine Ausstellung über die ökologische Bedeutung des Préspa-Nationalparks zu sehen. Führungen durch den Park müssen in diesem Zentrum gebucht werden.

Etwas außerhalb der Ortschaft führt eine Straße auf die Gipfel des Kaló Neró (2160 m) und des Mázi (2060 m), von denen sich ein herrlicher Blick auf die Seen bietet.

***Braune Sichler** finden eines ihrer letzten europäischen Rückzugsgebiete in Nordgriechenland. Bei günstigem Licht betrachtet, haben ihre Federn einen metallischen Glanz.*

***Im Evros-Delta**, nahe der Türkei, sind viele der interessanten Regionen nur schwer zugänglich. Doch nisten zahlreiche Wasservögel, wie etwa kleine Reiher, in leicht einsehbaren Gebieten.*

Purpurfarbene Reiher brüten im Schilf des Evros-Delta.

Bei Pórto Lágos sind Lagunen, Wasserbecken und Sümpfe ein Paradies für die rötlichen Brandenten.

Legende

- Préspa-Seen
- Axiós-Delta
- Korónia-See
- Néstos-Delta
- Pórto Lágos
- Evros-Delta
- Staatsgrenze

0 Kilometer 50

***Das Néstos-Delta** ist eines der artenreichsten Feuchtbiotope Griechenlands. Viele Vogelarten, insbesondere Reiher, leben in riesigen Kolonien in den ausgedehnten Schilfbänken und Baumgruppen.*

Fischer im Morgengrauen auf den Préspa-Seen ▷

Kastoriá ❷
Καστοριά

Makedonien. **Straßenkarte** B2. 17 000. *10 km südlich von Kastoriá.* *24670 26777.* *Mi.*

KASTORIA IST das griechische Wort für »Ort der Biber«. Diese Tiere lebten einst in dem gleichnamigen See, an dem auch die Stadt liegt. 1940 entdeckte man hier die Überreste einer prähistorischen Siedlung. 200 v.Chr. wurde der damals Keletron genannte Ort von den Römern erobert. Im 17. Jahrhundert zog es dann Kürschner aufgrund der zahlreichen Biber hierher. Trotz der Tatsache, daß die Biber in dieser Gegend bis zum 19. Jahrhundert ausgerottet waren, fand der Handel mit den teuren Fellen kein Ende. Zu dieser Zeit importierten Kürschner auch Felle aus Restbeständen, unter anderem Nerzfelle, die sonst nirgends Absatz fanden, und fertigten daraus gefragte Kleidungsstücke an. Noch heute werden hier Pelzmäntel hergestellt und in Läden vor Ort, in Thessaloníki oder Athen verkauft.

Damals florierte die Stadt durch den Handel mit den Fellen, wie einige Villen aus dem 17. und 18. Jahrhundert im Südosten der Stadt zeigen *(siehe S. 20)*. Zwei dieser noblen Herrenhäuser, Skoutári und Nanzí, sind drei Etagen hoch und besitzen Innenhöfe. Die als Lagerstätten dienenden Erdgeschosse wurden in beiden Fällen aus Stein erbaut, die beiden oberen Etagen, die damaligen Wohnräume, aus Holz. Im Inneren sind elegante Fachwerkräume zu besichtigen, eingerichtet mit Schränken und Kochstellen.

Das **Heimatmuseum** der Stadt ist in der Villa Aïvazí zu finden, die im 15. Jahrhundert erbaut und bis 1972 noch bewohnt wurde. Die aufwendigen Holzschnitzereien im Salon im oberen

Das Herrenhaus Skoutári (18. Jh.) in Kastoriá

Geschoß sowie die darunterliegenden Küchen und der Weinkeller, alles sorgfältig restauriert, verraten vieles über die Lebensweise der wohlhabenden Fellhändler.

Weitere interessante Sehenswürdigkeiten sind die 54 byzantinischen Kirchen, von denen die meisten unter Denkmalschutz stehen. Eine dieser Kirchen, die im Süden Richtung Mitropóleos gelegene **Panagía Koumbelídiki**, wurde nach ihrem ungewöhnlich hohen Turm benannt. Im Straßenlabyrinth Kastoriás sind einige der kleineren Kirchen schwer zu finden, da sie ursprünglich private Kapellen der Händler waren. Andere sind für Besucher geschlossen, ihre Ikonen sind jedoch in einer kleinen Ausstellung im **Byzantinischen Museum** (verwirrenderweise auch Archäologisches Museum genannt) zu sehen.

Apsis und Kuppel von Panagía Koumbelídiki

Heimatmuseum
Kapetán Lázou 10. *24670 28603.* *tägl.* *Feiertage.*

Byzantinisches Museum
Plateía Dexamenís. *24670 22325.* *Di–So.* *Feiertage.*

Siátista ❸
Σιάτιστα

Makedonien. **Straßenkarte** B2. *5000.* *Plateía Tsistopoúlou (24650 21280).*

SIATISTA WURDE um 1430 nach der türkischen Eroberung Thessaloníkis gegründet. Wie Kastoriá florierte die Stadt durch den Pelzhandel, obwohl auch hier einheimisches Material fehlte. Zobel- und Marderfellreste wurden hauptsächlich aus Rußland importiert, in Siátista zu Kleidung verarbeitet und schließlich nach Westeuropa weiterverkauft.

Mit dem zunehmenden Reichtum der Stadt im 18. Jahrhundert entstanden auch hier zahlreiche Herrenhäuser *(siehe S. 20)*, die denen in Kastoriá sehr ähneln und deren Ornamentik den osmanischen Einfluß stark hervorhebt.

Nerantzopoúlou ist eines von mehreren, die der Öffentlichkeit zugänglich sind; hier gibt es auch die Schlüssel und Wegbeschreibungen zu den anderen, etwa **Manoúsi** und **Poulkídou**.

Nerantzopoúlou-Haus
Plateía Chorí. *Di–So.* *Feiertage.*

Blick auf Siátista im Askion-Gebirge, Westmakedonien

Die beeindruckenden Gipfel des Olymp erheben sich über dem Dorf Litóchoro

Olymp ❹
Ολυμπος

17 km westlich von Litóchoro, Makedonien. **Straßenkarte** C2. *Litóchoro.* *EOS: Evángelou Karavákou 20, Litóchoro (23520 82444).*

DER NAME Olymp bezieht sich auf die gesamte, zwanzig Kilometer lange Gebirgskette, deren Fläche den Olympos-Nationalpark bildet. Mit einer Höhe von 2917 Metern ist der Mýtikas der höchste Berg des Gebiets.

Etwa 1700 Pflanzenarten wachsen in dem Park. Zu den zahlreichen Tierarten, die hier zu finden sind, zählen Gemsen und Wildschweine.

Ausgangspunkt für Wanderer ist das Dorf **Litóchoro**, ein lebendiger Ort, in dem einem mehrere Hotels und Tavernen zur Wahl stehen. Hier werden auch Wanderkarten verkauft. Ein gekennzeichneter Pfad führt von diesem Ort hinauf in den Nationalpark. Nach einem beschwerlichen Marsch von mindestens sechs Stunden erreicht man den Gipfel des Mýtikas. Dringend ratsam ist es, über Nacht in einer der beiden Berghütten zu kampieren, statt den Auf- und Abstieg an einem Tag zu planen.

UMGEBUNG: Zehn Kilometer nördlich von Litóchoro liegt das Dorf Díon, dessen Name von *Díos* oder »von Zeus« abgeleitet ist. Hier werden in einem interessanten Museum einige Ausgrabungen des **antiken Díon** ausgestellt, das östlich des heutigen Ortes zwischen der Küste und den Gipfeln des Olymp liegt. Für die Makedonier war Díon eine heilige Stadt, in der 400 v. Chr. ca. 15 000 Menschen lebten. Obwohl die Ebenen von König Philipp II. von Makedonien als Militärstützpunkt genutzt wurden *(siehe S. 32f)* und Díon keine eigentliche Stadt war, gab es einen Zeus geweihten Tempel, ein Theater und ein Stadion. Erst 200 v. Chr. erbauten die Römer hier eine größere Siedlung, deren Ruinen mit wertvollen Mosaiken und römischen Bädern noch heute zu sehen sind. Weitere Sehenswürdigkeiten sind ein antikes Theater und die Tempelruine, die der ägyptischen Göttin Isis geweiht war.

Römisches Mosaik aus dem antiken Díon

Es lohnt sich, vor der Besichtigung Díons einen Film über die Ausgrabungen der Stadt anzusehen, der in verschiedenen Sprachen im modernen **Museum von Díon** gezeigt wird. Zu den Ausstellungsstücken des Museums gehören Spielsachen, Küchenutensilien und Schmuck aus dem Tempel der Isis. Zusammen vermitteln sie dem Betrachter ein lebendiges Bild der antiken Stadt.

Antikes Díon
Östlich von Díon. *tägl.* *Feiertage.* *außer So.*

Díon-Museum
Díon. *23510 53206.* *tägl.* *Feiertage.* *außer So.*

DAS REICH DES ZEUS

Zeus, der mächtigste aller griechischen Götter, lebte zusammen mit anderen Unsterblichen auf dem Olymp. Er war verantwortlich für das Schicksal der Menschen und zugleich der Gott des Wetters und des Donners. Viele Mythen erzählen von seinen Liebesabenteuern und seinen zahlreichen Kindern, von denen die einen Gottheiten, die anderen Helden sind *(siehe S. 52f)*. Er wurde in Olympia und in Dodóni, dem ältesten Orakel Griechenlands, verehrt.

Vergína 5
Βεργίνα

12 km südöstlich von Véroia, Makedonien. **Straßenkarte** C2. *Archäologische Stätte (23310 92394).*

Ausserhalb des Dorfs Vergína entdeckte der Archäologe Professor Manólis Andrónikos 1977 den Eingang einer Grabstätte. Die verletzte Augenhöhle des dort gefundenen Skeletts gab Aufschluß darüber, daß es sich bei dem Toten um König Philipp II. von Makedonien handelte, der an solch einer Verletzung gestorben war. Seine Gebeine lagen in einem prunkvollen, goldenen Sarg, in den das Symbol der makedonischen Sonne eingraviert war. Durch die Entdeckung wurde auch geklärt, daß jener Ort Aigai sein mußte, die erste Hauptstadt Makedoniens. In dieser Grabstätte, so wie in vielen anderen **Königsgräbern** auch, wurden Grabbeigaben aus Gold und anderen Materialien gefunden. Sie werden vor Ort ausgestellt und zählen zu den bedeutendsten Funden Griechenlands seit der Entdeckung Mykenes durch Heinrich Schliemann *(siehe S. 178ff)*. Entlang der Straße zu König Philipps Grabstätte befinden sich weitere, als **makedonische Grabstätten** bekannte Fundorte.

Männerkopf aus Terrakotta, aus dem Museum in Véroia

Der **Palast von Palatítsia** steht etwas weiter entfernt auf einem Hügel, der vermutlich bereits 1000 v. Chr. bewohnt war; das Gebäude selbst geht auf das dritte Jahrhundert v. Chr. zurück. Von dem 100 Meter darunter gelegenen Theater stehen heute nur noch niedrige Fundamente. Man nimmt an, daß König Philipp II. an diesem Platz ermordet wurde.

Königsgräber, Makedonische Gräber, Palast von Palatítsia
23310 92347. *Di–So.* *Feiertage.*

Die Königsfamilie Makedoniens

In den goldenen Sarg Philipps ist das Königssymbol der makedonischen Sonne, die fälschlicherweise auch als makedonischer Stern bezeichnet wird, eingraviert. Auf Flaggen sieht man diese Sonne in der Region noch häufig. Die lange Linie der makedonischen Könige läßt sich bis 640 v.Chr. zurückverfolgen. Von allen Königen jedoch war Philipp II. der einzige, der das griechische Reich in seiner damaligen Größe vereinte. Alexander der Große, der zwanzig Jahre alt war, als sein Vater 336 v.Chr. bei Palatitsia umgebracht wurde, machte jene Sonne zum Symbol seines Imperiums *(siehe S. 32f)*. Von seinem Vater hatte er nicht nur das ohnehin schon große Reich geerbt, sondern auch den Ehrgeiz, Persien zu erobern. 334 v.Chr. überquerte er mit 40 000 Mann die Dardanellen und schlug die Perser in drei Schlachten. Er starb im Alter von 33 Jahren, und das makedonische Reich zerfiel kurz nach seinem Tod.

Sarg mit makedonischer Sonne

Véroia 6
Βέροια

Makedonien. **Straßenkarte** C2. *48 000.* *Mitropóleos 47 (23301 23977).* *Di.*

Diese grösste Stadt der Region ist vor allem wegen ihrer rund 50 scheunenähnlichen Kirchen des 17. und 18. Jahrhunderts bekannt.

Als Zentrum des lokalen Pfirsichanbaugebiets herrscht an Markttagen im Basarviertel reges Treiben. Im **Archäologischen Museum** der Stadt ist eine Auswahl interessanter Grabungsfunde der Gegend zu sehen.

Archäologisches Museum
Anoixéos 47. *23310 24972.* *Di–So.* *Feiertage.*

Der Park Chília Déndra bei Náousa, nahe Lefkádia

Lefkádia 7
Λευκάδια

Makedonien. **Straßenkarte** C2. *23320 41121.* *Di–So.* *Feiertage.*

Die vier makedonischen Gräber von Lefkádia befinden sich außerhalb der Stadt. Die erste Grabstätte, da **Grab der Richter**, ist die mit einer Fläche von neun Quadratmetern größte Grabstätte Makedoniens, die mit Freske verzierte Fassade Aiakos und Rhadamanthys zeigt die Richter des Hades. Die Grabstätte wurde kürzlich restauriert. D hinter liegt das **Anthemíon-Grab**, das wegen des Blume musters an der Decke auch

Mosaik von der Löwenjagd aus dem Haus der Löwenjagd im antiken Pélla

Blumengrab genannt wird. Den Schlüssel zum **Grab von Lyson und Kallikles** kann man gelegentlich beim Verwalter bekommen.

Der Eingang erfolgt dann über ein Gitter in der Decke. Das vierte Grab, das **Grab des Kinch**, ist nicht nach einem dort bestatteten König, sondern nach seinem Entdecker benannt.

Umgebung: Náousa, bekannt durch seinen großen Park Agios Nikólaos (auch Chília Déndra, Wald der 1000 Bäume, genannt), ist auch das Zuhause der Winzerfamilie Boutari. **Náousa** liegt am Fuße der Hügel, oberhalb einer Ebene, die sich im Osten nach Thessaloníki erstreckt. In den Tavernen an den Flußufern kann man den guten Wein der Region oder auch frische Forellen genießen.

Edessa 8

Εδεσσα

Makedonien. **Straßenkarte** C1. 16 000. Parko Katarràkton (23810 20300). Do.

Edessa, die Hauptstadt der Region Pélla, ist wegen ihrer Wasserfälle, die von der Stadt in das darunter liegende Tal hinabstürzen, ein beliebtes Reiseziel. Mit seinen 24 Metern ist **Káranos** der höchste Wasserfall. In den umliegenden Gärten und Parks genießt man in gemütlichen Cafés und Restaurants den Ausblick.

Antikes Pélla 9

Πέλλα

38 km nordwestlich von Thessaloníki, Makedonien. **Straßenkarte** C1. *23820 31160.* *Di–So.* *Feiertage.*

Dieses kleine Gelände war einst die florierende Hauptstadt Makedoniens. 410 v. Chr. verlegte König Archelaos den Königshof von Aigai nach Pélla. Dort wurde auch Alexander der Große 356 v. Chr. geboren und später vom Philosophen Aristoteles unterrichtet. Eine Karte, auf der die Hauptstraße und die Geschäfte eingezeichnet sind, vermittelt eine Vorstellung, wie die Stadt einst ausgesehen haben mag. Archäologen nehmen an, daß sich der Palast im Norden der Stadt befand, wo die Ausgrabungen noch in vollem Gange sind.

Káranos-Wasserfall bei Edessa

In den Ruinen sowie im Museum sind einige der schönsten Mosaiken Griechenlands zu finden. Die Steine sind ungeschliffen und mußten nicht nur wegen ihrer Größe, sondern auch wegen der Farben sehr sorgfältig ausgewählt werden. Die um 300 v. Chr. entstandenen Mosaiken stellen wunderbar lebendige Jagdszenen dar. Eines der bekanntesten zeigt Dionysos auf einem Panther und ist heute im Haus der Löwenjagd untergebracht. Dieses Gebäude stammt ursprünglich aus dem 4. Jahrhundert v. Chr. und hatte zwölf Zimmer und drei Höfe auf einer Fläche von 90 mal 50 Metern.

Thessaloníki ⑩

Θεσσαλονίκη

Löwe im Archäologischen Museum

THESSALONIKI, auch bekannt als Salonica, wurde im Jahr 315 v.Chr. von König Kassandros gegründet und ist Griechenlands zweitgrößte Stadt. Die Römer machten sie 146 v.Chr. zur Hauptstadt der Provinz Makedonia Prima, und 395 n.Chr. wurde sie ein Teil des Byzantinischen Reiches. 1430 eroberten die Türken die Stadt, die sie bis 1912 besetzt hielten. Heute ist Thessaloníki eine geschäftige Großstadt mit einem großen Kulturangebot und einer Vielzahl von Kirchen *(siehe S. 248)*, zum Beispiel Agía Sofía und Agios Dimítrios, der größten Kirche Griechenlands.

Überblick: Thessaloníki

Der Hafen Thessaloníkis ist der wichtigste des Landes und trägt entscheidend zum regen Treiben und zum Wohlstand der Stadt bei. Das Hafenviertel verfügt über eine schöne Uferpromenade und einen grünen Park. In den letzten Jahren wurden viele internationale Ausstellungshallen gebaut, durch die sich Thessaloníki zu einem bedeutenden Messezentrum entwickelt hat. Neben den byzantinischen Kirchen *(siehe S. 248)* findet der Besucher interessante Museen, darunter auch das Archäologische Museum *(siehe S. 246f)*.

Möbelladen in einer Seitenstraße

Bei einem Brand im August 1917 wurde fast die Hälfte aller Gebäude, darunter auch das jüdische Viertel, innerhalb der mittelalterlichen Stadtmauern zerstört. Große Teile des türkischen Basars konnten jedoch gerettet und restauriert werden. Dazu zählt auch **Bezesténi**, eine Halle mit vielen Läden für Luxusgüter. In der **Modiáno-Halle**, benannt nach ihrem ehemaligen jüdischen Besitzer, sind Lebensmittel erhältlich. Westlich der Modiano-Halle findet man einige der besten *Ouzerí*-Lokale und am **Plateía Aristotélous** edle Cafés.

Galeriusbogen

Egnatía.

Das herausragendste architektonische Erbe der römischen Herrschaft am östlichen Ende der ebenfalls römischen Hauptstraße Via Egnatía ist der Galeriusbogen. Er wurde 303 n.Chr. von Galerius als Andenken seines Sieges über die Perser im Jahre 297 n.Chr. erbaut. In die Steine sind Szenen der Schlacht eingemeißelt. Der Galeriusbogen war einst ein Doppelbogen, in dessen Nähe ein Palast stand. Einige Überreste können noch an der Plateía Navarínou besichtigt werden.

Relief am Galeriusbogen

Cafés und Brunnen im Park nahe der Plateía Chánth

Weißer Turm

Am Meer. *2310 267832.* *Di–Fr 8–19 Uhr, Sa, So 8.30–15 Uhr.*

Eine der bekanntesten Sehenswürdigkeiten Thessaloníkis ist der weiße Turm an der Promenade, der einst ein Teil der acht Kilometer langen, von den Türken 1430 erbauten Stadtmauer war *(siehe S. 36)*. Heute befindet sich in den runden Räumen eine Sammlung byzantinischer Ikonen. Die steinerne Wendeltreppe windet sich nach oben auf das Dach, von dem man einen herrlichen Ausblick über die Strandpromenade hat.

Rotónda

Filíppou.

Nördlich des Galeriusbogens steht das Mausoleum Rotónda. Archäologen nehmen an, daß dieses beeindruckende Gebäude für Galerius, der 305–311 n.Chr. über den östlichen Teil des römischen Reichs herrschte, erbaut wurde. Das der Öffentlichkeit nicht zugängliche Mausoleum wurde früher als Kirche, bekannt unter dem Namen Agios Geórgios, und als Moschee genutzt.

Museum Byzantinischer Kultur

Leofórou Stratoú 2. *031 868570.* *Mo 10.30–17 Uhr, Di–So 8.30–15 Uhr.* *Feiertage.*

Das kleine, moderne Museum liegt hinter dem Archäologischen Museum *(siehe S. 246f)*. Es zeigt byzantinische Ikonen aus der Zeit zwischen dem 15. und 19. Jahrhundert sowie einige herrliche Schmuckstücke. Es gibt Pläne, die Ausstellung des Museums zu vergrößern.

Der weiße Turm

Museum des makedonischen Kampfes

Proxénou Koromilá 23.
2310 229778.
Mo–Sa. Feiertage.

In diesem Museum, einem Herrenhaus aus dem späten 19. Jahrhundert, erzählen Fotografien, Zeitungen, Waffen und persönliche Gegenstände die Geschichte Makedoniens. Lebendige Szenen dokumentieren die Kriege und deren Auswirkungen auf die Menschen. Eines der Schaubilder zeigt einen bewaffneten Türken, der ein Klassenzimmer stürmt, in dem der griechische Freiheitskämpfer Pávlos Melás Unterschlupf sucht. Im Museum sind auch sein Gewehr und sein Dolch ausgestellt.

Volkskunde- und Ethnologisches Museum

Vasilíssis Olgas 68. 2310 830591.
Fr–Mi 9–15 Uhr.

Das Museum, das kürzlich renoviert wurde, befindet sich ebenfalls in einem Herrenhaus aus dem 19. Jahrhundert, nur 20 Gehminuten vom Archäologischen Museum entfernt. Detaillierte Nachbildungen ländlicher Szenen zeigen Menschen beim Brotbacken, Pflügen oder Getreidedreschen. Das Leben der sarakatsanischen Schäfer ist in Einzelheiten dokumentiert, und eine farbenprächtige Ausstellung berichtet über die alljährliche Zeremonie des Feuermarsches im zwanzig Kilometer entfernten Lagkadá, nordöstlich von Thessaloníki. Eine kleine Attraktion des Museums ist die Fotoausstellung; sie zeigt das Alltagsleben während des frühen 20. Jahrhunderts.

Infobox

Makedonien. **Straßenkarte** C2. *1 000 000.* *25 km südöstlich von Thessaloníki.* *bei Koundouriótou.* *Monastiríou.* *Plateía Dikastiríon (Lokalbusse), 28 Octovríou (Langstreckenbusse).* *Passagierfähren-Terminal (2310 271888).* *Thessaloníki-Kulturfestival (Film): Okt.*

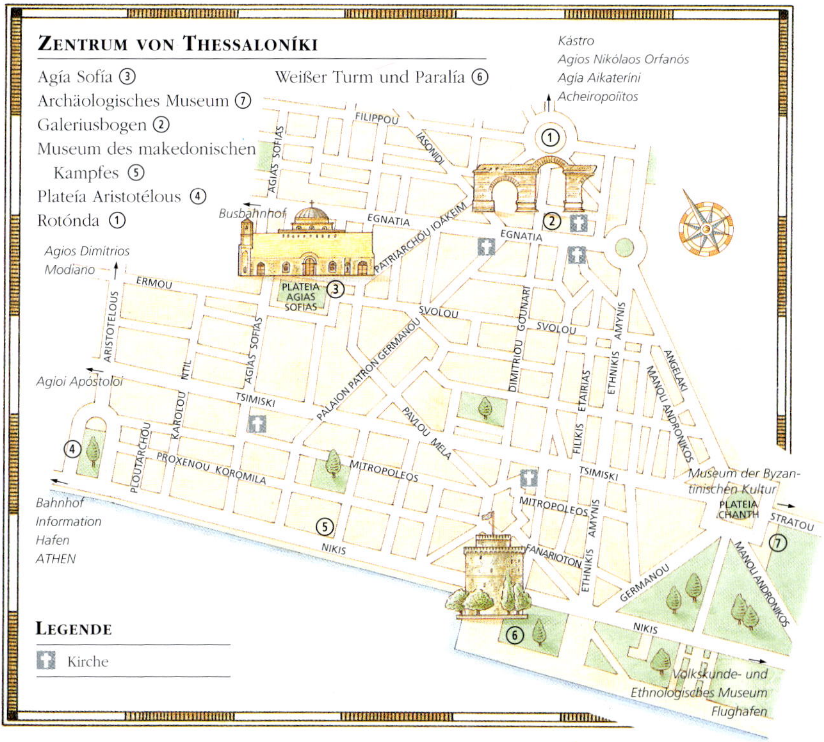

Archäologisches Museum, Thessaloníki

Αρχαιολογικό Μουσείο Θεσσαλονίκης

DIESES MODERNE Museum, das 1963 eröffnet wurde, beherbergt viele Schätze aus Ausgrabungen innerhalb der Stadt und den zahlreichen historischen Orten Makedoniens. Die chronologisch angeordneten Fundstücke dokumentieren die Geschichte der Region. Im 1980 eröffneten neuen Flügel befinden sich verschiedene Goldfundstücke aus dem alten Makedonien, darunter Schätze, die auf makedonischen Friedhöfen ausgegraben wurden. Außerdem zeigt der Flügel eine kleine prähistorische Ausstellung über Thessaloníki.

Glasvase
Während der römischen Herrschaft wurde die Kunst der Glasfärberei entwickelt. Künstler experimentierten mit Formen und Farben. In römischen Gräbern bei Thessaloníki fand man eine Vielzahl verschiedener Grabbeigaben aus Glas.

Fayence-Vase
Diese Ziervase aus einer Grabstätte aus dem 2. Jahrhundert v.Chr. bei Thessaloníki stammt aus dem ptolemäischen Ägypten und ist einzigartig in Griechenland. Ein Teil des Basreliefs zeigt die Göttin Artemis in einem Wald.

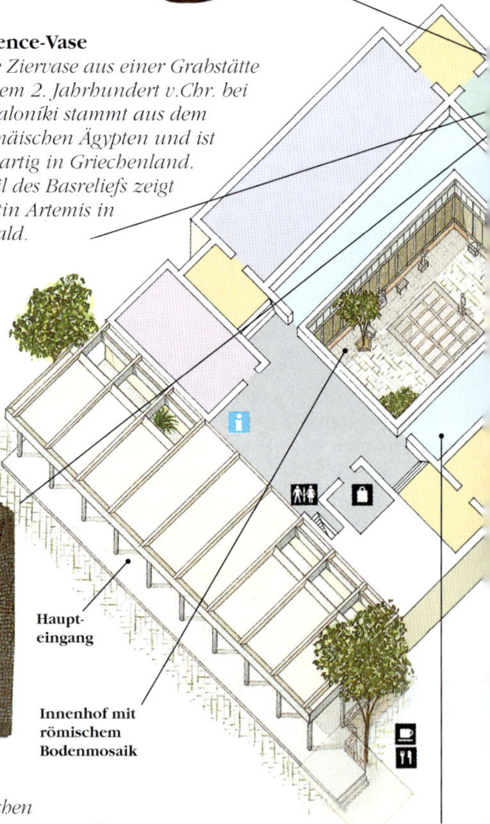

KURZFÜHRER
Die inneren Räume des Museums mit ihren Fundstücken aus Síndos sind von kreisförmig angeordneten äußeren Räumen umgeben, in denen klassische, römische und hellenistische Kunstwerke zu sehen sind. Im Nebengebäude sind makedonisches Gold und im Untergeschoß eine prähistorische Ausstellung untergebracht.

★ Bodenmosaiken eines Hauses in Thessaloníki
Diese Art von Mosaik mit mythologischen Themen aus der Unterwasserwelt stammt aus römischer Zeit. Dieses Mosaik zeigt eine Nereide (Seenymphe) und einen Delphin.

Marmorsarkophag
Dieser römische Sarkophag aus dem 2. oder 3. Jahrhundert zeigt eine lebendige Szene der Amazonenschlacht. Amazonen, mythische weibliche Krieger, waren ein bevorzugtes Objekt der Künstler (siehe S. 55).

Statue des Harpokrates
Die Marmorstatue des Harpokrates, Sohn der Isis und des Osiris, wurde in Thessaloníki bei einem Heiligtum gefunden, das Serapis und anderen ägyptischen Göttern geweiht ist. Sie stammt aus dem 2. Jahrhundert.

INFOBOX

Manóli Andrónikou u. Leof Stratoú. ☎ *2310 830538.* 🚌 *3.* ● *wegen Renovierung bis April 2004 geschlossen.*

Kopf des Serapis
Dieser Marmorkopf aus der Zeit der Römer wurde mit der Statue des Harpokrates im gleichen Heiligtum gefunden. Serapis ist eigentlich eine ägyptische Gottheit, die aber von den Römern als Fremdgott angenommen wurde.

★ Goldarmband aus Europos
Zu den Höhepunkten der Sammlung makedonischen Goldes zählt dieses Armband. Es datiert aus dem 3. Jahrhundert v. Chr. und ist Teil einer Ausstellung mit Goldfunden vom 6. bis 2. Jahrhundert v. Chr.

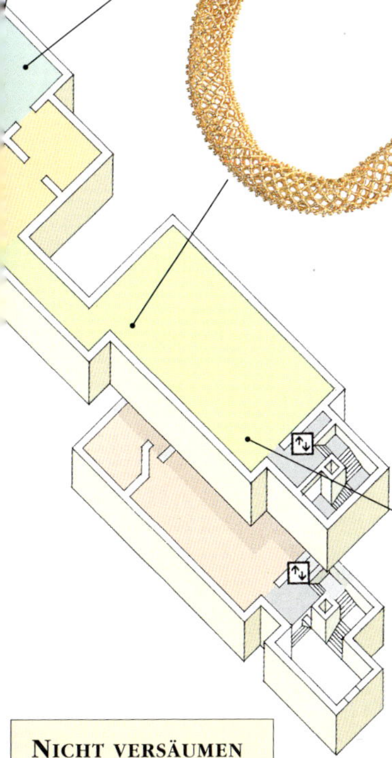

LEGENDE

- Prähistorische Sammlung
- 2300 Jahre Thessaloníki
- Fundstücke von Síndos
- Makedonisches Gold
- Römische Sammlung
- Hellenistische Sammlung
- Wechselausstellungen
- Keine Ausstellungsfläche

★ Dervéni-Kelch
Das ein Meter hohe Weingefäß aus Bronze stammt aus dem Jahre 300 v. Chr. Die detaillierten Figuren zeigen Mänaden, davon eine, die mit einem Satyr tanzt; den oberen Teil ziert der Kopf des Herakles.

NICHT VERSÄUMEN

★ **Goldarmband aus Europos**

★ **Bodenmosaiken eines Hauses**

★ **Dervéni-Kelch**

Überblick: Thessaloníkis Kirchen

THESSALONIKI hat die größte Fülle byzantinischer Kirchen Griechenlands. Von den Hunderten von Basiliken des 5. Jahrhunderts sind Agios Dimítrios und Acheiropoíïtos in Thessaloníki die einzigen, die heute noch stehen. Die Kirche Agía Sofía (8. Jh.) ist sowohl wegen ihrer Mosaiken als auch wegen ihres Einflusses auf die spätere Stilentwicklung ein bedeutendes Bauwerk. Drei unterschiedliche Kirchen (14. Jh.) – Agios Nikólaos Orafanós, Agioi Apóstoloi und Agía Aikateríni – vermitteln einen Einblick in eine Zeit architektonischer Neuerungen.

Die Kirche Agía Sofía

Mosaik von der Vision des Hesekiel in Osios Davíd

Agios Dimítrios

Agíou Dimitríou. Do–Di.

Obwohl 1917 Teile der Basilika aus dem 7. und 13. Jahrhundert bei einem Brand zerstört wurden, konnte Agios Dimítrios, die größte Kirche Griechenlands, wieder aufgebaut werden. Der älteste Teil der Kirche ist die Krypta unter dem Altar (3. Jahrhundert n.Chr.). Ursprünglich ein römisches Bad, wurde hier laut Legende Dimítrios, der Schutzpatron Thessaloníkis, 305 n.Chr. eingesperrt, zu Tode gefoltert und begraben. Als römischer Soldat bekannte er sich zum Christentum, woraufhin Kaiser Galerius seine Ermordung befahl und ihn zum Märtyrer machte. An der Westseite der Kirche wurden sechs kleine Mosaiken gefunden, die aus dem 5.–7. Jahrhundert stammen. Sie gehören zu den herausragendsten Mosaiken in ganz Griechenland, und zeigen Dimitrios mit Kindern und in Gesellschaft der Kirchenerbauer.

Osios Davíd

Kástro. *tägl.*

In dieser Kapelle aus dem späten 5. Jahrhundert befindet sich hinter dem Altar ein Mosaik, das die *Vision des Hesekiel* darstellt. Es ist einzigartig, da es Christus ohne Bart zeigt. Dieses Mosaik verdankt seinen guten Zustand der Tatsache, daß es lange hinter einer Gipsschicht verborgen war und erst 1921 entdeckt wurde. Weitere Fresken, *Taufe* und *Geburt Jesu,* stammen aus dem 12. Jahrhundert. Die Kapelle ist nur selten Besuchern geöffnet, ein Türschließer öffnet auf Anfrage die Kirche.

Agía Sofía

Plateía Agías Sofías. *tägl.*

Die Kirche Agía Sofía aus dem 8. Jahrhundert ähnelt der gleichnamigen Moschee in Istanbul. 1585 wurde sie in eine Moschee umgewandelt, 1912 aber wieder zur Kirche geweiht. Innerhalb der Kirche befinden sich Mosaiken und Fresken aus dem 9. Jahrhundert, unter ihnen die *Himmelfahrt Christi* mit einem Durchmesser von zehn Metern in der Kuppel. Der Portikus am Eingang wurde im Jahre 1941 bei einem Luftangriff der Italiener zerstört. Die imposante Erscheinung der Kirche wird durch den tiefer gelegten Garten noch einmal verstärkt.

Agios Nikólaos Orfanós

Kástro. *Di–So. Der Schlüssel ist gegenüber der Kirche beim Kirchendiener erhältlich.*

In einem teilweise verwilderten Garten, in den Gassen des Kástra-Viertels gelegen, war diese kleine dreiteilige Kirche aus dem 14. Jahrhundert eine Dependance der größeren, weiter oben am Berg gelegenen Moni-Vlatádon-Kirche. Heute zählt die Sammlung byzantinischer Fresken, die sich über die Cella und beide Seitenschiffe der Agios Nikólaos Orfanós erstrecken, zu einer der reichhaltigsten und am besten erhaltenen der Stadt. Sie zeigen seltene Passionsszenen, unter anderem die Kreuzigung Christi und Pilatus als Richter.

Agios Dimítrios, die größte Kirche Griechenlands

Sandstrand bei Kallithéa auf Kassándra

Der Norden Chalkidikís ⓫
Βόρεια Χαλκιδική

Makedonien. **Straßenkarte** D2. *bis Polýgyros.*

Der Norden Chalkidikís ist eine ruhige Hügellandschaft, die oft von den Strandurlaubern im Süden verachtet wird. Einen Einblick in das verborgene Innere gewinnt man bei einem Besuch der **Petrálona-Höhlen**, die sich am Fuße des Katsíka, 55 Kilometer südöstlich von Thessaloníki, befinden. In diesen Höhlen aus rotem Stein fanden Dorfbewohner 1961, ein Jahr nach deren Entdeckung, zuerst den Schädel einer ungefähr 25 Jahre alten Frau, später ein komplettes Skelett. Untersuchungen ergaben, daß es sich bei den Funden um die ältesten Knochen (ca. 250 000–700 000 Jahre) handelt, die je in Griechenland gefunden wurden. Inmitten der Stalaktiten und Stalagmiten sind Rekonstruktionen der Höhlenbewohner zusammen mit den dort gefundenen Knochen, Zähnen und Werkzeugen ausgestellt.

Im Nordosten dieses Gebiets liegt das kleine Dorf **Stágeira**, der Geburtsort Aristoteles' (384–322 v.Chr.). Auf einem Hügel außerhalb des Ortes wurde im Gedenken an den Philosophen eine Marmorstatue errichtet.

Statue des Aristoteles, Stágeira

Petrálona-Höhlen

Katsíka, 55 km südöstlich von Thessaloníki. *tägl.* *Feiertage.*

Kassándra ⓬
Κασσάνδρα

Südliches Chalkidikí, Makedonien. **Straßenkarte** D2. *bis Kassándreia.*

Außer einigen Fischerdörfern stand im Vorgebirge Kassándras nach dem Unabhängigkeitskrieg 1821 keine Siedlung mehr. Auch ein Großteil der Bewohner war im Krieg umgekommen. Erst in den letzten 30 Jahren wurde dort ein Ferienort nach dem anderen gebaut.

Bei **Néa Poteídaia** mit dem schönen Sandstrand und einem Jachthafen beginnt die eigentliche Kassándra. **Sáni**, an der Westküste der Halbinsel, bietet hervorragende Strände und eine luxuriöse Ferienanlage. Bei **Possídi,** auf einem Vorsprung an der Westküste, gibt es dagegen ruhige Strände. An der Ostküste liegt **Néa Fókaia**, ein Fischerdorf, das trotz des ständigen Touristenrummels seine Ruhe und sein traditionelles Flair beibehalten hat. **Kallithéa** hingegen ist inzwischen der größte Ferienort der Kassándra.

Sithonía ⓭
Σιθωνία

Südliches Chalkidikí, Makedonien. **Straßenkarte** D2. *bis Agios Nikólaos.*

Während die Halbinsel Sithonía, die bei **Metamórfosi** beginnt, nur wenig größer ist als Kassándra, hat sie weniger Ferienorte und ein dichtbewaldetes Landesinnere. **Vourvouroú** ist eines der ersten Dörfer, auf die man an der Nordseite trifft. Neben einigen Villen entlang dem Strand hat dieses Dorf zwar nur wenige, aber gute Hotels und Restaurants zu bieten.

Im Süden der Halbinsel erstreckt sich bis zur Feriensiedlung **Sárti** ein langes, unerschlossenes Küstenstück mit einer Vielzahl verlassener Strände. An der Spitze Sithonías liegt **Kalamítsi**, ebenfalls ein beliebter Ferienort. **Pórto Koufó**, ein gemütliches Fischerdorf, liegt an einer Bucht inmitten bewaldeter Hügel. Der Ferienort **Pórto Karrás** an der Westküste, mit drei Hotels, einem Jachthafen und Einkaufszentrum, wurde von der Winzerfamilie Karrás erbaut. Dort werden neben Wassersportarten auch Reiten, Golf und Tennis angeboten.

Boote bei Pórto Koufó auf Sithonía

Berg Athos ⓮

Αγιον Ορος

Mönch von Athos

Die Griechen nennen ihn den Heiligen Berg. Sein Gipfel ist mit 2030 Metern der höchste Punkt auf Chalkidikís östlichster Halbinsel. Athos ist eine autonome Republik, die von 1700 Mönchen in zwanzig Klöstern regiert wird. Nur erwachsenen, männlichen Besuchern ist es erlaubt, die Halbinsel zu besuchen, doch kann man die Klöster auch bei einer Bootsfahrt entlang der Küste sehen. Sie alle sind schöne Beispiele byzantinischer Baukunst.

Die Klöster von Athos

Fährstrecke

Ouranoúpoli

Sie ist die größte Stadt in Athos. Von hier starten Bootsfahrten um die Halbinsel.

Die Westseite des Berges Athos

Diese Illustration zeigt einen Blick auf die Westseite des Berges Athos vom Wasser aus gesehen. Das nördlichste Kloster ist Zográfou, das südlichste Agíou Pávlou. Die Klöster im Osten sind auf Seite 254 beschrieben.

Moní Xiropotámou wurde im 10. Jahrhundert gegründet, die Gebäude stammen jedoch aus dem 18. Jahrhundert.

Zográfou wurde 971 v.Chr. gegründet; die Häuser stammen jedoch aus dem 18. und 19. Jahrhundert.

← **Ouranoúpoli**

Moní Kastamonítou wurde im 11. Jahrhundert von einem Einsiedler aus Kleinasien gegründet.

Moní Xenofóntos wurde Ende des 10. Jahrhunderts gegründet. Die zweite Kapelle, in der sich einige Mosaiken (14. Jh.) befinden, wurde 1837 erbaut.

0 Kilometer 15

Docheiaríou

Das Kloster (10. Jh.) beherbergt einen Splitter vom Kreuz Christi und eine mit Heilkräften gesegnete Ikone der Jungfrau.

Agíou Panteleímonos

Die imposanten Mauern des Klosters (das auch Rosikón genannt wird) verbergen mehrere farbenfrohe Zwiebelturmkirchen, die den russisch-orthodxen Einfluß in Athos belegen.

◁ **Das Kloster Agíou Panteleímonos, Berg Athos**

Infobox

Halbinsel Athos, Makedonien.
Straßenkarte D2 *Dáfni (Bootsausflüge ab Ouranoúpoli u. Thessaloníki zur Westküste, oder ab Ierissós zur Ostküste).* *bis Karyés.* *Spende.*

Moní Agíou Pávlou
In diesem Kloster leben 90 Mönche aus Zákynthos und Kefalloniá. Seine Bibliothek besitzt 13 000 Bücher und Manuskripte.

Moní Símonos Pétras wurde nach dem heiligen Simon benannt, der das Kloster im 14. Jahrhundert erbauen ließ, nachdem er am Heiligabend ein seltsames Licht auf diesen abgelegenen Hügeln brennen sah.

Moní Dionysíou steht 80 Meter über dem Meeresspiegel. Hinter den Mauern verbirgt sich die Kirche Agios Ioánnis Pródromos (16. Jh.).

Berg Athos

Néa Skíti gehört zu Moní Agíou Pávlou.

Dáfni ist der Hafen von Athos. Von hier fährt ein Bus zur 15 Minuten entfernten Hauptstadt Karyés.

Moní Grigoríou
Das Kloster wurde im 14. Jahrhundert gegründet. 1761 mußte es nach einem Feuer, bei dem fast alles zerstört wurde, neu gebaut werden. Heute leben 40 Mönche hier.

Besuch in Athos

Refektorium von Vatopedíou

Für einen Besuch in Athos benötigen Touristen ein Empfehlungsschreiben des griechischen Konsulats ihres Landes, das gegen eine geringe Gebühr ausgestellt wird. Das Außenministerium in Athen oder das Ministerium für Makedonien und Thrakien in Thessaloníki erteilt daraufhin die Erlaubnis für einen Besuch in Athos (nur für Männer). Pro Tag werden jedoch in Athen nur vier, in Thessaloníki zehn erteilt; daher ist der Termin nicht voraussehbar. Die Erlaubnis berechtigt zu einem Aufenthalt von vier Nächten. Unterkunft und Verpflegung sind kostenlos. Besucher dürfen an den Gottesdiensten teilnehmen, und die Mahlzeiten werden mit den Mönchen in den Refektorien eingenommen.

Überblick: Berg Athos

NICHT ALLE ZWANZIG KLÖSTER können bei der beliebten Bootsfahrt von Ouranoúpoli aus gesehen werden, obwohl einige Boote die ganze Küste der Halbinsel entlangfahren. Einige Klöster liegen versteckt in den Bergen, andere an der Ostküste der Halbinsel. Außer den griechisch-orthodoxen Klöstern gibt es auf Athos ein russisches (Agíou Panteleímonos), ein bulgarisches (Zográfou) und ein serbisches (Chilandaríou). Einige Mönche ziehen das Leben in kleinen Klosterdörfern oder Einsiedeleien dem relativ geschäftigen Leben der großen Klöster vor.

Die Klöster der Ostküste

Das erste Kloster auf Athos war **Megístis Lávras**, das im Südosten der Halbinsel auf einem Felsvorsprung steht *(siehe S. 36ff)*. Es wurde im Jahre 963 n.Chr. von Athanásios gegründet und ist das einzige, das noch nie einen Brand erlebt hat. Außerhalb des Klosters, im Schatten einer Zypresse, die angeblich vor über tausend Jahren von Athanásios selbst gepflanzt wurde, liegt auch der größte Taufstein aller Klöster.

Gemälde in Megístis Lávras

Auf halbem Wege entlang der Ostküste stehen die Klöster Ivíron und Stavronikíta. **Moní Ivíron** wurde im 10. Jahrhundert von Mönchen aus Iberien (dem heutigen Georgien) gegründet. Seine Kirche wurde im 11. Jahrhundert erbaut und im Jahre 1513 restauriert. Im größten Innenhof des Klosters befinden sich weitere 16 Kapellen; in einer der Kapellen wird eine wundertätige Ikone der Jungfrau Maria aufbewahrt. **Stavronikíta** thront auf einer felsigen Landspitze. Es wurde erstmals in einem Dokument von 1012 erwähnt.

Moní Vatopedíou, eines der größten Klöster auf Athos, befindet sich am nördlichen Ende der Ostküste. Gegründet in der zweiten Hälfte des 10. Jahrhunderts, besitzt es ein bemerkenswertes *katholikón* (Hauptkirche) mit Ikonen, die zwar aus dem 14. Jahrhundert stammen, die aber im Laufe der Jahre mehrfach nachgebessert wurden. Das wohlhabende Kloster zählt zu den am besten erhaltenen auf dem Berg Athos.

Das orthodoxe Leben auf Athos

Mönche beim Anbau von Obst und Gemüse

Auf dem Berg Athos herrscht die byzantinische Zeit: Mitternacht ist bei Sonnenaufgang, und die Morgenandacht beginnt eine Stunde davor – nach griechischer Zeit also etwa um drei oder vier Uhr früh. Ein Mönch macht dann seine Runde und schlägt mit einem Holzhammer auf ein Brett, um die anderen zum Gebet zu rufen. Die Mönche essen zweimal am Tag, und zwar hauptsächlich Nahrungsmittel aus eigener Produktion. An den 159 Fastentagen im Jahr essen die Mönche von Athos nur einmal und dürfen weder Fisch noch Eier, Käse, Milch oder Öl zu sich nehmen.

Das große Lávra-Kloster mit dem roten *katholikón* in der Bildmitte

Kavála 15
Καβάλα

Makedonien. **Straßenkarte** D1. *56 000.* *35 km südöstlich von Kavála.* *tägl.*

Kavala wurde 600 v.Chr. von Bewohnern von Thásos und Erétria gegründet. 168 v.Chr. wurde es Teil des Römischen Reiches. Hier war es auch, wo im Jahr 50 n.Chr. der Apostel Paulus auf seinem Weg nach Philippi zum ersten Mal europäischen Boden betrat. Die Türken, die Kavála von 1371 bis 1912 besetzten, errichteten hier im 16. Jahrhundert ein Aquädukt. Mehmet Ali (1769–1849), der Pascha von Ägypten, erblickte hier das Licht der Welt. Vor seinem **Geburtshaus** steht eine Bronzestatue, die Ali auf einem Pferd zeigt. Kavála ist eine geschäftige Stadt mit einem Industriehafen, von dem auch Fähren zu den nordöstlichen Inseln der Ägäis fahren. Im Osten der Stadt liegt ein Obst- und Gemüsemarkt. Westlich des Marktes steht das **Archäologische Museum**, das ein Mosaik mit Delphinen und einen bemalten Sarkophag aus Avdira *(siehe S. 256)* präsentiert. Daneben sind goldene Lorbeerkränze aus dem 3. Jahrhundert, Funde aus Amphipolis, westlich von Kavála, eine Tonmaske sowie die Büste einer unbekannten Göttin (4. Jh. v.Chr.) zu sehen.

Skulptur von Polýgnotos Vágis

Das **Stadtmuseum** ist in einem Gebäude aus dem 19. Jahrhundert untergebracht. Es beherbergt eine Sammlung alter Haushaltsgegenstände und Werke hier beheimateter Künstler, wie die des Bildhauers Polýgnotos Vágis (1894–1965).

Mehmet Alis Geburtshaus
Theodórou Poulídou 63. *2510 220061.* *bis 2005 geschlossen.*

Der Hafen von Kavála

Archäologisches Museum
Erythroú Stavroú 17. *2510 222335.* *Di–So.* *Feiertage.*

Stadtmuseum
Filíppou 4. *2510 222706.* *Mo–Sa.* *Feiertage.*

Néstos-Tal 16
Κοιλάδα του Νέστου

An der Grenze zu Thrakien. **Straßenkarte** D1. *Xánthi (kann von Nov–Apr ausfallen).*

Der Fluss Nestos entspringt im Rodópi-Gebirge in Bulgarien und mündet nach kurvenreichem Weg nahe der Insel Thásos in die Ägäis. Er bildet die natürliche Grenze zwischen Makedonien und Thrakien und fließt durch unzugängliche Schluchten, bevor er die malerische Bergstraße passiert, die Xánthi in Thrakien mit Dráma in Makedonien verbindet. Diese Straße, die im Winter oft wegen des heftigen Schneetreibens geschlossen wird, bietet eine landschaftlich spektakuläre Fahrt durch den dichten Buchenwald und vorbei an den kleinen Dörfern des Néstos-Tales. **Stavroúpoli** ist das größte dieser Dörfer und hat am ruhigen Platz ein schönes Café.

Die üppige Landschaft im Néstos-Tal

Xánthi 17
Ξάνθη

Thrakien. **Straßenkarte** E1. *25 000.* *Sa.*

Die im 11. Jahrhundert gegründete Stadt erlebte nach dem Jahre 1800 mit der Entwicklung der Tabakindustrie eine Blütezeit. Dies wird im **Heimatmuseum** dokumentiert, wo außerdem Stickereien, Schmuck und alte Trachten zu sehen sind. Östlich des Hauptplatzes mit seinen Cafés und Brunnen befindet sich der Basar. Samstags herrscht hier ein reges Treiben, wenn Besucher aller Nationen und Religionen diesen betriebsamsten Markt der Umgebung besuchen.

Heimatmuseum
Antiká 7. *25410 25421.* *tägl.* *wg. Renovierung.*

Kloster Agios Nikólaos am Ufer des Vistonída-Sees

Avdira ⓲
Αβδηρα

6 km südlich des modernen Avdira, Thrakien. **Straßenkarte** E1. 🚌 ◯ *tägl.* ● *Feiertage.*

Die antike Stadt Avdira wurde Mitte des 7. Jahrhunderts v.Chr. von Flüchtlingen aus Klazomenae gegründet. Die Ruinen sind weit verstreut und heute teilweise überwuchert; die meisten von ihnen stammen aus der Zeit der römischen Herrschaft. Ein Teil der ursprünglichen Stadtmauer ist heute noch zu sehen. Antike Grabstätten wurden außerhalb der Stadtmauern gefunden.

Umgebung: Entlang der Straße von Avdira nach Maróneia erstreckt sich der **Vistonída-See**, am dem sich der Hafen Pórto Lágos *(siehe S. 236f)* mit dem weißen Kloster Agios Nikólaos befindet.

Komotiní ⓳
Κομοτηνή

Thrakien. **Straßenkarte** E1. 38 000. *Di.*

Nur 25 Kilometer von der bulgarischen Grenze im Norden und 100 Kilometer von der türkischen Grenze im Osten entfernt, liegt Komotiní. Die Stadt wurde im 4. Jahrhundert n.Chr. gegründet. Im Jahre 1363 wurde sie von den Türken besetzt und gehörte bis zur endgültigen Grenzfestlegung im Jahre 1920 zum Osmanischen Reich. Die Spuren der 500 Jahre andauernden Herrschaft der Türken sind noch heute sichtbar. Wie in keiner anderen Stadt Griechenlands befinden sich hier Minaretts, 14 Moscheen und eine Vielzahl lebhafter Märkte, auf denen neben Fischen, Rindern und Tabak frisches Obst und Gemüse aus dem fruchtbaren Umland verkauft werden. Kleine Läden bieten alles an – von Kitsch und Nippes bis zu wertvollen Antiquitäten.

Das **Heimat- und Volkskundemuseum** vermittelt dem Besucher einen Einblick in die Vergangenheit der Stadt. In den Ausstellungsräumen des Herrenhauses aus dem 18. Jahrhundert drängen sich alte Trachten, Kupferwaren und Haushaltsgegenstände. Außerdem beherbergt es eine exzellente Sammlung alter Stickereien.

Kreuzblume eines Grabsteins im Archäologischen Museum, Komotiní

Das **Archäologische Museum** zeigt eine Ausstellung der schönsten Funde von Avdira und Maróneia, zum Beispiel Goldschmuck aus dem 4. Jahrhundert aus einem Grab, das man bei Avdira entdeckte. Außerdem befinden sich im Museum eine große Münzsammlung, bemalte Sarkophage und Landkarten.

Kuppeldach und Minarett einer türkischen Moschee, Komotiní

Heimat- und Volkskundemuseum
Agíou Georgíou. ◯ *tägl.* ● *Feiertage.* *begrenzt.*

Archäologisches Museum
Symeonídi 4. *25310 22411.* ◯ *tägl.* ● *Feiertage.*

Maróneia ⓴
Μαρώνεια

5 km südöstlich des modernen Maróneia, Thrakien. **Straßenkarte** E1. 🚌 *zum modernen Maróneia.* ◯ *tägl.* ● *Feiertage.*

Die Strasse nach Maróneia führt durch Tabak- und Baumwollplantagen, vorbei an ländlichen Siedlungen. Ein Straßenschild zum Hafen von Agios Charálampos weist den Weg zu den Ruinen der Stadt, die vom 8. Jahrhundert v.Chr. bis 1400 n.Chr. in voller Blüte stand. Heute bedecken Olivenhaine die Landschaft zwischen dem Berg Ismaros und dem Meer. Etwas abgelegen stehen die Überreste eines Heiligtums, das nach der Überlieferung dem Gott des Weins und der Fruchtbarkeit, Dionysos, geweiht war. Sein Sohn Maron soll die Stadt Maróneia der Legende nach gegründet haben.

Hinter dem antiken Maróneia liegt der kleine Hafen **Agios Charálampos**, umgeben von roten Klippen. Auf deren Spitze thronen ein Hotel, eine Taverne und einige Wohnhäuser.

UMGEBUNG: Das mittelalterliche **Maróneia** ist ein kleiner, landwirtschaftlich orientierter Ort, in dem aber auch einige große Herrenhäuser stehen, die auf eine reiche Vergangenheit schließen lassen.

Alexandroúpoli ㉑
Αλεξανδρούπολη

Thrakien. **Straßenkarte** E1. 36 000. Di. Makris (0551 28735).

ALEXANDROUPOLI fehlt die kulturelle Mischung, wie man sie in anderen Städten Thrakiens findet. In großem Stil aufgebaut wurde sie erst 1878 unter dem türkischen Namen Dedeagaç, was soviel bedeutet wie »Baum des Heiligen Mannes« und vom Namen einer Gruppe Einsiedlern abgeleitet ist, die sich im 15. Jahrhundert hier angesiedelt hatte. Bis dahin war die Stadt nur ein kleines unscheinbares Fischerdorf. Alexandroúpoli wurde 1919 nach dem damaligen griechischen König Aléxandros umbenannt.

Der Leuchtturm, Wahrzeichen von Alexandroúpoli

Heute ist das Städtchen ein lebendiger Ferienort mit einem Hafen, eigenem Flughafen und Zugverbindungen nach Istanbul im Osten, Bulgarien im Norden und Thessaloníki im Westen.

Abends versammeln sich sowohl Einheimische als auch Touristen auf der langen Strandpromenade. Der Leuchtturm, das Wahrzeichen der Stadt, wurde 1800 erbaut und ist nachts beleuchtet.

Altes Herrenhaus im modernen Maróneia

Die Innenstadt besteht aus einem Gewirr enger Gassen mit Ramschläden, Schustern, Goldschmieden und Fischrestaurants. Die besten Lokale findet man um den kleinen Platz Plateía Polytechneíou. Nördlich davon steht die moderne Kathedrale Agios Nikólaos mit einem bemerkenswerten **Museum für kirchliche Kunst** mit zahlreichen Ikonen im Kellergewölbe.

Museum für kirchliche Kunst
Palaiológou. *wechselnde Öffnungszeiten.* *Feiertage.*

Dadiá-Wald ㉒
Δάσος Δαδιάς

27 km nordwestlich von Féres, Thrakien. **Straßenkarte** F1. *Féres.* *1 km nördlich vom Dorf Dadiá (25540 32209).*

NÖRDLICH DER kleinen Stadt Féres im Evros-Tal liegt der schöne Pinienwald Dadiá, der die sogenannten Evros-Hügel bedeckt. Der Wald gilt als einer der besten Orte Europas zur Beobachtung von seltenen Vogelarten. Besonderes Interesse gebührt den Raubvögeln, von denen es in Europa 39 Arten gibt; allein 26 davon leben in dieser Region.

Der seltene Lämmergeier

Die Vögel können von Beobachtungsstationen in der Nähe der Futterstellen beobachtet werden, die das Überleben der selteneren Arten sicherstellen sollen. Viele der hier lebenden Vögel sind geschützt oder gar vom Aussterben bedroht, wie Wanderfalken, Adler und Sperber; dies ist zum Beispiel auch einer der letzten Zufluchtsorte des Lämmergeiers im Osten Europas. Der frühe Morgen ist die beste Zeit, die verschiedenen Vögel dabei zu beobachten, wie sie mit den ersten Aufwinden des Tages nach oben steigen.

KUCHE
MIT GUTER
ΕΣΤΙΑΤ

Zu Gast in Griechenland

Übernachten

Die Übernachtungsmöglichkeiten in Griechenland sind meist funktional und nur selten originell. Doch in einem Land, das so sehr vom Tourismus abhängt, gibt es sie reichlich, und im Vergleich mit anderen europäischen Reiseländern ist das Preis-Leistungs-Verhältnis gut. Obwohl in den stark besuchten Urlaubsorten der Kommerz Einzug gehalten hat, findet man abseits der Besucherströme immer noch herzliche Gastfreundschaft. Auf den folgenden Seiten werden verschiedene Kategorien von Unterkünften beschrieben. Zudem finden Sie Informationen über Campingplätze, Jugendherbergen und Berghütten. Das Unterkunftsverzeichnis *(siehe S. 264ff)* umfaßt rund 150 Übernachtungsmöglichkeiten von einfachen *domátia* (Zimmern) bis hin zu Luxushotels und restaurierten Prachtgebäuden.

Portier im Hotel Grande Bretagne in Athen

Das vom EOT in den 1970er Jahren restaurierte Malvásia Hotel *(siehe S. 270)* in Monemvasía

Hotels

Die meisten griechischen Hotels sind die im Mittelmeerraum üblichen Betonbauten; Baubestimmungen verbieten Hoteltürme in Badeorten. Viele Hotels stammen aus der Zeit der Junta, 1967–74, als man zu massiven Investitionen in den »modernen« Tourismus ermutigte. Man findet nur mehr wenige neoklassizistische oder ältere Hotels, die heute unter dem Schutz der Regierung stehen. Die seit den 1980er Jahren erbauten Hotels sind meist einfallsreicher und passen sich der Umwelt an. Teurere Hotels verfügen über ausgebildetes Personal und wesentlich besseren Service.

Hotelketten

Weil Familienbetriebe Tradition haben, sind die Griechen keine Freunde von Hotelketten. Die älteste von den wenigen auf dem Festland ist die vormals staatseigene, in den 1950er Jahren gegründete Xenía-Kette. In der Regel ist es besser, die abgewohnten Häuser mit lustlosem Service zu meiden, wenngleich einige, wie in Andrítsaina oder Kastoriá, zu den besten zählen oder das einzige Haus am Platz sind. Neuere Ketten wie **Chandrís** und **Diváni** sind eine bessere Wahl. Beide sind im Raum Athen präsent, Diváni jedoch auch in Zentralgriechenland.

Restaurierte Gebäude

Seit den 1970er Jahren unterstützt das Griechische Fremdenverkehrsamt EOT die authentische Restaurierung verfallener Gebäude. Die fertiggestellten Komplexe liegen meist in reizvollen Gegenden und bieten ein gutes Preis-Leistungs-Verhältnis. In Rücksichtnahme auf die vorhandene Baumasse findet man eher Gemeinschaftsbäder als Zimmer mit Bad und WC. Übernachtungsmöglichkeiten dieser Art gibt es bei Areópoli und Vátheia in der Máni, bei Makrinítsa im Pílio, bei Megálo Pápigko in Epirus und bei Monemvasía. Einige, wie der Komplex bei Megálo Pápigko, wurden unlängst privatisiert, was sich recht unterschiedlich auf die Leistung auswirkt.

In vergangenen Jahren wurden derartige Restaurationsvorhaben von privater Hand betrieben und jahrhundertealte Gebäude in Hotels umgewandelt. In Stemnítsa, Galaxídi, Náfplio sowie etlichen Dörfern der Region Zagória und des Pílio gelang dies besonders gut.

Domatia

Gästezimmer oder *domátia* machen einen Großteil der Übernachtungsmöglichkeiten in Griechenland aus. Früher wohnte man meist im Haus des Vermieters; heutzutage liegen die Zimmer in der Regel in einem separaten, modernen Zweckbau. Im Vergleich zu den Hotels derselben Kategorie bekommt man mehr für sein Geld. Die Zimmer verfügen immer öfter über ein eigenes Bad, gute, neutrale Kiefernmöbel und oft

Fassade des King Othon Hotel in Náfplio *(siehe S. 270)*

Strandcafé in Koróni auf dem Peloponnes

Der Pool des Aphrodite Astir Palace Hotel *(siehe S. 268)*

auch eine Küche für die Gäste. Normalerweise fehlen Aufenthaltsräume, und das Heißwasser kommt entweder aus einem Elektroboiler oder einer Solarheizung.

Kategorien

Die Einstufung der Hotels und *domátia* wird vom EOT vorgenommen. Die Hotelkategorien reichen von »E« hinauf bis »A« plus die Luxusklasse. Die *domátia* gehen von »C« bis »A«. Man sollte anhand der Kategorie auf das Leistungsangebot schließen können, doch gibt es zahlreiche regionale Abweichungen.

Zimmer zu vermieten

Die mit dem Allernötigsten ausgestatteten Hotels der Kategorie E gibt es praktisch nirgends mehr. Häuser der Kategorie D sollten zumindest einige Zimmer mit Bad haben. Ein Hotel der Kategorie C muß ausschließlich Zimmer mit Bad haben sowie Aufenthaltsraum oder eine Kombination aus Bar und Frühstücksraum.

Hotels der Kategorie B haben zudem ein Restaurant, bieten ein umfangreicheres Frühstück und zumindest eine Sportmöglichkeit wie Pool oder Tennisplatz. Hotels der Kategorie A liegen meist in Strandnähe und bieten eine breite Palette von Unterhaltungsmöglichkeiten sowie Konferenzräume und Telekommunikationsmöglichkeiten. Luxushotels sind Ferienkomplexe mit allem Drum und Dran. *Domátia* der Kategorie C mit Bad am Gang und »Gefängnisdekor« sind am Aussterben und weichen modernen Blöcken der Kategorie B, die Zimmer mit Bad garantieren und oft auch eine Gemeinschaftsküche anbieten. *Domátia* der Kategorie A und Apartments sind praktisch identisch: hochwertige Einrichtung, Grünanlagen und eine gut ausgestattete Küche pro Wohneinheit.

Preise

Die Zimmerpreise sollten der Kategorie entsprechen, wenngleich je nach Saison und Lage Abweichungen zu verzeichnen sind. Für bis 18 Euro sollte man ein *domátio* der Kategorie C für zwei Personen ohne Bad oder ein Hotel der Kategorie E/D bekommen. Für ein Doppelzimmer der Kategorie B sind 24 Euro anzusetzen, während *domátia* der Kategorie A und Hotels der Kategorie C zwischen 26 und 32 Euro verlangen. Ein Doppelzimmer in einem Hotel der Kategorie B kostet zwischen 32 und 44 Euro, während bei »A«-Hotels mit 44 bis 65 Euro zu rechnen ist. Luxushotels fallen nicht unter die Preiskontrolle des EOT und kosten oft über 88 Euro pro Nacht.

Diese Schätzpreise (inklusive MwSt und Taxe) gelten für die Hauptsaison; Anfang Frühling oder Ende Herbst sind Preishalbierungen möglich. Die Hotelpreise sind inklusive Frühstück. Weniger als drei Übernachtungen ziehen in der Hauptsaison oft Zuschläge nach sich. In Skiorten weichen die Wochenendpreise mitunter gewaltig von den unter der Woche üblichen Preisen ab.

Saison

Die Hotels auf dem Festland sind ganzjährig geöffnet; in Badeorten werden sie meist nur zwischen Mai und Oktober bewirtschaftet.

Reservierung

In der Regel sind Hotelzimmer im Rahmen eines Pauschalangebots am günstigsten. Falls Sie sich direkt an ein Hotel wenden, dann per Fax, um die Reservierung schriftlich zu fixieren. Unter Umständen verlangt man eine Kreditkartennummer oder die Zusendung von Reiseschecks im Wert der ersten Übernachtung. Über www.united-hellas.com können Unterkünfte im Internet gebucht werden.

Im Hotel Grande Bretagne in Athen *(siehe S. 267)*

Kloster auf dem Berg Athos *(siehe S. 252)* im Norden Griechenlands

Jugendherbergen

Auf dem griechischen Festland gibt es acht von der IYHF anerkannte Jugendherbergen *(xenón neótitos)*: in Athen, Náfplio, Mykene, Olympia, Pátra, Delphi, Thessaloníki und Litóchoro. Außerdem findet man eine Handvoll inoffizieller Herbergen, die mindestens genauso gut sind.

Griechische Jugendherbergen werden nicht so streng geführt wie ihre Pendants in Nordeuropa. Sogar ohne Internationalen Jugendherbergsausweis kann man dort, wenn Platz ist, gegen einen geringen Aufpreis übernachten. Ein Platz in einem Stockbett ist jedoch so teuer, daß zwei Personen in aller Regel preislich mit einem günstigen *domátio* besser fahren.

Berghütten

Mehr als 40 Berghütten *(katafýgia)* liegen verstreut in den Bergen des griechischen Festlands. Die wenigsten sind ganzjährig bewirtschaftet – zwei auf dem Olymp *(siehe S. 241)* und eine auf dem Gamíla im Píndos-Gebirge sind löbliche Ausnahmen –, weshalb man vorher bei der zuständigen Zweigstelle des **EOS** (Griechischer Alpinverband) nach dem Schlüssel fragen muß. Dies ist kostspielig und lohnt sich nur für große Gruppen. Einige Berghütten sind ideale Basislager; sie verfügen über eine Küche, Bettzeug und Aufenthaltsräume; andere sind eher Hütten im engeren Sinne, die für Hirten oder Feuerwarte gebaut wurden. Überdies liegen viele abseits der Hauptwege, weil sie zu einer Zeit gebaut wurden, als auch noch andere Routen in die Berge führten.

Ländlicher Tourismus

Der »ländliche Tourismus« stammt aus den 80er Jahren und sollte den Frauen in der Provinz eine gewisse finanzielle Unabhängigkeit geben. Besucher können wie in einer Pension in einem Dorf privat übernachten oder auch, wenn gewünscht, am bäuerlichen Alltag teilnehmen. Es gibt vier solche Programme in Agios Germanós (Préspa-Seen), Ampelákia (Thessalien), Maróneia (Thrakien) und Aráchova in Zentralgriechenland. Sie werden von der **Frauenkooperative Ländlicher Tourismus** betreut und umfassen meist ein günstiges, typisches Restaurant im Ortskern.

Klöster

Die Klöster abseits des Touristenstroms betreiben, vor allem für griechisch-orthodoxe Pilger, *xenónes* (Herbergen). Pilger haben stets Vorrang, aber man bekommt oft auch kurzfristig einen Platz.

Die Unterkünfte sind spartanisch; abends wird ein bescheidenes Mahl angeboten, morgens Kaffee. Es ist üblich, im *katholikón* (Hauptkirche) eine Spende einzulegen.

Die Klöster auf dem Berg Athos sind zwar am besten auf nicht-orthodoxe Besucher eingestellt, dafür jedoch nur Männern zugänglich. Planen Sie vor allem in der Hauptsaison Ihren Besuch gut, da man eine wahrhaft byzantinische Prozedur durchlaufen muß, um Zugang zu dieser halbautonomen Klosterrepublik sowie eine Platzreservierung zu bekommen *(siehe S. 253)*.

Camping

Auf dem Festland gibt es fast 150 offizielle Campingplätze, meistens in malerischer Lage am Meer und für Wohnwagen geeignet. Vereinzelte Plätze, die im Besitz des EOT oder der jeweiligen Gemeinde waren, wurden verkauft. Mit Ausnahme der primitivsten Plätze verfügen alle über heiße, solarbetriebene Duschen, schattige Areale sowie eine Snackbar oder ein Café. Gegen Aufpreis bekommt man Stromanschluß.

Die luxuriösesten Campingplätze sind kleine Feriendörfer mit Pool, Tennisplätzen, Wäscheraum, Bank- und Postschalter sowie Bungalows für alle, die kein Zelt haben. Etablierte Plätze haben einen alten, großen Baumbestand. Ange-

Berghütte in den Bergen von Kóziakas, Tríkala

sichts des oft ausgedörrten Bodens sind kurze Zeltheringe am geeignetsten. Der **Griechische Campingverband** bringt regelmäßig eine aktuelle Campingplatz-Broschüre heraus.

Behinderte Reisende

Das Buch *Handicapped Reisen* vom FMG Verlag *(Adresse S. 299)* informiert über die Rollstuhltauglichkeit griechischer Hotels. Das Reise-ABC des **Bundesverbands Selbsthilfe Körperbehinderter e.V** gibt generell Auskunft über Behindertenreisen. Im Hotelverzeichnis dieses Führers *(siehe S. 264ff)* ist vermerkt, welche Häuser (z.B. mit Aufzügen und Rampen) für Behinderte eingerichtet sind.

Informationen für behinderte Reisende sind in Griechenland rar. Das EOT bietet lediglich einen Fragebogen, der bestimmten Unterkünften zur Einschätzung ihrer Behindertentauglichkeit übersandt werden kann.

Weitere Informationen

In jedem EOT-Büro *(siehe S. 299)* bekommt man den aktuellen und praktischen »Hotelführer« *(Guide to Hotels)*. Er enthält alle offiziell registrierten Hotels in Griechenland, Preise, Leistungsangebote und Öffnungszeiten, informiert jedoch nicht über Unterbringungsmöglichkeiten wie *domátia* oder Villen. In regelmäßigen Abständen veröffentlicht das EOT außerdem eine informative Broschüre über »Ländlichen Tourismus« *(Rural Tourism)*. Die *Greek Travel Pages* (GTP) und der *Tourist Guide of Greece* sind zwei weitere Hotelverzeichnisse privater Organisationen. Sie sind zwar nicht so vollständig wie die EOT-Führer, erscheinen dafür öfter. Die monatlichen GTP liefern fragmentarische Informationen, es sei denn, das gewünschte Hotel inseriert selbst. Dasselbe gilt für die vierteljährlich erscheinende Broschüre *Tourist Guide of Greece*.

Níkos Saxónis *(siehe S. 272)* in Mégalo Pápigko

Camping in einem Tal der Píndos-Berge

Auf einen Blick

Hotelketten

Chandrís Hotels
Syngroú 385,
17564 Paleó Fáliron,
Athen.
210 947 1000.
www.chandris.gr

Club Mediterranée Hellas SA
Omírou 8, 10564 Athen.
210 937 0341.

Diváni Hotels
Parthenónos 19/25,
11742 Athen.
210 322 2706.

Stathópoulos Hotels
Kapnikareas 7 u. Mitropoleos, 10556 Athen.
210 323 5606.

Xenotel Hotels
Anagnostopoulou 22,
10672 Athen.
210 362 0662.

Jugendherbergen

Deutscher Jugendherbergsverband
Bismarckstr. 8,
32756 Detmold
05231/7401-0.
www.djh.de

YHA (Griechenland)
Viktoros Ougó 16, 10438 Athen. 210 523 2049.

Berghütten

EOHO (Elliniki Omospondía Chionodromías kai Oreivasías)
(Griechischer Verband der Bergsteigervereine)
Milióni 5, 10673 Athen.
210 363 6950.

EOS (Ellinikós Oreivatikós Sýndesmos)
(Griechischer Alpinverband)
Filadelfías 126,
13671 Acharnés, Attika.
210 246 1528.

SEO (Sýllogos Ellínon Oreivatón)
(Verband Griechischer Bergsteiger)
Plateía Aristotélous 5,
Thessaloníki.
2310 224710.

Frauenkooperative Ländlicher Tourismus

Agios Germanós
23850 51320.

Ampelákia
24950 93487.

Aráchova
22670 31519.

Maróneia
25330 41394.

Camping

Griechischer Campingverband
Sólonos 102, 10680 Athen.
210 362 1560.

Behinderte Reisende

Bundesverband Selbsthilfe Körperbehinderter e. V.
(Adresse S. 299)

Weitere Informationen

Greek Travel Pages
Psýlla 6, Ecke Filellínon,
10557 Athen.
210 324 7511.

Tourist Guide of Greece
Patissíon 137,
11251 Athen.
210 864 1688.

Hotelauswahl

Die folgenden Hotels wurden aus verschiedenen Preiskategorien aufgrund ihres guten Preis-Leistungs-Verhältnisses, ihrer Ausstattung und ihrer Lage ausgewählt und sind nach Regionen aufgeteilt. Der Farbcode des Daumenregisters verweist auf die gewünschte Region. Den Kartenteil über Athen finden Sie auf Seite 128ff, Straßenkarten auf der Innenseite des Buchrückens.

Athen

Hotel	Anzahl der Zimmer	Restaurant	Garten oder Terrasse	Pool	Klimaanlage
Ampelokipoi: *Andromeda* €€€€€ Timoléontos Váson 22, 11521. **Karte** 6 F4. ☎ *210 641 5000.* FAX *210 646 6361.* Ein Luxushotel mit großer Liebe zum Detail in allen Zimmern und einem Foyer mit Werken zeitgenössischer Künstler.	30	●			■
Areos: *Park Hotel Athens* W *www.park.hotel.gr* €€€€€ Leofóros Alexándras 10, 10682. **Karte** 3 A1. ☎ *210 883 2711.* FAX *210 823 8420.* Dieses Hotel gegenüber dem erholsamen Areos-Park bietet geräumige Zimmer, eine Dachbar sowie einen rund um die Uhr geöffneten Coffee-Shop.	143	●	■	●	■
Exarcheia: *Exarchíon* €€€ Themistokléous 55, 10683. **Karte** 2 F3. ☎ *210 80 0731* FAX *210 380 3296.* Das Nachtleben der Plateía Exarcheíon ist vom Hotel aus gut zu erreichen. Die Zimmer sind schlicht, aber das Dachcafé ist gut.	54				
Exarcheia: *Museum* €€€€ Mpoumpoulínas 16, 10682. **Karte** 2 F2. ☎ *210 380 5611.* FAX *210 380 0507.* Hinter dem modernen Äußeren verbirgt sich ein vornehmes Interieur. Aufgrund seiner Lage gegenüber dem Archäologischen Nationalmuseum wird das Hotel von Akademikern frequentiert. Die Zimmer sind sauber und ruhig.	58				■
Ilisia: *Hilton* €€€€€ Leofóros Vasilíssis Sofías 46, 11528. **Karte** 4 D5. ☎ *210 728 1000.* FAX *210 728 1111.* Das bekannteste moderne Hotel in Athen. Alle Zimmer mit großem Balkon und atemberaubendem Blick auf die Stadt.	517	●	■	●	■
Ilisia: *Holiday Inn* €€€€€ Michalakopoúlou 50, 11528. **Karte** 8 E1. ☎ *210 727 8000.* FAX *210 727 8600.* Dieses gut geführte Hotel ist besonders beliebt bei Geschäftsreisenden. Es bietet geräumige Zimmer, gute Restaurants und einen Pool am Dach.	191	●	■	●	■
Kaisariani: *Divani Caravel* €€€€€ Leofóros Vasiléos Alexándrou 2, 16121. **Karte** 8 D1. ☎ *210 720 7000.* FAX *210 726 683.* Beliebtes Konferenzhotel mit geräumigen Zimmern. Essen und Trinken kann man in der Lord Byron Pianobar.	470	●	■	●	■
Kolonaki: *Athenian Inn* €€€€€ Cháritos 22, 10675. **Karte** 3 B5. ☎ *210 723 9552.* FAX *210 724 2268.* Das Hotel mit freundlichem Management und sauberen, einfachen Zimmern liegt im Herzen Kolonákis inmitten von Geschäften, Restaurants und Cafés.	25				■
Kolonaki: *St George Lykabettus* €€€€€ Kleoménous 2, 10675. **Karte** 3 B4. ☎ *210 729 0711.* FAX *210 729 0439.* Dieses kleine Luxushotel am Fuß des Lykavittós bietet geräumige Zimmer mit schöner Aussicht. Das Dachrestaurant ist vorzüglich.	167	●		●	■
Koukaki: *Marble House* €€€ Anastasíou Zínni 35, 11741. **Karte** 5 C4. ☎ *210 923 4058.* FAX *210 922 6461.* W *www.marblehouse.gr* Gepflegte Pension am Ende einer ruhigen Sackgasse mit hilfsbereitem Personal – ein Favorit in der mittleren Preisklasse. Die meisten Zimmer mit Bad und WC, viele mit Balkon. Frühstück nicht inkl.	16		■		
Koukaki: *Fílipos* €€€€€ Mitsaíon 3, 11742. **Karte** 6 D3. ☎ *210 922 3611.* FAX *210 922 3615.* Schlichte, aber saubere Zimmer, teils mit Balkon, in einem modernen Hotel (im gleichen Besitz wie das *Iródeion*).	48				■
Makrygianni: *Ira* €€€€€ Falírou 9, 11742. **Karte** 6 D4. ☎ *210 923 5618.* FAX *210 924 7334.* Die Zimmer und Aufenthaltsräume dieses modernen Hotels sind tadellos. Das Hotel verfügt auch über einen Coffee-Shop und eine Dachterrasse.	49		■		■

Die Preiskategorien beziehen sich auf ein normales Doppelzimmer mit Frühstück für eine Nacht in der Hauptsaison inklusive Steuern und Service:
- € unter 25 Euro
- €€ 25–35 Euro
- €€€ 35–45 Euro
- €€€€ 45–60 Euro
- €€€€€ über 60 Euro

Restaurant
Restaurant im Hotel, gelegentlich nur für Hausgäste.

Garten oder Terrasse
Hotel mit Garten, Innenhof oder Terrasse, oftmals mit Restaurantbetrieb.

Pool
Hotelpools sind in der Regel recht klein und, sofern nicht anderweitig vermerkt, nicht überdacht.

Klimaanlage
Hotel mit Klimaanlage in allen Zimmern.

	Anzahl der Zimmer	Restaurant	Garten oder Terrasse	Pool	Klimaanlage
Makrygianni: *Athens Gate* €€€€€ Leofóros A Syngroú 10, 11742. **Karte 6 E3.** *210 923 8302.* FAX *210 923 7493.* Ein modernes Hotel in zentraler Lage mit wohnlichen Zimmern sowie einem Dachgarten mit Blick auf die Akropolis und den Hadriansbogen.	100	●	■		■
Makrygianni: *Divani Palace Acropolis* €€€€€ Parthenónos 19–25, 11742. **Karte 6 D3.** *210 928 0100.* FAX *210 921 4993.* Dieses Hotel (nach dem gelungenen Umbau nun in der Luxusklasse) liegt unweit der Akropolis. Im Foyer ist ein originales Teilstück der Themistokleischen Mauer zu besichtigen.	251	●	■	●	■
Makrygianni: *Iródeion* €€€€€ Rovértou Gkálli 4, 11742. **Karte 5 C3.** *210 923 6832.* FAX *210 923 5851.* Hotel mit großen, modernen Zimmern, einem Innenhof mit Pistazienbäumen und einer Dachterrasse mit Blick auf die Akropolis.	90	●	■		■
Makrygianni: *Royal Olympic* €€€€€ Athanasíou Diákou 28–34, 11743. **Karte 6 E3.** *210 922 6411.* FAX *210 923 3317.* W *www.roalolympic.gr* Herrlich geräumige Zimmer, alle mit großartigem Blick auf den Tempel des Olympischen Zeus. Gutes Grillrestaurant.	304	●	■	●	■
Metaxourgeio: *Stanley* €€€€€ Odysséos 1, Plateía Kairaiskáki, 10437. **Karte 1 B3.** *210 524 1611.* FAX *210 524 4611* Das *Stanley* hat geräumige Zimmer mit Balkon, einen Dachgarten, einen Pool, eine belebte Bar sowie ein Restaurant	389	●	■	●	■
Monastiraki: *Carolina* €€€€€ Kolokotroni 55, 10560. **Karte 2 E5.** *210 324 3551.* FAX *210 324 3550.* Dieses angenehme, neu renovierte Hotel bietet säaubere Zimmer, einige mit Bad und Toilette. Von der Terrasse sieht man die Akropolis.	34		■		■
Monastiraki: *Attalos* €€€€€ Athinás 29, 19554. **Karte 2 D5.** *210 321 2801.* FAX *210 324 3124.* Das *Attalos* eignet sich ideal für Einkäufe in Athinás und Monastiráki und bietet akzeptable Zimmer, teils mit Balkon, sowie einen Dachgarten mit schönem Blick auf die Akropolis.	80		■		■
Neos Kosmos: *Athenian Kallirhoe* €€€€€ Petmezá 15, 11743. **Karte 6 D4.** *210 921 5353.* FAX *210 921 5342.* Kleines, luxuriöses Hotel in Gehweite zur Akropolis. Die Gästezimmer sind modern und komfortabel.	68	●	■		■
Neos Kosmos: *Athenaeum Inter-Continental* €€€€€ Leofóros Andrea Syngroú 89–93, 11745. **Karte 6 E4.** *210 920 6000.* FAX *210 935 8603.* W *www.interconti.com* Das von modernen griechischen Künstlern dekorierte Luxushotel hat einige gute Restaurants, Bars und Geschäfte zur Auswahl.	520	●		●	■
Neos Kosmos: *Ledra Marriot* €€€€€ Leofóros Andrea Syngroú 115, 11745. **Karte 6 D4.** *210 930 0000.* FAX *210 935 8603.* W *www.marriott.com* Das *Marriot* hat alles, was man von einem Luxushotel erwartet.Vorzügliche Restaurants (das polynesische *Kona Kai* ist besonders »in«).	259	●		●	■
Omonoia: *La Mirage* €€€ Maríkas Kotopoúli 3, 10431. **Karte 2 D3.** *210 523 4071.* FAX *210 523 3992.* Beliebt bei allen, die rund um die Uhr am bunten Treiben der Plateía Omonoía teilnehmen wollen. Alle Zimmer mit Schallschutzfenstern.	208	●			■
Omonoia: *Dorian Inn* €€€€€ Peiraiós 17, 10552. **Karte 2 D3.** *210 523 9782.* FAX *210 522 6196.* Der Dachgarten dieses feinen Hotels im Stadtzentrum bietet einen atemberaubenden Blick auf Athen und die Akropolis.	146	●	■	●	■

Zeichenerklärung siehe hintere Umschlagklappe

Die Preiskategorien beziehen sich auf ein normales Doppelzimmer mit Frühstück für eine Nacht in der Hauptsaison inklusive Steuern und Service:
€ unter 25 Euro
€€ 25–35 Euro
€€€ 35–45 Euro
€€€€ 45–60 Euro
€€€€€ über 60 Euro

Restaurant
Restaurant im Hotel, gelegentlich nur für Hausgäste.

Garten oder Terrasse
Hotel mit Garten, Innenhof oder Terrasse, oftmals mit Restaurantbetrieb.

Pool
Hotelpools sind in der Regel recht klein und, sofern nicht anderweitig vermerkt, nicht überdacht.

Klimaanlage
Hotel mit Klimaanlage in allen Zimmern.

Hotel	Preis	Anzahl der Zimmer	Restaurant	Garten oder Terrasse	Pool	Klimaanlage
Omonoia: *Athens Acropolis* Peiraiós 1, 10552. **Karte** 2 D3. *210 523 1111.* FAX *210 523 1361.* In den großen und gemütlichen Aufenthaltsräumen und im Foyer dieses Hotels mit Restaurant und Bar kann man herrlich entspannen. Ruhige Zimmer.	€€€€€	*167*	●	■		■
Omonoia: *Titánia* Panepistimíou 52, 10678. **Karte** 2 E4. *210 330 0111.* FAX *210 330 0700.* Durch eine Einkaufspassage in der Nähe der Plateía Omonoías gelangt man zu diesem gut ausgestatteten Hotel mit ansprechend eingerichteten Zimmern; die Bar auf dem Dach und das Café im Erdgeschoß sind immer gut besucht.	€€€€€	*396*	●	■		■
Plaka: *John's Place* Patróou 5, 10557. **Karte** 6 E1. *210 322 9719.* Hotel für Rucksackreisende mit gutem Preis-Leistungs-Verhältnis. Kleine, sehr saubere Zimmer mit Gemeinschaftsbad.	€€€€	*15*				
Plaka: *Faídra* Chairefóntos 16, 10558. **Karte** 6 E2. *210 323 8461.* FAX *210 322 795.* Die Lage des Hotels direkt am Lysikrates-Monument macht die etwas abgewohnten Zimmer und Aufenthaltsräume bei weitem wett.	€€€€	*27*				
Plaka: *Koúros* Kódrou 11, 10557. **Karte** 6 E2. *210 322 7431.* Diese günstige, freundliche Pension mitten in der Pláka befindet sich in einer umgebauten klassizistischen Villa. Schlichte, aber saubere Zimmer mit Balkon, zum Teil mit Blick auf die Akropolis.	€€€€	*10*				
Plaka: *Acropolis House Pension* Kódrou 6–8, 10557. **Karte** 6 E1. *210 322 2344.* FAX *210 324 4143.* Pension in einem umgebauten Haus aus dem 19. Jahrhundert; große, freundliche Zimmer mit Balkon.	€€€€€	*19*				■
Plaka: *Neféli* Angelikis Chatzimicháli 2, 10558. **Karte** 6 E1. *210 322 8044.* FAX *210 322 5800.* Verstecktes, modernes Hotel in einer ruhigen Seitenstraße der Pláka. Die Zimmer sind sauber, gut, einfach und angemessen.	€€€€€	*18*				■
Plaka: *Aphrodite* Apóllonos 21, 10557. **Karte** 6 E1. *210 323 4357.* FAX *210 322 5244.* Hotel in guter Lage mit sauberen, preisgünstigen Zimmern, teils mit fabelhaftem Blick auf die Akropolis.	€€€€	*84*	●	■		■
Plaka: *Byron* Výronos 19, 10558. **Karte** 6 E2. *210 323 0327.* FAX *210 322 0276.* Das kleine, schlichte Hotel liegt im Süden der Pláka und somit in der Nähe der Akropolis. Einige Zimmer haben Balkon.	€€€€€	*20*		■		■
Plaka: *Myrtó* Níkis 40, 10558. **Karte** 6 F1. *210 322 7237.* FAX *210 323 4560.* Das kleine Hotel nahe der zentralen Plateía Syntágmatos und der Pláka ist ideal für einen Kurzaufenthalt, und bei jungen Pärchen beliebt.	€€€€€	*12*				■
Plaka: *Omiros* Apóllonos 15, 10557. **Karte** 6 E1. *210 323 5486.* FAX *210 322 8059.* Der reizende Dachgarten ist das Markenzeichen dieses sonst eher einfachen Hotels in einer ruhigen Ecke der Pláka.	€€€€€	*37*		■		■
Plaka: *Adrian* Adrianoú 74, 10556. **Karte** 6 E2. *210 325 0461.* FAX *210 523 4786.* Hotel im Herzen der Pláka mit einfachen, behaglichen Zimmern und einer ruhigen Terrasse als Zuflucht vor der Hektik der Stadt.	€€€€€	*22*		■		■

PLAKA: *Pláka* €€€€€ Mitropoleos & Kapnikareas 7, 10556. **Karte** 6 D1. ☎ *210 322 2096.* FAX *210 322 2412.* Das gemütliche Hotel im Herzen Plákas bietet herrliche Blicke auf die Akropolis und eine freundliche Atmosphäre.	67	●	■		■
PLAKA: *Ermís* €€€€ Apóllonos 19, 10557. **Karte** 6 E1. ☎ *210 232 5514.* FAX *210 322 2412.* Die Zimmer dieses frisch renovierten Hotels sind geräumig (einige liegen in Richtung eines Spielplatzes).	45				■
STATHMOS LARISSIS: *Oscar* €€€€€ Filadelfeías 25, 10439. **Karte** 1 C1. ☎ *210 883 4215.* FAX *210 821 6368.* Ein fabelhaftes, modernes Hotel in der Nähe des Bahnhofs Laríssis mit großen Zimmern, Dachpool und einem guten Restaurant.	164	●	■	●	■
STATHMOS LARISSIS: *Novotel Athens* €€€€€ Michaíl Vóda 4–6, 10439. **Karte** 1 D1. ☎ *210 820 0700.* FAX *210 820 0777.* Dieses feine, zentral gelegene Hotel der französischen Novotel-Gruppe verfügt über moderne, gut eingerichtete Zimmer sowie einen schönen Dachgarten mit Pool.	195	●	■	●	■
STREFI-HÜGEL: *Oríon* €€€€ Anexartisías 5 u. E Mpenáki 105, 11473. **Karte** 3 A2. ☎ *210 382 7362.* FAX *210 380 1935* Neben dem Hügel Stréfi, gleich oberhalb von Exárcheia, liegt dieses ruhige Hotel. Sehr beliebt bei Studenten für einen Kurzaufenthalt.	38		■		■
SYNTAGMA: *Metropolis* €€€ Mitropóleos 46, 10563. **Karte** 6 D1. ☎ & FAX *210 321 7469.* Freundliches Personal in einem fünfstöckigen Hotel mit Blick auf die Metropolis (Kathedrale). Große, saubere Zimmer, kein Frühstück.	25				
SYNTAGMA: *Athens Cypria* €€€€€ Diomeias 5, 10577. **Karte** 6 E1. ☎ *210 323 8034.* FAX *210 324 8792.* Dieses Hotel in einer ruhigen Straße wenige Minuten von der Plateía Syntágmatos entfernt, bietet ein gutes Preis-Leistungs-Verhältnis. Von den oberen Zimmern sieht man die Akropolis.	71				■
SYNTAGMA: *Aretoúsa* €€€€€ Mitropóleos 6–8 u. Níkis 12, 10563. **Karte** 6 F1. ☎ *210 322 9431.* FAX *210 322 9439.* Zentrales Hotel mit anständigem Preis-Leistungs-Verhältnis. Moderne Zimmer, Dachgarten und stark frequentierte Bar.	87	●	■		■
SYNTAGMA: *Astor* €€€€€ Karageórgi Servías 16, 10562. **Karte** 6 F1. ☎ *210 335 1000.* FAX *210 325 5115.* Das beliebte, ganzjährig geöffnete Dachrestaurant dieses Hotels gewährt einen prächtigen Blick auf Athen. Dasselbe gilt für die Doppelzimmer ab dem sechsten Stock aufwärts.	130	●	■		■
SYNTAGMA: *Amalía* €€€€€ Leofóros Vasilíssis Amalías 10, 10557. **Karte** 6 F1. ☎ *210 607 2135.* FAX *210 322 3872.* Die Zimmer sind reichlich klein, dafür alle Bäder in Marmor. Zentral gelegenes Hotel mit schöner Aussicht auf das Parlament und den Nationalgarten.	98	●			■
SYNTAGMA: *Electra* €€€€€ Ermoú 5, 10557. **Karte** 6 F1. ☎ *210 322 3223.* FAX *210 322 0310.* Dieses zentrumsnahe Hotel ist ideal für einen Einkaufsbummel nach Monastiráki. Die Zimmer sind durchweg sauber und wohnlich.	110	●			■
SYNTAGMA: *Esperia Palace* €€€€€ Stadíou 22, 10564. **Karte** 2 E4. ☎ *210 323 8001.* FAX *210 323 8100.* Ein feines Stadthotel mit marmorner Lobby und geschmackvoll dekorierten Zimmern. Restaurant und Bar sind bei Athenern sehr beliebt.	184	●			■
SYNTAGMA: *Grande Bretagne* €€€€€ Plateía Syntágmatos, 10563. **Karte** 6 F1. ☎ *210 333 0000.* FAX *210 322 8034.* Dieses Hotel ist das Wahrzeichen der Plateía Syntágmatos in beneidenswerter Lage. Lobby und Zimmer sind herrlich, der Service hervorragend.	450	●			■
SYNTAGMA: *Athens Plaza* €€€€€ Vasiléos Georgíou, 10564. **Karte** 6 F1. ☎ *210 325 5301.* FAX *210 323 5856.* Dieses Grandhotel präsentiert blaue und weiße Zimmer durchweg mit Schallschutz. Das Leistungsangebot ist gut, die Explorers' Lounge und das Restaurant *Marco Polo* sind stets gut besucht.	177	●			■

Zeichenerklärung siehe hintere Umschlagklappe

Die Preiskategorien beziehen sich auf ein normales Doppelzimmer mit Frühstück für eine Nacht in der Hauptsaison inklusive Steuern und Service:
€ unter 25 Euro
€€ 25–35 Euro
€€€ 35–45 Euro
€€€€ 45–60 Euro
€€€€€ über 60 Euro

Restaurant
Restaurant im Hotel, gelegentlich nur für Hausgäste.

Garten oder Terrasse
Hotel mit Garten, Innenhof oder Terrasse, oftmals mit Restaurantbetrieb.

Pool
Hotelpools sind in der Regel recht klein und, sofern nicht anderweitig vermerkt, nicht überdacht.

Klimaanlage
Hotel mit Klimaanlage in allen Zimmern.

Umgebung von Athen

	Anzahl der Zimmer	Restaurant	Garten oder Terrasse	Pool	Klimaanlage
Anavysos: *Eden Beach Hotel Club* €€€€€ 3 km nördlich von Anávysos, 19013. **Straßenkarte** D4. *22910 60031.* FAX *22910 60043.* Das Hotel am Strand steht in einem schönen Garten. Gute Sporteinrichtungen wie Tennisplätze, Meerwasserpool und Wassersportangebote. *Nov–März.*	286	●	■	●	■
Glyfada: *Hotel Ilion* €€€ Kondlyli 4, 16675. **Straßenkarte** D4. *210 894 6011.* Zwei Kilometer nördlich von Vouliágmeni, liegt das *Ilion* unweit der schicken Läden in der Stadt. Einfach eingerichtete Zimmer, einige mit Meeresblick. Kein Frühstück.	34	●	■	●	■
Kifisia: *Hotel Grand Chalet* €€€€€ Kokkinara 38, 14562. **Straßenkarte** D4. *210 623 3120.* FAX *210 808 5426.* Ein nettes Hotell in einem schicken Vorort im Norden der Stadt, in dem man sich hervorragend von der turbulenten Stadt erholen kann. Restaurant mit internationalen Gerichten und Pool im Garten.	44	●	■	●	■
Kifisia: *Pentelikón* €€€€€ Deligiánni 66, 14562. **Straßenkarte** D4. *210 623 0650–6.* FAX *210 801 0314.* Ein klassizistisches Luxushotel inmitten eines Landschaftsgartens mit schönen, geräumigen Zimmern und diskretem Service.	44	●	■	●	■
Marathonas: *Golden Coast* €€€€€ Am Strand von Marathon, 19005. **Straßenkarte** D4. *22940 57100.* FAX *0294 57300.* Das Luxushotel liegt unweit des antiken Marathon und wartet mit einem Nachtklub, Restaurants, vier Pools (einem für Kinder) sowie anderen Sportmöglichkeiten und Geschäften auf. Okt–März.	541	●	■	●	■
Parnass: *Casino Mont Parnes* €€€€€ 4 km nördl. von Acharnaí, 13571. **Straßenkarte** D4. *210 240 4221.* FAX *210 246 0768.* Das Kasino ist Aushängeschild dieses Hotels oberhalb der Ebenen Attikas. Ob man nun spielt oder nicht - die frische Luft und die Pinien rund ums Hotel sind vor allem in der Athener Sommerhitze sehr erholsam.	108	●	■	●	■
Piräus: *Cava D'Oro* €€€€€ Vasiléos Pávlou 19, 18533. **Straßenkarte** D4. *210 412 2210.* FAX *210 412 2210.* Ein feines Hotel direkt am Hafen Mikrolímano mit einer beliebten Disko und Bar. Kühle, luftige Zimmer.	74	●			■
Piräus: *Kastélla* €€€€€ Vasiléos Pávlou 75, 18533. **Straßenkarte** D4. *210 411 4735* FAX *210 417 5716.* Die modernen Zimmer dieses Hotels im feineren Teil von Kastélla eröffnen einen Blick auf den Jachthafen.	32	●	■		■
Piräus: *Park* €€€€€ Kolokotróni 103, 18535. **Straßenkarte** D4. *210 452 4611.* FAX *210 452 4615.* Dank seiner zentralen Lage ist das *Park* mit seiner Frühstücksterrasse und seinen großen Zimmern ideal für eine Erkundung von Piräus.	80		■		■
Spata: *Sofitel Athens Airport* €€€€€ Athens Internationaler Flughafen, 19004. **Straßenkarte** D4. *210 354 4000.* FAX *210 354 4444.* Fünf-Sterne-Hotel mit exzellenten Einrichtungen wie einem gut ausgestatteten Fitneßzentrum. Nahe Flughafen und Rafina.	354	●		●	●
Vouliagmeni: *Aphrodite Astir Palace* €€€€€ Apóllonos 40, 16671. **Straßenkarte** D4. *210 890 2000.* FAX *210 896 2579.* Ein Luxushotel in einer Feriensiedlung am Meer, 23 Kilometer südlich von Athen. Hier lassen sich die Sehenswürdigkeiten Athens und ein Strandurlaub auf feudale Weise kombinieren. *Okt–Apr.*	570	●	■	●	■

DER PELOPONNES

ANTIKES KORINTH: *Shadow* €€€€ An der Straße zum Dorf, 20007. **Straßenkarte** C4. *27410 31481* FAX *27410 31481.* Die Hinterzimmer dieses Familienhotels bieten einen Blick auf Akrokorinth und die Ebene von Kórinthos. Im Restaurant gibt es Livemusik.	12		■		■
AREOPOLI: *Pyrgos Kapetanákou* €€€€€ An der Plateía Areopóleos, 23062. **Straßenkarte** C5. *27330 51233.* FAX *27330 51401.* Dieses Hotel befindet sich in einem dreistöckigen Turm aus dem Jahr 1865. Unterschiedlich teure und große Zimmer vom Einzel- bis zum Fünf-Bett-Zimmer. Garten mit altem Pflanzenbestand, herrlicher Frühstückssalon.	7		■		■
AREOPOLI: *Xenónas Lontas* €€€€€ An der Plateía Taxiarchón, 23062. **Straßenkarte** C5. *27330 51360.* FAX *27330 51012.* Dieses unlängst restaurierte Hotel in einem Geschlechterturm verfügt über kunstvoll dekorierte Zimmer mit Bad und WC, ist jedoch etwas überteuert.	4		■		
CHLEMOUTSI: *Katerína Lepida Apartments* €€€€€ Loutropóleos 9, 27050. **Straßenkarte** B4. *26230 95224.* Ein Hotel in günstiger, zentrumsnaher Lage mit geräumigen Zimmern; die Zimmer nach hinten bieten einen fabelhaften Blick. *Nov–Apr.*	10	●	■		
DIAKOFTO: *Chris-Paul* €€€€€ Neben dem Bahnhof, 25003. **Straßenkarte** C4. *26910 41715.* FAX *26910 42128.* Das vom Zentrum aus noch gut erreichbare, moderne Hotel liegt friedlich und versteckt hinter Bäumen. Alle Zimmer mit Balkon und herrlicher Aussicht; im Winter schafft ein offener Kamin eine wohlige Atmosphäre.	25		■	●	■
DIMITSANA: *Dimitsána* €€€€ An der Straße von Dimitsána nach Stemnítsa, 22100. **Straßenkarte** C4. *27950 31518.* FAX *27950 31040.* Als Bauwerk ist das unlängst modernisierte Hotel wenig spektakulär, dafür liegt es inmitten von üppigem Grün an der Loúsios-Schlucht. Die meisten Zimmer mit Balkon.	27		■		
FOINIKOUNTA: *Pórto Finíssia* €€€€ Am Strand von Foinikoúnta, 24006. **Straßenkarte** C5. *27230 71458.* FAX *27230 71457.* Das *Pórto Finíssia* in einem ruhigen Feriendorf 14 Kilometer südöstlich von Methóni bietet saubere, gut ausgestattete Zimmer meist mit Strandblick. Alle Zimmer mit Balkon und Telefon. *Nov–Apr.*	27	●	■		■
GYTHEIO: *Aktaíon* €€€€ Vasiléos Pávlou 39, 23200. **Straßenkarte** C5. *27330 23500.* FAX *27330 22294.* Dieser restaurierte klassizistische Bau am Hafenkai verfügt über saubere Zimmer mit Balkon und Meerblick.	22	●			■
TIEFE MANI: *Tsitsiris Castle* €€€€€ Stavri, 230 71. **Straßenkarte** C5. *27330 56297.* FAX *27330 56296.* W *www.tsitsiriscastle.gr* Fünf Kilometer nordwestlich von Gerolíménas liegt in Stavri der wunderschön restaurierte Turm (18. Jh.), mit traditionellen Möbeln ausgestattet. Schöne Terrasse mit Bergblick.	20	●	■		■
KALAVRYTA: *María* €€€€ Syngroú 10, 25001. **Straßenkarte** C4. *26920 22296.* FAX *26920 22686.* Dieses kleine, ruhige Hotel an einer Fußgängerzone am Westrand der Stadt wartet mit ansprechend dekorierten Zimmern auf.	18				
KALÒGRIA: *Kalògria Beach* €€€€€ Am Strand von Kalògria, 27052. **Straßenkarte** B4. *26930 31380.* FAX *26930 31381.* Ein Komplex aus einem Hauptgebäude und einzelnen Bungalows. Alle Zimmer mit Veranda und Blick auf das Meer oder den nahe gelegenen Wald. Regelmäßige Busverbindung nach Pátra. *Nov–März.*	220	●	■		
KARDAMYLI: *Kardam'yli Beach* €€€€€ Am Strand von Kardam'yli, 24022. **Straßenkarte** C5. *27210 73180.* FAX *27210 73184.* Ein modernes, freundliches Hotel, 34 Kilometer südlich von Kalamáta, am Fuße des Taÿgettos-Gebirges mit hervorragender Aussicht auf das Meer und die Berge.	30		■	●	
KORINTH: *Efyra* €€€ Ethnikís Antístasis 52, 20100. **Straßenkarte** C4. *27410 22434.* FAX *27410 24514.* Das *Efyra* in Korinth, sechs Kilometer nordöstlich vom Antiken Korinth, ist eines der wenigen Hotels der Stadt. Schlichte, aber saubere Zimmer zu erschwinglichen Preisen.	45		■		

Zeichenerklärung siehe hintere Umschlagklappe

Die Preiskategorien beziehen sich auf ein normales Doppelzimmer mit Frühstück für eine Nacht in der Hauptsaison inklusive Steuern und Service:
€ unter 25 Euro
€€ 25–35 Euro
€€€ 35–45 Euro
€€€€ 45–60 Euro
€€€€€ über 60 Euro

RESTAURANT
Restaurant im Hotel, gelegentlich nur für Hausgäste.

GARTEN ODER TERRASSE
Hotel mit Garten, Innenhof oder Terrasse, oftmals mit Restaurantbetrieb.

POOL
Hotelpools sind in der Regel recht klein und, sofern nicht anderweitig vermerkt, nicht überdacht.

KLIMAANLAGE
Hotel mit Klimaanlage in allen Zimmern.

Hotel	Anzahl der Zimmer	Restaurant	Garten oder Terrasse	Pool	Klimaanlage
KORONI: *Auberge de la Plage* €€€€€ Am Strand von Zanga, 24004. **Straßenkarte** C5. ☎ *27250 22401.* FAX *27250 22508.* Bemerkenswert an diesem Hotel ist seine spektakuläre Lage an der Festung von Koróni und an einem der schönsten Strände des Peloponnes. Alle Zimmer mit schönem Aussichtsbalkon. ● *Nov–März.* P	49	●	■		■
KYLLINI: *Robinson Club Kyllíni Beach* €€€€€ Am Strand von Kyllíni, 27050. **Straßenkarte** B4. ☎ *26230 95205.* FAX *26230 95206.* Dieser großangelegte Komplex liegt inmitten eines herrlichen Areals unweit eines Sandstrands. Sportangebot für Erwachsene und Kinder sowie Gesundheitsprogramm wie Massagen etc. ● *Nov–März.*	304	●	■	●	■
METHONI: *Odysséas* €€€€€ Plateía Syngroú, 24006. **Straßenkarte** B5. ☎ *27230 31600.* FAX *27230 31646.* Hotel im traditionellen Stil mit Dachziegeln aus Lehm und weißgetünchten Mauern mit großem Gartenareal; Blick auf die Festung von Methóni; Fernsehzimmer; alle Zimmer mit Balkon. ● *Nov–März.* P	9		■		■
MONEMVASIA: *Malvásia* €€€€ Kástro, 23070. **Straßenkarte** C5. ☎ *27320 61323.* FAX *27320 61722.* Dieser Komplex umfaßt drei verschiedene Gebäude in der Altstadt mit unterschiedlichem Preisniveau. Jedes mit Holz, Marmor und hellen Stoffen eingerichtete Zimmer hat eine besondere Note.	28				
MYKENE: *Belle Hélène* €€€ Chrístou Ioúda, 21200. **Straßenkarte** C4. ☎ *27510 76225.* FAX *27510 76179.* Bei seinen Ausgrabungen wohnte der Archäologe Schliemann in diesem einfachen, aber stimmungsvollen Bau aus dem Jahr 1862. Im Restaurant im Erdgeschoß liegt ein imposantes Gästebuch aus. ● *Jan–Feb.* P	8	●	■		
NAFPLIO: *Epídavros* €€€€ Kokkínou 2, 21100. **Straßenkarte** C4. ☎ *27520 27541.* FAX *27520 27541.* Obwohl alle Zimmer dieses Hotels Holzböden, Kassettendecken und einige sogar Balkon haben, ist jedes anders. Weitere Zimmer in einer nahe gelegenen, dem Hotel angeschlossenen Pension. Kein Frühstück. P	35		■		
NAFPLIO: *King Othon* €€€€€ Farmakopoúlou 3, 21100. **Straßenkarte** C4. ☎ *27520 27585.* FAX *27520 27595.* Die hohen Zimmer und Fenster dieses klassizistischen Baus prägen die Atmosphäre ganz entscheidend.	12				
NAFPLIO: *Byron* €€€€ Plátonos 2, 21100. **Straßenkarte** C4. ☎ *27520 2235.* FAX *27520 26338.* Wunderschön restauriertes Hotel unweit des höchsten Punkts der Altstadt. Einige Zimmer im Obergeschoß mit Meerblick.	18		■		■
NEOS MYSTRAS: *Byzántion* €€€€ Am zentralen Platz, 23100. **Straßenkarte** C5. ☎ *27310 83309.* FAX *27310 20019.* Dieses unlängst restaurierte Hotel in Néos Mystrás, ein Kilometer östlich des byzantinischen Mystrás, bietet individuell gestaltete Zimmer mit Deckengewölbe und Holzmöbeln. Preise je nach Aussicht. ● *Nov–Feb.* P	22	●			
OLYMPIA: *Pelops* €€ Varelá 2, 27065. **Straßenkarte** B4. ☎ *26240 22543.* FAX *26240 22213.* Dieses Hotel unter australisch-griechischer Leitung liegt 500 Meter östlich des antiken heiligen Bezirks; die familiäre Atmosphäre und die gemütliche Bar ermöglichen einen angenehmen Aufenthalt. ● *Mitte Nov–Mitte Feb.*	25	●	■	●	
OLYMPIA: *Europa* €€€€€ Droúva 1, 27065. **Straßenkarte** B4. ☎ *26240 22650.* FAX *26240 23166.* Einladendes, familiengeführtes Hotel der »Best Western«-Kette in fabelhafter Hügellage 500 Meter östlich des antiken heiligen Bezirks. Tennisplatz und Reitstall vorhanden. P	80	●	■	●	■

PATRAS: *Ránnia* Riga Feraíou 53, 26221. **Straßenkarte** C4. *2610 220114.* FAX *2610 220537.* Hotel in ruhiger Lage mit vernünftigen Preisen. Zimmer mit Holzmöbeln und Balkon, zum Teil mit Blick auf einen reizvollen Platz.	€€€€	30		■		■
PORTOCHELI: *Ververónda* Am Meer, 21300. **Straßenkarte** C4. *27540 51342.* FAX *27540 51345.* Dieser Komplex aus Villen und Bungalows im traditionellen Stil liegt zehn Minuten außerhalb der Stadt an einer malerischen Bucht. P	€€	246	●	■	●	■
PYLOS: *Káralis Beach* Kalamátas 26, 24001. **Straßenkarte** C5. *27230 23021.* FAX *27230 22970.* Das Hotel liegt am Hafenrand, in sehr ruhiger Lage. Die Zimmer sind zwar nicht sehr geräumig, doch einige haben Meerblick. ● *Nov–März.* P	€€€€€	14		■		■
SPARTA: *Maniátis* Palaiológou 72, 23100. **Straßenkarte** C5. *27310 22665.* FAX *27310 29994.* Modernes, gut geführtes Hotel im Zentrum Spartas mit exzellentem Preis-Leistungs-Verhältnis, aber wenig Atmosphäre.	€€€€	80	●			■
SPARTA: *Spárta Inn* Thermopylón 109, 23100. **Straßenkarte** C5. *27310 25021.* FAX *27310 24855.* Eines der feineren Hotels in der Gegend mit Dachgarten. Ruhige Lage.	€€€€	147	●	■	●	■
STEMNITSA: *Trikolóneio* Am zentralen Platz, 22024. **Straßenkarte** C4. *27950 81297.* FAX *27950 81483.* Das im traditionellen Stil erbaute *Trikolóneio* in Stemnítsa, acht Kilometer südlich von Dimitsána, umfaßt zwei Villen aus dem 19. Jahrhundert sowie einen Anbau. Vorzügliches Restaurant. P	€€€€	20	●			
VERGINA: *Pension Vergina* Vergina Imagias, 59031. **Straßenkarte** C2. *23310 92510.* FAX *23310 92511.* Nur 200 Meter vom Grab des makedonischen Königs Philipp II entfernt liegt dieses Hotel mit sauberen und gepflegten Zimmern, z.T. mit Balkon.	€€€	10				■
ZACHLOROU: *Romántzo* Neben dem Bahnhof, 25001. **Straßenkarte** C4. *26920 22758.* Der weitläufige Bau mit Veranden am Fluß Vouraikós liegt in Zachloroú, 14 Kilometer westlich von Diakoftó.	€€	10	●			

ZENTRAL- UND WESTGRIECHENLAND

AGIOS IOANNIS: *Eftychía* An der Zufahrtsstraße zum Dorf, 37012. **Straßenkarte** C3. *24260 31150.* Das *Eftychía* in Agios Ioánnis, 25 Kilometer nördlich von Miliés, mit seinen weißgetünchten Mauern ist typisch für das Pílio. Zimmer mit Meerblick, aber ohne Balkon. ● *Sep–Mai.* P	€€€€	17	●	■		
ARACHOVA: *Apollon Inn* Delfón 20, 32004. **Straßenkarte** C3. & FAX *22670 31057.* Im exzellenten Familienbetrieb in Aráchova, 11 Kilometer östlich des antiken Delphi, herrscht eine freundliche Atmosphäre. Zimmer ohne Bad und WC. P	€€€	20				
DELPHI: *Ermís* Freideríkis 27, 33054. **Straßenkarte** C3. *22650 82318.* FAX *22650 82639.* Das Ermis liegt in Delphi, 600 Meter östlich der antiken Anlagen. Zimmer mit Blick über Olivenhaine bis zum Golf von Korinth.	€€€€€	40		■		
DELPHI: *Olympic* Freideríkis 53B, 33054. **Straßenkarte** C3. *22650 82793.* FAX *22650 82639.* Dieses luxuriöse Hotel, 600 Meter östlich des antiken Delphi, bietet Zimmer mit Bad und WC und schönem Ausblick auf ein Tal voller Ölbäume.	€€€€€	20				■
DELPHI: *Varónos* Vasiléos Pávlou u. Freideríkis 25, 33054. **Straßenkarte** C3. *&* FAX *22650 82345.* Der Bau im klassizistischen Stil in Delphi, 600 Meter östlich des antiken Delphi, wartet mit geräumigen Zimmern und großen Balkonen auf.	€€€	10				■
DELPHI: *Xenía* Apóllonos 69, 33054. **Straßenkarte** C3. *22650 82151.* FAX *22650 82764.* Haus einer Hotelkette 600 Meter östlich des antiken Delphi mit geräumigen Zimmern mit Balkon. P	€€€€€	45	●	■	●	■

Die Preiskategorien beziehen sich auf ein normales Doppelzimmer mit Frühstück für eine Nacht in der Hauptsaison inklusive Steuern und Service:
- € unter 25 Euro
- €€ 25–35 Euro
- €€€ 35–45 Euro
- €€€€ 45–60 Euro
- €€€€€ über 60 Euro

Restaurant
Restaurant im Hotel, gelegentlich nur für Hausgäste.

Garten oder Terrasse
Hotel mit Garten, Innenhof oder Terrasse, oftmals mit Restaurantbetrieb.

Pool
Hotelpools sind in der Regel recht klein und, sofern nicht anderweitig vermerkt, nicht überdacht.

Klimaanlage
Hotel mit Klimaanlage in allen Zimmern.

	Anzahl der Zimmer	Restaurant	Garten oder Terrasse	Pool	Klimaanlage
Galaxidi: *Ganyméde* €€€€€ Níkou Gourgourí 16, 33052. **Straßenkarte** C3. ☎ *22650 41328.* FAX *22650 42160.* Die Zimmer dieses stimmungsvollen Hotels unter italienischer Leitung blicken auf einen herrlichen Garten. Hausgemachte Marmelade. ● *Nov–15. Dez.*	8		■		■
Igoumenitsa: *Savoy* €€€€ Voreíou Ipeírou 3, 46100. **Straßenkarte** B2. ☎ *26650 23957.* FAX *26650 23781.* Hier wohnt man in einem von zwölf, mit Holz eingerichteten Apartments im traditionellen Stil mit Fensterläden und TV. Aufgrund des Kinderspielplatzes ideal für Familien.	12				
Ioannina: *Olympic* €€€€€ Melanídi 2, 45332. **Straßenkarte** B2. ☎ *26510 25888.* FAX *26510 22041.* Das traditionsreiche, freundliche Hotel unweit des Zentrums bietet mit die besten Zimmer der Stadt.	54	●			■
Ioannina: *Xenía* €€€€€ Leofóros Dodónis 33, 45221. **Straßenkarte** B2. ☎ *26510 47301.* FAX *26510 47189.* Dieses moderne Hotel an der reizenden Allee Leofóros Dodónis verfügt über wohnliche, gut ausgestattete Zimmer. Das Hotel liegt inmitten von Gärten und bietet außerdem einen Konferenzsaal.	60	●	■		
Kalampaka: *Rex* €€€ Kastrakíou 11A, 42200. **Straßenkarte** B2. ☎ *24320 22042.* FAX *24320 22372.* Schlichter und preiswerter als viele andere Hotels in der Nähe von Metéora und zudem in ruhiger Lage. Ansehnliche, gut ausgestattete Zimmer.	34	●			
Kalampaka: *Antoniádi* €€€€ Trikálon 148, 42200. **Straßenkarte** B2. ☎ *24320 24387.* FAX *24320 24319.* Ein neues, aber gemütliches, kleines Hotel mit freundlicher Atmosphäre und erstklassigem Restaurant – leider fehlt die Aussicht auf Metéora.	70	●	■	●	■
Kalampaka: *Diváni* €€€€€ Am Ortseingang, 42200. **Straßenkarte** B2. ☎ *24320 23330.* FAX *24320 23638.* In diesem feinen Hotel der Diváni-Kette ist man ganz nah an den Felsen von Metéora. Alle Zimmer mit Balkon. Bar im Freien.	165	●	■	●	■
Karditsa: *N Plastiras Hotel* €€€€€ Neraida Karditsas, Nikolau Plastira See. **Straßenkarte** C3. ☎ *24410 92460.* FAX *24410 92461.* Das Hotel inmitten einer Bergregion ist besonders bei Skifahrern beliebt, aber auch im Sommer bietet es malerische Blicke.	14				
Makrinitsa: *Archontikó Karamarli* €€€€€ Pílio, 37011. **Straßenkarte** D3. ☎ *24280 99570.* FAX *24280 99779.* Das Herrenhaus von 1730 wurde geschmackvoll restauriert. Jedes Zimmer ist individuell dekoriert.	9	●	■		
Megalo Papigko: *Níkos Saxónis* €€€€€ Unweit des zentralen Platzes, 44016. **Straßenkarte** D3. ☎ *26530 41891.* Die Hotelanlage 40 Kilometer südlich von Kónitsa umfaßt geschmackvoll restaurierte Bauten aus dem 18. Jahrhundert. Originalkamine in den Zimmern, prächtiger Rosengarten.	8		■		
Metsovo: *Apóllon* €€€€ Am zentralen Platz, 44200. **Straßenkarte** B2. ☎ *26560 41844.* FAX *26560 42110.* Das *Apóllon* ist ein Hotel im Stil eines Chalets im Herzen der Stadt mit Holzfassade und einem gemütlichen, mit Holz eingerichteten Inneren.	40		■		
Metsovo: *Egnatía* €€€€ Tosítsa 19, 44200. **Straßenkarte** B2. ☎ *26560 41900.* FAX *26560 41485.* Ein Berghotel mit einem Dekor aus Naturstein und Holz. Alle Zimmer mit Bad und WC, viele mit Balkon und einer prächtigen Aussicht.	37				

METSOVO: *Victória* €€€€€ Nähe Agios Geórgios Park, 44200. **Straßenkarte** B2. *26560 4177.* FAX *26560 41454.* Die Zimmer dieses Hotels im traditionellen Stil unweit des Dorfkerns eröffnen einen schönen Blick auf das Píndos-Gebirge.	37	●	■		
MIKRO PAPIGKO: *Días* €€€€ Mikró Pápigko, 47016. **Straßenkarte** D3. *26530 41257.* FAX *26530 41892* Dieses Hotel im traditionellen Stil in Mikró Pápigko, 38 Kilometer südlich von Kónitsa, wurde inzwischen modernisiert. Es liegt günstig für die Víkos-Schlucht und bietet einen Blick auf die berühmten Kalkstein-Felstürme des Dorfes.	12	●	■		
MOURESSI: *The Old Silk Store* €€€€ Pílio, 37012. **Straßenkarte** D3. *24260 49086.* FAX *24260 49565.* Das hübsch restaurierte Herrenhaus in britischer Hand bietet traditionelle Unterkunft. Im Sommer Frühstück im schattigen Hof.	4		■		
MPOURAZANI: *Mpourazáni* €€€€€ Südöstlich von Melissópetra, 44100. **Straßenkarte** C3. *26550 61283.* FAX *26550 61321.* Dieses Hotel und Wildtier-Forschungszentrum liegt inmitten eines Naturparks drei Kilometer südöstlich von Melissópetra und zwölf Kilometer westlich von Kónitsa. Zimmer mit Balkon und Bergblick.	20	●	■	●	
NAFPAKTOS: *Náfpaktos* €€€€€ Korydalloú 4, 30300. **Straßenkarte** C3. *26340 29551.* FAX *26340 29553* In der Nähe des Hafens liegt dieses Hotel mit weißgetünchtem Interieur und Marmorböden. Alle Zimmer mit Balkon, zum Teil mit Meerblick.	50		■		■
PARGA: *Galini* €€€€ Agnion Saránta 6, 48100. **Straßenkarte** B3. *26840 31581.* FAX *26840 32221.* Ein Hotel mit sehr freundlicher, familienähnlicher Atmosphäre, unweit des Stadtkerns an einem herrlich ruhigen Platz gelegen.	25		■		
PREVEZA: *Mínos* €€€€ 21 Oktovríou, 48100. **Straßenkarte** B3. *26820 28424.* FAX *26820 24644.* Eines der besten der wenigen Hotels in Préveza: freundliche, familiäre Atmosphäre und saubere, wohnliche Zimmer mit Bad und WC.	23				
TRIKALA: *Achílleion* €€€€€ Asklipioú 2, 42100. **Straßenkarte** C2. *24310 28291.* FAX *24310 74858.* Ein modernes Hotel direkt am zentralen Platz mitten in der Stadt. Zimmer mit Bad und WC sowie Balkon mit Blick zur Altstadt.	57	●			■
VOLOS: *Filippos* €€€€€ Sólonos 9, 39001. **Straßenkarte** C3. *24210 37607.* FAX *24210 39550.* Eine Häuserzeile hinter dem Hafen am Rand des größten Platzes liegt dieses schlichte, neue Hotel (alle oberen Zimmer mit Blick aufs Meer).	39				
VOLOS: *Park* €€€€€ Deligiórgi 2, 38221. **Straßenkarte** C3. *24210 36511.* FAX *24210 28645.* Eines der besten Hotels in Vólos. Moderne, stilvoll eingerichtete Zimmer mit Balkon und Blick zum Meer oder Park.	119	●			■
VYZITSA: *Karagiannopoulos Mansion* €€€€€ Unweit des zentralen Platzes, 37010. **Straßenkarte** D3. *24230 86717.* FAX *24230 86878.* Das Hotel in Vyzítsa, 2 km nördlich von Miliés, befindet sich in einer traditionsreichen Villa mit Holzdecken und Gartenterrasse.	6		■		
NORDGRIECHENLAND					
ALEXANDROUPOLI: *Alkyón* €€€€ Moudaníon 1, 68100. **Straßenkarte** E1. *25510 27465.* FAX *25510 27465.* Ein modernes, aber der Tradition entsprechend weiß getünchtes, freundliches Hotel mit rustikaler Einrichtung. Zimmer mit Meerblick.	32				
ALEXANDROUPOLI: *Egnatía* €€€€€ Leofóros Mákrís, 68100. **Straßenkarte** E1. *25510 83000.* FAX *25510 82800.* Das *Egnatía* liegt friedlich inmitten von Grünanlagen unmittelbar am Meer und nur wenige Gehminuten vom Stadtzentrum entfernt. Fünf-Sterne-Service in renoviertem Ambiente.	96	●	■		
FANARI: *Vósporos* €€€€€ 2 km südöstlich von Fanári, 67063. **Straßenkarte** E1. *25350 31216.* FAX *25350 31212.* Modernes Hotel mit wohnlichen, ausreichend großen Zimmern mit Balkon zum Meer. Nur wenige Gehminuten zu den Stränden.	20	●	■		

Zeichenerklärung siehe hintere Umschlagklappe

Die Preiskategorien beziehen sich auf ein normales Doppelzimmer mit Frühstück für eine Nacht in der Hauptsaison inklusive Steuern und Service:
€ unter 25 Euro
€€ 25–35 Euro
€€€ 35–45 Euro
€€€€ 45–60 Euro
€€€€€ über 60 Euro

Restaurant
Restaurant im Hotel, gelegentlich nur für Hausgäste.

Garten oder Terrasse
Hotel mit Garten, Innenhof oder Terrasse, oftmals mit Restaurantbetrieb.

Pool
Hotelpools sind in der Regel recht klein und, sofern nicht anderweitig vermerkt, nicht überdacht.

Klimaanlage
Hotel mit Klimaanlage in allen Zimmern.

Hotel	Preis	Anzahl der Zimmer	Restaurant	Garten oder Terrasse	Pool	Klimaanlage
Fanari: *Fanári* Neben dem Campingplatz, 67063. **Straßenkarte** E1. *25350 31300.* FAX *25350 31388.* Alle Zimmer dieses sauberen, modernen Hotels bieten einen prächtigen Meerblick. Das *Fanári* verfügt über eine eigene Bar und Konditorei.	€€€€	32	●	■		■
Florina: *Língos* Tagmatárchou Naoúm 3, 53100. **Straßenkarte** B1. *23850 28322.* FAX *23850 29643.* Modernes Hotel unweit der Geschäfte und Restaurants mit italienischem Dachgarten und Zimmer mit Bergblick.	€€€	40	●	■		
Gerakini: *Gerakína Beach Hotel* Am Strand von Gerakíni, 36100. **Straßenkarte** D2. *23710 52302.* FAX *23710 52118.* Der moderne Komplex aus einem Hotel und mehreren Bungalows liegt 17 Kilometer südlich von Néa Moudaniá. Geräumige Zimmer mit Balkon und Blick aufs Meer. *Nov–Apr.* P	€€€€€	503	●	■	●	
Kastoria: *Tsámis* Koromilá 3, Dispílio, 52100. **Straßenkarte** B2. *24670 85334.* FAX *24670 85777.* Dieses moderne Hotel im traditionellen Stil liegt ruhig am Seeufer und bietet einen eigenen Fitneßraum und Bar. Da der See zahlreiche Aktivitäten ermöglicht, ist das *Tsámis* ideal für Wassersportler.	€€€€€	78	●	■		
Kastoria: *Kastoriá* Leof. Nikis 122, 52100. **Straßenkarte** B2. *24670 22565.* FAX *24670 26391.* Im traditionellem Stil gebaut, bietet dieses Hotel wunderschöne Ausblicke über die Stadt. Klein und friedlich, ist für Familien gut geeignet. P	€€€€€	37	●	■		
Kavala: *Blue Bay Beach Hotel* Nea Iraklitsa, Blue Bay, 64007. **Straßenkarte D1.** *25940 21800.* FAX *25940 21555.* 9 Kilometer außerhalb von Kavála gelegen, befindet sich das Hotel direkt am Strand. Luftige und helle Zimmer sowie ein Dachgarten. P	€€€€	32	●	■	●	■
Kavala: *Galaxy* Venizélou 27, 65302. **Straßenkarte** D1. *2510 224811.* FAX *2510 226754.* Dieses große, moderne Hotel mitten in der Stadt liegt in der Nähe der archäologischen Sehenswürdigkeiten und nicht weit von den Stränden entfernt. P	€€€€	150	●	■		■
Kavala: *Lucy* Am Strand von Kalamítsa, 65404. **Straßenkarte** D1. *2510 242830.* FAX *2510 242501.* Wer dem hastigen Treiben der Stadt entkommen will, ist mit diesem gemütlichen Hotel am schönsten Strand außerhalb Kaválas gut beraten. Nov–Apr.	€€€€	210	●	■	●	■
Komotini: *Anatólia* Anchiálou 53, 69100. **Straßenkarte** E1. *25310 36242.* FAX *25310 23170.* Ganz in der Nähe des größten Parks liegt dieses freundliche, ruhige Hotel in Familienbesitz. Schlichte, saubere Zimmer. P	€€€€€	56	●			■
Komotini: *Rodópi* Ethnárchou Makaríou 3, 69100. **Straßenkarte** E1. *25310 35988.* FAX *25310 35991.* Das *Rodópi* befindet sich in einem traditionellen Holzbau mit geräumigen Zimmern und Balkonen mit Blick auf den Berg Rodópi. P	€€€€	20	●	■		■
Kryopigi: *Forest Park* Am Strand von Kryopigí, 63077. **Straßenkarte** D2. *23740 23771.* FAX *23740 25302.* Die herrlichen Pinienwälder von Kassándra umgeben dieses Hotel, 25 Kilometer nordöstlich von Néa Moudaniá, an drei Seiten. Modern eingerichtete Zimmer mit großen Veranden. *Nov–Apr.* P	€€€€	50	●	■	■	■
Litochoro: *Myrtó* Agíou Nikoláou 5, 60200. **Straßenkarte** C2. *23520 81398.* FAX *23520 82298.* Das Hotel liegt in Litóchoro, 21 Kilometer südlich von Kateríni, und bietet große Zimmer mit Bad und WC. P	€€€	32		■		■

NEOS MARMARAS: *Sithonía Beach Hotel* €€€€€ 3 km östlich des Dorfs, 63081. **Straßenkarte** D2. *23750 71221.* FAX *23750 71229.* Das Hotel in Néos Marmarás, 52 Kilometer südöstlich von Néa Moudaniá, liegt in einer Bucht am Fuß des Melítonas-Gebirges. Alle Zimmer mit Veranda und fabelhaftem Blick über die Ägäis. *Nov–Apr.* P	442	●	■	●	■
NYMFAIA: *La Moára* €€€€€ Am Ortseingang, 53078. **Straßenkarte** E1. *2310 552320.* FAX *2310 524430.* Dieses traditionsreiche, alte Gebäude inmitten prächtiger Grünanlagen verfügt über geräumige Zimmer und bietet Billard, eine Bibliothek und eine Weinbar. Das Skigebiet am Vítsi ist gut erreichbar. *Juli.* P	8	●	■		
OURANOUPOLI: *Skítes* €€€€€ An der Straße zum Berg Athos, 63075. **Straßenkarte** D2. *23770 71140.* FAX *23770 71322.* Ein friedliches, von Pinienwäldern umgebenes Hotel in Familienbesitz mit rustikal eingerichteten Bungalows. Das Terrassenrestaurant gewährt einen spektakulären Meerblick. *Nov–Apr.* P	29	●	■		
PRESPA-SEEN: *Agios Germanos Hostel* €€€ Hauptstraße, Agios Germanós, 53077. **Straßenkarte** B1. *23850 51320* Das vom örtlichen Frauenverband geleitete Hotel mit ausgezeichnetem Ausblick auf den See und den Ort bietet eine schöne Atmosphäre. P	16		■		
THESSALONIKI: *Anatolia* €€€€€ Monastiriou 19, 54627. **Straßenkarte** C2. *2310 516021.* FAX *2310 529308.* Dieses große und gut geführte Haus mit geräumigen Zimmern ist eines der besseren Hotels in Bahnhofsnähe.	133	●			
THESSALONIKI: *Best Western Vergina* €€€€€ Monastiriou 19, 54627. **Straßenkarte** C2. *2310 516021.* FAX *2310 529308.* Eines der besseren Hotels in Bahnhofsnähe. Großes, effizient geführtes Etablissement mit geräumigen Zimmern.	133	●			
THESSALONÍKI: *Electra Palace* €€€€€ Plateía Aristotélous 9, 54624. **Straßenkarte** C2. *2310 232221.* FAX *2310 235947.* Das zentrale, anspruchsvolle Hotel nahe des Hafenkais ist eine Mischung aus Tradition und Moderne. Alle Zimmer mit Telefon, TV und Minibar.	138	●			■
THESSALONIKI: *Macedonia Palace* €€€€€ Megálou Alexándrou 2, 54640. **Straßenkarte** C2. *2310 861400.* FAX *2310 897211.* Ein feines Hotel mit kühl-modernem Marmorinterieur, das vom Zentrum aus zu Fuß gut zu erreichen ist. Unübertreffliche Lage direkt am Wasser.	288	●	■	●	■
THESSALONIKI: *Olympía* €€€€€ Olýmpou 65, 54631. **Straßenkarte** C2. *2310 235421.* FAX *2310 276133.* Ein gepflegtes Hotel mit gutem Leistungsangebot. Trotz der Lage an einer ruhigen Nebenstraße nur ein kurzer Spaziergang ins Zentrum. P	110	●			■
THESSALONIKI: *Panórama* €€€€€ Analípseos 26, Panórama, 55236. **Straßenkarte** C2. & FAX *2310 344871.* Dieses komfortable Hotel liegt im östlichen Vorort Panórama und bietet einen herrlichen Blick auf die Stadt. Die großartigen Zimmer entschädigen für den weiten Weg ins Zentrum (nur mit Auto oder Taxi).	50	●	■		■
THESSALONIKI: *Park* €€€€€ Ionos Dragoúmi 81, 54630. **Straßenkarte** C2. *2310 524122.* FAX *2310 524193.* Das Hotel in einem modernen Häuserblock unweit des Zentrums verfügt über schlichte, behaglich eingerichtete Zimmer mit Bad, WC und Balkon.	56				■
THESSALONIKI: *Queen Olga* €€€€€ Vasilíssis Olgas 44, 54641. **Straßenkarte** C2. *2310 824621.* FAX *2310 868581.* Das moderne, komfortable *Queen Olga* liegt in Zentrumsnähe und hat einige Zimmer mit Meerblick.	148	●			■
XANTHI: *Néstos* €€€€€ Straße von Xánthi nach Kavála, 67100. **Straßenkarte** E1. *25410 27531.* FAX *25410 27535.* Großes, modernes Hotel mit gutem Leistungsangebot außerhalb des Stadtzentrums und unweit des Bahnhofs. P	74	●			■
XANTHI: *Orfeas* €€€€€ Michaïl Karolí 40 14, 67100. **Straßenkarte** E1. *25410 20121.* FAX *25410 20998.* Dieses freundliche Hotel bietet einfache, saubere Zimmer mit Aussicht über Xánthi. Der Markt, Geschäfte und Restaurants sind in Reichweite. P	34		■		■

Zeichenerklärung siehe hintere Umschlagklappe

Restaurants, Cafés und Bars

Wer in Griechenland essen geht, erlebt die Verwirklichung von Demokratie: Ob reich, ob arm, ob jung, ob alt – sie alle genießen das Restaurant, die Taverne oder das Café, das ihnen am liebsten ist. Für die Griechen ißt man dort am besten, wo das Essen frisch, reichlich und gut ist, und nicht notwendigerweise in einem ausgefallenen Ambiente. Auch die Besucher schätzen die einfache, solide griechische Küche – Olivenöl, Joghurt, Gemüse, ein wenig Fleisch und Wein in fröhlicher Runde. Für griechische Stadtbewohner, die sich oft einen westeuropäischen Tagesablauf angewöhnt haben, ist das dreistündige Mittagessen mit Siesta – wie auf dem Lande noch Tradition – inzwischen unüblich. Doch die Kombination traditioneller Kochkunst mit Einflüssen von außen ließ eine kulinarische Vielfalt entstehen, die für jeden etwas bietet.

Käse aus Métsovo

Das Restaurant Néon im Herzen Athens *(siehe S. 287)*

Restaurant-Stilkunde

Das traditionelle griechische Restaurant (*estiatórion*) ist einer der schönsten Orte Europas, um zu essen. Da sich die Restaurants meist seit Jahrzehnten im Besitz ein und derselben Familie befinden, bekommt man neben gutem Wein sogar nach ortstypischem Originalrezept zubereitete Gerichte. Fremde werden gerne in die Küche gebeten, um sich etwas auszusuchen. In Griechenland geht oft die ganze Familie gemeinsam essen, wobei man sich viel Zeit zum Genießen und Gespräch nimmt.

Die Palette der *Estiatória* reicht von den teuren Adressen in Athen und den wohlhabenderen Vororten bis zu jenen herrlich preiswerten *mageirió* oder *koutoúki*, die unter Studenten und Arbeitern sehr beliebt sind. Hier gibt es zwar nur wenige Weine, und die Gerichte sind alle *mageireftá* (vorgekocht), doch das Essen ist hausgemacht und schmeckt. Der offene Wein ist passabel bis recht gut, und manchmal kommt er aus dem selben Ort wie der Besitzer.

Taverna-Schild in Párga

Viele Restaurants haben sich auf eine bestimmte Küche spezialisiert. In Thessaloníki und in den Vororten von Athen, wo sich Flüchtlinge aus Kleinasien nach 1923 ansiedelten, sind die Gerichte stärker gewürzt als sonst in Griechenland üblich. Roter Pfeffer wird hier gerne verwendet, und man findet auch Gerichte wie *giogurtlú* (Kalbsfleisch mit Youghurt auf Pitta-Brot) oder Salat mit Lammhirn.

In einem traditionellen Restaurant umfaßt die Speisekarte *(siehe S. 280f)* meist nur ein Dutzend *mezédes* (Vorspeisen oder Häppchen) und vielleicht acht Hauptgerichte, vier oder fünf Gemüsegerichte oder Salate, frisches bzw. gekochtes Obst oder etwas Süßes als Dessert sowie regionale und nationale Weine.

Viele Hotelrestaurants kochen nicht nur für Hausgäste. In kleineren, ländlichen Hotels sind die Küche und die Weine oft sehr vorzüglich.

In den letzten Jahren hat eine neue Riege junger griechischer Küchenchefs mit ihren *Kultúra*-Restaurants Bekanntheit erlangt. Sie entwickelte eine Küche auf Grundlage der vorzüglichen urwüchsigen Zutaten und Aromen Griechenlands, die zusammen mit den hinreißenden, neuen griechischen Weinen serviert werden.

Das Restaurant Ostriá in Agios Ioánnis auf der Halbinsel Pílio *(siehe S. 293)*

Ober vor einem Restaurant in der Athener Pláka

TAVERNAS

IN DER TAVERNE zu essen oder zu trinken ist ein Hochgenuß, auch wenn man nur *mezédes* nimmt (die Griechen trinken selten, ohne etwas zu essen). Traditionelle Tavernas sind von frühabends bis in die Nacht geöffnet, gelegentlich auch mittags. Die Speisekarte ist kurz und saisonabhängig – etwa sechs oder acht *mezédes*, vier Hauptgerichte wie Aufläufe und frisch zubereitete Speisen *(tis óras)* sowie das übliche Beiwerk aus Gemüse, Salaten, Obst und Wein.

Wie traditionelle Restaurants konzentrieren sich auch manche Tavernas teils auf die Gerichte und Weine der Heimat des Besitzers, teils auf eine bestimmte Zubereitungsart oder bestimmte Speisen.

In einer *psarotavérna* bekommt man guten Fisch, doch weil Fisch teuer ist, gleichen diese Tavernas oft schon Restaurants und werden meist von wohlhabenden Griechen und Touristen frequentiert. In kleinen Fischerdörfern stehen die Tische einer *psarotavérna* oft buchstäblich am Strand, und der Besitzer serviert selbstgefangenen Fisch.

Die *psistariá* ist eine Taverna, die sich auf Grillgerichte vom Spieß und vom Holzkohlengrill *(sta kárvouna)* spezialisiert hat. In ländlichen *psistariés* grillt man Lamm, Reh, Schwein, Huhn, Wild, Innereien, Lammköpfe, ja sogar Hoden sowie ganze Lämmer am Spieß. Am Hafen werden Fische und Schalentiere gegrillt und mit Zitronensaft und Olivenöl serviert. Ländliche Tavernas und Cafés, oftmals Familienbetriebe, warten den Tag über mit einfachen Mahlzeiten wie Omeletts und Salaten auf, schließen jedoch oft schon am frühen Abend. Genießen Sie wie die Griechen nach dem Essen in der Taverna Süßigkeiten und Gebäck im *zacharoplasteío* *(siehe S. 278)*.

CAFÉS UND BARS

DREHSCHEIBE des öffentlichen Lebens sind die Cafés *(kafeneía)*, und noch im kleinsten Weiler kann man irgendwo Kaffee oder Wein trinken. Sie fungieren zudem als wichtige Kommunikationszentrale: Hier wird die Post geholt, telefoniert, Zeitung gelesen und debattiert. In den *kafeneía* wird griechischer Kaffee serviert, manchmal *frappé* (kalter Instantkaffee im hohen Glas), alkoholfreie Getränke, Bier, Ouzo und Wein und auf Bestellung meist auch ein kleiner Imbiß; sie sind von frühmorgens bis spätabends geöffnet. Als sozialer Mittelpunkt des Dorfs haben ländliche *kafeneía* (wie auch viele in den Städten) sieben Tage in der Woche geöffnet.

In einem *galaktopoleío* oder »Milchladen« gibt es neben der Möglichkeit, Speisen mitzunehmen, meistens auch einen kleinen Bereich zum Sitzen. Hier kann man Joghurt mit Honig genießen (jene rund um die Plateía Omonoías in Athen sind fast die ganze Nacht geöffnet).

Ein *kapileío* (Weinladen mit Kaffeebar) ist ideal zum Kosten regionaler Weine. Der Besitzer stammt immer aus einem Weindorf oder einer Winzerfamilie und bereitet zu den Weinen aus seiner Heimatregion mitunter einfache Gerichte. In einem *mezedopoleío* oder *mezés*-Laden wird nicht nur ortstypischer Wein mit den passenden *mezédes* serviert, sondern auch Ouzo und Raki. Die passenden *mezédes* sind weniger salzig als die, die zum Wein gereicht werden. Jeder Griechenlandurlauber muß eine *ouzerí* besucht haben – ein billiger, lauter und fröhlicher Ort, um zu essen und zu trinken. Mit die besten findet man in Thessaloníki sowie in den Arkaden im Herzen Athens. Man bestellt viele kleine Teller mit Fleisch, Fisch und Gemüse und kostet die zahlreichen Ouzo-Varianten mit einem Glas oder Krug Wasser.

Ouzoflasche

Die Taverna O Vláchos am Párnes, nördlich von Athen ***(siehe S. 290)***

Bedienung im Restaurant To Geráni in der Athener Pláka *(siehe S. 288)*

Fast Food und Imbiss

Ein Besucher könnte leicht denken, die Griechen würden pausenlos essen: Fast scheint es so, als hätte jede Straße ihre Imbißbude und als würden an jeder Ecke Süßigkeiten, Nüsse, belegte Brötchen, Maiskolben oder Eßkastanien verkauft.

Obwohl Fast Food in den Städten dominiert, kann man statt dessen problemlos traditionell Griechisches kosten. Im extrem preisgünstigen *souvlatzídiko* gibt es Fleisch, Fisch oder Gemüse auf Spießchen gegrillt, dazu Brot. Im *ovelistírio* bekommt man Gyros – Fleisch vom Drehspieß in Pitabrot – auf die Hand *(sto chéri)*.

In vielen Bäckereien werden pikante Pasteten und belegte Brötchen angeboten; in betriebsamen Stadtvierteln findet man immer ein *kafeneío*, wo gehaltvolle Snacks und Salate zu haben sind. Straßenhändler verkaufen *koulourákia* (Hefeteilchen), Pastetchen, Maiskolben, Eßkastanien, Dauergebäck und Bonbons. Snacks sind oft regionale Köstlichkeiten: kleine, pizzaähnliche Pasteten in Thessaloníki, Spinat- oder Käsepasteten in Métsovo *(siehe S. 284)* und würzige Würstchen in Ioánnina.

Naschkatzen lieben den *zacharoplasteío* (wörtlich: »Zuckerbildhauerei«), wo süße Brote *(siehe S. 282)*, Gebäck und Honigkuchen entstehen.

Frühstück

Für die Griechen ist dies die unwichtigste Mahlzeit des Tages. In traditionellen Familien und Cafés werden nur eine Tasse griechischer Kaffee mit *paximádia* (ein zwiebackähnliches Brot), *koulourákia* (mit Sesam bestreute Kringel oder Brötchen) oder Trockenkuchen mit Marmelade gereicht. Meist (so auch in städtischen *kafeneía*) gibt es statt dessen nur noch eine große Tasse Filterkaffee und Croissants oder Brioches, die auch *koulourákia* heißen. Im Sommer servieren manche *kafeneía* nach wie vor frische Feigen, Joghurt, Honig und Rosinenbrot.

Reservierung

Je teurer das Restaurant, desto ratsamer ist eine Tischreservierung, besonders am Wochenende. Auf dem Land und in Vororten ist es üblich, sich vorab am selben Tag oder am Vortag persönlich im Restaurant oder der Taverna nach den Speisen zu erkundigen. Der Inhaber nimmt Ihre Bestellung auf und reserviert das gewünschte Gericht.

Wein

Griechische Gastwirte pflegen erst seit kurzem auch Flaschenweine. Wenn die Karte bessere Flaschenweine wie Ktíma Merkoúri, Seméli oder Strofiliá aufführt, ist der Inhaber vermutlich ein Kenner, bei dem man auch eine teurere Flasche bestellen kann. Flaschenweine mit gutem Preis-Leistungs-Verhältnis sind unter anderen Cambás oder Boutári.

In traditionellen Restaurants bekommt man meist nur offenen, stets preisgünstigen Wein vom Faß. Offene Weine stammen meist aus der Region; von allen griechischen Weinen ist vor allem der Rosé bekannt für seinen ungewöhnlichen, aber angenehmen Geschmack.

Bezahlen

In Griechenland wird größtenteils noch bar bezahlt. Wenn Sie Kreditkarten verwenden, informieren Sie sich vorab, ob das Restaurant generell Kreditkarten und vor allem Ihre Karte akzeptiert (oft werden nur bestimmte Karten gebilligt). *Kafeneía* nehmen praktisch nie Kreditkarten, Café-Bars nur selten; viele akzeptieren jedoch Reiseschecks. In Tavernas, Restaurants und *kafeneía* auf dem Land bezahlt man nur bar. Das Restaurantverzeichnis dieses Führers zeigt, welche Restaurants Kreditkarten akzeptieren.

Gyros auf den Straßen Athens

Bedienung – Trinkgeld

Die Griechen nehmen sich Zeit, wenn sie essen gehen, und erwarten aufmerksamen Service. Die Bedienung hat viel Lauferei, bekommt jedoch ein großzügiges Trinkgeld – bis zu zwanzig Prozent

Vor dem Kebab-Restaurant Thanásis in Athen *(siehe S. 287)*

Innenhof der Ouzerí Aristotélous in Thessaloníki *(siehe S. 295)*

bei gutem Service, in der Regel zehn bis 15 Prozent. Zwar ist in traditionellen Restaurants der Service im Preis enthalten, doch erwarten die Kellner ein kleines Trinkgeld.

In Restaurants westlicher Prägung und Touristen-Tavernas wird auf die Rechnung gelegentlich eine Bedienungspauschale aufgeschlagen; wenn dazu auch Telefonkosten und Klimaanlage zählen, kann der Endpreis weit höher sein.

Kleidung

Die Griechen machen sich fein, wenn sie essen gehen. Besucher sollten bequeme Kleidung tragen, jedoch keine knappen Tops und Shorts sowie Sportkleidung, außer direkt am Strand, obwohl Touristenlokale Kunden kaum abweisen werden. In den feinsten Stadtrestaurants, vor allem in Hotelrestaurants, ist formelle Kleidung in aller Regel Pflicht (dies ist im Restaurantverzeichnis vermerkt).

Wer im Sommer draußen essen möchte, sollte sich für den Abend einen Sakko oder einen Pullover mitnehmen.

Kinder

Dass griechische Kinder schon früh Stammgäste in Restaurants und Tavernen werden, ist ein wesentlicher Teil des griechischen Alltags. Deshalb sind Kinder überall in Griechenland, außer in Bars, gern gesehen. In feineren Restaurants erwartet man von ihnen angemessenes Verhalten, doch im Sommer, wenn man draußen ißt, können sich Kinder natürlich altersgemäß geben und spielen. Außer in Hotels mit Spitzenservice sind Hochstühle und ähnliche kindgerechte Einrichtungen unbekannt, doch in zwanglosen Lokalen und Tavernen kann man problemlos mit Kindern jeden Alters essen gehen.

Brotverkäufer in Athen

Rauchen

Neue EU-Regelung schreibt Nichtraucherzonen für alle Restaurants vor – in der Praxis kann es sich nach wie vor als schwierig erweisen, Nichtraucherbereiche zu finden. Zum Ausgleich kann man die Hälfte des Jahres über im Freien essen.

Trockener Tintenfisch in einem Restaurant in Geroliménas auf der Máni *(siehe S. 199)*

Rollstuhlgeeignete Restaurants

Auf dem Land, wo kein Platzmangel herrscht, gibt es kaum Probleme für Rollstuhlfahrer; Stadtrestaurants sind hingegen oft nur eingeschränkt zugänglich. Gehsteige sind häufig uneben, und viele Restaurants haben am – noch dazu engen – Eingang Stufen. Das Restaurantverzeichnis dieses Führers verweist auf rollstuhlgeeignete Restaurants. Auch die auf Seite 299 aufgeführten Organisationen helfen behinderten Reisenden weiter.

Vegetarisches Essen

Die griechische Küche bietet dem Vegetarier eine reiche Auswahl. Aufgrund der Vielfalt der Speisen kann man sich in traditionellen Restaurants, Tavernen oder *kafeneía* problemlos rein vegetarische Vor- oder Hauptspeisen bestellen. Gemüsegerichte sind gehaltvoll, preiswert, phantasievoll und sättigend.

Vegetarier, die auch keine tierischen Produkte essen, finden in Griechenland nur sehr selten Spezialgerichte, doch da die griechische Küche kaum Milchprodukte verwendet, können auch sie sich fast überall wunschgemäß ernähren.

Picknick

Die beste Zeit für ein Picknick ist der Frühling, wenn die Landschaft am schönsten und es noch nicht allzu heiß ist. Die für diese Jahreszeit typischen Speisen wie Fastenbrot aus Olivenöl, süßes Osterbrot, Pasteten mit Blattgemüsefüllung, Käse und frischer Retsina eignen sich ideal dafür. Im Sommer läßt es sich wunderbar am Strand essen; die besten Sommer-Snacks sind Pfirsiche, Feigen, Joghurt und Käse sowie Tomaten, verschiedene Brotsorten und Oliven.

Die griechische Speisekarte

DER TRADITIONELLE erste Gang besteht aus verschiedenen *mezédes* (Vorspeisen), die man den ganzen Tag über auch in *ouzerís* oder Bars bekommt. Fleisch oder Fisch, meist mit Salat, bilden den nächsten Gang. Die Weinauswahl ist meist knapp, Kaffee und Kuchen genießt man normalerweise nach dem Essen in einer nahe gelegenen Konditorei. Auf dem Land kann man sich die Gerichte direkt in der Küche aussuchen.

Taramosaláta, *ein Mus aus Meerbarben-Rogen und Brösel oder Kartoffeln, ist ein Fastengericht, steht aber auf der Karte jeder Taverna.*

Mezédes, Vorspeise und Imbiß zugleich, genießt man mit Wein oder anderen Getränken.

Souvlákia *sind kleine, mit Zitrone, Kräutern und Olivenöl gewürzte Schweinefleischstücke, die auf Spießchen gegrillt werden. Hier werden sie mit* **tzatzíki**, *cremigem Joghurt mit Gurken, Knoblauch und Minze, serviert.*

Melitzanosaláta *(links) ist ein Mus aus gegrillten Auberginen und Kräutern,* **revithosaláta** *aus Kichererbsen, Koriander und Knoblauch.*

Oliven

Fisch ist am besten an der Küste und auf den Inseln.

Melitzánes imám baïldí *Auberginen, gefüllt mit einer Mischung aus Zwiebeln, Tomaten und Kräutern.* **Ntolmádes** *(unten) sind mit Rosinen, Pinienkernen und Reis gefüllte Weinblätter.*

Gebratener Tintenfisch

ΜΕΖΕΣ
Mezés

Ελιές
Eliés

Ταραμοσαλάτα
Taramosaláta

Τζατζίκι
Tzatzíki

Σουβλάκια
Souvlákia

Ρεβυθοσαλάτα
Revythosaláta

Μελιτζανοσαλάτα
Melitzanosaláta

Ντολμάδες
Ntolmádes

Μελιτζάνες ιμάμ μπαϊλντί
Melitzánes imám baïldí

Χωριάτικη σαλάτα
Choriátiki saláta

ΨΑΡΙΑ
Psária

Πλακί
Plakí

Σχάρας
Scháras

Τηγανιτά καλαμάρια
Tiganitá kalamária

Choriátiki saláta, *griechischer Salat, mit Tomaten, Gurken, Zwiebeln, Kräutern und Feta-Käse.*

Scháras *heißt »vom Grill«. Zu diesem Gericht aus gegrilltem Schwertfisch reicht man einen Salat aus bitterem Blattgemüse.*

Psária plakí – *ein im ganzen gebackener Fisch mit Karotten, Lauch, Kartoffeln in einer Sauce aus Tomaten, Fenchel, Olivenöl.*

Brot in Griechenland

Brot gilt den Griechen als wichtigstes Nahrungsmittel und wird zu jeder Mahlzeit gereicht. Dorfbäcker variieren das Brot täglich mit Rosinen, Kräutern, Blattgemüse oder Käse. Zu den orthodoxen Feiertagen werden spezielle Sorten gebacken.

Olivenbrötchen mit Kräutern

Ungesäuertes Pitabrot

Paximádia
(zweimal gebackenes Brot)

Koulourákia
(süße oder neutrale Brötchen)

***Tsouréki* (Feiertagsbrot)**

ΚΡΕΑΣ
Kréas

Μουσακάς
Mousakás

Κεφτέδες
Keftédes

Χοιρινό σουβλάκι
Choirinó souvláki

Κλέφτικο
Kléftiko

ΛΑΧΑΝΙΚΑ ΚΑΙ ΣΑΛΑΤΙΚΑ
Lachaniká kai salatiká

Μελιτζάνες και κολοκυθάκια τηγανιτά
Melitzánes kai kolokythákia tiganitá

Αγκινάρες α λα πολίτα
Agkináres a la políta

Σπαράγγια σαλάτα
Sparángia saláta

ΓΛΥΚΑ
Glyká

Φρέσκα φρούτα
Fréska froúta

Σύκα στο φούρνο με μαυροδάφνη
Sýka sto foúrno me mavrodáfni

Γιαούρτι και μέλι
Giaoúrti kai méli

Fleisch gibt es eher auf dem Festland als auf den Inseln.

Kebabs aus gegrilltem Schweinefleisch

Gemüse und Salat, oft aus wildwachsenden Sorten

Gebratene Auberginen und Zucchini

Artischocken mit Kartoffeln, Dill, Zitrone, Öl

Spargel in Olivenöl mit Zitrone

Desserts – einfaches Gebäck, Obst oder Joghurt

Frisches Obst, je nach Jahreszeit

Mousakás *besteht aus geschichteten, gebratenen Auberginen und Kartoffelscheiben, würzigem Hackfleisch und Béchamelsauce, mit Käse überbacken.*

Keftédes *sind gut mit Kräutern, Minze und Kreuzkümmel gewürzte, in Olivenöl gebratene Frikadellen (hier mit Safranreis).*

Sýka sto foúrno me Mavrodáfni – *frische Feigen, gebacken in Mavrodaphne-Weinsauce, werden als Dessert oder Näscherei serviert. Die Sauce aus Wein, Gewürzen und Honig wird mit Orangenblütenwasser verfeinert.*

Kléftiko *ist meistens Ziegenfleisch, in Pergament gebacken; es bleibt deshalb äußerst saftig und aromatisch.*

Giaoúrti kai méli *(Joghurt mit Honig), die köstlichste griechische Zwischenmahlzeit, wird in speziellen »Milchläden« serviert (auch zum Mitnehmen).*

Was ißt man in Athen und auf dem Peloponnes?

Melonenscheiben

KOCHEN WAR IN DER griechischen Antike Wissenschaft und Kunst zugleich. In ganz Griechenland findet man noch heute die Zutaten, die schon die Köche der Antike und später die Küche des Osmanischen Reichs inspirierten. Die Einfachheit der griechischen Küche und ihre Verwendung von frischen, rohen Zutaten macht sie so unverwechselbar.

Obst- und Gemüsemarkt in Argos

ATHEN

Viele Griechen sind vom Lande, von den Inseln und der Küste des östlichen Mittelmeers in die Hauptstadt gezogen. Die Märkte wie auch die Kochgewohnheiten spiegeln diese Vielfalt wider.

Avgotáracho *ist geräucherter, gesalzener Rogen der grauen Meerbarbe, eine seltene Köstlichkeit.*

Sparángia kai aginares *Gedünsteter wilder Spargel und Artischockenherzen in einer Sauce aus Olivenöl und Zitronensaft – eine typische Frühlingsvorspeise.*

Souvlákia *Schweine- oder Lammfleischstücke, in Zitronensaft und Kräutern mariniert und auf Spießchen gegrillt (hier mit einem Safran-Reispilaw).*

Kotópoulo riganáto *ist ein vor Olivenöl glänzendes, nach Oregano duftendes Hühnchen, das langsam am Spieß gebraten und hier mit Okra serviert wird.*

Mprizóles – *ein mit Olivenöl und Zitronensaft beträufeltes, dünnes Rinder- oder Schweinesteak (hier mit Salat serviert).*

Süßigkeiten *wie Nougat,* pastéli *(Honig-Sesam-Bonbons),* loukoúmia *(Krapfen in Sirup) und* chalvás *(Halwa) gehören seit der Antike zum Athener Straßenbild. Man bekommt sie in kleinen Läden oder an Ständen.*

Süßes *mit Nüssen und Honig gefülltes Gebäck, sirupgetränkte Kuchen, Pasteten, Krapfen und* glyká *(kandierte Früchte) ißt man vorwiegend in den Cafés.*

Griechischer Kaffee *wird traditionell aus sehr fein gemahlenen Bohnen in einem* mpríki *(Kaffeekanne) aufgebrüht und aus einer winzigen Tasse getrunken. Man trinkt ihn eher in Cafés als in Tavernas.*

Der Peloponnes

Die hier üblichen Zutaten sind so vielfältig wie die Gegend: Fisch aus dem Meer, Schafe, Ziegen und Wild aus den Bergen. Aus dem Hügelland kommen diverse Käse-, Oliven- und Honigsorten.

Fakés *ist eine warme oder kalte Gemüsebeilage aus grünen Linsen, schwarzen Oliven, Zitronensaft, frischen Kräutern und Olivenöl. Es wird auch als* mezés *oder Hauptgang mit Käse und Brot serviert.*

Schalen- und Krustentiere*, vor allem Hummer und Krabben, sind das Beste, was das Mittelmeer zu bieten hat. Frisch aus dem Meer werden sie auf Holzkohle gegrillt oder in der Pfanne gebraten und mit frischen Kräutern, Meersalz, Olivenöl und Zitronensaft gewürzt.*

Oliven und Olivenöl in der griechischen Küche

Kaum ein Land der Welt produziert und exportiert mehr Olivensorten als Griechenland. Griechische Oliven werden in Salzlake, grobem Salz, Öl oder Wasser eingelegt – Methoden, die schon seit Tausenden von Jahren gang und gäbe sind. Aus den Oliven preßt man auch das gehaltvolle Olivenöl. Das beste (»native«) Öl erhält man, indem man nur gerade reife Oliven preßt.

Throúmpes

Grüne ionische Olive

Nafplíou

Kalamátas

Grüne aufgesprungene Olive

Amfissas

Olivenöl aus der Máni

Einfaches Olivenöl für den alltäglichen Gebrauch

Arní me vótana *ist eine herzhaft geschmorte Lammhaxe mit Kräutern und Frühgemüse wie Bohnen, Karotten, Tomaten und Kartoffeln.*

Choriátiko choirinó *– ein in Olivenöl, Zitronensaft, Meersalz und Oregano mariniertes, gegrilltes Schweinekotelett. Häufig wird es mit einem Salat aus* chórta *(Blattgemüse) serviert.*

Sýka Mavrodáfni *ist ein Dessert aus getrockneten Feigen, die in Mavrodaphne-Wein und Gewürzen gedünstet und mit in Scheiben geschnittenem* kefalotýri*–Käse serviert werden.*

Kaïmáki *ist eine sehr dicke Sahne, die man zu süßem Gebäck, gelegentlich auch zu Reispudding oder, wie hier, zu Walnüssen in Honig reicht.*

Was ißt man in Zentral- und Nordgriechenland?

Die lange Geschichte des griechischen Festlands ließ die Grenzen der regionalen Küchen verschwimmen. Hier existieren viele Traditionen nebeneinander: Die Fleisch- und Obstgerichte Thessaloníkis haben einen jüdischen Einfluß; Gewürze, Würste und Ofengerichte Ioánninas stammen aus der Zeit der Osmanen, während die Walachen ihre Liebe zu Schafskäse, Pasteten und Innereien aus Rumänien nach Métsovo und Epirus mitbrachten.

Frische ortstypische Produkte im Basar von Thessaloníki

Zentral- und Westgriechenland

Die Spezialitäten der Region wie Käse, Pasteten, gegrilltes oder am Spieß gebratenes Wild und Innereien werden häufig mit Bergkräutern gewürzt.

Píttes *(Pasteten), eine Spezialität aus Epirus, mit unterschiedlichen Füllungen: Wild, Innereien, Käse, Gemüse, oft in Kombination mit Reis oder Teigwaren.*

Saganáki *ist ein* mezés *oder eine Zwischenmahlzeit:* Kaséri *oder* kefalotýri *(Käse) wird in Olivenöl gebraten und mit Zitrone serviert.*

Skordaliá me psári kapnistó – *geräucherten Fisch mit Knoblauch-Walnuß-Sauce und scharfen grünen Oliven – bekommt man im Hinterland.*

Gígantes Plakí, *das in Griechenland weit verbreitete Ofengericht aus großen, weißen Kidneybohnen, Gemüse, Kräutern und Olivenöl.*

Spetzofái – *würzige Wurstscheiben, kurz mit Kräutern und Gemüse sautiert.*

Bourthéto – *Spezialität von der Westküste: in offener Form gebac ne, kleine Fische mit einer dicken würzigen Tomatensauce überzo*

Glykó kástano *ist ein Eßkastanienpudding mit Honig und Orangenblütenaroma.*

Výssino, *eine Süßspeise aus Morellokirschen in dickem Sirup, serviert mit Scheiben von reifem* kaséri*-Käse.*

Griechischer Käse

In Griechenland produziert man Käse aus Schaf-, Kuh- und Ziegenmilch. Jede Sorte wird traditionell hergestellt und meist nach Geschmack und Konsistenz, nicht nach Herkunft benannt.

Feta in Olivenöl

Métsovo

Kefalotýri

Graviéra

Kaséri

NORDGRIECHENLAND

Das gut gewürzte Essen des Nordens brachten 1922 die Einwanderer aus Kleinasien mit. Der Einfluß des Balkans: Pickles, Walnüsse und Joghurt.

Pasatémpo, *ein »Zeitvertreib«: leicht geröstete Sonnenblumenkerne, Kürbiskerne und Pistazien.*

Dieser Vorspeisenteller *aus der Region besteht aus kleinen, traditionellen Gerichten unterschiedlicher Konsistenz, Farbe und Geschmack.*

Taube *und anderes kleines Wildgeflügel serviert man gegrillt mit* fáva *(Püree aus gelben Linsen) und Portulaksalat.*

Soutzoukákia: *mit Koriander, Pfeffer und Kreuzkümmel gewürzte Frikadellen – Spezialität aus Thrakien und Makedonien.*

Tas kebab: *Das langsam geschmorte Ziegen-, Reh-, Hammel- oder Rindfleisch ist so zart, daß man es mit der Gabel teilen kann.*

Gemistá – *mit Reis, Pinienkernen und Kräutern gefülltes und langsam im Ofen gebackenes Gemüse.*

Damáskina – *Backpflaumen, gefüllt mit* kaïmáki-*Sahne, in einem Sirup aus Honig und Mavrodaphne-Wein.*

Blätterteigpasteten *werden mit gebackten Pistazien, Zimt und Honig gefüllt.*

WAS TRINKT MAN IN GRIECHENLAND?

Von Anfang an gehörte Wein zum kulturellen Leben in Griechenland. Meistens ißt man dazu etwas. Die wichtigsten Weinanbaugebiete sind Attika, Makedonien und der Peloponnes. Der Mavrodaphne ist ein Dessertwein aus Pátra, der Asprolíthi ein trockener Weißer – Beispiele für hervorragende, moderne Weine. Traditionelle griechische Spezialitäten sind der *tsípouro*, der aus den Stengeln, Kernen und Häuten gepreßter Trauben gebrannt wird, der geharzte Retsina *(siehe S. 147)* und der Ouzo, ein starker Anisbranntwein.

Asprolíthi **Mavrodaphne** **Ouzo** **Tsípouro**

Restaurantauswahl

Die folgenden Restaurants wurden aus verschiedenen Preiskategorien aufgrund ihres guten Preis-Leistungs-Verhältnisses, ihrer traditionsbewußten Küche und ihrer Lage ausgewählt und werden nach Regionen aufgeführt. Mit Hilfe des Farbcodes des Daumenregisters, der die auf der jeweiligen Seite dargestellte Region markiert, finden Sie den gewünschten Abschnitt des Verzeichnisses.

Athen

Restaurant	Preis	Klimaanlage	Tische im Freien	Unterhaltungsprogramm	Ortstypische Weine
Akropolis: *Strofí* Rovértou Gkálli 25, 11742. **Karte 5 C3.** *210 921 4130.* Der Blick vom Dach auf die Akropolis lockt unentwegt Besucher an. Die Speisekarte nennt alle Standardgerichte einer griechischen Taverna. *mittags; So.*	€€	●	■		■
Exarcheia: *Mpármpa Giánnis* Emmanouíl Mpenáki 94, 10681. **Karte 2 F3.** *210 382 4138.* Diese populäre Taverna serviert unter anderem Octopus mit Makkaroni, gebackenen Kabeljau mit Tomaten sowie Saisongemüse. *So abends; Aug.*	€		■		■
Exarcheia: *Yiántes* Valtetsíou 44, 10681. **Karte 2 F3.** *210 330 1369.* Diese Taverna liegt in einem herrlichen Garten und serviert Köstlichkeiten wie mit Weintrauben gefülltes Hühnchen, alles aus rein biologischen Zutaten.	€	●	■		■
Exarcheia: *Rosalia* Valtetsiou 58, 10681. **Karte 2 F2.** *210 3302933.* Die lebhafte Taverne ist besonders im Sommer beliebt, wenn die Tische draußen stehen. Das Essen ist gut, aber einfach.	€		■		■
Exarcheia: *Ama Lachei* Kallidromíon 69, 10681. **Karte 3 A2.** *210 384 5978.* Authentischer kann ein mezedopoleío nicht sein. Er liegt im Herzen von Exárcheia, abseits von den üblichen Touristenpfaden. *mittags; So.*	€€		■		■
Exarcheia: *La Crêperie* Ippokratous 148, 10681. **Karte 2 F4.** *210 646 8493.* Großzügig gefüllte süße und saure Crêpes, dazu ein leckerer Hauswein machen das Restaurant zu einem beliebten Treffpunkt.	€€				■
Kolonaki: *The Food Company* Ecke Anagnostopoúlou u. Dimokrítou, 10673. **Karte 3 A4.** *210 363 0373.* Wem nach leckerem Essen zu vernünftigen Preisen ist, der gehe in dieses von zwei Amerikanerinnen geführte Café. Angeboten werden ungewöhnliche Salatkreationen, Pastagerichte und leckere Kuchen *1.–15. Aug.*	€		■		
Kolonaki: *Dimókritos* Dimokrítou 23, 10673. **Karte 3 A5.** *210 361 3588.* Zu den vorzüglichen Gerichten dieser stilvollen Taverna zählen in Rotwein gegarter Tintenfisch, Zunge mit Zitronensauce sowie zahlreiche Vorspeisen. *So; Aug.*	€€€	●			■
Kolonaki: *Filíppos* Xenokrátous 19, 10675. **Karte 3 C5.** *210 721 6390.* Die ungemein beliebte Taverna tischt Standardgerichte auf. Brathähnchen mit Zitronenkartoffeln und *ntolmádes* sind besonders gut. *Sa abends, So; 15. Aug.*	€€		■		■
Kolonaki: *Lykóvrysi* Plateía Kolonakíou, 10673. **Karte 3 B5.** *210 361 6712.* Das *Lykóvrysi* ist ein populärer Treffpunkt und serviert neben internationalen Gerichten auch ein paar griechische wie *fasouláda* (Bohnensuppe).	€€	●	■		
Kolonaki: *To Kafeneío* Loukianoú 26, 10675. **Karte 3 B5.** *210 722 9056.* Die *mezedopoleío* der gehobenen Klasse präsentiert vorzügliche *mezédes* wie auch einige der besseren griechischen Weine der neuen Generation. *So; Aug.*	€€€	●	■		
Kolonaki: *Vivliothíki* Plateía Kolonakiou 18, 10673. **Karte 3 A5.** *210 363 7897.* In dieser feinen Brasserie im französischen Stil werden Räucherlachs, Tatarbeefsteak, Nudeln und Salate aufgetragen.	€€€	●	■		■

Durchschnittspreise für ein dreigängiges Menü für eine Person inklusive einer halben Flasche Hauswein, Steuer und Service:
€ unter 12 Euro
€€ 12–18 Euro
€€€ 18–24 Euro
€€€€ 24–32 Euro
€€€€€ über 32 Euro

KLIMAANLAGE
Restaurant mit Klimaanlage.

TISCHE IM FREIEN
Möglichkeit, im Freien zu essen, oftmals mit schöner Aussicht.

UNTERHALTUNGSPROGRAMM
Tanzdarbietungen oder Livemusik an verschiedenen Wochentagen.

ORTSTYPISCHE WEINE
Ein spezielles Angebot an ortstypischen griechischen Weinen.

Restaurant	Preis	Klimaanlage	Tische im Freien	Unterhaltungsprogramm	Ortstypische Weine
KOLONAKI: *Academy of Food and Wine* Akadamias 24, 10673. **Karte** 2 F5. *210 364 1434.* Erlesene Speisen und Weine, die mit viel Flair und Liebe zum Detail angerichtet werden. ● *mittags; So.*	€€€€	●			■
KOLONAKI: *Dekaoktó* Souidías 51, 10676. **Karte** 3 C5. *210 723 5561.* Ein Dutzend Tische im Kerzenlicht, verlockende *mezédes*, perfekt gegrillter Fisch und eine gute Weinkarte – ideal für ein romantisches Abendessen.	€€€€	●			■
KOLONAKI: *Kíku* Dimokrítou 12, 10673. **Karte** 3 A5. *210 364 7033.* Das beste japanische Restaurant der Stadt ist absolut stilecht: Vollendetes *Sushi* und *Sashimi* in zurückhaltend-schlichtem Dekor. ● *mittags; So; Mitte Juli–Mitte Aug.*	€€€€€	●			■
KOLONAKI: *Sale e Pepe* Aristippou 34, 10673. **Karte** 3 B4. *210 723 4102.* Schickes italienisches Restaurant mit raffinierter Speisekarte. Zu den Spezialitäten des Hauses zählen Ravioli mit Trüffelfüllung und Foie Gras in Speck-Lauch-Sauce. ● *Sa mittags, So.*	€€€€€	●			■
MAKRYGIANNI: *Socrates' Prison* Mitsaíon 20, 11742. **Karte** 6 D3. *210 922 3434.* In dieser beliebten Taverna nahe des Odeion des Herodes Atticus wird vorwiegend griechisch gekocht. Der offene Wein ist vorzüglich. ● *So; 10.–31. Aug.*	€€	●	■		■
MONASTIRAKI: *Ipeiros* Agíou Filíoppou 16, 11555, **Karte** 5 C1. *210 324 5572.* Nahe des Flohmarktes und der Agora, werden in dieser traditionellen Taverne ortstypische Speisen in großen Portionen serviert. ● *abends; Ostersonntag; Mitte Aug.*	€		■		
MONASTIRAKI: *Thanásis* Mitropóleos 69, 10555. **Karte** 6 D1. *210 324 4705.* Es ist kein Geheimnis, daß es hier mit die besten und billigsten Grillgerichte der Stadt gibt. Kosten Sie die Kebabs mit würzigem Fleisch und Zwiebeln oder Tomaten und Petersilie in geröstetem Pitabrot. ● *1. Jan; Ostersonntag; 25. Dez.*	€	●			
MONASTIRAKI: *Café Avissynía* Plateía Avissynías, 10555. **Karte** 5 C1. *210 321 7047.* Wenn am Wochenende der Akkordeonspieler und der Sänger auftreten, ist das Café proppenvoll. Unter der Woche hat man mehr Ruhe, um die ungewöhnlichen makedonischen Speisen zu kosten. ● *abends; Aug.*	€€€€	●	■	●	■
OMONOIA: *Andréas* Themistokléous 18, 10678. **Karte** 2 E3. *210 382 1522.* Diese *ouzerí* in einer Seitenstraße des Themistokléous ist spezialisiert auf Meeresfrüchte wie Octopus, Schalentiere, Anchovis und Tintenfisch. ● *So; 1.–20. Aug.*	€€		■		■
OMONOIA: *Athinaikón* Themistokléous 2, 10678. **Karte** 2 E3. *210 383 8485.* In diesem alteingesessenen Lokal werden zahlreiche gut zubereitete Fleisch- und Fisch-*mezédes* aufgetragen. Man trinkt Ouzo und offenen Wein. ● *So; Aug.*	€€	●			■
OMONOIA: *Ideal* Panepistimíou 46, 10678. **Karte** 2 E3. *210 330 3000.* Diese beliebte Institution wartet seit 1922 mit exzellenter griechischer und internationaler Küche auf. Zu den Spezialitäten zählen Milchkalb mit Aubergine, gefüllte Zucchini und Artischocken in Zitronensauce. ● *Son.*	€€€	●			■
OMONOIA: *Néon* Omónoia-Platz 1, 10431. **Karte** 2 E3. *210 523 6409.* Ganztägig geöffnetes Selbstbedienungsrestaurant. Salatbar, frische Nudeln und typisch griechische Ofen- sowie Grillgerichte.	€€	●			

Durchschnittspreise für ein dreigängiges Menü für eine Person inklusive einer halben Flasche Hauswein, Steuer und Service:
- € unter 12 Euro
- €€ 12–18 Euro
- €€€ 18–24 Euro
- €€€€ 24–32 Euro
- €€€€€ über 32 Euro

Klimaanlage
Restaurant mit Klimaanlage.

Tische im Freien
Möglichkeit, im Freien zu essen, oftmals mit schöner Aussicht.

Unterhaltungsprogramm
Tanzdarbietungen oder Livemusik an verschiedenen Wochentagen.

Ortstypische Weine
Ein spezielles Angebot an ortstypischen griechischen Weinen.

	Klimaanlage	Tische im Freien	Unterhaltungsprogramm	Ortstypische Weine
Pangrati: *O Vyrinis* € Archimidous 11, 11636. **Karte** 7 B3. *210 701 2153.* In dieser Taverne herrscht immer Betrieb, besonders im Sommer. Hier gibt es leckeres Essen zu vernünftigen Preisen. *mittags; So.*		■		■
Pangrati: *Kallimármaron* €€€ Efforíonos 13, 11636. **Karte** 7 B2. *210 701 9727.* In diesem legeren Restaurant hinter dem Kallimármaron-Stadion wird herzhaft griechisch gekocht. Kosten Sie die ungewöhnlichen *kókoras* (junge Hähne) mit Makkaroni oder Wildschwein in Knoblauchsauce. *Mitte–Ende Aug.*		■		■
Pangrati: *Friday's* €€€ Ymittou 110, Einkaufszentrum Millenium, 11636. **Karte 7 B2.** *210 756 0544.* Das Restaurant, Mitglied der TGI-Friday's-Kette, bietet Steaks, Burgers und andere amerikanische Klassiker. Exzellente Desserts und Cocktails.	●			
Pangrati: *The Sushi Bar* €€€€ Plateía Varnáva, 11636. **Karte 7 B4.** *210 752 4354.* Die Sushi-Bar bietet neben verschiedenen japanischen Snacks auch gehaltvolleres. *mittags.*		■		
Pangrati: *Spondí* €€€€€ Pýrronos 5, 11636. **Karte** 7 B4. *210 752 0658.* In diesem preisgekrönten Restaurant in einem klassizistischen Haus gibt es griechische wie auch pazifische Gerichte, z.B. gedämpften Zackenbarsch. *mittags; Aug.*	●	■		■
Plaka: *O Damígos* € Kydathinaíon 41, 10558. **Karte** 6 E2. *210 322 5084.* Die Spezialitäten dieser Kellertaverna sind eingesalzener Kabeljau mit Knoblauchsauce, Pommes und Salat, dazu gekühlter Retsina. *Juli, Aug.*				■
Plaka: *To Geráni ("Scholarcheio")* € Tripódon 14, 10557. **Karte** 6 E2. *210 324 7605.* Beliebtes Restaurant in einem klassizistischen Gebäude mit Balkontischen und den Wänden voll griechischer Andenken. Kosten Sie die in Ouzo flambierten Würste sowie *saganáki* (gebratenen Käse).	●	■		
Plaka: *Byzantinó* €€ Kydathinaíon 18, 10558. **Karte** 6 E2. *210 322 7368.* Altmodische Taverna mit köstlichen Tagesspezialitäten wie *chtapódi krasáto* (Oktopus in Wein) und überbackenen Gemüsegerichten.	●	■		
Plaka: *Eden* €€ Lysíou 12, nahe Mnisikléous,10556. **Karte** 6 E1. *210 324 8858.* Das älteste vegetarische Restaurant der Stadt in einem klassizistischen Bau mit modernem Inneren. Zutaten aus biologischem Anbau. *Di.*	●			
Plaka: *Symposion* €€ Mnisikléous 24, 10556. **Karte** 6 D1. *210 325 4940.* Diese quirlige *ouzerí* serviert traditionelle griechische Speisen wie *ntolmádes*, Retsina vom Faß, und täglich Livemusik (*rempétika*).	●	■	●	■
Plaka: *Xynoú* €€ Aggelou Géronta 4, 10558. **Karte** 6 E2. *210 322 1065.* Beliebt bei der alten Athener Aristokratie, die den einfachen Rahmen und das Essen genießt. Die Wandgemälde und manchmal auch ein Gitarrentrio tragen sehr zum Charme dieser einfachen Taverna bei. *mittags; Sa; So; Juli.*		■	●	■
Plaka: *Dáfni* €€€€ Lysikrátous 4, 10557. **Karte** 6 E2. *210 322 7971.* Fresken in schreienden Farben zieren die Wände dieser klassizistischen Villa. Halten Sie sich an die einfachen Gerichte wie Schwertfisch oder *keftédes* (Frikadellen). *mittags; Nov–Apr; So.*	●	■	●	■

PSYRRI: *Evripos* €€€

Navárchou Apostóli 3, 10554. **Karte 1 C4.** *210 323 1351.*

Dieser *mezedopoleío* ist in ehemaligen Stallungen untergebracht und serviert auch Ausgefallenes wie Strauß mit Pflaumen oder Penne in Wodka. *Mo.*

PSYRRI: *Tavérna tou Psyrrí* €

Aischýlou 12, 10554. **Karte 2 D5.** *210 321 4923.*

Da der Inhaber von der Insel Náxos stammt, wird hier vor allem mit köstlichem Gemüse, Fleisch und Fisch von der Insel gekocht. Krönen Sie Ihr Essen mit einem *graviéra*-Käse aus Náxos. *So abends; 15.–20. Aug.*

PSYRRI: *To Díporto* €

Sokrátous 9, 10552. **Karte 2 D4.** *210 321 1463.*

In dieser versteckten, typischen Taverna gibt es täglich nur ein paar Gerichte wie *revíthia* (Kichererbsen), *fasouláda* (Bohnensuppe), gegrillte Sardinen und immer ein Schmorgericht. Nur bis 20 Uhr geöffnet. *So; Ostern; 25. Dez.*

PSYRRI: *Plateía Iróon* €€

Plateía Iróon 1, 10554. **Karte 1 C5.** *210 321 1915.*

Die guten Speisen und Getränke sowie die *rempétika*-Musik tragen sehr zur liebenswert-lauten Atmosphäre dieses kleinen Cafés bei.

PSYRRI: *Stoá tou Vagéli* €€

Evripídou 63, 10554. **Karte 2 D4.** *210 325 1513.*

Diese alte Taverna tischt schon seit vielen Jahren Rindfleischeintopf, Grillgerichte und Suppen auf. Der große Vogelkäfig und die vergilbten Fotos von der Ägäis tragen zur Unterhaltung der Gäste bei. *mittags; Aug.*

PSYRRI: *Faós* €€€

Lepeniótou 26 (1. Stock), 10554. **Karte 1 C5.** *210 324 7833.*

Bar und Restaurant bieten moderne Küche, begleitet von Livemusik an allen Freitagabenden und Samstagnachmittagen. Die etwas teuren Weine werden mehr als wettgemacht durch die leckeren Gerichte. *Mo; So mittags.*

PSYRRI: *Kouzina* €€€€

Sarri 44, 10554. **Karte 1 C5.** *210 321 5534.*

Neben gegrilltem Lamm gibt es n dieser gemütlichen Taverna auch Orangenhühnchen mit Basmatireis. Dachterrasse. *mittags außer So.*

SYNTAGMA: *Delfoí* €€

Níkis 13, 10557. **Karte 6 F1.** *210 323 4869.*

Ruhiges Restaurant mit großer Auswahl an köstlichen Grill- und Schmorgerichten sowie diversen Salaten. *So.*

SYNTAGMA: *Kentrikón* €€

Kolokotróni 3, 10562. **Karte 2 E5.** *210 323 2482.*

Dieses ruhige, unaufdringliche Restaurant serviert eine breite Palette an griechischen Gerichten wie Lamm in Zitronensauce, Pilaws und Leber. *abends; So.*

SYNTAGMA: *Palia Vouli* €€

Plateía Karytsi 7, 10561. **Karte 2 E5.** *210 323 4803.*

In dieser Pianobar mit Restaurant kann man zahlreiche Weine sowie interessante *mezédes* kosten. *So mittags; Juni–Mitte Sep.*

SYNTAGMA: *Diros* €€€

Xenofontos 10–12, 10557. **Karte 6 F1.** *210 323 2392.*

Dieses reizende Restaurant hat sich auf gute, hausgemachte griechische Gerichte wie *avgolémono* (Reis- und Eiersuppe) spezialisiert. *Ostern.*

SYNTAGMA: *GB Corner* €€€€€

Hotel Grande Bretagne, Plateía Syntágmatos, 10563. **Karte 6 F1.** *210 331 4444.*

Traditionsreiches Restaurant mit erstklassiger griechischer und internationaler Küche und makellosem Service.

THISEIO: *Kírki* €€

Apostólou Pavlou 31, 11851. **Karte 5 B1.** *210 346 6960.*

Traditionelle, angenehme *mezedopoleío* und Restaurant mit ungewöhnlichen *mezédes* wie gebratener Hähnchenbrust und gefüllten *kalámari*. Blick auf die Akropolis.

THISEIO: *Pil Poul* €€€€€

Ecke Apostólou Pávlou u. Poulopoúlou, 11851. **Karte 5 B1.** *210 342 3665.*

Die trendbewußte Mittelmeerküche und der Blick auf die Akropolis ziehen die Massen in dieses belebte und teure Restaurant. *mittags; So.*

Zeichenerklärung siehe hintere Umschlagklappe

Durchschnittspreise für ein dreigängiges Menü für eine Person inklusive einer halben Flasche Hauswein, Steuer und Service:
€ unter 12 Euro
€€ 12–18 Euro
€€€ 18–24 Euro
€€€€ 24–32 Euro
€€€€€ über 32 Euro

Klimaanlage
Restaurant mit Klimaanlage.

Tische im Freien
Möglichkeit, im Freien zu essen, oftmals mit schöner Aussicht.

Unterhaltungsprogramm
Tanzdarbietungen oder Livemusik an verschiedenen Wochentagen.

Ortstypische Weine
Ein spezielles Angebot an ortstypischen griechischen Weinen.

Umgebung von Athen

Restaurant	Preis	Klimaanlage	Tische im Freien	Unterhaltungsprogramm	Ortstypische Weine
Anavyssos: *O Vláchos* **Leofóros Anavýsou, 19013. Straßenkarte D4.** ☎ *22910 54669.* In dieser traditionellen Taverna genießt man Grillgerichte, *tzatzíki* (Joghurt mit Gurken) und andere typisch griechische Mahlzeiten (im Sommer im behaglichen, weinbewachsenen Innenhof).	€		■		■
Glyfada: *O Tzórtzis* Konstantinoupóleos 4, 16675. **Straßenkarte D4.** ☎ *210 894 6020.* Diese klassische Taverna in Glyfáda, zwei Kilometer nördlich von Vouliagméni, hat sich gegen die Fast-Food-Lokale behauptet. *Biftéki* (Frikadellen), Hähnchen und gebratene Zucchini zählen zu ihren Spezialitäten.	€€	●	■		■
Kallithea: *Valentína* Lykoúrgou 235, 17675. **Straßenkarte D4.** ☎ *210 943 1871.* Russische Gäste schätzen diese winzige Taverne im Raum Kallithéa, zwei Kilometer südwestlich der Akropolis, mit ihrer markanten pontischen Küche wie Pickles, Brote und gefüllte Kohlblätter sowie eisgekühltem Wodka.	€€		■		■
Kifisia: *Beau Brummel Grille* Agíou Dimitriou 9 & Agíon Theodóron, 14561. **Straßenkarte D4.** ☎ *210 623 6780.* Das Beau Brummel, eines der meistgerühmten Restaurants Athens, rühmt sich eines luxuriösen Ambientes und bietet exzellentes, organisch angebautes Essen mit französischem Einschlag. ● *So abends.*	€€€€€	●	■		■
Koropi: *To Alsos* Leofóros Lavríou 21, 19400. **Straßenkarte D4.** ☎ *210 664 2714.* Dieses Grillrestaurant in Koropí, sechs Kilometer südlich von Paianía, serviert in einem beschaulichen Garten perfekt zubereitete Lamm- und Schweinefleischgerichte, dazu reichlich Salat und Gemüse.	€€		■		■
Marousi: *Altamíra* Perikléous 28, 15122. **Straßenkarte D4.** ☎ *210 612 8841.* Mexikanische, arabische und asiatische Küche bilden eine verrückte Mixtur im beliebten Lokal in Maroúsi, 15 Kilometer nördlich von Athen. ● *mittags; So; 1.–15. Aug.*	€€€€	●	■		■
Parnes: *O Vláchos* Leofóros Párnithos, Párnitha, 13671. **Straßenkarte D4.** ☎ *210 246 3762.* Die stimmungsvolle Taverna in Párnitha, in den Ausläufern des Párnes, wartet mit traditionell griechischer Küche, vor allem Grillgerichten, auf.	€				■
Piräus: *Alli Skála* Serífou 57, Kamínia, 18541. **Straßenkarte D4.** ☎ *210 482 7722.* Hausgemachtes und ein Innenhof mit Bananenpflanzen sind die Aushängeschilder dieses eleganten Restaurants. Die Speisen wie Tintenfisch, Innereien und gefüllte Paprika mit Kapernblättern sind erstklassig. ● *mittags; So.*	€€	●	■		■
Piräus: *Vasílenas* Aitolikoú 72, 18545. **Straßenkarte D4.** ☎ *210 461 2457.* In diesem Restaurant werden 16 Gerichte hintereinander am Tisch serviert – eine perfekte Einführung in die griechische Küche. ● *mittags; So; 1.-20. Aug.*	€€€		■		■
Piräus: *Kóllias* Stratigoú Plastíra 3, Taboúria, 18756. **Straßenkarte D4.** ☎ *210 462 9620.* Superber Fisch und Vorspeisen wie *garidósoupa* (Tomatensuppe mit Garnelen) in Ägäis-typischem Rahmen. ● *Mo–Sa mittags, So abends; 1.–15. Aug.*	€€€	●	■	●	■
Piräus: *Dourámbeis* Aktí Protopsálti 27, 18533. **Straßenkarte D4.** ☎ *210 412 2092.* Das vermutlich beste Fischrestaurant in Piräus wurde 1932 eröffnet. Der mit köstlichen Salaten servierte Fisch stammt ausnahmslos von den Inseln Ios, Náxos und Páros. ● *mittags; Aug.*	€€€€	●	■		■

PIRÄUS: *Varoúlko* €€€€€
Deligiórgi 14, 18533. **Straßenkarte** D4. *210 411 2043.*
In diesem Restaurant ist eine Tischreservierung erforderlich. Der innovative Küchenchef Leftéris Lázarou bereitet Garnelen mit Artischocken, *ntolmádes* mit Meeresfrüchten sowie einen Miesmuschel-Linsen-Salat. *So; Aug.*

VARI: *Ta Vláchika* €€
Leofóros Váris 35, 16672. **Straßenkarte** D4. *210 895 6141.*
Eines der besten der vielen Fleischrestaurants in Vári, zwei Kilometer nördlich von Vouliagméni, ist spezialisiert auf Reh, Lamm und Spanferkel vom Spieß. Kosten Sie den Ziegenbraten und *kokorétsi* (Würstchen mit Herz und Leber).

VARKIZA: *Esplanade* €€€
Leofóros Poseidónos 16, 16672. **Straßenkarte** D4. *210 897 1760.*
Das altmodische Café bietet griechische und internationale Küche sowie Konditoreiwaren, Eis und Drinks.

VOULIAGMENI: *Lámpros* €€€€
Leofóros Poseidónos 20, 16671. **Straßenkarte** D4. *210 896 0144.*
Dieses berühmte, 1889 eröffnete Restaurant serviert eine Vielzahl von Meeresfrüchten, Salaten und Fleischgerichten. Gute Weine harmonieren mit Gerichten wie gegrillter Meerbarbe und -brasse.

DER PELOPONNES

ANTIKES KORINTH: *Archontikó* €€
An der Küstenstraße, 20100. **Straßenkarte** C4. *27410 27968.*
In diesem Familienbetrieb sind die *mezédes* wie *sieftalíes* (über Holzkohle gegrillte Würste aus Schweinemett) ausgefallener als die Hauptgerichte. Gute Portionen und dazu ein vorzüglicher Rosé. *mittags; Ostern.*

ANDRITSAINA: *O Giórgis* €
Am Dorfplatz, 27061. **Straßenkarte** C4. *26260 22004.*
Diese angesehene, schattige Taverna unweit des Tempels von Bassae serviert Standardgerichte aus dem Ofen.

GEROLIMENAS: *Akrogiáli* €
Am Strand, 23071. **Straßenkarte** C5. *27330 54204.*
Auf einer Rundfahrt durch die Innere Máni ist das Restaurant dieses modernen Hotels aus den 70er Jahren eine echte Oase. Es bietet vorwiegend Fisch, aber auch gegrillte Fleischgerichte.

GYTHEIO: *Drakoulakou* €
Vasiléos Pávlou 13, 23200. **Straßenkarte** C5. *27330 24086.*
Eine Ausnahme inmitten der Touristentavernas am Hafen von Gýtheio. Nicht selten bewundern Passanten vor dem *Drakoulakou* die schillernde Auslage mit Fischen auf Eis.

GYTHEIO: *Saga Fish Tavern* €
Tzanni Taznnetaki, 23200. **Straßenkarte** C5. *27330 23220.*
Wunderschön am Strand gelegen, genießen Sie hier Ihr *saganaki* (Garnelen) oder gegrillten Fisch, während Sie auf der Holzveranda übers Meer blicken.

KALAMATA: *I Kríni* €
Evangelistrías 40, 24101. **Straßenkarte** C5. *27210 24474.*
Ein herzliches Willkommen erwartet sie in dieser alten familienbetriebenen Taverna, die gutes, hausgemachtes Essen und frischen Fisch serviert. *mittags; So.*

KARDAMYLI: *Léla's* €€
Unweit des Dorfplatzes und der alten Fabrik, 24040. **Straßenkarte** D5. *27210 73541.*
Das Essen in einer der ältesten Tavernas von Kardamýli, 34 Kilometer südlich von Kalamáta, bleibt traditionsverbunden. Griechische Ofengerichte mit deutschem Faßbier, schönem Meerblick.

KORINTH: *Anaxagóras* €€
Agíou Nikoláou 31, 20100. **Straßenkarte** C4. *27410 26933.*
In diesem beliebten Lokal sechs Kilometer nordöstlich des Antiken Korinth ißt man sowohl Meeresfrüchte, Fleisch und *mezédes* als auch Ofengerichte wie beispielsweise gebackene Auberginen.

KORONI: *Kagkelários* €
Am Kai, 24004. **Straßenkarte** C5. *27250 22648.*
Im Vergleich zu den anderen Lokalen hat dies die einfallsreichste Speisekarte: Miesmuscheln, Seeigel, Garnelen und Fisch zu vernünftigen Preisen.

Zeichenerklärung siehe hintere Umschlagklappe

Durchschnittspreise für ein dreigängiges Menü für eine Person inklusive einer halben Flasche Hauswein, Steuer und Service:
€ unter 12 Euro
€€ 12–18 Euro
€€€ 18–24 Euro
€€€€ 24–32 Euro
€€€€€ über 32 Euro

Klimaanlage
Restaurant mit Klimaanlage.

Tische im Freien
Möglichkeit, im Freien zu essen, oftmals mit schöner Aussicht.

Unterhaltungsprogramm
Tanzdarbietungen oder Livemusik an verschiedenen Wochentagen.

Ortstypische Weine
Ein spezielles Angebot an ortstypischen griechischen Weinen.

Methoni: *I Klimatariá* €
Plateía Polytechníou, 24006. **Straßenkarte** B5. ☎ *27230 31544.*
Gilt dank seiner vorzüglichen Zubereitung von griechischen Gerichten als eines der besten Restaurants. Zahlreiche vegetarische Gerichte. ● *Nov–Mitte Mai.*

Monemvasia: *I Matoúla* €€
An der Hauptdurchgangsstraße, 23070. **Straßenkarte** C5. ☎ *27320 61660.*
Jahrzehntelang die einzige Taverna in Monemvasía. Man genießt traditionelle Küche unter einem Feigenbaum im Garten.

Nafplio: *Omorfi Póli* €
Ecke Kotsonopoúlou 1 u. Vassilíssis Olgas, 21100. **Straßenkarte** C4. ☎ *27520 25944.*
Bunte Speisekarte mit griechischen Schmor- und Grillgerichten (große Portionen). Wegen der begrenzten Tischzahl unbedingt reservieren. ● *Mo–Fr mittags.*

Nafplio: *O Vasílis* €
Staïkopoúlou 22, 21100. **Straßenkarte** C4. ☎ *27520 25334.*
Eines der ältesten der konkurrierenden Restaurants am Staïkopoúlo und das beste, wenn es um herzhaftes Essen geht. ● *Okt–März Di; 15.–30. Nov.*

Nafplio: *Ta Fanária* €
Ecke Staïkopoúlou 13 u. Soútsou, 21100. **Straßenkarte** C4. ☎ *27520 27141.*
In diesem beliebten, alteingesessenen Lokal sitzt man unter Weinranken. Sehr zu empfehlen am Mittag, wenn frische Ofengerichte, z.B. *mousakás*, aufgetischt werden. Guter Retsina aus Mégara. ● *15.–30. Nov.*

Nafplio: *Zorbás* €
Staïkopoúlou 30, 21100. **Straßenkarte** C4. ☎ *27520 25319.*
Die Taverne in Familienbesitz kocht alle griechischen Standardgerichte. Kosten Sie die hausgemachte Fischsuppe und Octopus.

Neos Mystras: *O Mystrás* €
Am Dorfplatz, 23100. **Straßenkarte** C5. ☎ *27310 20047.*
Die traditionelle Taverna in Néos Mystrás, einen Kilometer östlich der byzantinischen Ruinenstadt von Mystrás, serviert Riesenportionen der besten Gemüse-Schmorgerichte auf dem Peloponnes wie auch Oliven und Fleisch.

Olympia: *Praxitelous* €
Spiliopoúlou 7, 27065. **Straßenkarte** B4. ☎ *26240 23570.*
Sehr traditionell. Ortsübliche Speisen wie *boureki* und *tisoras* werden in sehr griechischer Atmosphäre serviert. 150 Meter östlich des antiken Olympia gelegen, können Sie Ihr Essen auch im Garten genießen.

Olympia: *Ta Kotópoula* €
Linária, 27065. **Straßenkarte** B4. ☎ *26240 22130.*
Einfache und traditionelle familiengeführte Taverne. Auf der Speisekarte stehen Gegrilltes und köstliche griechische Gerichte.

Patras: *Kylikeíon* €€
Ir. Polytechniou & Terpsitheas, 26224. **Straßenkarte** C4. ☎ *2610 435905.*
Schlichte Taverne am Strand mit hervorragendem Seafood und freundlichem Service sowie Blick auf den benachbarten Yachtklub.

Pylos: *O Grigóris* €
Georgíou Krasánou, 24001. **Straßenkarte** C5. ☎ *27230 22621.*
Im Sommer werden die köstlichen Ofengerichte im rückwärtigen Garten serviert. Auf Anfrage Fisch vom Holzkohlengrill.

Sparta: *Elysé* €
Konstantínou Palaiológou 113, 23100. **Straßenkarte** C5. ☎ *27310 29896.*
Dieses elegante, in Pastelltönen gehaltene Restaurant wartet mit zahlreichen, traditionell griechischen Ofen- und Grillgerichten auf.

Restaurant	Klimaanlage	Tische im Freien	Unterhaltungsprogramm	Ortstypische Weine
Methoni: I Klimatariá	●	■		■
Monemvasia: I Matoúla		■		
Nafplio: Omorfi Póli		■		■
Nafplio: O Vasílis	●	■		■
Nafplio: Ta Fanária		■		■
Nafplio: Zorbás	●	■		
Neos Mystras: O Mystrás		■		■
Olympia: Praxitelous		■		■
Olympia: Ta Kotópoula		■		■
Patras: Kylikeíon		■	●	■
Pylos: O Grigóris		■		■
Sparta: Elysé		■		■

Zentral- und Westgriechenland

Agios Ioannis: *Ostriá* €€
An der Küstenstraße, 37012. **Straßenkarte** D3. *24260 31331.*
Dieses Restaurant in Agios Ioánnis, 25 Kilometer nördlich von Miliés, serviert leckere Beispiele für die Küche des Pílio wie geschmortes Kaninchen (*kounéli kokkinistó*) und Blattgemüse-Pastete (*chortópita*). *Mo–Fr mittags; Okt–Apr.*

Arachova: *Karathanásis* €€
Delfón 56, 32004. **Straßenkarte** C3. *22670 31360.*
Von einer Familie geführte Taverna im Herzen Aráchovas, elf Kilometer östlich des antiken Delphi. Einfache Grill- und Schmorgerichte. *Ostern.*

Arachova: *O Karmalis* €
Delfón 51, 32004. **Straßenkarte** C3. *22670 31511.*
Dieses Restaurant in Aráchova, elf Kilometer östlich des antiken Delphi, serviert Berge von Fleisch-, Hühnchen-, Ziegen- und Nudelgerichten. Die riesigen Salate sind großzügig mit Kräutern bestreut.

Igoumenitsa: *To Chorió* €
Igoumenitsa–Sagiada Straße, 46100. **Straßenkarte** B3. *26650 26931.*
4 Kilometer außerhalb des Zentrums gelegen werden in der netten Taverne gebackenes Lamm und Hase *stifado* (eine Art Zwiebel-Eintopf) serviert.

Ioannina: *Kípos* €
Karaïskáki 20, 45444. **Straßenkarte** B2. *26510 78287.*
Das Markante an dieser behaglichen Taverna ist ihr neuer Umgang mit traditionellen griechischen Gerichten. Das stets beliebte Schweine- und Lammfleisch wird gut mit Kräutern gewürzt. *12.–28. Aug.*

Ioannina: *Própodes* €
Nisí, 45500. **Straßenkarte** B2. *26510 81803.*
Ein gutes Inselrestaurant, das die kurze Bootsfahrt für ein Abendessen lohnt. Hier bekommt man Aale und Krebse aus dem See sowie Forellen von Fischzuchten in den Bergen.

Ioannina: *To Manteío* €
Plateía Neomártyros Georgíou 15, 45221 **Straßenkarte** B2.
Genießen Sie Fleisch vom Holzkohlengrill sowie *souvláki*, frisches Obst und Halwa auf der weinbewachsenen Terrasse dieser Taverna. *Ostern; 26.–27. Juli, 25. Dez.*

Kalampaka: *Metéora* €
Plateía Dimarcheíou, 42200. **Straßenkarte** B2. *24320 22316.*
Gesunde griechische Kost, von der Frau des Inhabers zubereitet, sowie die üblichen Salate, *mousakás* und Grillgerichte. *Mitte Nov–Mitte März.*

Kalampaka: *O Kípos* €
Am Ortseingang, 42200. **Straßenkarte** B2. *24320 23218*
Dieses Restaurant in einem traditionsreichen Haus (im Winter mit offenem Feuer) serviert gute griechische Speisen zu vernünftigen Preisen. Viele Vorspeisen und Salate sowie hausgemachte Desserts. *im Winter Mo.*

Kastraki: *Metéora* €
An der Straße von Kastráki nach Metéora, 42200. **Straßenkarte** B2. *24370 22285.*
Diese einfache Taverna in der Nähe der Felsen von Metéora befindet sich in einem alten Haus und bereitet traditionell Griechisches ganz frisch zu. Im Winter brennt ein Feuer, im Sommer sitzt man im Garten. *Feiertage.*

Kastraki: *Parádeisos* €
An der Hauptstraße nach Metéora, 42200. **Straßenkarte** B2. *24320 22723.*
Das moderne Grillrestaurant unweit von Metéora bietet alle griechischen Standardgerichte. Wunderschöner Garten voller Blumen.

Makrinitsa: *Pántheon* €
Am Dorfplatz, 37011. **Straßenkarte** D3. *24280 99324.*
Der Blick auf das 14 Kilometer südlich gelegene Vólos wäre Grund genug, hierherzukommen, doch die Einheimischen schätzen auch die für den Pílio typischen Speisen wie würzige Würstchen oder Paprika-Tomaten-Eintopf.

Metsovo: *Athínai* €
Am Dorfplatz, 44200. **Straßenkarte** B2. *26560 41332.*
Dieser traditionelle Familienbetrieb tischt neben Wildgerichten (je nach Saison) auch vegetarische Spezialitäten wie Lauchpastete und Bohnensuppe auf.

Zeichenerklärung siehe hintere Umschlagklappe

Durchschnittspreise für ein dreigängiges Menü für eine Person inklusive einer halben Flasche Hauswein, Steuer und Service:
- € unter 12 Euro
- €€ 12–18 Euro
- €€€ 18–24 Euro
- €€€€ 24–32 Euro
- €€€€€ über 32 Euro

Klimaanlage
Restaurant mit Klimaanlage.

Tische im Freien
Möglichkeit, im Freien zu essen, oftmals mit schöner Aussicht.

Unterhaltungsprogramm
Tanzdarbietungen oder Livemusik an verschiedenen Wochentagen.

Ortstypische Weine
Ein spezielles Angebot an ortstypischen griechischen Weinen.

Restaurant	Preis	Klimaanlage	Tische im Freien	Unterhaltungsprogramm	Ortstypische Weine
Metsovo: *Galaxías* Am Dorfplatz, 44200. **Straßenkarte** B2. ☎ *26560 41123.* Ein traditioneller Steinbau mit Holzdecken und einer Veranda direkt am Platz. Die Karte bietet für die Region typische Gerichte wie *kokorétsi* (Kebab mit gegrillten Innereien) und Rindfleisch im Tontopf.	€		■		■
Metsovo: *To Metsovítiko Salóni* Tosítsa, neben dem Postamt, 44200. **Straßenkarte** B2. ☎ *26560 42142.* Ein feines, für diese Gebirgsgegend typisch mit Teppichen und Wandbehängen dekoriertes Restaurant. Ortsübliche Spezialitäten wie *spetzofáï*, Wild nach Saison, und *katói*, der Rotwein aus der Gegend.	€		■	●	■
Milies: *Paliós Stathmós* Alter Bahnhof, 37010. **Straßenkarte** D3. ☎ *24230 86425.* Der italienische Küchenchef dieses feinen Restaurants und Gästehauses serviert in einem grandiosen Rahmen – einem alten Bahnhof – Köstlichkeiten wie Rindfleisch in Zitronensauce. ● *Mo mittags; Nov.*	€		■		■
Papigo: *Giorgios Ioannides* Papigo, 44010. **Straßenkarte** B3. ☎ *26530 41124.* Selbstgemachte Pies gehören zu den Spezialitäten in dieser gemütlichen Taverne. Im traditionell gebauten Steinhaus werden regionale Spezialitäten serviert.	€		■		■
Parga: *Floísvos* Mavrogénous 10, 48060. **Straßenkarte** B3. ☎ *26840 31624.* Die Karte dieses Restaurants ist für Überraschungen gut, ohne daß man ein Risiko eingeht. Gutes Preis-Leistungs-Verhältnis und atemberaubender Blick auf die ionische Küste. ● *Mitte Okt–Mai.*	€	●	■	●	■
Parga: *Vílla Noúli* Sarakíni, 48060. **Straßenkarte** B3. ☎ *26840 35239.* Frischer Fisch ist die Spezialität dieses Restaurants. Wechselnde Tagesspezialitäten, doch meistens Schnapper, Meerbarbe, Thunfisch und Schwertfisch. ● *Nov–März.*	€		■	●	
NORDGRIECHENLAND					
Alexandroupoli: *Klimatariá* Polytechníou 18, 68100. **Straßenkarte** E1. ☎ *25510 26288.* Dieses Restaurant ist bekannt für seine umfangreiche Karte, die alle griechischen Klassiker wie *mousakás* und gefüllte Paprika umfaßt wie auch frischen Fisch und ortstypische Gerichte wie *katsikáki* (Ziegenbraten).	€	●	■		■
Alexandroupoli: *Neráïda* Kýprou 5, 68100. **Straßenkarte** E1. ☎ *25510 22867.* Eines von mehreren Lokalen rund um die Plateía Kýprou – ein feines, beliebtes Restaurant, spezialisiert auf Meeresfrüchte.	€		■		■
Kastoria: *Omónoia* Mitropóleos 97, 52100. **Straßenkarte** B2. ☎ *24670 23964.* Das Angebot dieses lebhaften Restaurants an einem kleinen Platz in der Oberstadt wechselt häufig. Standardgerichte und einige vegetarische Alternativen wie Bohneneintopf. Die Fischsuppe ist kräftig und gehaltvoll.	€		■		■
Kavala: *Michalákis* Kassándrou 1, 65403. **Straßenkarte** D1. ☎ *2510 221185.* Diese behagliche Taverna trägt typisch Griechisches wie gefüllte Tomaten sowie Fleischgerichte auf, aber auch frischen Fisch.	€	●	■		■
Kavala: *Pános Zafira* Karaolí Dimitríou 20, 65302. **Straßenkarte** D1. ☎ *2510 227978.* Das für seine Meeresfrüchte bekannte Restaurant wartet mit köstlichen Gerichten wie *gàvros* (frischen Anchovis) auf.	€		■		■

LITOCHORO: *Damaskiniá* €

Vasiléos Konstantínou 4, 60200. **Straßenkarte** C2. *23520 81247.*

Eine lebhafte Taverna in Litóchoro, 21 Kilometer südlich von Katerína, mit guter, hausgemachter Kost wie gegrilltem Fisch und Schmorgerichten.

NEA FOKAIA: *Kostís* €€€

Bei der Ampel, 63077. **Straßenkarte** D2.

Dieses Restaurant in Néa Fókaia, 17 Kilometer südlich von Néa Moudaniá, verfeinert Traditionelles wie *feta* mit Zwiebeln und rotem Paprika. Spezialität des Hauses ist panierter Kabeljau mit *skordaliá* (Knoblauchsauce).

NEOS MARMARAS: *Ta Péfka* €

Am Meer, 63081. **Straßenkarte** D2. *23750 71763.*

In Néos Marmarás, 52 Kilometer südöstlich von Néa Moudaniá, liegt dieses Restaurant, das Ungewöhnliches auftischt wie *mýdia saganáki* (Miesmuscheln in roter Sauce) und Octopus-*mezédes*.

PEFKOCHORI: *Toronéos* €€

Am Stand von Pefkochóri, 63085. **Straßenkarte** D2. *23740 61495.*

Einfache Kost geht Hand in Hand mit Spezialitäten wie gefülltem Tintenfisch oder gebratenem Kürbis in dieser einladenden Taverna in Pefkochóri, 42 Kilometer südlich von Néa Moudaniá. *20. Okt–20. Apr.*

THESSALONIKI: *Agorá* €

Kapodistríou 5, 54625. **Straßenkarte** C2. *2310 532428.*

Ouzerí in einer Seitenstraße mit guter, griechischer Küche. Die Salate sind reichlich, Fleisch und Fisch köstlich gegrillt. *So mittags; 26. Juli–19. Aug.*

THESSALONIKI: *Ta Koumparákia* €

Egnatía 140, 54622. **Straßenkarte** C2. *2310 271905.*

Dieses einfache griechische Grillrestaurant mit freundlichem Service und gutem Essen ist eine sichere und beliebte Wahl. *Mi; Weihnachten; Ostern; 1. Mai.*

THESSALONIKI: *Ta Spáta* €

Aristotélous 28, 54623. **Straßenkarte** C2. *2310 277412.*

Es herrscht fast immer Hochbetrieb in diesem Grillrestaurant mit Schwerpunkt Brathähnchen. Herzhafte Bauernsalate.

THESSALONIKI: *Tiffany's* €€

Iktinou 3, 54622. **Straßenkarte** C2. *2310 274022.*

Dieses Restaurant serviert eine reiche Auswahl an griechischen und internationalen Gerichten, von *haoum bourek* bis zum einfachen Burger.

THESSALONIKI: *To Makedoniko* €

Georgiou Papadopoúlou 32, 56625. **Straßenkarte** C2. *2310 627438.*

Diese Taverne liegt im historischen Teil der Altstadt, unweit der Burg, und ist bekannt für sein *keftedakia scharas* (gegrillte Fleischbällchen). *Di.*

THESSALONIKI: *Tsarouchás* €

Olimbou 78, 54646. **Straßenkarte** C2. *2310 271621.*

Auf der Speisekarte des Restaurants steht unter anderem die traditionelle *patsás*, eine aus den Innereien des Lamms gekochte Suppe.

THESSALONIKI: *Aristotélous* €€

Aristotélous 8, 54623. **Straßenkarte** C2. *2310 233195.*

Die feine, lebhafte *ouzerí* serviert teils ungewöhnliche Speisen wie *feta* mit Pfeffer-Dip oder mit *feta* gefüllten Tintenfisch. *So abends; 7–20. Aug.*

THESSALONIKI: *Chamádrakas* €€€

Manoúli Gagíli 13, 55132. **Straßenkarte** C2. *2310 447943.*

Suchen Sie sich Ihren Hummer aus in dieser Taverna in Familienbesitz. Zahlreiche griechische Gerichte und Wein aus eigenem Anbau. *1. Jan.*

THESSALONIKI: *Ta Nisiá* €€€€

Proxénou Koromilá 13, 54623. **Straßenkarte** C2. *2310 285991.*

Diese beliebte Taverna hat sich auf Fisch- und Wildgerichte spezialisiert. Es werden einfallsreiche Kombinationen wie Shrimps und Schinken sowie gute Desserts angeboten. Die Walnußpastete ist ein Dauerbrenner. *So abends.*

XORTIATIS: *Plátanos* €

Agías Paraskevís 1, 57010. **Straßenkarte** D2. *2310 349260.*

Diese Taverna in Xortiátis, 18 Kilometer östlich von Thessaloníki, lohnt einen Besuch: regionale Spezialitäten wie *teingerosarmás* (ofengebackene Lamminnereien) und *exochikó* (Schweinefleisch mit Tomaten). *Ostern.*

Zeichenerklärung siehe hintere Umschlagklappe

GRUND-INFORMATIONEN

Praktische Hinweise

Griechenland steht für kulturellen und sinnlichen Genuß. Die Schönheit des Landes, das heiße Klima, das warme Wasser sowie das Savoir-vivre der Einheimischen bürgen für einen entspannten Urlaub. Es zahlt sich jedoch aus, die Eigenheiten des griechischen Lebens zu kennen, um unnötigen Frust zu vermeiden: Wann soll man reisen? Was mitbringen? Wie bereist man das Land? Griechenland ist nicht mehr das preiswerte Urlaubsland, wenngleich öffentliche Transportmittel, Mietwagen, Restaurants und Hotels im Vergleich zu vielen anderen europäischen Ländern immer noch günstig sind. Informationen erhält man in den zahlreichen Büros des EOT *(siehe S. 300)*, die Sie eingehend über die praktischen Aspekte Ihres Aufenthalts beraten.

Soldat in Galauniform

Beste Reisezeit

Die Hochsaison von Ende Juni bis Anfang September ist die heißeste *(siehe S. 49)* und die teuerste Reisezeit und zudem sehr beliebt. Die kältesten und feuchtesten Monate sind Dezember bis März. Dann verkehren Transportmittel nur eingeschränkt, und es sind viele Hotels und Restaurants geschlossen.

Skifahrer können von Januar bis April unter zwanzig Skigebieten auf dem Festland wählen *(siehe S. 310)*.

Der Frühling – Ende April bis Mai – ist mit die schönste Reisezeit: Es ist sonnig, aber nicht glühend heiß, man begegnet nur wenigen Touristen, und die Landschaft erstrahlt in den intensiven Farben der Wildblumen sowie in frischem, kräftigem Grün *(siehe S. 22f)*.

Reisegepäck

In Griechenland bekommt man alles, was man fürs tägliche Leben braucht, obwohl Sie eine gute Karte Ihrer Zielregion *(siehe S. 319)*, einen Adapter für elektrische Geräte *(siehe S. 301)*, Sonnenbrille und -hut, Mückenschutz, Dauermedikamente und eine Sonnenschutzcreme (mindestens Faktor 15) mitbringen sollten.

Neben der Badekleidung braucht man fast ganzjährig nur leichte Kleidung; am Abend ist ein Sakko oder Pullover empfehlenswert, im Mai und Oktober zwingend erforderlich. Im Winter und Frühling braucht man einen Regenschutz und eine wärmere Jacke. In vielen religiösen Gebäuden gelten Kleidungsvorschriften *(siehe S. 301)*.

Passkontrolle an griechischen Flughäfen

Einreisebestimmungen

Besucher aus der EU brauchen für einen Aufenthalt von bis zu 90 Tagen kein Visum, sondern lediglich einen gültigen Reisepaß oder Personalausweis. Wer länger bleibt, muß beim **Ausländeramt** in Athen oder, in entlegenen Gegenden, bei der Polizei eine Aufenthaltsgenehmigung beantragen. Wer kein EU-Bürger ist und in Griechenland arbeiten oder studieren möchte, sollte sich einige Monate im voraus bei seinem griechischen Konsulat nach Visa und Arbeitserlaubnis erkundigen.

Zollbestimmungen

Für Besucher aus der EU gibt es keine Zollkontrollen oder Einreiseformalitäten mehr. Auch die Bestimmungen für zollpflichtige Waren wurden in den vergangenen Jahren entschärft, obwohl man sich Wertsachen, die man später wieder ausführen will, bei der Einreise im Paß eintragen lassen sollte. Besucher, die nicht aus der EU kommen, müssen sich bei der Ankunft fallweise einer Zollkontrolle unterziehen.

Jeder Reisende muß sich darüber im Klaren sein, daß die nicht genehmigte Ausfuhr von Antiquitäten und archäologischen Kunstwerken als schwerer Verstoß gilt und geahndet wird. Die Strafen reichen von hohen Geldbußen bis zu Gefängnisstrafen.

Wer rezeptpflichtige Medikamente einführt, sollte den Zollbehörden gegebenenfalls eine Rezeptkopie vorlegen können *(siehe S. 302f)*.

Seit dem 30. Juni 1999 gilt die EU-weite Regelung, nach der Luxusgüter wie Alkohol, Parfüm und Tabak nicht mehr steuerfrei verkauft werden dürfen. EU-Bürger dürfen diese Waren nun in größeren Mengen einführen, solange sie den persönlichen Gebrauch glaubhaft machen können.

Strandgäste im Hochsommer

◁ **Der malerische Hafen von Paralía Astros, südlich von Náfplio**

Ankunft einer Familie am Flughafen Athen

Mit Kindern unterwegs

Kinder sind bei den Griechen sehr beliebt und praktisch überall willkommen. Die meisten Hotels bieten auf Anfrage Babysitterdienste an; erkundigen Sie sich vor dem Einchecken *(siehe S. 261)*.

Kinder bis zehn Jahre (gelegentlich auch nur bis acht Jahre) bekommen bis zu 50 Prozent Ermäßigung in öffentlichen Verkehrsmitteln.

Kinder können meist problemlos im Meer baden, doch behalten Sie sie im Auge, da Rettungsschwimmer rar sind. Auch die Gefahren durch Sonnenstich oder Austrocknung sind nicht zu unterschätzen.

Tips für Frauen

Griechenland ist ein sehr sicheres Land, die Einheimischen sind meist sehr gastfreundlich. Alleinreisende Frauen werden respektvoll behandelt, vor allem, wenn sie angemessen gekleidet sind *(siehe S. 301)*. Allein per Anhalter zu fahren, ist nicht anzuraten.

Tips für Jugendliche und Studenten

Innerhalb Griechenlands gibt es keine Ermäßigungen auf Fähren, Bus- und Bahnfahrten, außer für Studenten, die im Land studieren. Zahllose Sonderangebote ermöglichen jedoch preiswerte Reisen nach Griechenland, vor allem in der Nebensaison. Es gibt Reisebüros für Studenten und Jugendliche wie **STA Reisen** mit weltweit 120 Büros. Auch wenn man in griechischen Jugendherbergen den Internationalen Jugendherbergsausweis nur selten braucht, sollte man ihn sich sicherheitshalber zu Hause besorgen.

Für Studenten aus der EU mit einem Internationalen Studentenausweis (ISIC) ist der Eintritt in den meisten staatlichen Museen und Ausgrabungsstätten frei. Studenten, die nicht aus der EU stammen, bekommen mit dem ISIC-Ausweis meist 50 Prozent Rabatt. Für Jugendliche gibt es keine Ermäßigungen; gelegentlich wird mit der »Go 25«-Karte, die Reisende unter 26 bei jedem STA-Büro bekommen, ein Rabatt gewährt.

Internationaler Studentenausweis

Behinderte Reisende

In Griechenland gibt es nur wenige behindertengerechte Einrichtungen. Eine sorgfältige Planung ist unerläßlich. In diesem Führer ist vermerkt, ob eine Sehenswürdigkeit mit dem Rollstuhl befahrbar ist. Der **Bundesverband Selbsthilfe Körperbehinderter e.V.**, der **FMG Verlag** oder die **Bundesarbeitsgemeinschaft der Clubs Behinderter** gibt Tips. Veranstalter wie **TUI**, **Zellmer Reisen** oder **Olinthos Tours** organisieren Behindertenreisen.

Schild für Rollstuhlfahrer an einem griechischen Flughafen

Auf einen Blick

Griechische Fremdenverkehrsämter (EOT)

Deutschland
Neue Mainzer Straße 22, 60311 Frankfurt/M. ☎ *0 69/23 65 62, Fax 0 69/23 65 76.*

Österreich
Opernring 8, 1015 Wien. ☎ *01/512 53 17, Fax 01/513 91 89.*

Schweiz
Löwenstraße 25, 8001 Zürich. ☎ *01/221 01 05, Fax 01/212 05 16.*

Athen
Amerikis 2, 10564 Athen. ☎ *210 331 0437 oder 331 0561, Fax 210 325 2895.*
W *www.gnto.gr*

Nützliche Adressen

Ausländeramt
Leofóros Alexándras 173, Athen. ☎ *210 647 6000.*

Bundesverband Selbsthilfe Körperbehinderter e.V.
Altkrautheimer Str. 20, D-74238 Krautheim. ☎ *06294/42 81 0.*

FMG Verlag
Postf. 2154, D-40644 Meerbusch. ☎ *02159/81 56 22.*

Bundesarbeitsgemeinschaft der Clubs Behinderter und ihrer Freunde
Eupener Str. 5, D-55131 Mainz. ☎ *06131/22 55 14 (Liste mit Veranstaltern von Behindertenreisen).*

STA Reisen
Berger Str. 118, 60385 Frankfurt/M. ☎ *069/90 43 69 70.*

Internationaler Studenten- und Jugendreiseservice
Níkis 11 (1. Stock), 10557 Athen ☎ *210 322 1267.*

TUI Touristik Union
Postfach 61 02 80, D-30625 Hannover. ☎ *0511/567-0.*

Zellmer Reisen
Reiseagentur für Behinderte
Am Anker 2, D-40668 Meerbusch. ☎ *02150/1861.*

Wichtige Urlaubsinformationen

Das Emblem des EOT

Für einen sorglosen Urlaub in Griechenland sollte man sich an das Motto *»sigá, sigá«* (»langsam, langsam«) halten. Dazu gehört auch die nachmittägliche Siesta, die man vor allem in den heißesten Monaten, wo sie zur physiologischen Notwendigkeit wird, ernst nehmen sollte. So gut wie alles hat nach dem Mittagessen einige Stunden geschlossen; wenn es kühler wird, beginnt Griechenland erneut zu leben: Die Geschäfte öffnen wieder, die Restaurants füllen sich, und in den Küstenstädten macht jeder seine *vólta*, den Abendspaziergang – eine famose griechische Gewohnheit.

Information

Eine Auskunft findet man in vielen griechischen Städten und Dörfern, sei es in Form der **EOT**-Büros (Ellinikós Organismós Tourismoú, das staatliche griechische Fremdenverkehrsamt), städtischer Fremdenverkehrsbüros, der lokalen Touristenpolizei *(siehe S. 302)* oder privater Reisebüros. Das EOT veröffentlicht umfangreiches Material wie Karten, Broschüren und Merkblätter über Transportmittel und Unterkünfte. Man muß wissen, daß nicht alle Informationen aktuell und zuverlässig sind. Die Adressen und Telefonnummern der EOT-Niederlassungen und der städtischen Fremdenverkehrsbüros sowie der Touristenpolizei sind in diesem Führer auf den nachfolgenden Seiten vermerkt.

Zeitunterschied

Griechenland ist der Mitteleuropäischen Zeit (MEZ) eine Stunde voraus.

Da Griechenland mittlerweile EU-Mitglied ist, folgt es den EU-Zeitrichtlinien, wonach in allen Mitgliedsstaaten am selben Tag die Uhren auf Sommer- bzw. Winterzeit umgestellt werden, um Verwirrungen bei Reisen zwischen den Ländern zu vermeiden. Für alle Reisenden verringert sich dadurch die Gefahr, aufgrund unklarer Zeiten eine Fähre oder einen Flug zu verpassen.

Eintrittskarte für eine archäologische Sehenswürdigkeit

Öffnungszeiten

Die Öffnungszeiten in Griechenland sind sehr vage und ändern sich von Tag zu Tag, Saison zu Saison und Ort zu Ort. Deshalb sollte man die Zeitangaben dieses Führers nur als grobe Richtlinien betrachten und sich bei der Auskunft vor Ort nach exakten Zeiten erkundigen.

Staatliche Museen und archäologische Sehenswürdigkeiten sind generell von etwa 8.30 bis 14.45 Uhr geöffnet (wichtige Stätten in den Sommermonaten bis 20 oder 21 Uhr). Montags und an Feiertagen *(siehe S. 48)* sind sie meist geschlossen. Regional- oder Privatmuseen sind auch an anderen Feiertagen sowie regionalen Festtagen geschlossen. Klöster sind, meist mit Ausnahme weniger Stunden am Nachmittag, von Sonnenaufgang bis Sonnenuntergang geöffnet. Die Öffnungszeiten der Geschäfte finden Sie auf Seite 308, Apotheken auf Seite 303, Banken auf Seite 304, Postämter auf Seite 307 und OTE (Telegrafenämter) auf Seite 306. Die Informationen zu den einzelnen Städten weisen auf lokale Markttage hin. Die meisten Geschäfte und Ämter sind, bis auf einige Läden in Feriendörfern, an Feiertagen und regionalen Festtagen geschlossen. Wichtige regionale Feste finden Sie in diesem Führer in der Infobox der jeweiligen Stadt.

Ein períptero oder Kiosk mit zahlreichen Zeitungen und Zeitschriften

Eintrittspreise

Die meisten staatlichen Museen und archäologischen Sehenswürdigkeiten verlangen zwischen 1,5 und 6 Euro Eintritt. Es gibt jedoch Ermäßigungen von etwa 25 Prozent für EU-Bürger im Alter von 60 Jahren und darüber (belegen Sie Ihr Alter mit Hilfe Ihres Passes); bis zu 50 Prozent für Nicht-EU-Studenten mit Internationalem Studentenausweis *(siehe S. 299)*.

Museen und Sehenswürdigkeiten, die an Feiertagen geöffnet haben, verlangen dann keinen Eintritt.

Veranstaltungen

Die englischsprachige Zeitung *Athens News* enthält eine Veranstaltungsseite, die neben lokalen auch über kindgerechte Veranstaltungen informiert. Die ehemals englischsprachigen Zeitschriften *Athenscope* und *The Athenian* haben sich zusammengetan. Sie gingen in der *Athinorama* auf, die leider nur in griechisch erscheint. Unterhaltungsmöglichkeiten in Athen finden Sie auf den Seiten 118ff dieses Führers; griechische Feste und Kulturereignisse sind auf den Seiten 44ff vermerkt. Was vor Ort los ist, erfragt man am besten bei der nächsten Auskunft. Eine im Sommer beliebte Form der Unterhaltung ist »Kino im

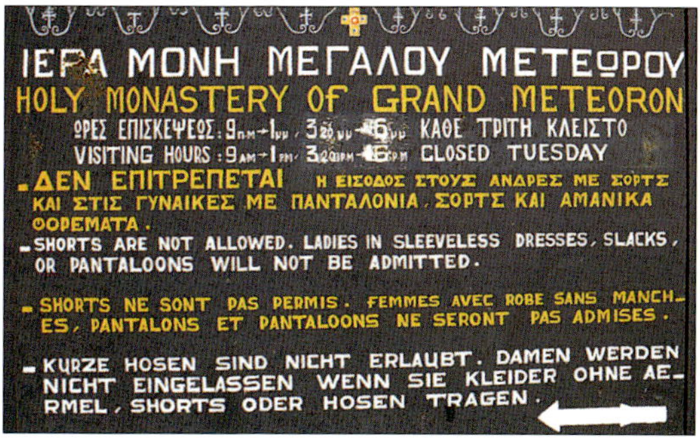

Hinweis auf Kleidungsvorschriften in einem Metéora-Kloster

Freien« (die meisten Filme sind auf englisch mit griechischen Untertiteln). In den Ferienorten gibt es Bars, Diskos und Nachtklubs; in jedem Dorf sind Tavernas und *kafeneía* (Cafés) Zentrum des öffentlichen Lebens.

Religion

Die Griechen sind fast ausschließlich griechisch-orthodox. Religiöse Symbole und Rituale sind tief in der griechischen Kultur verwurzelt und praktisch allgegenwärtig. In ganz Griechenland feiert man Heiligenfeste *(siehe S. 48)*, manchmal nur regional begrenzt, manchmal auch landesweit.

Die größte religiöse Minderheit, allerdings mit weniger als zwei Prozent der Gesamtbevölkerung, sind die thrakischen Muslime. Viele Kirchen sind durch den Umbau ehemaliger osmanischer Moscheen entstanden. Kirchen und Heiligtümer anderer Religionen findet man vorwiegend in und um Athen.

Griechischer Priester

Umgangsformen

Wie überall wird auch in Griechenland höfliches und respektvolles Verhalten honoriert. Versuchen Sie daher, Ihre griechischen Grundbegriffe im Gespräch anzuwenden *(siehe S. 364ff)*.

Formelle Garderobe ist selten nötig, doch ist beim Besuch von Kirchen und Klöstern angemessene Kleidung (für Männer lange Hosen, für Frauen Röcke und Oberteile mit Ärmeln) zwingend erforderlich.

Oben-ohne-Baden wird toleriert, FKK ist offiziell auf einige wenige Strände beschränkt.

In Restaurants ist der Service in der Rechnung inbegriffen, Trinkgelder (meist zehn bis 15 Prozent) sind jedoch stets gern gesehen. Toilettenfrauen sollte man auch ein Trinkgeld geben. Taxifahrer, Portiers und Zimmermädchen erwarten dies nicht, sind jedoch auch nicht abgeneigt.

Fotografieren

Filme bekommt man überall in Griechenland (in Ferienorten und an Sehenswürdigkeiten jedoch leider oft überteuert). In Kirchen und Klöstern darf man offiziell nicht fotografieren; in Museen ist es meist gestattet, jedoch oft ohne Blitz und Stativ. Wo man fotografieren darf, ist gewöhnlich auch eine Videokamera erlaubt (oft gegen eine Zusatzgebühr). An Sehenswürdigkeiten, in Museen oder religiösen Bauten sollte man sich wegen der uneinheitlichen Vorschriften eine Genehmigung an der Kasse, beim Pförtner oder beim Aufsichtspersonal besorgen, bevor man zu filmen beginnt.

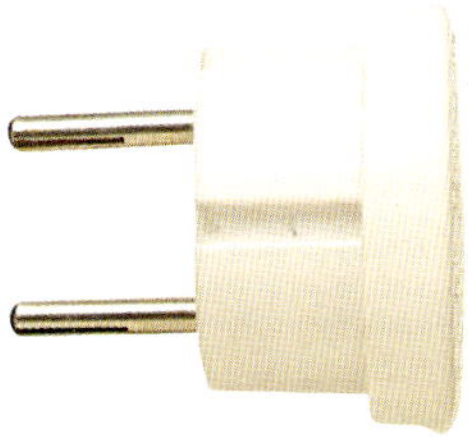

Ein typisch griechischer zweipoliger Stecker

Elektrizität

Wie andere europäische Länder hat Griechenland 230 V, 50 Hz Wechselstrom. Es werden zwei- oder dreipolige Stecker verwendet. Nehmen Sie für alle Fälle einen sogenannten »Südeuropa-Adapter« mit auf Ihre Reise, um Probleme zu vermeiden. Damit sind Sie auf der sicheren Seite.

Griechische Maße

In Griechenland gilt das metrische System. Es gibt allerdings zwei Ausnahmen: Entfernungen auf See werden in nautischen Meilen angegeben, und Flächen werden in *strémmata*, etwa 0,1 Hektar, angegeben.

Auf einen Blick

Botschaften in Griechenland

Deutschland
Karaoli & Dimitriou 3,
10675 Athen-Kolonaki.
Tel. *0030/210/7 28 51 11.*
FAX *0030/210/7 25 12 05.*
@ *boathens@compulink.gr*

Österreich
Leoforos Alexandros 26,
10683 Athen.
Tel. *0030/210/8 25 72 30.*
FAX *0030/210/8 21 98 23.*
@ *athen-ob@bmaa.gv.at*

Schweiz
Iassiou 2, 11521 Athen.
Tel. *0030/210/7 23 03 64.*
FAX *0030/210/7 24 92 09.*
@ *vertretung@ath.rep.admin.ch*

Sicherheit und Notfälle

Feuerwehrsymbol

GRIECHENLAND IST EINES der sichersten Urlaubsländer. Der traditionell hohe Stellenwert der Ehrlichkeit hat dem Ansturm des Massentourismus widerstanden. Dennoch sollte man, wie in anderen Reiseländern auch, vorab eine umfassende Reiseversicherung abschließen. Der Straßenverkehr ist jedenfalls eine ständige Gefahrenquelle. Die Griechen sind sehr impulsive Autofahrer, und das Land hat inzwischen die höchsten Unfallzahlen in Europa. Autofahrer wie Fußgänger sollten stets auf der Hut sein.

Persönliche Sicherheit

IM VERGLEICH zum restlichen Europa ist die Verbrechensrate in Griechenland recht niedrig. Dennoch sind einige Vorsichtsmaßnahmen ratsam: Schließen Sie Auto und Hotelzimmer ab, achten Sie in der Öffentlichkeit auf Ihre Handtasche und bewahren Sie Dokumente nicht alle am selben Ort auf. Im Falle eines Diebstahls wenden Sie sich an die Polizei oder Touristenpolizei.

Polizei

IN GRIECHENLAND gibt es neben der normalen Polizei noch eine Hafen- und eine Touristenpolizei. Letztere ist sowohl Polizei als auch Touristeninformation und deshalb für Urlauber am nützlichsten. Bei Diebstahl, Verlust des Reisepasses oder einer Beschwerde über Geschäfte, Restaurants, Reiseführer oder Taxifahrer wende man sich zunächst an sie. Da Touristenpolizisten sprachkundig sind, können sie als Übersetzer fungieren, wenn die örtliche Polizei hinzugezogen werden muß. In ihren Dienststellen stehen zudem Karten, Broschüren und Unterkunftshinweise zur Verfügung.

Rechtsbeistand für Touristen

DAS VON europäischen Verbraucherorganisationen und der EU-Kommission gegründete Programm **EKPIZO** informiert Touristen über ihre Rechte. Es gibt Urlaubern, die Probleme mit Hotels, Campingplätzen, Reisebüros etc. haben, Hilfestellung. Touristen erhalten Informationen und, falls nötig, Rechtsbeistand durch einen Rechtsanwalt (in englisch, französisch oder deutsch). Regionale Telefonnummern erfragen Sie im Athener EKPIZO-Büro.

Ein Polizist gibt Urlaubern Auskunft

Medizinische Behandlung und Versicherung

EU-BÜRGER SIND bei Vorlage des Formulars E111 (erhältlich bei den Krankenkassen) zu einer kostenlosen medizinischen Behandlung in Griechenland berechtigt; die Notfallbehandlung in einem öffentlichen Krankenhaus ist für alle Ausländer kostenlos. Öffentliche Gesundheitseinrichtungen sind jedoch rar, Privatkliniken teuer. Urlauber sollten vorab eine Reiseversicherung abschließen, die neben medizinischer Behandlung auch Verlust oder Diebstahl von persönlichem Besitz abdeckt. Doch Achtung: Manche Policen gelten nicht für »gefährliche« Aktivitäten wie Motorradfahren und Bergtouren; nicht alle erstatten Arzt- und Krankenhauskosten direkt, und nur wenige enthalten Krankenwagen- oder Rücktransporte per Flugzeug. Wer seinen Flug mit einer Kreditkarte wie VISA oder American Express bezahlt, erhält einen begrenzten Reiseversicherungsschutz inklusive Rückerstattung des Ticketpreises im Falle eines Bankrotts des Veranstalters.

Gesundheitsmassnahmen

BEI AUSLANDSREISEN lassen sich einfache Sicherheitsvorkehrungen meist ohne großen Aufwand treffen; manche sind angesichts der Hitze unerläßlich. Es liegt auf der Hand, daß man sich mit Sonnenhut, -brille und -creme mit hohem Schutzfaktor vor übermäßiger Sonneneinstrahlung schützt (vor allem bei hellem Hauttyp). Bei Sonnenbrand bringt eine Calamin-Lotion Linderung. Ein Hitzschlag ist eine echte Gefahr, die umgehend medizinischer Behandlung bedarf; Erschöpfungszustände und (durch Alkohol begünstigte) Austrocknung sind nicht zu unterschätzen.

Trinken Sie reichlich Wasser. Die in jeder griechischen Apotheke erhältlichen Elektrolyttabletten beugen gegebenenfalls einer Austrocknung vor und ersetzen Mineralstoffe.

Uniform eines Hafenpolizisten

Uniform e… Stadtpolizi…

Krankenwagen mit Notrufnummer

Feuerwehr

Polizeiwagen

Nehmen Sie einen Vorrat an Ihren Standard- oder Dauermedikamenten mit sowie eine Kopie des Rezepts mit der Medikamentenbezeichnung. Dies hilft nicht nur, wenn Ihnen das Medikament ausgeht, sondern auch bei etwaigen Einreiseformalitäten. Beachten Sie, daß das in vielen Kopfschmerztabletten enthaltene Kodein in Griechenland verboten ist.

Das Leitungswasser in Griechenland ist meist trinkbar; in entlegenen Gegenden sollte man sich vor Ort erkundigen. Mineralwasser in Flaschen bekommt man überall (noch dazu oft gekühlt).

Warten Sie mindestens zwei Stunden nach einer Mahlzeit, bevor Sie im Meer schwimmen, da Magenkrämpfe auf dem Wasser tödlich enden können. Im Wasser heißt es Vorsicht vor Weberfischen, Quallen und Seeigeln; letztere sind keine Seltenheit. Falls Sie auf einen treten, ist der Stachel mit einer sterilisierten Nadel und Olivenöl zu entfernen.

Bei Hautrötungen durch Berührung einer Qualle helfen Essig, Backpulver oder Mittel aus der Apotheke. Der im Sand lebende Weberfisch ist zwar selten, doch ein Stich mit seinem giftigen Stachel ist ungemein schmerzhaft. Tauchen Sie die betroffene Stelle sofort in sehr heißes Wasser, um das Gift zu verdünnen.

Für Griechenland sind keine Impfungen erforderlich; Ärzte empfehlen mitunter eine Auffrischungsimpfung gegen Tetanus und gegen Typhus.

Apotheken

Griechische Apotheker sind hochqualifiziert; sie beraten nicht nur bei harmloseren Beschwerden, sondern verkaufen auch Medikamente, die anderswo rezeptpflichtig sind. Die *farmakeía* (Apotheken) erkennt man am roten oder grünen Kreuz auf weißem Grund. Sie sind von 8.30 bis 14 Uhr geöffnet, nachmittags und Samstag vormittags jedoch meist geschlossen. Das Bereitschaftssystem in größeren Städten gewährleistet eine Versorgung von 7.30 bis 14 und 17.30 bis 22 Uhr. Einzelheiten sind im Fenster angeschlagen (in griechischer und englischer Sprache).

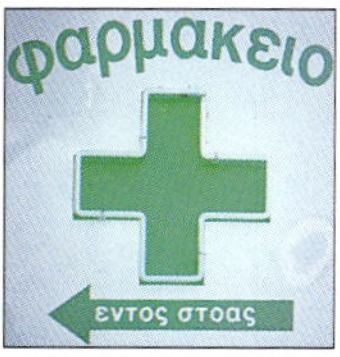

Apothekenschild

Notdienste

Die wichtigsten Notfallnummern entnehmen Sie der folgenden Rubrik »Auf einen Blick«. Für Unfälle und medizinische Notfälle gibt es in Athen einen 24stündigen Notarztdienst, außerhalb Athens, in Provinzstädten und auf den Inseln jedoch meist nicht. Patienten können gegebenenfalls per Krankenwagen oder Hubschrauber von einem regionalen Krankenhaus des ESY (der nationale griechische Gesundheitsdienst) in ein ESY-Zentralkrankenhaus in Athen gebracht werden.

Eine umfassende Liste mit ESY-Krankenhäusern und Privatkliniken ist bei der Touristenpolizei erhältlich.

Auf einen Blick

Landesweite Notrufnummern

Polizei
100.

Krankenwagen
166.

Feuerwehr
199.

Pannenhilfe
104.

Küstenwache
108.

Notrufnummern in Athen

Touristenpolizei
171.

Ärzte
1016 (14–7 Uhr morgens).

Apotheken
Informationen über Apotheken mit 24-Stunden-Service:
107 (Innenstadt Athen).
102 (Vororte).

Giftnotruf
210 779 3777.

EKPIZO-Büro

Athener Büro
Valtetsíou 43–45,
10681 Athen.
210/330 44 44.

Banken und Währung

Electronic Cash

AUCH IN GRIECHENLAND WURDE 2002 die europäische Einheitswährung, der Euro, eingeführt. Ausländische Währungen wie Schweizer Franken können problemlos in Banken oder Postämtern umgetauscht werden. Sogar in kleinen Orten und Ferienanlagen gibt es normalerweise Autoverleihfirmen oder Reisebüros, die gegen Gebühr Reiseschecks und Bargeld umtauschen. In größeren Städten und Touristenzentren finden Sie die üblichen Bankeinrichtungen, darunter auch immer mehr Geldautomaten.

Öffnungszeiten der Banken

ALLE BANKEN sind Montag bis Donnerstag von 8 bis 14 Uhr und Freitag von 8 bis 13.30 Uhr geöffnet. In größeren Städten und Touristenzentren hat in der Sommersaison in der Regel mindestens eine Bank in den Abendstunden sowie am Samstag vormittag geöffnet.

Geldautomaten, außerhalb von größeren Städten und Ferienorten eher eine Seltenheit, sind rund um die Uhr in Betrieb. An Feiertagen *(siehe S. 48)*, unter Umständen auch an regionalen Festtagen, sind in Griechenland alle Banken geschlossen.

Banken und Wechselstuben

BANKEN GIBT es in allen größeren Städten und Urlaubsorten; zudem kann man in Postämtern (die meist niedrigere Gebühren verlangen und auch auf dem Land präsent sind), Reisebüros, Hotels, Fremdenverkehrsämtern und Autoverleihfirmen Schweizer Franken wechseln. Nehmen Sie stets Ihren Paß mit, wenn Sie Reiseschecks einwechseln, und erkundigen Sie sich vorab über die oft sehr unterschiedlichen Wechselkurse und -gebühren.

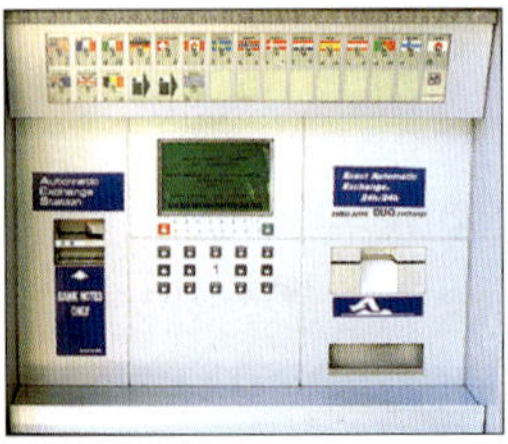

Geldwechselautomat

In größeren Städten und Touristenzentren findet man oft auch Geldwechselautomaten, die Tag und Nacht in Betrieb sind und wie die Geldautomaten eine mehrsprachige Bedienungsanleitung anbieten.

Kreditkarten und Schecks

VISA, Mastercard, American Express und Diners Club sind die gängigsten Kreditkarten in Griechenland und die günstigste Zahlungsweise für Flugtickets, internationale Fährtickets, Mietautos, die manche Hotels und größere Einkäufe. Preiswerte Tavernas, Läden und Hotels akzeptieren in der Regel keine Kreditkarten.

In einigen Banken bekommt man auf eine ausländische Kreditkarte problemlos Bargeld (Minimum 44 Euro). Weisen Sie sich mit ihrem Paß aus. Mit der Kreditkarte können Schweizer Staatsbürger auch an Geldautomaten Landeswährung abheben. In Banken wie am Automaten werden bei VISA in der Regel 1,5 Prozent Bearbeitungsgebühr erhoben.

Cirrus und Plus Geldkartensysteme funktionieren auch in Griechenland. Mit Cirrus können Sie an Automaten der National Bank of Greece, mit Plus bei denen der Commercial Bank Bargeld abheben.

Reiseschecks sind die sicherste Möglichkeit, größere Summen in den Urlaub mitzunehmen. Bei Verlust oder Diebstahl werden sie rückerstattet, wenngleich sich dies

Geldumtausch in einer Wechselstube

oft sehr langwierig gestaltet. Die bekanntesten und gängigsten Reiseschecks in Griechenland sind American Express und Travelex. Meist werden darauf zweimal Gebühren erhoben: einmal beim Kauf (1 bis 1,5 Prozent) und einmal beim Einwechseln (die Gebühren beim Einwechseln variieren erheblich, ein Vergleich lohnt sich in jedem Fall).

Reiseschecks können in allen Banken sowie in größeren Postämtern eingewechselt werden *(siehe S. 307)*, was man bei Reisen in entlegenere Regionen oder Inseln auf jeden Fall berücksichtigen sollte.

Auf einen Blick

Rufen Sie von Griechenland aus folgende Nummern an:

Bei Verlust oder Diebstahl Ihrer Kreditkarte:

Mastercard
00800 11 887 3030.

American Express
0049/69/75 76 10 00.

Visa
001 410 581 3836.

Bei Verlust oder Diebstahl Ihrer Reiseschecks:

American Express
0800 185 31 00.

Travelex
0080 0044 13 14 09.

Visa
00800 44 12 18 63.

Währung

Die europäische Gemeinschaftswährung Euro (€) gilt seit dem 1.1.2002 in zwölf EU-Mitgliedsstaaten: Belgien, Deutschland, Finnland, Frankreich, Griechenland, Irland, Italien, Luxemburg, Niederlande, Österreich, Portugal und Spanien. Großbritannien, Dänemark und Schweden haben sich dagegen entschieden. Alte Drachmen sind ungültig, Scheine können aber bei Landeszentralbanken bis 01.03.2012 und Münzen bis 01.03.2004 umgetauscht werden.

Die Scheine sind einheitlich gestaltet, bei den Münzen prägt jedes Land unterschiedliche Rückseiten. Alle Münzen gelten in jedem Eurostaat. »Ausländische« Euromünzen entwickeln sich zu beliebten Sammelobjekten (Info: www.euro.ecb.int/de.html).

Euro-Banknoten

Euro-Banknoten gibt es in sieben Werten (5, 10, 20, 50, 100, 200 und 500 €). Die unterschiedlich großen Scheine wurden vom Österreicher Robert Kalina entworfen und zeigen Architekturelemente und Baustile verschiedener Epochen, eine Europakarte und die EU-Flagge mit den zwölf Sternen.

5-Euro-Schein
(Baustil: Klassik)

10-Euro-Schein (Baustil: Romanik)

20-Euro-Schein
(Baustil: Gotik)

50-Euro-Schein
(Baustil: Renaissance)

100-Euro-Schein (Baustil: Barock & Rokoko)

200-Euro-Schein
(Eisen- und Glasarchitektur)

500-Euro-Schein (Moderne Architektur des 20. Jh.)

2-Euro-Münze

2-Euro-Münze

50-Cent-Münze

20-Cent-Münze

10-Cent-Münze

uromünzen

uromünzen gibt es in acht Werten (2 €, 1 € owie 50, 20, 10, 5, 2 und 1 Cent). Die eineitlichen Vorderseiten entwarf der Belgier uc Luycx; die Rückseiten sind in jedem Land nders gestaltet. Auch San Marino, der Vatianstaat und Monaco prägen eigene Münzen.

5-Cent-Münze

2-Cent-Münze

1-Cent-Münze

Kommunikation

Schild eines Postamts

Die griechische Telefongesellschaft heißt OTE (Organismós Tilepikoinonión Elládos). Die Telekommunikation hat sich in den vergangenen Jahren erheblich verbessert – inzwischen gibt es Direktverbindungen in alle größeren Länder, die oft besser sind als Nahverbindungen, dafür zu den teuersten in ganz Europa zählen. Die griechische Post ist relativ zuverlässig, besonders in größeren Städten und Ferienorten; die Kommunikation per Fax läuft problemlos. Die Griechen sind eifrige Zeitungsleser, und neben den vielen griechischen Publikationen gibt es gute englischsprachige Zeitungen und Zeitschriften.

Telefon und Fax

Öffentliche Fernsprecher findet man in Hotelfoyers, Telefonzellen, Kiosken oder dem OTE-Amt vor Ort. Ferngespräche führt man am besten mit Telefonkarte von einer Telefonzelle aus (Karten in verschiedenen Einheiten sind am Kiosk erhältlich). Sie können dafür auch ein Telefon mit Gebührenzähler im OTE-Büro verwenden, von wo aus man auch R-Gespräche führen kann. Die OTE-Büros sind in größeren Städten täglich von 7 bis 22 Uhr oder Mitternacht, in Kleinstädten bis 15 Uhr geöffnet. Die Gebühren schwanken, doch Ortsgespräche sind meist preiswert, Inlandsgespräche überraschend teuer und Ferngespräche blanker Wucher. Sie können sich vorab bei der Vermittlung nach Gebühren und Tarifzeiten (die von dem Land abhängen, das Sie anrufen) erkundigen.

Schiff-Land- und Land-Schiff-Verbindungen laufen über INMARSAT; über diesen Service informiert die Marinevermittlung unter 158.

Von OTE-Büros, wenigen Stadtpostämtern sowie einigen Autoverleihfirmen und Reisebüros aus kann man Faxe senden (meist jedoch gegen eine erhebliche Gebühr). Um ein Fax zu empfangen, können Sie sich entweder mit einer Autoverleihfirma oder einem Reisebüro gut stellen (die meist entgegenkommend sind und Ihre Faxe aufbewahren) oder ein OTE-Büro aufsuchen.

Radio und Fernsehen

Die drei staatlichen Radiostationen und unzähligen Regionalsender übersättigen den Äther über Griechenland, und guter Empfang ist nicht immer garantiert. Es gibt zahlreiche Sender mit griechischer Musik, aber auch Klassik wie ETA 3, einer der drei staatlichen Sender, den man auf 95,6 MHz empfängt. Es gibt einen täglichen Nachrichtenüberblick in englisch, deutsch und französisch; mit einem Kurzwellenempfänger können Sie auch den BBC World Service empfangen (im Großraum Athen auf 107,1). Galaxy ist eine weitere englischsprachige Radiostation, die rund um die Uhr auf 92 MHz sendet.

Öffentlicher Fernsprecher

Den griechischen Fernsehmarkt teilen sich zwei öffentlich-rechtliche, etliche private und eine Unmenge von Kabel- und Satellitensendern aus ganz Europa. Die meisten Sender bieten eine Mischung aus untertitelten ausländischen Seifenopern, Gameshows, Sport und Filmen Dass die meisten ausländischen Filme untertitelt und nicht synchronisiert sind, kommt dem Urlauber hier zugute.

ET1, einer der beiden öffentlich-rechtlichen Sender, bringt täglich um 18 Uhr Nachrichten in englisch; CNN und Euronews senden rund um die Uhr Nachrichten.

Alle englischsprachigen Zeitungen enthalten auch ein Fernsehprogramm.

Eine illustrierte Telefonkarte

Telefonieren mit dem Kartentelefon

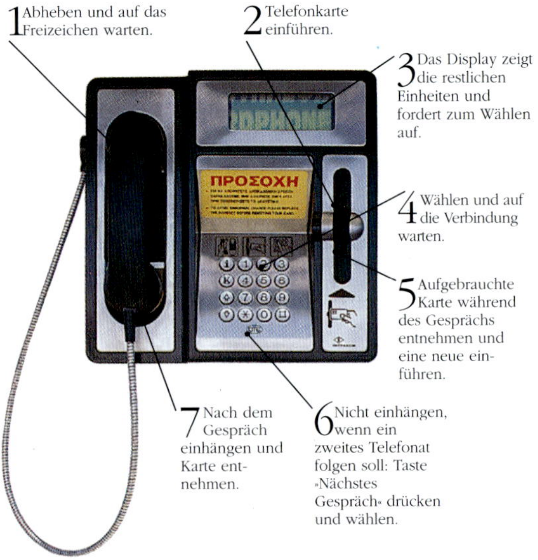

Roter Briefkasten für Expreßsendungen

Gelber Briefkasten für normale Sendungen

Zeitungen und Zeitschriften

Ausländische Zeitungen und Zeitschriften (meist einen Tag alt) bekommt man – stark überteuert – am Kiosk *(períptera)*, in Buchläden in größeren Städten sowie in Touristenläden in Ferienzentren. Viel preiswerter und gängiger ist die englischsprachige Zeitung aus Athen: Die *Athens News* erscheint täglich außer montags. Die *Odyssey*, ein 14tägig erscheinendes Magazin, ist in den meisten Urlaubsorten und Städten erhältlich. Diese zwei Publikationen informieren ausführlich über das Unterhaltungsangebot, über Festivals und kulturelle Ereignisse und enthalten Nachrichten aus dem In- und Ausland. Sehr beliebt sind auch die griechischen Zeitungen *Eleftherotypía*, *Eléftheros Týpos* und *Kathemeriní*.

Briefmarkenautomat

Post

Die Postämter *(tachydromeía)* sind meist Montag bis Freitag von 7.30 bis 14 Uhr, größere Ämter oft bis 20 Uhr geöffnet (letztere mitunter auch stundenweise an Wochenenden). An Feiertagen *(siehe S. 48)* sind alle Postämter geschlossen. Unter dem Schild »Exchange« wird neben den herkömmlichen Dienstleistungen auch Geld gewechselt.

Briefkästen sind meist gelb; Kästen mit zwei Schlitzen tragen die Aufschrift *esoterikó* (Inland) und *exoterikó* (Ausland). Rote Briefkästen sind für Expreßsendungen ins In- und Ausland, die etwas teurer, dafür aber auch um einige Tage schneller am Ziel sind.

Briefmarken *(grammatósima)* bekommt man im Postamt und in der *períptera* (die meistens zehn Prozent Provision aufschlägt). Ein Luftpostbrief in die meisten europäischen Länder dauert drei bis sechs Tage, nach Übersee zwischen fünf und acht Tagen oder mehr; Postkarten können noch länger unterwegs sein.

In Griechenland sind postlagernde Sendungen weit verbreitet. Zeichnen Sie eine solche Sendung deutlich als »Poste Restante« aus und unterstreichen Sie den Nachnamen des Empfängers, damit Ihre Post richtig einsortiert wird. Wenn Sie eine Sendung abholen möchten (die bis zu 30 Tage aufbewahrt und dann an den Absender zurückgeschickt wird), müssen Sie sich ausweisen.

Verschließen Sie Päckchen nicht, die Sie von Griechenland in einen Nicht-EU-Staat schicken wollen, da der Inhalt auf dem Postamt zuerst nach Sicherheitskriterien untersucht wird. Verschlossen angelieferte Sendungen werden in aller Regel wieder geöffnet.

Die Hauptpostämter im Zentrum Athens befinden sich an der Plateiá Syntágmatos, den 3 Septemvríou und dem Aiólou und sind im Kartenteil gekennzeichnet.

thener lesen Zeitungen an der Wäscheleine vor einem Kiosk

Auf einen Blick

Inlandsgespräche

151 (Inlandsvermittlung).

131 (Auskunft für Ortsgespräche im Inland).

132 (Auskunft für alle Inlandsgespräche).

Auslandsgespräche

139 (Internationale Vermittlung und Auskunft).

162 (Internationale Auskunft für Gespräche aus Athen).

Auslandsgespräche aus Griechenland

Wählen Sie 00, anschließend die Auslandsvorwahl (siehe unten), die Ortsnetzkennzahl – meist ohne die 0 am Anfang – und die Teilnehmernummer.

Deutschland *49.*

Österreich *43.*

Schweiz *41.*

Gespräche aus Deutschland, Österreich und der Schweiz nach Griechenland

Wählen Sie 00, anschließend die Auslandsvorwahl 30, die griechische Ortsnetzkennzahl und die Nummer des griechischen Teilnehmers.

Einkaufen in Griechenland

SHOPPING IN GRIECHENLAND kann recht unterhaltsam sein, vor allem, wenn man direkt beim Erzeuger kauft. In den Dörfern kann man oft bei der Herstellung von Stickereien, Spitze und Keramik zusehen. Fast alle anderen griechischen Güter sind Importwaren. Hinweise zum Einkaufen in Athen finden Sie auf Seite 114ff.

Schaufenster mit Souvenirs in Párga im Landesinneren

MEHRWERTSTEUER UND MEHRWERTSTEUER-ERSTATTUNG

FAST ALLE PREISE sind inklusive FPA *(Fóros Prostitheménis Axías)*, einer Mehrwertsteuer von etwa 18 Prozent.

Aufgrund EU-Regelungen ist es nicht mehr möglich, sich die Mehrwertsteuer von Waren, die in einem EU-Land, in diesem Fall Griechenland, gekauft wurden, nachträglich rückerstatten zu lassen.

ÖFFNUNGSZEITEN

VON ZAHLREICHEN Ausnahmen abgesehen sind Geschäfte und Boutiquen meist Montag, Mittwoch und Samstag von 9 bis 14.30, Dienstag, Donnerstag und Freitag von 9 bis 13.30 und 17 bis 20 Uhr geöffnet. Kaufhäuser haben Montag bis Freitag von 9 bis 20 Uhr und Samstag von 9 bis 15 Uhr geöffnet. Supermärkte, die man außer in den kleinsten Dörfern überall findet, sind oft in Familienhand und in der Regel Montag bis Samstag von 8 oder 9 bis 20 oder 21 Uhr geöffnet. In den meisten Ferienorten wie in einigen Einkaufszentren in Athener Vororten kann man auch sonntags einkaufen. Der Kiosk an der Ecke *(períptero)*, den es fast in jeder Stadt gibt, ist von ungefähr 7 bis 23 Uhr oder sogar bis Mitternacht geöffnet und verkauft einfach alles vom Aspirin über Zeitschriften und Lebensmittel bis zum Eis, außerdem sind hier auch noch Busfahrkarten und Telefonkarten erhältlich.

Brennerei und Spirituosen »Brettos« in Athen

ESSEN UND TRINKEN

HONIG, OLIVEN, Olivenöl, Pistazien, Kräuter und Gewürze zählen zu den griechischen Köstlichkeiten, genauso wie die verschiedenen hervorragenden Käsesorten wie etwa Feta und das Gebäck aus dem *zacharoplasteío* (Konditorei). Griechenland ist auch bekannt für Getränke wie Ouzo (Anisbranntwein), Retsina (geharzter Weißwein), und das Feuerwasser *tsípouro*.

Symbol steuerfre Einkau

Griechische Weinbrände wie Cambras oder Metaxa sind preiswerter als französischer Cognac. Mit Wasser vermischt sind sie nach dem Essen sehr bekömmlich. Die Anzahl der Sterne gibt Auskunft über die Qualität des Metaxa. Raki ist ein berüchtigter Schnaps aus Weintrester.

MASSE UND GEWICHTE

DAS IN DEUTSCHLAND, in Österreich und in der Schweiz gebräuchliche metrische System mit Kilometer, Liter, Kilogramm etc. wird auch in Griechenland verwandt.

KONFEKTIONSGRÖSSEN

IN GRIECHENLAND gelten sowohl für Damen- und Herrenkleidung wie auch für Schuhe die gleichen Größenangaben wie in den deutschsprachigen Ländern.

MÄRKTE

IN DEN MEISTEN griechischen Städten gibt es einen Wochenmarkt *(laïki agorá)* – frisches Obst und Gemüse, Kräuter, Fisch, Fleisch und Geflügel, oftmals gleich daneben Schuhe, Unterwäsche, Stoffe, Haushaltswaren und diverse Elektrogeräte werden hier unter freiem Himmel angeboten. In den größeren Städten ist der Markt jeden Tag in einem anderen Stadtteil; er beginnt meist frühmorgens, rechtzeitig zur Siesta gegen 14 Uhr wird wieder eingepackt. Die Preise sind allgemein niedriger als im Supermarkt, und oft kann man handeln, zumindest bei nicht verderblicher Ware. In diesem Führer sind die Markttage unter dem Eintrag zu jeder Stadt vermerkt.

Jeden Sonntag ist in Athen rund um die Plateía Monastirakíou Flohmarkt *(siehe S. 87)*.

Souvenirs aus Griechenland

Traditionelles Kunsthandwerk ist kein billiges, aber typisches Souvenir aus Griechenland. Die Werke sind sehr vielfältig, angefangen mit Goldreproduktionen antiker Stücke bis zu rustikalen Töpfen, Holzlöffeln und Sandalen. Mit die schönste Keramik wird auf den Märkten und in den Geschäften des Athener Vororts Maroúsi angeboten. In vielen griechischen Dörfern fertigt man farbenprächtige Stickereien und Wandbehänge. Vor allem im Píndos-Gebirge und in Aráchova in der Nähe von Delphi *(siehe S. 221)* entstehen die aus Schaf- oder Ziegenwolle handgewobenen *flokatí*-Teppiche. In ländlichen Gemeinden verdienen viele Familien mit in Heimarbeit gefertigtem Kunsthandwerk den Großteil ihres Jahreseinkommens. Hier kann man gelegentlich Preise aushandeln. *Einkaufen in Athen* auf Seite 114ff informiert, wo man in der Hauptstadt traditionelle Kunstgegenstände kaufen kann, die ihr Geld wert sind.

Teppichverkauf in Aráchova

Goldschmuck *ist in größeren Städten erhältlich. Juweliere wie Lalaounis glänzen mit modernem Design, während man in Museumsläden Reproduktionen antiker Stücke findet.*

Ikonen, *Miniaturen oder riesige Gemälde, werden in Geschäften und Klöstern verkauft. Die besten und teuersten entstehen unter Verwendung uralter Techniken und traditioneller Materialien.*

Kunstvolle Gebrauchsgegenstände *wie diese Holzlöffel werden in traditionellen Kunsthandwerksläden angeboten. Wie hier entstehen in Handarbeit Formen und Figuren aus dem stark gemaserten Olivenholz.*

Kombolói, *die weitverbreiteten »Betperlen«, werden zur Beruhigung gezählt. Es gibt sie in Souvenir- und Schmuckgeschäften.*

Küchenutensilien *bekommt man auf Märkten und in Spezialgeschäften. In dieser Kupferkanne* (mpríki) *wird griechischer Kaffee zubereitet.*

Lederwaren *sind überall erhältlich. Taschen, Rucksäcke und Sandalen sind praktische und hochwertige Souvenirs.*

Zierkeramik *gibt es in vielen Formen und Ausführungen. Traditionelles Tongeschirr wird im Randgebiet Athens und anderer Großstädte oft an der Straße feilgeboten.*

Urlaub für Individual- und Outdoor-Urlauber

Es gibt viele organisierte Reisen für Griechenlandurlauber mit speziellen Interessen, ob Sie nun den Spuren des Apostels Paulus folgen oder archäologische Stätten mit einem ausgebildeten Führer besuchen, ob Sie Ihre literarischen Fähigkeiten verbessern, zeichnen oder malen möchten, ob Sie segeln, surfen, wandern, botanische oder ornithologische Expeditionen unternehmen möchten. 2004 hat man die Möglichkeit, die sportlichen Veranstaltungen im Ursprungsland der Olympischen Spiele zu sehen.

Besichtigung der antiken Überreste von Olympia *(siehe S. 170ff)*

Archäologische Rundreisen

Für Freunde der Antike ist die Fahrt zu Ausgrabungsstätten ein faszinierendes und denkwürdiges Erlebnis. Wählen Sie zwischen zahlreichen Reisezielen und -programmen unter qualifizierter Führung. Viele Touren berücksichtigen auch venezianische Festungen, byzantinische Kirchen sowie Museen und Klöster. Exkursionen und Studienreisen werden unter anderem von **Akademische Studienreisen Heidelberg**, **Karawane Studienreisen** und **Xenia Reisen** angeboten.

Schreiben und Malen

Für künstlerisch Ambitionierte ist Griechenland mit seiner lebhaften Landschaft und dem berühmten Licht ein inspirierendes Reiseland. Kurse in kreativem Schreiben, Zeichnen und Malen unter der professioneller Leitung gibt es in allen Schwierigkeitsgraden. **Filoxenía** veranstaltet zahlreiche Urlaubsreisen mit Schwerpunkt Malen und Kunstgeschichte, so zum Beispiel ins Küstendorf Kardamýli bei Kalamáta auf dem Peloponnes mit seinen mittelalterlichen Kirchen und traditionellen Geschlechtertürmen.

Naturreisen

Griechische Landschaften sind bekannt für reiche Vogelwelt und Frühlingsblumenpracht. Auch die Küsten eignen sich zur Tierbeobachtung. Spezialisierte Reiseveranstalter wie **DNV Tours/Naturstudienreisen** bieten Pauschalreisen zur Erkundung der griechischen Vogel- und Pflanzenwelt. Die griechische **Hellenic Ornithological Society** informiert über Vogelbeobachtung in Griechenland.

Wandern

Griechenland ist ein Wanderparadies, vor allem im Frühling, wenn die Landschaft grünt und blüht und es noch nicht zu heiß ist.

Die schönsten Wandergebiete sind das Taÿgetos-Gebirge auf dem Peloponnes *(siehe S. 195)* und das Píndos-Gebirge in Zentralgriechenland *(siehe S. 206)*. **Trekking Hellas** veranstaltet Wanderurlaube in den genannten Regionen sowie eine Tour in das entlegene Bergland von Agrafa und Stereá am Südrand des Píndos-Gebirges. Der Band *Die Berge Griechenlands* von Georg Sfikas (Verlag Efstadiadis, Athen) ist eine gute Informationsquelle.

Bergwanderer

Skifahren

Auf dem Festland gibt es etliche Skigebiete, die teils von Athen aus gut zu erreichen sind – am nächsten ist der Parnaß bei Delphi *(siehe S. 221)*. Je nach Schneebedingungen dauert die Saison von Anfang Januar bis Ende April.

Die Skigebiete sind im Vergleich zu anderen europäischen Regionen preiswert, aber nicht sehr komfortabel. Die **Hellenic Skiing Federation** liefert weitere Informationen; die kostenlose, in Fremdenverkehrsämtern aufliegende EOT-Broschüre *Berghütten und Skizentren* beschreibt die wichtigsten Skigebiete.

Wassersport

Griechenland ist ein Eldorado für Wasserratten: In den Ferienzentren ist von Surfen und Wasserski bis zu Jet-Skiing und Parasailing alles möglich; wo man sich Ausrüstung leihen kann, werden meist auch Kurse angeboten.

Kajak-, Rafting- und Kanutouren stehen auf dem Programm von **Trekking Hellas**.

Urlauber erlernen die Kunst des Windsurfens

Ein Segeltörn vor der griechischen Küste

Tauchen und Schnorcheln

Im erstaunlich klaren Wasser des Mittelmeers sind herrliche Unterwasserwelt und antike Überreste zu bestaunen. An der Küste kann man schnorcheln, Gerätetauchen ist oft nur eingeschränkt möglich. Griechenland achtet sehr auf die antiken Reste, und es ist verboten, sie zu entfernen, oft sogar, sie zu fotografieren. Beim EOT *(siehe S. 299)* erfahren Sie, wo Gerätetauchen erlaubt ist, oder schreiben Sie ans **Department of Underwater Archaeology** in Athen.

Segeln

Ein Segelurlaub über einige Tage oder mehrere Wochen kann bei Reiseveranstaltern innerhalb und außerhalb Griechenlands gebucht werden. Die Saison für Segler dauert von April bis Ende Oktober.

Es gibt vier Kategorien von Bootscharter: einfache Bootscharter ohne Skipper oder Crew für jedermann mit Segelerfahrung (die meisten Charterfirmen verlangen von mindestens zwei Crewmitgliedern einen Segelschein). Der Crewcharter reicht von einem bezahlten Skipper, Assistenten oder Koch bis zu Luxusyachten mit voller Crew. Wer innerhalb einer Flotille aus meist sechs bis zwölf Booten eine Yacht chartert, kann einerseits unabhängig segeln und andererseits per Funk den Rat des Führungsboots einholen. **Sun Yachting Germany** und **THR Tours** bieten Segeltörns und Yachtcharter an. Auskünfte erteilt die **Hellenic Yachting Federation** in Piräus.

Kreuz- und Bootsfahrten

Herrliche Natur und faszinierende Geschichte machen eine Kreuzfahrt um Griechenland zu einem entspannenden und interessanten Erlebnis. Zwischen April und Oktober reicht die Palette vom Luxusliner mit Expertenvorträgen bis zu kleineren Kreuz- und Bootsfahrten. Erstere können Sie über Reiseveranstalter wie **TUI** oder **Kreutzer** buchen, letztere am besten vor Ort.

Olympia 2004

Die Olympischen Sommerspiele 2004 finden an mehreren Orten in und um Athen statt, Brennpunkt ist der Sportkomplex im nördlichen Vorort Maroussi. Im Olympischen Dorf am Fuße des Parnitha werden über 17 0000 Sportler wohnen. Reisen zu den Spielen arrangiert z. B. **Vietentours** in Düsseldorf. Tickets gibt's auch über www.ticket.athens2004.com/en/.

Auf einen Blick

Department of Underwater Archaeology
Kallispéri 30,
11742 Athen.
210 924 7249.

Hellenic Ornithological Society
Emmanouíl Mpenáki 53,
10681 Athen.
210 381 1271.

Hellenic Professional and Bareboat Yacht Owners' Association
Office A8, Marína Zéas,
18536 Piräus.
210 452 6335.

Hellenic Skiing Federation
Karagiórgi Servías 7,
10563 Athen.
210 323 4412.

Hellenic Water-ski Federation
Leofóros Possidónos,
16777 Athen.
210 894 7413.

Hellenic Yachting Federation
Possidónos 51, Moschato.
210 940 3111.

Trekking Hellas
Filellinon 7,
10557 Athen.
210 331 0323.

Akademische Studienreisen Heidelberg
Wielandtstr. 20,
69120 Heidelberg.
06221/40 90 93.

Karawane Studienreisen
Postfach 905,
71690 Ludwigsburg.
07141/874 30.

Xenia Reisen
Schillerstr. 17,
80336 München.
089/55 52 44.

DNV Tours/Naturstudienreisen
Max-Planck-Str. 10,
71711 Steinheim.
07154/13 18 30.
www.dnv-tours.de

Sun Yachting Germany
Waldenserstr. 7, 10551
Berlin-Tiergarten
030/395 70 96.
www.syg.de

THR Tours
Parsevalstr. 7b,
40468 Düsseldorf.
0211/941 51 03.
www.thr-tours.de

TUI
Karl-Wiechert-Allee 23,
30625 Hannover.
0511/567 62 00.
www.tui.de

Kreutzer Touristik
Herzog-Heinrich-Str. 10,
80336 München.
089/54 49 40.
www.kreutzer.de

Vietentours
Bagelstraße 85,
40479 Düsseldorf.
0211/177 000.
vietentours.de

Reiseinformationen

Dank seines heißen und sonnigen Klimas ist Griechenland ein ungemein beliebtes Reiseland, vor allem für Mittel- und Nordeuropäer. Während der Hochsaison (Mai bis Oktober) gelangen Millionen mit zahllosen Flügen in ihr Urlaubsland. Wer mehr Zeit hat, kann auch per Auto, Bahn oder Bus nach Griechenland fahren. Das griechische Festland läßt sich problemlos bereisen. Ein ausgedehntes Busnetz mit gut frequentierten Hauptstrecken versorgt sogar die kleinsten Dörfer. Das griechische Bahnnetz ist im Vergleich dazu reichlich dünn und abgesehen von den Intercity-Zügen erheblich langsamer. Mit dem Auto kann der Besucher selbst das Tempo bestimmen und Gegenden bereisen, die öffentliche Verkehrsmittel aussparen. Die Straßen sind jedoch unterschiedlich gut, in entlegenen Regionen meist holperig und voller Schlaglöcher *(siehe S. 320)*. Große Städte und beliebte Touristenzentren Griechenlands werden von Athen und Thessaloníki aus angeflogen.

Passagierflugzeug der Olympic Airways

Anreise mit dem Flugzeug

Von Düsseldorf, Frankfurt oder München unterhält die **Lufthansa** Linienflüge nach Athen und Thessaloníki. Die griechische Fluggesellschaft **Olympic Airways** bietet unter anderem Flüge von Berlin, Düsseldorf, Frankfurt, München, Stuttgart, Salzburg, Wien, Basel und Zürich nach Athen.
Athen hat mittlerweile einen neuen Flughafen, Elefthérios Venizélos, auf dem alle internationalen und Indlandsflüge abgewickelt werden. Der alte Flughafen (Hellinikon) ist nicht mehr in Betrieb.

Von Europa aus gibt es Direktverbindungen zu etwa zwanzig internationalen Flughäfen in Griechenland. Auf dem Festland wickeln nur Athen und Thessaloníki Linienflüge ab. Die anderen internationalen Flughäfen auf dem Festland – Préveza, Kalamáta und Kavála – sind direkt nur per Charterflug zu erreichen.

Flughafen-Einkauf

Charterflüge und Pauschalreisen

Zwischen Mai und Oktober werden zahlreiche Charterflüge von europäischen Flughäfen aus nach Griechenland angeboten. Sie sind sowohl separat als auch im Rahmen einer Pauschalreise über das Reisebüro zu buchen.

Charterflüge sind zwar die preiswertesten Flüge überhaupt, unterliegen jedoch bestimmten Auflagen: Nach Buchung Ihres Fluges kann das Abflugdatum nicht mehr geändert werden, minimale und maximale Aufenthaltsdauer sind meist fix und liegen zwischen mindestens drei Tagen und höchstens einem Monat. Wer von Griechenland aus die Türkei besuchen will, muß dazu wissen, daß Charterpassagieren nur ein Tagesausflug gestattet ist; bei längerem Aufenthalt verfällt das Ticket für den Rückflug aus Griechenland.

Check-in-Schalter am neuen Flughafen Eleftherios Venezelos

Athens neuer internationaler Flughafen

Flugzeiten

Ein Flug von London oder Amsterdam nach Athen dauert etwa dreieinhalb Stunden; die Flugzeit ab Paris beträgt zirka drei Stunden. Von Madrid aus dauert der Flug etwas mehr als vier Stunden und ab Rom knapp zwei Stunden.Von Berlin nach Athen beträgt die Flugzeit zwei Stunden und 50 Minuten, der Flug von Frankfurt

Reisebüro in Athen

nach Athen dauert etwa genauso lange. Von München aus erreicht man Athen und Thessaloníki in zweieinhalb Stunden, dasselbe gilt für Reisende, die von Zürich aus starten. Von Wien aus benötigt man in der Regel sogar nur zwei Stunden und zehn Minuten.

Flugpreise

Flüge nach Griechenland sind in der Regel zwischen Juni und September – also in der Hochsaison – am teuersten, doch wieviel Sie im Endeffekt bezahlen, hängt in erster Linie vom speziellen Ticket ab. In der Hauptsaison sind Charterflüge normalerweise die preiswerteste Alternative; Linienflüge zu Spartarifen sind jedoch auch mehr und mehr üblich und sollten bei längeren Aufenthalten oder in der Nebensaison, wenn Charterflüge rar sind, auf jeden Fall in Betracht gezogen werden. Man kann auch sparen, indem man weit im voraus einen APEX(Advance Purchase Excursion)-Flug bucht, der jedoch wie ein Charterflug mit einer fixen Mindest- und Höchstaufenthaltsdauer sowie anderen Auflagen verbunden ist. Reisende mit knappem Budget können oftmals in den Wochenendausgaben der Tageszeitungen günstige Schnäppchen ergattern oder sich im Reisebüro oder bei den großen Flughäfen nach Last-Minute-Flügen erkundigen. Um ein solches Angebot wahrzunehmen, müssen Sie zeitlich allerdings sehr flexibel sein und dürfen sich nicht auf ein bestimmtes Ziel festlegen.

Unabhängig vom Reiseveranstalter erhalten Sie in Deutschland mit Ihren Tickets und Reiseunterlagen einen Sicherungsschein; dieser Schein gewährleistet Ihnen, daß Sie wieder nach Hause kommen, falls der Veranstalter inzwischen bankrott geht.

Beachten Sie, daß Inlandsflüge in Griechenland mit einer Flughafensteuer belegt werden *(siehe S. 314)*.

Flugsteig-Symbol

Der neue Flughafen von Athen

Griechenlands grösstes und ehrgeizigstes Projekt im Bereich infrastrukturelle Entwicklung zum Jahrtausendwechsel wurde 2001 in Betrieb genommen. Der neue Flughafen befindet sich 27 Kilometer nordöstlich des Stadtzentrums von Athen. Dort werden sowohl der Passagier- als auch der Frachtverkehr abgewickelt. Er hat zwei Start- und Landebahnen für einen simultanen Betrieb rund um die Uhr sowie einen Hauptterminal. Der Ankunftbereich befindet sich dort im Erdgeschoß (Level 1) und der Abflugbereich im ersten Stock (Level 2). Das kleinere Satellitengebäude kann über einen unterirdischen Gang mit Rollbändern erreicht werden. Der Flughafen ist auf eine Anschlußzeit von 45 Minuten zwischen zwei Linienflügen ausgerichtet. Zu den modernen Geschäfts- und Serviceeinrichtungen des Flughafens zählen ein Einkaufszentrum, Restaurants und Cafés im Hauptterminal und ein Vier-Sterne-Hotel im Flughafenkomplex. Autoverleihfirmen, Banken, Wechselstuben und Reisebüros befinden sich in der Ankunfthalle.

Weitertransport ab Flughafen Athen

Es wurde eine sechsspurige Autobahn gebaut, die den Flughafen mit der Ringstraße Athens verbindet. Der Anschluß an die Schienennetze der Bahn und der U-Bahn ist erst in Planung. Der Bus E95 verkehrt alle 15 Minuten zwischen dem Flughafen und der Plateía Syntágmatos im Zentrum (Dauer ca. 60 Minuten). Die E96 fährt alle 20 Minuten nach Piräus und zurück (Dauer ca. 100 Minuten). Es gibt Tageskarten für 3 Euro, die innerhalb Athens weiterverwendet werden können *(siehe S. 325)*. Eine Taxifahrt in die Stadt kostet zwischen 12 und 15 Euro.

Der Flughafen von Athen ist hell und geräumig mit vielen Zugängen

Eine Olympic-Airways-Maschine für Kurzstreckenflüge

Athens neuer Flughafen präsentiert sich in den Nationalfarben Blau-Weiß

Flugverbindungen innerhalb Griechenlands

Athen ist Ziel der meisten internationalen Flüge und bietet auch die besten Verbindungen in andere Landesteile. Sowohl internationale Flüge als auch Inlandsflüge starten und landen am Hauptterminal des Athener Flughafens Elefthérios Venizélos. Auch Thessaloníki ist Zielflughafen europäischer Linienflüge. Die anderen internationalen Flughäfen Griechenlands werden nur von Chartermaschinen, vor allem aus Großbritannien, Deutschland, den Niederlanden und Skandinavien, angeflogen.

Inlandsflüge

Das griechische Inlandsflugnetz ist weit verzweigt. **Olympic Airways** und ihr Ableger **Olympic Aviation** betreiben die meisten Inlandsflüge, wenngleich auch etliche private Gesellschaften wie **Aegean/Cronus Airlines** Flüge zwischen Athen und einigen größeren Inseln anbieten. Ein Inlandsflug ist mindestens doppelt so teuer wie dieselbe Strecke per Bus oder Fähre (Deckklasse). Tickets und Flugpläne für Olympic-Flüge erhalten Sie bei allen Büros von Olympic Airways innerhalb und außerhalb Griechenlands sowie in größeren Reisebüros. In der Hauptsaison ist eine Reservierung unerläßlich. Olympic Airways unterhält Direktflüge von Athen in acht Städte auf dem Festland sowie auf mehr als zwei Dutzend Inseln. Im Sommer gibt es etliche Verbindungen zwischen den Inseln, etwa ein Dutzend davon bestehen ganzjährig *(siehe S. 313)*.

Für Inlandsflüge (62 bis 466 Flugmeilen) wird eine geringe Flughafensteuer erhoben, die sich für internationale Flüge (ab 467 Flugmeilen) verdoppelt.

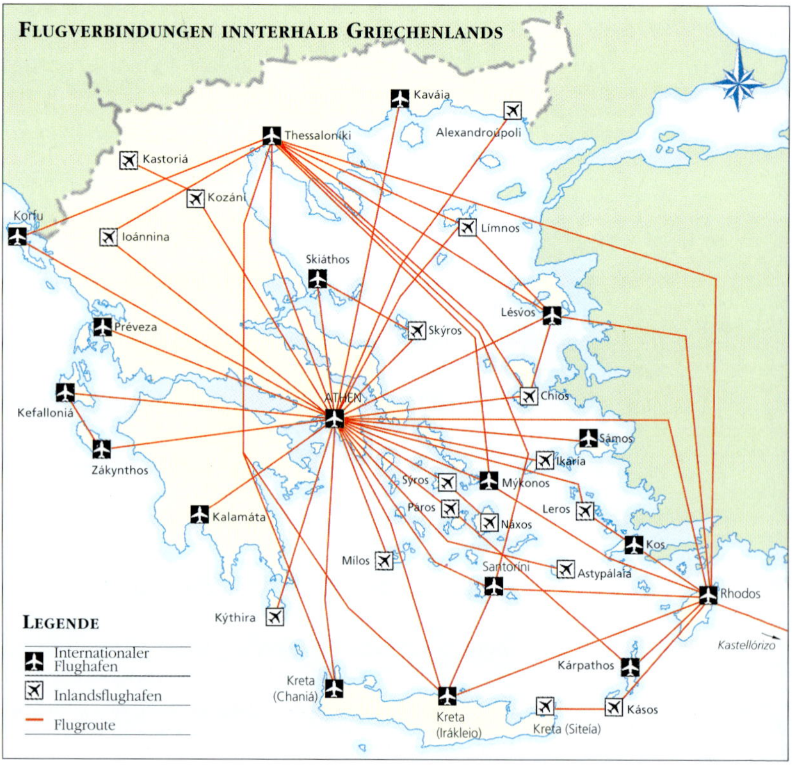

Insel	Entfernung	Flugzeit	Insel	Entfernung	Flugzeit
Korfu	381 km	40 Minuten	Kreta (Chaniá)	318 km	45 Minuten
Rhodos	426 km	45 Minuten	Santoríni	228 km	40 Minuten
Skýros	128 km	40 Minuten	Kos	324 km	45 Minuten
Skiáthos	135 km	30 Minuten	Mýkonos	153 km	30 Minuten
Límnos	252 km	45 Minuten	Páros	157 km	35 Minuten

Auf einen Blick

Flughafen Athen

Elefthérios Venizélos – Athens International Airport
Spata-Loutsa Ave.,
10904 Spata.
Tel. *210 353 0000.*
FAX *210 369 8883.*
W *www.aia.gr*

Olympic Airways

Ankunft und Abflug
Tel. *210 353 0000.*
Info *1440.*

Büro Athen
Syngroú 96,
11741 Athen.
Tel. *210 926 7251.*

Büro Thessaloníki
Kountouriótou 3,
Thessaloníki.
Tel. *2310 368 311.*
W *www.olympic-airways.gr*

Andere Fluggesellschaften

Lufthansa
Ziridi Ave. 10,
15124 Athen-Maroussi.
Tel. *210 617 5244.*
Tel. *01803 803 803 (In Deutschland)*
W *www.lufthansa.com*

Austrian Airlines
Vouliagménis Ave. 18,
16675 Glyfada.
Tel. *210 960 1240.*
W *www.aua.com*

Swiss
Flughafen El. Venizélos,
Bldg 17, 19004 Spata.
Tel. *210 353 7400.*
W *www.swiss.com*

Aegean/Cronus
Leof. Vouliagménis 572,
16451 Athen.
Tel. *801 112 0000.*
W *www.airgreece.com*

Alitalia
Vouliagménis Ave. 577,
16451 Argyroupolis.
Tel. *210 995 9123.*
W *www.alitalia.com*

British Airways
Vouliagménis &
Themistokleous 1,
16674 Athen.
Tel. *210 890 6666.*

Easyjet
Tel. *210 967 0000.*
W *www.easyjet.com*

KLM
Vouliagménis 41,
16675 Athen.
Tel. *210 911 0000.*
W *www.klm.com*

Privatlinien (für Inlandsflüge)

Greek Air Ltd
Efxenia Pontou 45,
Ano Glyfada.
Tel. *210 992 8108.*

Interjet
Leof. Vouliagménis 6,
16674 Athen.
Tel. *210 940 2151.*

Olympic Aviation
Syngrou 96,
11741 Athen.
Tel. *210 356 8600. (Reservierungen), (oder über Olympic Airways).*

Reisebüros in Athen

American Express Travel Services
Ermoú 2,
10225 Athen.
Tel. *210 324 4975.*

Blue Star Ferries
Attica Premium,
Attica Posidonos.
Tel. *210 891 9935.*

Ginis Vacances
3. Stock,
Ermoú 23–25,
10563 Athen.
Tel. *210 325 0401.*

International Student and Youth Travel Service
1. Stock, Níkis 11,
10557 Athen.
Tel. *210 322 1267.*
@ *isyts@travelling.gr*

Oxygen Travel
Eslin 4,
Athen.
Tel. *210 641 0881.*
@ *angeki@eexi.gr*

Olympic-Airways-Büros im Ausland

Deutschland
Direktion:
Hamburger Allee 2–10,
60486 Frankfurt.
Tel. *069 97 06 72 05.*

Büro Berlin:
Kurfürstendamm 64–65,
10707 Berlin.
Tel. *030 885 69 60.*

Büro Köln:
Minoritenstr. 7,
50667 Köln.
Tel. *0221 257 66 95.*

Büro München:
Maximiliansplatz 12a,
80333 München.
Tel. *089 219 96 10.*

Österreich
Reservierung Wien:
Tel. *01 50 44 16 50.*

Schweiz
Reservierung Zürich:
Tel. *01 211 37 37.*

Mit der Bahn unterwegs

Das griechische Bahnnetz beschränkt sich auf das Festland und ist im Vergleich zum Rest Europas ziemlich kümmerlich. Mit Ausnahme der Intercity-Züge sind die Verbindungen eher langsam. Dafür sind herkömmliche Fahrkarten äußerst billig (viel billiger als Busfahrkarten), und einige Strecken sind landschaftlich darüber hinaus sogar ausgesprochen schön. Die schnellen und effizienten Intercity-Züge, für die man etwas mehr bezahlen muß, verkehren auf einigen Hauptstrecken. Auf den Strecken Athen–Thessaloníki und Thessaloníki–Alexandroúpoli sind überdies Schlafwagen im Einsatz.

Wagen erster und zweiter Klasse eines Standardzugs

Anreise mit der Bahn

Eine Zugfahrt nach Griechenland ist kostspielig, aber vielleicht recht nützlich; Zwischenstopps können durchaus reizvoll sein. Die erste der beiden möglichen Routen führt über die italienischen Hafenstädte Ancona, Bari oder Brindisi, von dort aus weiter mit der Fähre über die griechische Insel Korfu zur Hafenstadt Patras und anschließend weiter nach Athen.

Die andere Route führt durch das ehemalige Jugoslawien und erfordert keine Fährpassage. Der Zug fährt zunächst bis Wien oder Budapest und von dort über Belgrad und Skopje nach Thessaloníki.

Mit der Bahn unterwegs

Das griechische Bahnnetz mit Athen als Drehscheibe ist im Besitz des staatseigenen **OSE** (Organismós Sidirodrómon Elládos). Die Nordstrecke führt von Athen (ab Bahnhof Larissis) nach Thessaloníki mit Nebenstrecken nach Chalkída (Evvoia), Vólos, Kardítsa, Tríkala und Kalampáka sowie Edessa, Flórina, Amýntaio und Kozáni. Die südliche Schmalspurstrecke verbindet Athen (ab Peloponnísou) mit Städten auf dem Peloponnes: Athen–Kalamáta über Patras, Pýrgos und Kyparissía oder über Argos und Trípoli mit einer Nebenstrecke nach Náfplio. Einige Strecken sind landschaftlich sehr reizvoll, wie die Zahnradbahn von Diakoftó nach Kalávryta auf dem Peloponnes *(siehe S. 168)* oder die Hochbahnabschnitte zwischen Leivadiá und Lamía in Zentralgriechenland.

Drei Bahnstrecken beginnen in Thessaloníki: die Polykastro-Strecke nach Budapest über Belgrad; die Strecke über Alexandroúpoli und weiter nach Sofia oder Istanbul; und die Strecke nach Flórina und weiter nach Skopje. Intercity-Züge verbinden Athen mit Thessaloníki, Alexandroúpoli, Vólos und Kozáni sowie Piräus mit Patras, Kyparissía und Thessaloníki. Ab Thessaloníki fahren Expreßzüge nach Kozáni, Alexandroúpoli und Vólos.

Logo der griechischen Bahn OSE

Bahnfahrkarten

Fahrkarten bekommt man in jedem OSE-Büro und Bahnhof sowie in einigen autorisierten Reisebüros. Es lohnt sich, die Fahrkarte (mit der Möglichkeit zur kostenlosen Platzreservierung) etliche Tage im voraus zu kaufen, vor allem im Sommer, wenn die Züge überfüllt sind. Im Zug gelöste Fahrkarten sind 50 Prozent teurer.

Es gibt drei Kategorien: erste und zweite Klasse sowie Intercity-Expreß. Die ersten beiden kosten allenfalls die Hälfte eines entsprechenden Bustickets, allerdings ist die Bahn langsamer; Intercity-Tickets sind teurer, doch angesichts der Zeitersparnis ihr Geld wert. Auf alle Rückfahrten gibt es 20, für Gruppen von sechs oder mehr Personen 30 Prozent Rabatt. Zudem ist ein Griechenland-Rail-Paß erhältlich, der in ganz Griechenland für 10, 20 oder 30 Tage gilt und zur unbeschränkten Fahrt in der ersten und zweiten

Bahnhof Lárissis in Athen (für Züge nach Nordgriechenland)

Fahrkartenschalter im Bahnhof Peloponnísou

Klasse berechtigt. Die einzige Ausnahme sind Intercity-Züge. Sowohl InterRail- als auch Eurail-Paß sind in Griechenland gültig, einige Strecken sind jedoch zuschlagspflichtig.

Die Athener Bahnhöfe

Die beiden Athener Bahnhöfe liegen direkt nebeneinander, etwa 15 Gehminuten nordwestlich der Plateía Omonoías. Der Bahnhof Lárissis am Deligiánni versorgt Nordgriechenland (Thessaloníki, Vólos und Lárisa), den Balkan, die Türkei und Westeuropa. Hier kann man auch Fahrkarten für OSE-Europabusse kaufen und Gepäck aufbewahren. Zum Bahnhof Peloponnísou geht man etwa fünf Minuten Richtung Süden über eine Eisenbrücke. Hier fahren die Züge in Richtung Peloponnes ab, so auch nach Patras, dem wichtigsten Hafen für Fähren nach Italien. Den Bahnhof Lárissis erreicht man mit der U-Bahn oder dem Trolleybus Nr. 1 ab Plateía Syntágmatos. Außerdem bekommt man in Athen problemlos Taxis, die noch dazu im Vergleich zu vielen anderen europäischen Städten sehr preiswert sind.

Die markante Form eines Intercity-Zuges

Auf einen Blick

Büros der Eisenbahngesellschaft OSE

Athen
Sína 6.
210 362 4402.
Karólou 1 (Information).
210 529 7777.

Thessaloníki
Aristotélous 18.
2310 598112 oder 598115.

Lárisa
Papakyriazi 137.
2410 590239.

Vólos
Iásonos 42.
24210 28555.

OSE-Website
www.ose.gr

Telefonischer Ansagedienst

1440.

Große Bahnhöfe in Griechenland

Athen
Laríssis-Bahnhof.
210 823 1514.
Peloponnísou-Bahnhof.
210 513 1601.

Thessaloníki
2310 517517.

Pátra
2610 639108 oder 639109.

Lárisa
2410 236250.

Vólos
24210 24056.

Tips, Fahrkarten und Links für Bahnreisende

www.interrailers.net

Mit dem Auto unterwegs

Zum Hafen

Wer Griechenland mit dem Auto erkundet, kann selbst Ziel und Tempo bestimmen. Die Autobahnen zwischen Athen, Thessaloníki, Vólos und Patras sind mautpflichtig. Im Kartenteil dieses Führers sind die Straßen in vier Kategorien eingeteilt, von den Autobahnen und Schnellstaßen in Blau bis zu nicht asphaltierten Straßen in Gelb *(siehe Rückklappe)*. Das Straßensystem wird ständig verbessert, und die meisten Straßen sind inzwischen befestigt.

Vorrang vor dem Gegenverkehr

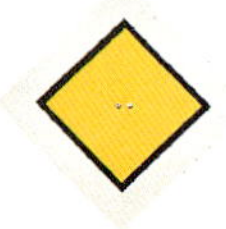

Vorfahrtstraße

Hupen verboten

Wildwechsel

Haarnadelkurve

Kreisverkehr

Anreise mit dem Auto

Aufgrund der politischen Wirren im ehemaligen Jugoslawien sind die meisten direkten Landverbindungen nach Griechenland derzeit nicht gerade zu empfehlen. Der **ADAC** informiert aktuell über empfehlenswerte Strecken und arbeitet für seine Mitglieder auf Anfrage Routenvorschläge aus. Es lohnt sich, dort auch zu erfragen, ob für Durchgangsländer spezielle Versicherungsauflagen oder Vorschriften gelten, die Sie beachten müssen.

Autofahrer müssen den Führerschein, KFZ-Papiere und die grüne Versicherungskarte mitnehmen. Auch der griechische Automobil- und Touringklub **ELPA** gibt Auskunft über das Autofahren in Griechenland.

Verkehrsregeln

Die griechischen Verkehrszeichen entsprechen dem europäischen Standard. Ausnahmen gibt es mitunter auf ländlichen Nebenstraßen, wo Ortsnamen oft nur in griechisch ausgeschildert sind.

Höchstgeschwindigkeit (für Autos) ist auf Autobahnen 120 km/h, auf Landstraßen 90 km/h und in Ortschaften 50 km/h. Höchstgeschwindigkeit für Motorräder bis zu 100 ccm ist auf Autobahnen 70 km/h, für schwerere Motorräder 90 km/h.

Obwohl häufig ignoriert, herrscht in Griechenland Gurtpflicht; Kinder unter zehn dürfen nicht vorne sitzen. Strafzettel für Falschparken und zu schnelles Fahren müssen auf der Polizeiwache vor Ort oder bei der Autoverleihfirma beglichen werden.

Mietwagen

In jedem Ferienzentrum und jeder größeren Stadt gibt es zahllose Autoverleihfirmen, die Fahrzeuge mit und ohne Vierradantrieb anbieten. Verleihfirmen vor Ort sind meist preiswerter als internationale Firmen wie **Budget**, **Avis**, **Hertz** oder **Advantage** und dennoch nicht minder zuverlässig.

Expreß-Abschleppwagen

Die Autoverleihfirma sollte für Notfälle einen Vertrag mit einem Pannenhilfsdienst wie **Express**, **Hellas** oder der **InterAmerican Towing Company** haben. Überprüfen Sie auch den Versicherungsschutz: Eine Haftpflichtversicherung ist gesetzlich vorgeschrieben, eine persönliche Unfallversicherung sehr zu empfehlen.

Schild eines Autoverleihs

Man muß seit mindestens einem Jahr den Führerschein haben; das Mindestalter liegt zwischen 21 und 25 Jahren.

Motorrad-, Moped- und Fahrradverleih

Motorräder und Mopeds können problemlos in allen Touristenzentren gemietet werden. Mopeds sind ideal für kurze Fahrten auf flachem Gelände; für Touren in entlegene oder bergige Regionen braucht man unbedingt ein Motorrad. Ihr Gefährt sollte auf jeden Fall in gutem Zustand sein und der Versicherungsschutz ausreichend; überprüfen Sie auch, ob Ihre Reiseversicherung, was nicht immer der Fall ist, Motorradunfälle abdeckt. Raser müssen mit Bußgeldern rechnen, Trunken-

Mopeds zu vermieten

heit am Steuer wird streng geahndet, und es besteht Helmpflicht.

In einigen Ferienorten kann man auch Fahrräder mieten, wenngleich Radfahren angesichts der Hitze und des rauhen Terrains extrem harte Arbeit ist; andererseits darf man Fahrräder auf den meisten griechischen Fähren und Bussen kostenlos mitnehmen, in Zügen gegen eine geringe Gebühr.

Fahrradverleih in einem Badeort

Tankstellen

In Städten fehlt es nicht an Tankstellen, doch auf dem Land sind sie dünn gesät. Fahren Sie sicherheitshalber immer mit vollem Tank los. Die Benzinpreise sind mit den meisten anderen europäischen Ländern vergleichbar. Meistens gibt es drei oder vier Benzinarten: Super (95 Oktan), Bleifrei, Super bleifrei und Diesel, der in Griechenland *petrélaio* heißt.

»Bleifrei« und »super«

Die Tankstellen bestimmen ihre Öffnungszeiten selbst. Meist haben sie die ganze Woche von etwa 7 oder 8 bis 19 oder 21 Uhr geöffnet; in größeren Städten gibt es auch Tankstellen mit 24-Stunden-Service.

Taxis

Mit dem Taxi fährt man auf kurzen Strecken einigermaßen preiswert. In der Regel wird der Preis nach Taxameter berechnet, bei längeren Strecken meist pro Tag oder pro Fahrt ausgehandelt. Oft kann man sich vom Fahrer irgendwo absetzen und einige Stunden später wieder abholen lassen.

In Athen gibt es ausreichend Taxis, die auf Zuruf stehenbleiben. Suchen Sie in kleineren Städten einen Taxistand auf, der meist im Zentrum oder am (Bus-) Bahnhof liegt. In den Dörfern gibt es üblicherweise mindestens ein Taxi (Reservierungen am besten im *kafeneío*). Oft teilen sich mehrere Fahrgäste ein Taxi, wobei jeder seine Teilstrecke bezahlt. Obwohl die Taxis Taxameter haben, sollte man vor Abfahrt den groben Preisrahmen kennen. Runden Sie die letzten beiden Stellen als Trinkgeld auf. Gepäck wird zusätzlich berechnet.

Anhalter

In Griechenland leben Anhalter relativ sicher, doch wie überall bestehen potentielle Risiken. Vor allem Frauen sollten nicht allein per Anhalter reisen.

Wenn Sie trampen, werden Sie eher in dünner besiedelten, ländlichen Gegenden mitgenommen als an stark befahrenen Ausfallstraßen größerer Städte.

Landkarten

Die Landkarten der Reisebüros oder Autoverleiher vor Ort sind nicht sonderlich zuverlässig. Wenn Sie viel unterwegs sind, nehmen Sie sich ILH/Geo Center Regionalkarten (1:300 000) oder Freytag & Bernd-Straßenkarten (1:650 000) von zu Hause mit oder kaufen Sie in Griechenland regionale Straßenkarten.

Zweisprachiges Straßenschild

Auf einen Blick

ADAC-Rufnummern

ADAC
ADAC Südbayern
Am Westpark 8, 81373 München.

ADAC Pannenhilfe
(aus Griechenland)
☎ *0049 89 22 22 22.*

ADAC Notrufstationen
(deutschsprachig)
Athen:
☎ *210 777 56 44.*
Thessaloníki:
☎ *031 41 22 90.*

Automobilklubs in Griechenland

ELPA (Ellinikí Léschi Periigíseon kai Aftokinítou)
Erdgeschoß, Athens Tower, Mesogeíon 2–4, 11527 Athen.
☎ *01 606 8800.*
☎ *174 (Information).*
☎ *104 (Pannenhilfe).*

Express Service
☎ *154.*

Hellas Service
☎ *1507.*

InterAmerican Towing Company
☎ *168.*

Mietwagen

Avis
Leofóros Amalías 48, 10558 Athen. ☎ *210 322 4951.*

Budget
Syngroú 8, 11742 Athen.
☎ *210 921 4771.*

Dionysos Rent a Car
Syngroú 25, 11742 Athen.
☎ *210 924 3310.*

Eurodrive
Syngroú 38, 11742 Athen.
☎ *210 924 6820.*

Advantage
Syngroú 4, 11742 Athen.
☎ *210 924 8810.*

Hertz
Leofóros Vouliagménis 576A, 16451 Argyroúpoli.
☎ *210 993 8855.*

Morphis Rent a Car
Posidonos 4, Varkiza, Athen.
☎ *210 897 4197.*

Mit Bussen unterwegs

Betreiber des griechischen Busnetzes ist KTEL (Koinó Tameío Eispráxeon Leoforeíon), ein Verband privater Unternehmen. Das Netz versorgt praktisch jede Gemeinde (in Dörfern fährt oft nur einmal pro Tag, in ganz entlegenen Regionen ein- oder zweimal pro Woche ein Bus). Die Verbindungen zwischen größeren Städten sind zahlreich und effizient. Wer Zeit hat, kann das Land mit dem Bus hervorragend erkunden. Reisebusse verbinden Griechenland auch mit dem restlichen Europa, allerdings liegen die Preise über den Charterangeboten der Hochsaison.

Europabusse nach Griechenland

Die Europabusse der Deutschen Touring GmbH fahren von mehreren deutschen Städten aus nach Griechenland. So werden unter anderem Verbindungen von Berlin, Bonn, Düsseldorf und Frankfurt nach Athen und zurück angeboten mit Zusteigemöglichkeit beispielsweise in München und anderen deutschen Großstädten.

Aufgrund der politischen Situation im ehemaligen Jugoslawien fahren die Busse über Brindisi in Italien (mit Fährpassage). Einzelheiten über Strecken, Fahrpreise und -zeiten erfragen Sie für Ihre Reiseplanung am besten bei der **Deutschen Touring GmbH**.

Busgesellschaften in Deutschland

Deutsche Touring GmbH
Am Römerhof 17,
60486 Frankfurt am Main.
069/790 30.

Mit dem Bus in Griechenland unterwegs

Das griechische Linien- und Reisebusnetz ist sehr weit verzweigt; es deckt sogar die entlegensten Regionen ab und unterhält regelmäßige Reisebusverbindungen auf allen Hauptstrecken. Große Städte wie Athen haben meist mehrere Terminals, jeweils für Busse in eine bestimmte Richtung.

Beim computergesteuerten Fahrkartenverkauf für die Hauptstrecken wird ein Sitzplatz in einem modernen Reisebus reserviert. Es lohnt sich, das Ticket mindestens 20 Minuten vor der Abfahrt zu lösen, da beliebte Strecken leicht ausgebucht sind und die griechischen Busse gern einige Minuten zu früh abfahren.

Inlandsreisebus von KTEL

In Dörfern fungiert das *kafeneío* oft als Busstation und Verkaufsstelle für Fahrkarten. Meist bekommt man beim Inhaber Tickets und eine Fahrplanauskunft. Andernfalls lösen Sie die Karte im Bus.

KTEL-Logo

Fahrten mit dem Reisebus

Reisebüros in Urlaubszentren bieten eine breite Palette an Fahrten mit qualifizierten Reiseführern in klimatisierten Reisebussen an: Ausflüge sind zu bedeutsamen archäologischen Stätten und Sehenswürdigkeiten, in andere Städte und Badeorte, zu beliebten Stränden sowie eigens organisierten Veranstaltungen möglich. Buchen Sie die Fahrten einen Tag vorher, da einige Ausflüge bereits sehr früh am Morgen beginnen.

Busverbindungen von Athen

Von Athen aus verkehren regelmäßig Fernbusse zu allen größeren Städten des griechischen Festlands; die thrakischen Städte werden jedoch von Thessaloníki aus angesteuert.

Terminal A in Athen liegt vier Kilometer nordöstlich des Stadtzentrums am Kifisoú 10 *(siehe S. 325)*. Von dort aus fahren die Busse nach Epirus und Makedonien, auf den Peloponnes sowie die Ionischen Inseln Korfu, Kefalloniá, Lefkáda und Zákynthos. Die Fahrtzeit beträgt bis Thessaloníki etwa 7,5 Stunden, bis zum Hafen Párga sieben Stunden.

Athens zweiter Busbahnhof, Terminal B, befindet sich am Liosíon 260, nördlich der Metrostation Agios Nikólaos. Er ist jedoch am besten mit dem Taxi zu erreichen. Von hier aus starten die Busse nach Zentralgriechenland.

Bei den Fahrten zu den Inseln ist die Fährpassage im Ticketpreis inbegriffen. Die Fahrtzeit nach Delphi beträgt drei Stunden, nach Vólos ist man sechs Stunden unterwegs.

Busse nach Attika (Soúnio, Lávrio, Rafína, Marathon etc.) beginnen ihre Fahrt am Mavrommataíon-Terminal in Athen, Ecke Leofóros Alexándras und 28 Oktovríou (Patisíon), wenige Gehminuten nördlich des Archäologischen Nationalmuseums.

Europäischer Reisebus

Griechischer Katamaran

Mit dem Schiff unterwegs

Die Griechen sind von jeher ein Volk von Seefahrern. Angesichts der unzähligen Inseln und mehreren tausend Kilometer Küstenlinie spielt das Meer eine wichtige Rolle im Alltag und in der Geschichte des Landes. Heute ist es für Griechenland eine wichtige Einnahmequelle, da jedes Jahr Millionen von Touristen am Mittelmeer und in der Ägäis Urlaub machen. Die Inseln sind durch zahllose Fähren, Tragflügelboote und Katamarane mit dem Festland verbunden.

Anreise mit dem Schiff

Ganzjährig bestehen Fährverbindungen zwischen Ancona, Bari und Brindisi in Italien und den griechischen Häfen Igoumenítsa in Epirus und Patras auf dem Peloponnes (im Sommer zusätzliche Fähren ab Venedig, Triest). Je nach Jahreszeit, Verladehafen, Fährgesellschaft, Ticket und Ermäßigungen (für Studenten, Jugendliche oder Bahnpaßinhaber) schwanken Fahrtzeiten und -preise erheblich. Da Dutzende Fährgesellschaften die Strecke Italien–Griechenland befahren, lohnt sich ein Preisvergleich. Im Sommer ist eine Reservierung nötig, vor allem mit Auto oder dem Wunsch nach einer Kabine.

Passagiere auf einer Autofähre beim Verlassen des Docks

Fähren innerhalb Griechenlands

Die Regierung hat strengere Kontrollen zur Verbesserung der Sicherheitsstandards auf Fähren eingeführt. Abfahrtszeiten und Fahrpläne werden locker gehandhabt. In kleineren Häfen stellt sich die Frage, ob eine Fähre am gewünschten Tag zum gewünschten Ziel fährt. Sehen Sie bei Ankunft im Fahrplan nach, da sich der Plan wöchentlich ändert. In Piräus, dem betriebsamsten Hafen, ist es etwas schwieriger: Am Kai reihen sich die Büros der Fährgesellschaften; über sie (oder ein Reisebüro) kann man Fahrkarten lösen und Plätze reservieren (im Hochsommer ein Muß).

Schornstein der Dane Sea Lines

Tragflügelboote und Katamarane sind doppelt so schnell und doppelt so teuer wie Fähren. Viele bedienen nicht nur die Inseln, sondern halten auch entlang der Festlandküste. Die meisten fahren ab Rafína, jene in Richtung Peloponnes ab Piräus (fast ausnahmslos vom Yachthafen Zéa, meist nur mit Buchung vorab). Die Wochenfahrpläne der Fremdenverkehrsämter sind ein Anhaltspunkt für Abfahrtzeiten; auch einige englischsprachige Zeitungen informieren im Sommer über Fahrpläne. Außerhalb der Saison werden die Verbindungen drastisch reduziert und teilweise ganz eingestellt.

Hafen von Piräus

Diese Karte zeigt, wo man Fähren zu verschiedenen Zielorten findet.

Hafenaufsicht
01 422 6000.

Service und Fahrpläne
1440.

Legende der Fährziele

- Argo-Saronische Inseln
- Nordostägäische Inseln
- Dodekanes
- Kykladen
- Kreta
- Internationale Fähren
- Tragflügelboote, Katamarane

Zeichenerklärung siehe Rückklappe

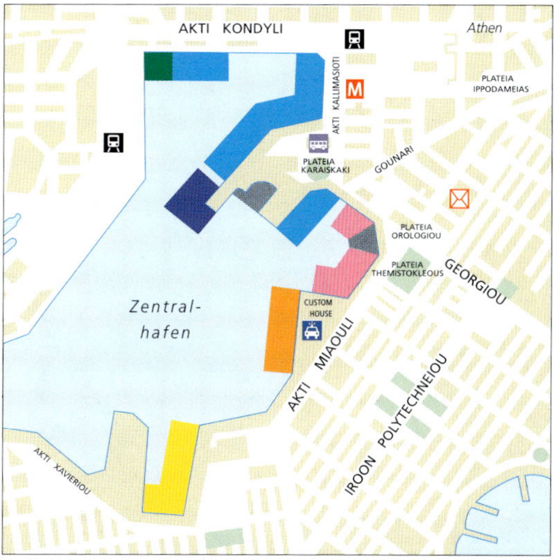

Unterwegs in Athen

Trolleybus-Halteschild

Die Sehenswürdigkeiten im Herzen Athens liegen nahe beieinander und sind größtenteils zu Fuß gut zu erreichen. Dies ist die beste Art der Stadtbesichtigung, da angesichts der permanenten Staus private wie öffentliche Verkehrsmittel kaum vorwärtskommen. Der Ausbau der Metro ist zwar noch nicht fertiggestellt, sie ist dennoch bereits eine gute Alternative zu den Straßen, wobei Trolleys und Busse noch immer Hauptverkehrsmittel der Athener und Besucher sind. Taxis sind außerhalb der Stoßzeiten oder Hauptverkehrsadern und angesichts der niedrigsten Tarife aller EU-Hauptstädte sogar für längere Fahrten in Betracht zu ziehen.

Einer der vielen blau-weißen Busse

Busse in Athen

Athen hat ein umfangreiches Busnetz. Die Busse sind preiswert, doch oft langsam und überfüllt, vor allem im Stadtzentrum und zu Stoßzeiten; die schlimmsten Zeiten sind 7 bis 8.30 Uhr, 14 bis 15.30 Uhr sowie 19.30 bis 21 Uhr.

Die Tickets – Einzelfahrkarten oder Zehnerkarten – sind im voraus am *períptero* (Straßenkiosk), in einem Häuschen der Verkehrsbetriebe oder an speziell gekennzeichneten Stellen zu kaufen. Das braun-rot-weiße Logo mit der Aufschrift *eisitíria edó* kennzeichnet eine Verkaufsstelle. Ein Ticket gilt für Bus und Trolleybus und muß beim Einsteigen im Entwerter abgestempelt werden. Wer dies unterläßt, muß mit einem Bußgeld rechnen. Fahrscheine gelten nur für eine beliebig lange, einfache Fahrt und innerhalb des gesamten Stadt-zentrums jeweils nur für ein öffentliches Verkehrsmittel.

Der orange-weiße Bus für die Region Attika

Schalter fü
Busfahrsch

Nützliche Linien innerhalb Athens

Der Ausbau der Metro bis Kerameikós dauert noch an. Die Station Botanikós soll im Jahr 2006 den Betrieb aufnehmen.

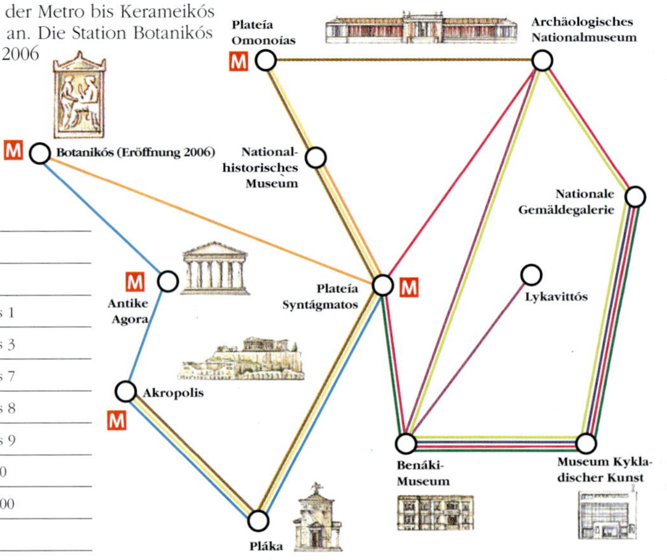

Legende

- Bus A5
- Bus 230
- Trolleybus 1
- Trolleybus 3
- Trolleybus 7
- Trolleybus 8
- Trolleybus 9
- Minibus 60
- Minibus 100
- M Metro

Metroschild Monastirion

Das Athener Busnetz

Vier Busnetze versorgen den Großraum Athen und Attika, jedes hat seine eigene Farbe: Blau-Weiß, Rot, Orange-Weiß und Grün. Blauweiße Busse befahren ein ausgedehntes Netz von mehr als 300 Linien im Großraum Athen; sie verbinden Stadtteile untereinander und mit dem Zentrum. Eine Ergänzung hierzu ist der Minibus (rote Halteschilder), der jedoch nur im Stadtzentrum fährt.

Die orange-weißen Busse versorgen Attika *(siehe S. 142f)*. Tickets, die angesichts der größeren Distanzen auch teurer sind, löst man beim Fahrer. Die beiden Terminals der orange-weißen Busse liegen am Mavrommataión, neben dem Areos-Park (Pedío tou Areos). Einsteigen kann man an jeder orange gekennzeichneten Haltestelle, aussteigen jedoch meist erst außerhalb des Stadtbereichs. Diese Busse fahren seltener als die weiß-blauen und stellen auf einigen Linien schon frühabends den Betrieb ein.

Die grünen Expreßbusse verkehren zwischen Athen Zentrum und Piräus. Die Busse Nr. 040 und 049 fahren besonders oft, etwa alle sechs Minuten ab Athinas (Nähe Plateía Omonoías), und halten an verschiedenen Stellen in Piräus wie etwa an der Plateía Karaïskáki am Haupthafen.

Die Trolleybusse in Athen

Die gelb-orange oder dunkelrot und gelb gekennzeichneten Trolleybusse ergänzen das herkömmliche Busnetz. Etwa 19 Trolleybus-Linien verlaufen kreuz und quer durch das Zentrum und sind für Touristen ein praktischer Zubringer zu den Sehenswürdigkeiten im Stadtkern. Alle Linien passieren die Pláka; mit der Linie 3 gelangt man von der Plateía Syntágmatos zum Archäologischen Nationalmuseum; Linie 1 verbindet den Bahnhof Lárissis mit Plateía Omonoías und Plateía Syntágmatos, dem Herzen Athens.

Frontansicht eines Trolleybusses

Die Athener Metro

Die Metro ist mit ihren drei Linien ein schnelles, zuverlässiges Transportmittel. Linie 1, die ursprüngliche Linie, fährt von Kifisiá im Norden nach Piräus im Süden; Thiseío, Monastiráki, Omónoia und Victoria sind zentrale Haltestellen. Die Strecke verläuft großenteils oberirdisch, nur durchs Zentrum, zwischen Attikí und Monastiráki, unterirdisch. Sie wird überwiegend von Pendlern benutzt, ist jedoch auch für Touristen ideal für Fahrten nach Piräus *(siehe S. 325)*.

Die Linien 2 und 3 sind Teil eines großen Ausbauprojekts, das zum Großteil bis zu den Olympischen Spielen 2004 fertiggestellt werden soll. Um Material von archäologischem Interesse zu schützen, verlaufen die neuen Strecken in 20 Metern Tiefe. In den Stationen Sýntagma und Acropolis sind archäologische Funde ausgestellt.

Ab Juni 2004 fährt die Linie 2 von Agios Antónios im Nordwesten von Athen nach Ilioúpoli im Südosten. Die Linie 3 verläuft derzeit von Sýntagma nach Ethniki Amyna im Nordosten, wird bis Juni 2004 aber bis zum Flughafen Eleftheríos Venizélos erweitert werden. Ihr Ausbau von Sýntagma nach Monastrikáki ist ebenfalls für Juni 2004 geplant.

Mit einer Fahrkarte kann man jede dieser drei Linien 90 Minuten lang in eine Richtung benutzen. Damit sind also Zwischenstopps innerhalb dieses Zeitrahmens möglich. Es gibt auch eine günstigere Fahrkarte für Einzelfahrten mit Linie 1. Fahrkarten sind an jeder Metrostation erhältlich und müssen vor dem Einsteigen an den Automaten am Bahnsteig entwertet werden. Die U-Bahnen verkehren auf der Linie 1 von 5 bis 0.30 Uhr alle fünf Minuten, auf Linien 2 und 3 von 5.30 bis 0 Uhr.

Archäologische Ausstellungsstücke in der Metrostration Syntagma

Autofahren in Athen

Autofahren in Athen ist meist reine Nervensache, vor allem, wenn man die griechischen Straßengewohnheiten nicht kennt. Planen Sie Ihre Route im voraus, da zahlreiche Straßen im Zentrum Fußgängerzonen oder Einbahnstraßen sind.

Auch die Parkplatzsuche ist ein Problem. Es mag nicht so aussehen, doch vor einem Parkverbotsschild oder auf einer gelben Linie zu parken ist verboten.

Es gibt Parkuhren, Parkscheinautomaten für legales Parken sowie Parkhäuser, die jedoch oft im Handumdrehen voll besetzt sind.

Um die gefährlich hohe Luftverschmutzung in Athen zu bekämpfen, wurde inzwischen ein System eingeführt, demzufolge Autos mit einer ungeraden Zahl auf dem Kennzeichen einen bestimmten Bereich, das Zentralraster *daktýlios*, nur an ungeraden Tagen, Autos mit einem geraden Kennzeichen nur an geraden Tagen befahren dürfen. Diese Regelung gilt zwar nicht für ausländische Wagen, doch nehmen Sie, in Ihrem eigenen Interesse, Ihr Auto am besten nicht ins Zentrum mit.

Parken an ungeraden Tagen des Monats verboten

Parken an geraden Tagen des Monats verboten

Gelbes Athener Taxi

Athener Taxis

Zu praktisch jeder Tages- und Nachtzeit sind in den Straßen Athens Schwärme gelber Taxis zu sehen. Es ist jedoch häufig nicht leicht, eins zum Halten zu überreden, vor allem zwischen 14 und 15 Uhr, wenn die Fahrer Schichtwechsel haben. Dann wird man nur mitgenommen, wenn man in eine für sie günstige Richtung möchte.

Um ein Taxi anzuhalten, stellt man sich an den Rand des Gehsteigs und ruft jedem Taxi, das langsamer wird, das gewünschte Ziel zu. Wenn das »TAXI«-Schild aufleuchtet, ist es in jedem Fall frei (oft sind Taxis auch frei, wenn das Schild nicht leuchtet).

Mißachten Sie besetzte Taxis nicht, da die Fahrer oft noch weitere Fahrgäste mitnehmen. Wenn Sie nicht der erste Fahrgast sind, schauen Sie umgehend auf das Taxameter: Der Fahrpreis wird nicht geteilt; Sie bezahlen nur Ihre Teilstrecke oder den Minimalpreis von 1,50 Euro (je nachdem, was höher ist).

Im Vergleich zum restlichen Europa sind die Athener Taxis extrem billig: Je nach Verkehr sollte eine Fahrt im Stadtkern nicht mehr als 2,50 Euro, vom Zentrum nach Piräus zwischen 4,50 Euro und 7,50 Euro kosten. Zwischen Mitternacht und 5 Uhr sowie für Fahrten über eine bestimmte Distanz ab dem Zentrum hinaus gilt der doppelte Tarif. Der Fahrpreis zum Flughafen in Sparta liegt bei 12 bis 15 Euro. Zusatzgepäck über zehn Kilo sowie Fahrten ab dem Fährhafen oder Bahnhof kosten einen geringen Aufpreis. An Feiertagen wie Weihnachten oder Ostern sind Taxis generell teurer.

Sie können sich auch telefonisch eines der zahlreichen Funktaxis zu einer bestimmten Zeit an einen bestimmten Ort bestellen. Die Preise variieren zwischen 1 Euro und 2,50 Euro. Hier die Telefonnummern einiger Funktaxi-Unternehmen:

Express
210 993 4812.
Kosmos
1300.
Hellas
210 645 7000.

Athen zu Fuss

Der Stadtkern von Athen ist sehr kompakt, und fast alle größeren Sehenswürdigkeiten und Museen sind von der Plateía Syntágmatos (die gemeinhin als Zentrum gilt) in zwanzig oder 25 Minuten zu Fuß zu erreichen. Dies ist nicht zu verachten, vor allem, wenn der Verkehr steht, alle Busse voll sind und kein Taxi hält. Athen ist für Fußgänger eine der sichersten Hauptstädte Europas, obwohl man, wie in jeder Großstadt, vor allem nachts auf der Hut sein und nicht zu viel Bargeld bei sich tragen sollte.

Fußgängerzo

Besucher beim Aufstieg zum Areopag

Personennahverkehr in Athen

Drehscheibe des Athener Transportsystems ist die Gegend um die Plateía Syntágmatos und die Plateía Omonoías. Ab dort fahren Trolleybusse und Busse zum Flughafen, zum Hafen Piräus, zu den beiden Athener Bahnhöfen und den Fern- und Europabusterminals.

Der Bus E95 verkehrt zwischen dem Flughafen und Syntágmatos und der Bus E96 zwischen dem Flughafen und Piräus *(siehe S. 313)*. Die Buslinien 040 und 049 verbinden den Hafen von Piräus mit Syntágmatos und Omonoías im Stadtzentrum. Auch die Metro fährt zum Hafen von Piräus. Die Fahrt von der Innenstadt bis zum Hafen dauert rund eine halbe Stunde.

Die Trolleybus-Linie 1 passiert die Metrostation Lárissis sowie den gleichnamigen Bahnhof, der Bahnhof Peloponnísou *(siehe S. 316)* ist nur wenige Gehminuten entfernt. Bus 024 bedient den Busbahnhof B am Liosíon, Bus 051 das Fernbusterminal A am Kifisoú *(siehe S. 320)*.

Am angenehmsten kommt man mit dem Taxi ans Ziel, auch wenn es teurer ist als die öffentlichen Transportmittel. Die Fahrtzeiten schwanken erheblich, doch bei mäßigem Verkehr kommt man vom Zentrum aus in 40 Minuten zum Flughafen, ebenfalls in 40 Minuten nach Piräus sowie in 90 Minuten von Piräus zum Flughafen.

Bus von Piräus in die Athener Innenstadt

Textregister

Gefettete Seitenzahlen beziehen sich auf den Haupteintrag.

A

I

Q

R

Danksagung/Bildnachweis

DER VERLAG bedankt sich bei allen, die an der Herstellung dieses Buches mitgewirkt haben.

HAUPTAUTOREN
MARC DUBIN ist Amerikaner, er lebt in London und auf Sámos. Seit 1978 besucht er alle griechischen Provinzen. Er ist Autor bzw. Ko-Autor zahlreicher Griechenlandführer.

MIKE GERRARD ist Reiseschriftsteller, der bereits zahleiche Griechenlandreiseführer geschrieben hat. Er besucht und bereist das Land jedes Jahr seit 1964.

ANDY HARRIS ist Reise- und Kochbuchautor mit Wohnsitz in Athen.

TANYA TSIKAS ist Herausgeberin von Reiseführern. Sie ist mit einem Griechen verheiratet. Ihren Wohnsitz hat sie mittlerweile von Kreta nach Oxford verlagert.

ERGÄNZENDE ILLUSTRATIONEN
Richard Bonson, Louise Boulton, Gary Cross, Kevin Goold, Roger Hutchins, Claire Littlejohn.

GRAFIK- UND REDAKTIONSASSISTENZ
Hilary Bird, Elspeth Collier, Catherine Day, Jim Evoy, Emily Green, Emily Hatchwell, Leanne Hogbin, Kim Inglis, Lorien Kite, Felicity Laughton, Andreas Michael, Ella Milroy, Lisa Minsky, Robert Mitchell, Jennifer Mussett, Tamsin Pender, Jake Reimann, Simon Ryder, Rita Selvaggio, Claire Stewart, Claire Tennant-Scull, Amanda Tomeh.

DER VERLAG bedankt sich bei: The Greek Wine Bureau, Odysea.

ZUSATZRECHERCHE
Anna Antoniou, Garifalia Boussiopoulou, Anastasia Caramanis, Michele Crawford, Magda Dimouti, Shirley Durant, Panos Gotsi, Zoi Groummouti, Peter Millett, Eva Petrou, Ellen Root, Tasos Schizas, Garifalia Tsiola, Veronica Wood.

ERGÄNZENDE FOTOGRAFIE
Stephen Bere, John Heseltine, Steven Ling, Clive Streeter, Jerry Young.

ERGÄNZENDE GRAFIK
Ideal Photo S.A., The Image Bank, Tony Stone Worldwide.

FOTOGRAFIER-ERLAUBNIS
DER VERLAG bedankt sich bei folgenden Institutionen für die freundlich gewährte Erlaubnis zum Fotografieren:
Ali Pascha Museum, Ioannina; Museum der Stadt Athen; Volkskundemuseum, Athen; V. Kyriazopoulos-Keramiksammlung; Kavala-Kunstgalerie; Nationalmuseum, Athen; Kriegsmuseum, Athen; Nicholas P. Goulandris Foundation Museum Kykladischer Kunst, Athen; Theatermuseum, Athen; Museum der Universität Athen; Polygnotos Vagis-Museum, Thassos. Weitere Kirchen, Kathedralen, Museen, Hotels, Restaurants, Läden, Galerien und Sehenswürdigkeiten, deren Aufzählung den Rahmen dieses Abschnitts sprengen würde.

BILDNACHWEIS
o = oben; ol = oben links; olm = oben links Mitte; om = oben Mitte; orm = oben rechts Mitte; or = oben rechts; mlo = Mitte links oben; mo = Mitte oben; mro = Mitte rechts oben; ml = Mitte links; m = Mitte; mr = Mitte rechts; mlu = Mitte links unten; mu = Mitte unten; mru = Mitte rechts unten; ul = unten links; u = unten; um = unten Mitte; uml = unten Mitte links; ur = unten rechts; uro = unten rechts oben; uru = unten rechts unten; d= Detail.

Kunstwerke wurden mit freundlicher Genehmigung folgender Copyright-Inhaber reproduziert: Vorres-Museum *Wassernymphe* (1995) Apostolos Petridis.

Der Verlag dankt zudem folgenden Personen, Institutionen und Bildbibliotheken für die freundliche Genehmigung zur Reproduktion ihrer Fotografien:

AISA ARCHIVO ICONGRAFICO, Barcelona: Museo Archeologico Bari 57or; Museo Archeologico Florenz 54ol; AKG, London: 173o, 259; Antiquario Palatino 53ul; *Bilder aus dem Altherthume*, Heinrich Leutemann 228m; British Museum 95or; Edward Dodwell 87mr; Erich Lessing Akademie der Bildenden Künste, Wien 54m; Musée du Louvre 53ol; Archäologisches Nationalmuseum, Athen 26–7(d), 27o; Staatliche Kunstsammlungen, Albertinum, Dresden 31mru; Liebighaus, Frankfurt/Main 33m; Museum Narodowe, Warschau 145u; Staatliche Antikensammlungen und Glyptotek, München 4, 52u; Mykonos Museum 55o;

ALLSPORT: Mike Hewitt 120o; ANCIENT ART AND ARCHITECTURE: 29ml, 30o, 34o, 34mo, 35ml, 37o, 56mu, 56u(d), 246mu, 254m; ANTIKENMUSEUM BASEL UND SAMMLUNG LUDWIG: 60f, 185ur(d); APERION: John Hios 184m; Kamarias Tsigamos 118m; APOLLO EDITIONS: 185o; ARGYROPOULOS PHOTO PRESS: 45o, 45mo, 47o, 47mu, 47u, 48mu; CENTRE FOR ASIA MINOR STUDIES: Museum der Griechischen Volksmusikinstrumente Fivos Anoyianakis-Sammlung 104o. ATHENS INTERNATIONAL AIRPORT: 312mru, 313mr, 314.

BENAKI MUSEUM: 25u, 36mo, 39o, 39m, 41mo, 65ur, 78f alle; PAUL BERNARD: 33o; BIBLIOTHEQUE NATIONALE, Paris: Caoursin folio 175 38f(d); BODLEIAN LIBRARY, Oxford: MS Canon Misc 378, 170v, 34mu; BRIDGEMAN ART LIBRARY, London: Birmingham City Museums and Art Galleries *Pheidias vollendet den Parthenonfries,* Sir Lawrence Alma-Tadema 58o; Bradford Art Galleries and Museums *Das Goldene Vlies* (um 1904), Herbert James Draper 220ur; British Museum, London *Becher, Tondo, Mit Jagdszenen* 29mr, *Amphore mit Boxern und Ringern* (um 550–525 v. Chr.) Nidosthenes 173mro; Fitzwilliam Museum, University of Cambridge *Figurine des Demosthenes,* Enoch Wood of Burslem (um 1790) 57ol; Giraudon, Louvre, Paris *Alexander der Große,* Porträt (3. Jh. v. Chr.) Griechischer Marmor 32or; Haus der Masken, Delos *Mosaik von Dionysos auf einem Leopard* (um 180 n. Chr.) 35o; Guildhall Art Library *Klytämnestra,* John Collier 179m; Louvre, Paris *Doppelbüste von Aristophanes und Sophocles* (15. Jh.) 56o; Archäologisches Nationalmuseum, Athen *Bronzestatue des Poseidon* (um 460–450 v. Chr.) Photo Bernard Cox 52mo; Privatsammlung *Zweiflügelige Ikone der Jungfrau mit Kind und zwei Heiligen, Kretische Schule* (15. Jh.) 38ml; © THE BRITISH MUSEUM: 26mlu, 27mu, 28, 30mu, 31mlu, 53or(d), 53ur, 55m(d), 60ol, 61ol, 61or, 97u, 173mlo(d), 185ul.

CAMERA PRESS, London: ANAG 43ol, 43ul(d); Wim Swaan 62f, 243o; Bibliotheque des Arts Décoratifs 24(d); BRUCE COLEMAN LTD: Udo Hirsch 236u; Dr Eckart Pott 257m; Hans Reinhard 22o, 23mlo, 206u.

C M DIXON PHOTO RESOURCES: 27mo; Staatliche Antikensammlung und Glyptotek, München 32or; MARC DUBIN: 17o, 21umo, 169u, 206o, 208mr, 253o, 253ur; L DUPRÉ: Bibliotheque des Artes Decoratifs 24(d).

ECOLE NATIONALE SUPERIEURE DES BEAUX ARTS, Paris: *Delphes Restauration du Sanctuaire Envoi Tournaire* (1894) 30f; EKDOTIKI ATHINON: 19ur, 26mru; ELIA: 186m; ET ARCHIVE: British Museum 185m; Nationales Archäologiemuseum, Neapel 32mo; EUROPÄISCHE KOMMISSION: 305; MARY EVANS PICTURE LIBRARY: 241u.

FERENS ART GALLERY: Hull City Museums and Art Galleries and Archives *Elektra am Grab des Agamemnon* (1869), Lord Frederick Leighton 55u; VOLSKUNDE-MUSEUM, Athen: 110o, 110u.

GIRAUDON, Paris: Laruros Versailles Château *Le Batille de Navarin,* Louis Ambroise Garneray 200o; Louvre, Paris 60m, *Massaker von Chiós,* Delacroix 40mu(d); Musée National Gustave Moreau *Hesiod und die Musen* Gustave Moreau 56mo; Musee d'Art Catalan, Barcelona 95mro; National Portrait Gallery, London *Porträt von George Gordon Byron,* Thomas Phillips (1813) 149or (d); Hotel Grande Bretagne: 161 lur; NICHOLAS P GOULANDRIS FOUNDATION MUSEUM OF CYCLADIC AND ANCIENT GREEK ART: 65or, 74f alle.

ROBERT HARDING PICTURE LIBRARY: David Beatty 44ur; N A Callow 263o; Tony Gervis 44mlo, 44ul; Adam Woolfitt 46m; HELIO PHOTO: 254u; HELLENIC POST SERVICE: 43mlo; MICHAEL HOLFORD: British Museum 32mu, 52o; HULTON GETTY COLLECTION: 41mu(d); Central Press Photo 42mlu(d); HUTCHISON LIBRARY: Hilly Janes 98o.

IDEAL PHOTO SA: N. Adams 116ml; T Dassios 45ur, 175o, 232, 252o, 252ul, 252ur, 253ol, 262u; C. Vergas 48u,178u; IMAGES COLOUR LIBRARY: 99u; IMPACT PHOTOS: Caroline Penn 45ul.

KOSTOS KONTOS: 26mr, 42mro, 42mlo, 45mru, 119u, 120u, 140, 152or, 153ol, 153mo, 153u, 170o, 175m, 178m, 184o, 189or, 303o, 315o.

ILIAS LALAOUNIS: 309mlo. Lampropoulos 114mm.

MAGNUM PHOTOS LTD: Constantine Manos 44o; MANSELL COLLECTION: 52f; STÄDTISCHE KUNSTGALERIE ATHEN: *Despinis TK* Mitarakis Yannis 88o.
NATIONAL GALLERY OF VICTORIA, Melbourne: Felton Bequest (1956) *Griechisch vom Inschriftenmaler Challidian* 54u; NATIONALHISTORISCHES MUSEUM, Athen: 38o, 40o, 40f(d), 41o, 42u, 173mlu, 188m(d), 194m; NATIONAL TOURIST ORGANISATION OF GREECE: George Boutos 46u; NATURAL IMAGE: Bob Gibbons 23mru, 23ul; Peter Wilson 237mr; NATURE PHOTOGRAPHERS: S C Bisserot 236m; Brinsley Burbridge 23mlu, 23ur; N A Callow 22u; Andrew Cleave 23um, 237u; Peter Craig Cooper 237ml; Paul Sterry 23u, 23mro, 225mr; ANTONIS NICOLOPOULOS: 311o.

OLYMPIC AIRWAYS: 312o; ORONOZ ARCHIVO FOTOGRAFICO: 211u; Biblioteca National Madrid *Invasions Bulgares Historia Matriksiscronica FIIIV* 36mu(d); Charlottenburg, Berlin 53or; El Escorial, Madrid *Battle Lepanto Cambiaso Luca* 38mr(d); Museo Julia 53m(d); Musée du Louvre 60u; Museo Vaticano 61ul, 221or.

ROMYLOS PARISIS: 14o, 104u, 136f, 218u; Museum der Stadt Athen 40mu; PICTURES: 12, 14u, 44mru, 310m; POPPERFOTO: 42mru, 43mro, 43ur, 98u, 180o, 262o; MICHALIS PORNALIS: 218m, 219mu, 219u; PRIVATE COLLECTIONS: 5o, 216o, 217o, 217u.

REX FEATURES: 15c; Argyropoulos/Sipa 48o; Sipa/C.Brown 43or.

SCALA, Florenz: Gallerie degli Uffizi 28u; Museo Archeologico, Firenze 29o; Museo Mandralisca Cefalu 30mo; Museo Nationale Tarquinia 61ur; Museo de Villa Giulia 28f, 60or; SPATHARIO SHADOW THEATRE MUSEUM: 151m; SPECTRUM COLOUR LIBRARY: 244u; MARIA STEFOSSI: 118u; THEODOROS-PATROKLOS STELLAKIS: 154u; CARMEL STEWART: 279m; TONY STONE IMAGES: Aperion 152ol(d).

TAP SERVICE ARCHAEOLOGICAL RECEIPTS FUND HELLENIC REPUBLIC MINISTRY OF CULTURE: A Epharat of Antiquities 43mu, 58u, 94ul, 94ur, 95o, 95m, 96u, 98m, 99mr, 100o, 100m; Akropolis-Museum 96o, 97o, 97m; Antikes Korinth, Archäologisches Museum 166m; B Epharat of Antiquities 82, 141u, 144 alle, 146m, 146ul, 146ur, 147ol, 147m, 148m, 148u; Byzantinisches Museum, Athen 67o, 76 alle; D Epharat of Antiquities 139m, 139ul, 162f alle, 164f, 167ul, 177u, 178o, 179o, 179u, 180m, 181m; Delphi, Archäologisches Museum 50f, 228o, 230ol, 231o, 231u;
E Epharat of Antiquities 174mu; Elefis Archäologisches Museum 156u; 11th Epharat of Byzantine Antiquities 237or; 5th Epharat of Byzantine Antiquities 19ol, 19ml, 37c, 190f, 192o, 192u; 1st Epharat of Byzantine Antiquities 139mro, 152m, 153mu, 222f alle; I Epharat of Antiquities 138mo, 205o, 226f, 228u, 229m, 230or, 230u; IB Epharat of Antiquities 211o, 212m; IO Epharat of Antiquities 256m; IST Epharat of Antiquities 241m; Keramikos Archäologisches Museum 89o, 89mr, 89ur, 91o, 91mor; Marathon Archäologisches Museum 145m; Archäologisches Nationalmuseum, Athen 3m, 26o, 28or, 65ol, 68o, 68m, 68u, 69o, 69m, 69u, 70f alle, 99o, 155o, 157mr; 9th Epharat of Byzantine Antiquities 248m, 248u; Piräus Archäologisches Museum 155o; 2nd Epharat of Byzantine Antiquities 19or; 6th Epharat of Byzantine Antiquities 13o, 19mr; 7th Epharat of Byzantine Antiquities 19ul, 218ol, 219mo; Theben Archäologisches Museum 221o; Thessaloníki Archäologisches Museum 31o, 139o, 233o, 242u(d), 244o, 246o, 246mo, 246u, 247ol, 247or, 247m, 247u, 244ol; Γ Epharat of Antiquities 88m, 88u, 89ml, 89ul, 90o, 90u, 91mlo, 91mu, 91u, 156o, 156m, 157ml, 157ul, 157um, 157ur; Z Epharat of Antiquities 138mu, 170m, 170u, 171o, 171u, 172 alle, 201m, 201u, 310ul; TRIP PHOTOGRAPHIC LIBRARY: Marc Dubin 250f; YANNIS TSAROUHIS FOUNDATION: Privatsammlung *Barbier in Marousi* (1947) 42or.

WADSWORTH ATHENEUM, Hartford Connecticut: T Pierpont Morgan Collection 189u; WERNER FORMAN ARCHIVE: 36o; Alan Williams: 49o; PETER WILSON: 59ul, 92f, 94o, 100u, 106f, 214f, 216m; WOODFIN CAMP & ASSOCIATES: John Marmaras 254o; ADAM WOOLFITT 45mlu.

Umschlaginnenseiten: alle Spezialfotografien außer Rt IDEAL PHOTO SA: T Dassios und Rbl KOSTOS KONTOS (d).

Sprachführer

Es gibt kein allgemeingültiges System, die griechische Sprache in römischen Buchstaben darzustellen. Das in diesem Reiseführer verwendete System wird von der griechischen Regierung benutzt. Obwohl noch nicht überall im Lande angewendet, wurden die meisten Straßen und Plätze nach diesem System umgeschrieben. Klassische Namen haben hier keine Akzente. Wo ein allgemein bekannter deutscher Name existiert (z. B.: Korinth), wurde dieser auch verwendet. Abweichungen werden im Register genannt.

Ausspracheregeln

Der Akzent über griechischen Begriffen zeigt an, welche Silbe betont wird. In der rechten Aussprache-Spalte wird die betonte Silbe durch einen fettgedruckten Buchstaben angezeigt.

Das griechische Alphabet

Α α	A a	Arm
Β β	V v	Wo
Γ γ	G g	ja (folgt danach ein e oder i) nein (folgt ein ξ oder γ)
Δ δ	D d	th wie im Englischen
Ε ε	E e	Ei
Ζ ζ	Z z	so
Η η	I i	Igel
Θ θ	Th th	th wie im Englischen
Ι ι	I i	Igel
Κ κ	K k	Kind
Λ λ	L l	Land
Μ μ	M m	Mann
Ν ν	N n	Nein
Ξ ξ	X x	Taxi
Ο ο	O o	Ochse
Π π	P p	Partei
Ρ ρ	R r	Raum
Σ σ	S s	süß (Sonne, wenn danach ein μ folgt)
ς	s	(am Ende des Wortes)
Τ τ	T t	Tee
Υ υ	Y y	Igel
Φ φ	F f	Fisch
Χ χ	Ch ch	Loch, aber hier, wenn danach ein a, e oder i-Laut folgt
Ψ ψ	Ps ps	Mappe
Ω ω	O o	Ochse

Kombinationen von Buchstaben

Im Griechischen gibt es Kombinationen von zwei Vokalen, die wie ein Laut ausgesprochen werden:

Αι αι	Ai ai	Ei
Ει ει	Ei ei	Igel
Οι οι	Oi oi	Igel
Ου ου	Ou ou	Flut

Es gibt ebenso Kombinationen von zwei Konsonanten, die wie ein Laut ausgesprochen werden:

Μπ μπ	Mp mp	Ball, manchmal Lampe in der Wortmitte
Ντ ντ	Nt nt	Dach, manchmal Hund in der Wortmitte
Γκ γκ	Gk gk	Grill, manchmal Hang in der Wortmitte
Γξ γξ	nx	Angst
Τζ τζ	Tz tz	Hitze (hart)
Τσ τσ	Ts ts	Hitze (weich)
Γγ γγ	Gg gg	Hang

Notfälle

Hilfe!	Βοήθεια! **Voítheia**
Halt!	Σταματήστε! **Stamatíste**
Rufen Sie einen Arzt!	Φωνάξτε ένα γιατρό **Fonáxte éna giatró**
Einen Krankenwagen/ die Polizei/die Feuerwehr	Καλέστε το ασθενοφόρο/την αστυνομία/την πυροσβεστική **Kaléste to asthenofóro/tin astynomía/tin pyrosvestikí**
Wo ist das nächste Telefon/Krankenhaus/Apotheke?	Πού είναι το πλησιέστερο τηλέφωνο/νοσοκομείο/φαρμακείο; **Poú eínai to plisiéstero tiléfono/ nosokomeío/farmakeío?**

Grundwortschatz

Ja	Ναι **Nai**
Nein	Οχι **Ochi**
Bitte	Παρακαλώ **Parakaló**
Danke	Ευχαριστώ **Efcharistó**
Gern geschehen	Παρακαλώ **Parakaló**
In Ordnung	Εντάξει **Entáxei**
Entschuldigung	Με συγχωρείτε **Me synchoreíte**
Hallo	Γειά σας **Geiá sas**
Auf Wiedersehen	Αντίο **Antío**
Guten Morgen	Καλημέρα **Kaliméra**
Gute Nacht	Καληνύχτα **Kalinýchta**
Morgen	Πρωί **Proí**
Nachmittag	Απόγευμα **Apógevma**
Abend	Βράδυ **Vrádi**
Heute morgen	Σήμερα το πρωί **Símera to proí**
Gestern	Χθές **Chthés**
Heute	Σήμερα **Símera**
Morgen	Αύριο **Avrio**
Hier	Εδώ **Edó**
Dort	Εκεί **Ekeí**
Was?	Τί; **Tí?**
Warum?	Γιατί; **Giatí?**
Wo?	Πού; **Poú?**
Wie?	Πώς; **Pós?**
Warten Sie!	Περίμενε! **Perímene!**

Nützliche Sätze

Wie geht's?	Τί κάνεις; **Tí káneis?**
Danke gut.	Πολύ καλά, ευχαριστώ **Poly kalá, efcharistó**
Hallo?	Πώς είστε; **Pós eíste?**
Sehr erfreut	Χαίρω πολύ **Chaíro polý**
Wie ist ihr Name?	Πώς λέγεστε; **Pós légeste?**
Wo ist/sind...?	Πού είναι; **Poú eínai?**
Wie weit ist es bis...?	Πόσο απέχει... ; **Póso apéchei...?**
Wie komme ich nach?	Πώς μπορώ να πάω.... ; **Pós mporó na páo...?**
Sprechen Sie Englisch?	Μιλάτε Αγγλικά; **Miláte Angliká?**
Ich verstehe	Καταλαβαίνω **Katalavaíno**
Ich verstehe nicht	Δεν καταλαβαίνω **Den katalavaíno**
Könnten Sie langsamer sprechen?	Μιλάτε λίγο πιο αργά παρακαλώ; **Miláte lígo pio argá parakaló?**
Tut mir leid	Με συγχωρείτε **Me synchoreíte**
Hat jemand einen Schlüssel?	Εχει κανένας κλειδί; **Echei kanénas kleidí?**

Nützliche Begriffe

groß	Μεγάλο **Megálo**
klein	Μικρό **Mikró**
heiß	Ζεστό **Zestó**
kalt	Κρύο **Krýo**
gut	Καλό **Kaló**
schlecht	Κακό **Kakó**
genug	Αρκετά **Arketá**
gut	Καλά **Kalá**
geöffnet	Ανοιχτά **Anoichtá**
geschlossen	Κλειστά **Kleistá**
links	Αριστερά **Aristerá**
rechts	Δεξιά **Dexiá**
geradeaus	Ευθεία **Eftheía**
zwischen	Ανάμεσα / Μεταξύ **Anámesa / Metaxý**
an der Ecke.....	Στη γωνία του... **Sti gonía tou...**
nahe	Κοντά **Kontá**
weit	Μακριά **Makriá**
hinauf	Επάνω **Epáno**
herunter	Κάτω **Káto**
früh	Νωρίς **Norís**
spät	Αργά **Argá**
Eingang	Η είσοδος **I eísodos**
Ausgang	Η έξοδος **I éxodos**
Toilette	Οι τουαλέτες /WC **Oi toualétes / WC**
besetzt	Κατειλημμένη **Kateiliméni**
nicht besetzt/frei	Ελέυθερη **Eléftheri**
frei/kein Eintritt	Δωρεάν **Doreán**
hinein/heraus	Μέσα /Εξω **Mésa/ Exo**

Telefonieren

Wo ist die nächste Telefonzelle?	Πού βρίσκεται ο πλησιέστερος τηλεφωνικός θάλαμος; **Poú vrísketai o plisiésteros tilefonikós thálamos?**
Ich möchte ein Ferngespräch führen	Θα ήθελα να κάνω ένα υπεραστικό τηλεφώνημα **Tha íthela na káno éna yperastikó tilefónima**
Ich möchte ein R-Gespräch führen	Θα ήθελα να χρεώσω το τηλεφώνημα στον παραλήπτη **Tha íthela na chreóso to tilefónima ston paralípti**
Ich werde es später nochmal versuchen	Θα ξανατηλεφωνήσω αργότερα **Tha xanatilefoníso argótera**
Kann ich eine Nachricht hinterlassen?	Μπορείτε να του αφήσετε ένα μήνυμα; **Mporeíte na tou afísete éna mínyma?**
Könnten Sie lauter sprechen, bitte?	Μιλάτε δυνατότερα, παρακαλώ; **Miláte dynatótera, parakaló**
Ortsgespräch	Τοπικό τηλεφώνημα **Topikó tilefónima**
Warten Sie bitte	Περιμένετε **Periménete**
OTE-Telefonamt	Ο ΟΤΕ / Το τηλεφωνείο **O OTE / To tilefoneío**
Telefonzelle/Kiosk	Ο τηλεφωνικός θάλαμος **O tilefonikós thálamos**
Telefonkarte	Η τηλεκάρτα **I tilekárta**

Einkaufen

Wieviel kostet das?	Πόσο κάνει; **Póso kánei?**
Ich hätte gerne.....	Θα ήθελα... **Tha íthela...**
Haben Sie.....?	Εχετε...; **Echete...?**
Ich schaue nur	Απλώς κοιτάω **Aplós koitáo**
Nehmen Sie Kreditkarten/ Traveller-Schecks?	Δέχεστε πιστωτικές κάρτες/travellers' cheques; **Décheste pistotikés kártes/travellers' cheques?**
Wann öffnen/schließen Sie?	Ποτέ ανοίγετε/ κλείνετε; **Póte anoígete/ kleínete?**
Verschicken Sie auch ins Ausland?	Μπορείτε να το στείλετε στο εξωτερικό; **Mporeíte na to steílete sto exoterikó?**
Dieser	Αυτό εδώ **Aftó edó**
Jener	Εκείνο **Ekeíno**

teuer	Ακριβό Akrivó
preiswert	Φθηνό Fthinó
Größe	Το μέγεθος To mégethos
weiß	Λευκό Lefkó
schwarz	Μαύρο Mávro
rot	Κόκκινο Kókkino
gelb	Κίτρινο Kítrino
grün	Πράσινο Prásino
blau	Μπλε Mple

Läden und Geschäfte

Antiquitäten	Μαγαζί με αντίκες Magazí me antíkes
Bäckerei	Ο φούρνος O foúrnos
Bank	Η τράπεζα I trápeza
Basar	Το παζάρι To pazári
Buchladen	Το βιβλιοπωλείο To vivliopoleío
Metzger	Το κρεοπωλείο To kreopoleío
Konditor	Το ζαχαροπλαστείο To zacharoplasteío
Käseladen	Μαγαζί με αλλαντικά Magazí me allantiká
Kaufhaus	Πολυκάταστημα Polykatástima
Fischmarkt	Το ιχθυοπωλείο/ ψαράδικο To ichthyopoleío/ psarádiko
Gemüsehändler	Το μανάβικο To manáviko
Friseur	Το κομμωτήριο To kommotírio
Kiosk	Το περίπτερο To períptero
Lederwaren	Μαγαζί με δερμάτινα είδη Magazí me dermátina eídi
Straßenmarkt	Η λαϊκή αγορά I laïkí agorá
Zeitungshändler	Ο εφημεριδοπώλης O efimeridopólis
Apotheke	Το φαρμακείο To farmakeío
Postamt	Το ταχυδρομείο To tachydromeío
Schuhgeschäft	Κατάστημα υποδημάτων Katástima ypodimáton
Souvenirladen	Μαγαζί με "souvenir" Magazí me "souvenir"
Supermarkt	Σουπερμάρκετ/ Υπεραγορά "Supermarket"/ Yperagorá
Tabakladen	Είδη καπνιστού Eídi kapnistou
Reisebüro	Το ταξειδιοτικό grafeío To taxeidiotikó grafeío

Sehenswürdigkeiten

Auskunft	Ο ΕΟΤ O EOT
Touristenpolizei	Η τουριστική αστυνομία I touristikí astynomía
Archäologisch	αρχαιολογικός archaiologikós
Kunstgalerie	Η γκαλερί I gkalerí
Strand	Η παραλία I paralía
Byzantinisch	βυζαντινός vyzantinós
Burg	Το κάστρο To kástro
Kathedrale	Η μητρόπολη I mitrópoli
Höhle	Το σπήλαιο To spílaio
Kirche	Η εκκλησία I ekklisía
Volkskunst	λαϊκή τέχνη laïkí téchni
Brunnen	Το συντριβάνι To syntriváni
Hügel	Ο λόφος O lófos
Historisch	ιστορικός istorikós
Insel	Το νησί To nisí
See	Η λίμνη I límni
Bibliothek	Η βιβλιοθήκη I vivliothíki
Haus	Η έπαυλις I épavlis
Kloster	Μονή moní
Berg	Το βουνό To vounó
Stadt	δημοτικός dimotikós
Museum	Το μουσείο To mouseío
National	εθνικός ethnikós
Park	Το πάρκο To párko
Garten	Ο κήπος O kípos
Schlucht	Το φαράγγι To farángi
Grab von.....	Ο τάφος του... O táfos tou...
Fluß	Το ποτάμι To potámi
Straße	Ο δρόμος O drómos
Heiliger	άγιος/άγιοι/αγία/ αγίες ágios/ágioi/agía/agíes
Quelle	Η πηγή I pigí
Platz	Η πλατεία I plateía
Stadion	Το στάδιο To stádio
statue	Το άγαλμα To ágalma
Theater	Το θέατρο To théatro
Rathaus	Το δημαρχείο To dimarcheío
an Feiertagen geschlossen	κλειστό τις αργίες kleistó tis argíes

Transport

Wo fährt .... ab?	Πότε φεύγει το ....; Póte févgei to...?
Wo ist die nächste Bushaltestelle?	Πού είναι η στάση του λεωφορείου; Poú eínai i stási tou leoforeíou?
Fährt ein Bus nach..?	Υπάρχει λεωφορείο για....; Ypárchei leoforeío gia...?
Ticketschalter	Εκδοτήρια εισιτηρίων Ekdotíria eisitiríon
Rückfahrticket	Εισιτήριο με επιστροφή Eisitírio me epistrofí

Einfache Fahrt	Απλό εισιτήριο **Apló eisitírio**
Bushaltestelle	Ο σταθμός λεωφορείων **O stathmós leoforeíon**
Busticket	Εισητήριο λεωφορειου **Eisitírio leoforeíou**
Trolley-Bus	Το τρόλλευ **To trólley**
Hafen	Το λιμάνι **To limáni**
Zug/Metro	Το τρένο **To tréno**
Bahnhof	σιδηροδρομικός σταθμός **sidirodromikós stathmós**
Motorrad	Το μοτοποδήλατο / το μηχανάκι **To motopodílato / To michanáki**
Fahrrad	Το ποδήλατο **To podílato**
Taxi	Το ταξί **To taxí**
Flughafen	Το αεροδρόμιο **To aerodrómio**
Fähre	Το φερυμπότ **To "ferry-boat"**
Luftkissenboot	Το δελφίνι / Το υδροπτέρυγο **To delfíni / To ydroptérygo**
Katamaran	Το καταμαράν **To katamarán**
zu vermieten	Ενοικιάζονται **Enoikiázontai**

IM HOTEL

Haben Sie ein freies Zimmer?	Εχετε δωμάτια; **Echete domátia?**
Doppelzimmer mit zwei Betten	Δίκλινο με διπλό κρεβάτι **Díklino me dipló kreváti**
Doppelzimmer	Δίκλινο με μονά κρεβάτια **Díklino me moná krevátia**
Einzelzimmer	Μονόκλινο **Monóklino**
Zimmer mit Bad	Δωμάτιο με μπάνιο **Domátio me mpánio**
Dusche	Το ντους **To douz**
Portier	Ο πορτιέρης **O portiéris**
Schlüssel	Το κλειδί **To kleidí**
Ich habe reserviert	Εχω κάνει κράτηση **Echo kánei krátisi**
Zimmer mit Meerblick/Balkon	Δωμάτιο με θέα στη θάλασσα/μπαλκόνι **Domátio me théa sti thálassa/mpalkóni**
Enthält der Preis Frühstück?	Το πρωινό συμπεριλαμβάνεται στην τιμή; **To proïnó symperi-lamvánetai stin timí?**

ESSEN GEHEN

Haben Sie einen Tisch frei?	Εχετε τραπέζι; **Echete trapézi?**
Ich möchte einen Tisch reservieren	Θέλω να κρατήσω ένα τραπέζι **Thélo na kratíso éna trapézi**
Die Rechnung bitte	Τον λογαριασμό, παρακαλώ **Ton logariazmó parakaló**
Ich bin Vegetarier	Είμαι χορτοφάγος **Eímai chortofágos**
Was ist heute frisch?	Τί φρέσκο έχετε σήμερα; **Tí frésko échete símera?**
Kellner/Kellnerin	Κύριε / Γκαρσόν / Κυρία (weiblich) **Kýrie/Garson"/Kyría**
Speisekarte	Ο κατάλογος **O katálogos**
Gedeck	Το κουβέρ **To "couvert"**
Weinkarte	Ο κατάλογος με τα οινοπνευματώδη **O katálogos me ta oinopnevmatódi**
Glas	Το ποτήρι **To potíri**
Flasche	Το μπουκάλι **To mpoukáli**
Messer	Το μαχαίρι **To machaíri**
Gabel	Το πηρούνι **To piroúni**
Löffel	Το κουτάλι **To koutáli**
Frühstück	Το πρωινό **To proïnó**
Mittagessen	Το μεσημεριανό **To mesimerianó**
Abendessen	Το δείπνο **To deípno**
Hauptgericht	Το κυρίως γεύμα **To kyríos gévma**
Vorspeise	Τα ορεκτικά **Ta orektiká**
Nachtisch	Το γλυκό **To glykó**
Tagesgericht	Το πιάτο της ημέρας **To piáto tis iméras**
Bar	Το μπαρ **To "bar"**
Taverne	Η ταβέρνα **I tavérna**
Café	Το καφενείο **To kafeneío**
Fischrestaurant	Η ψαροταβέρνα **I psarotavérna**
Grillrestaurant	Η ψησταριά **I psistariá**
Weinhändler	Το οινοπωλείο **To oinopoleío**
Milchgeschäft	Το γαλακτοπωλείο **To galaktopoleío**
Restaurant	Το εστιατόριο **To estiatório**
Ouzeri	Το ουζερί **To ouzerí**
Mezes-laden	Το μεζεδοπωλείο **To mezedopoleío**
Kebab zum Mitnehmen	Το σουβλατζίδικο **To souvlatzídiko**
blutig	Ελάχιστα ψημένο **Eláchista psiméno**
mittel	Μέτρια ψημένο **Métria psiméno**
durchgebraten	Καλοψημένο **Kalopsiméno**

ESSEN UND TRINKEN

Kaffee	Ο καφές **O Kafés**
mit Milch	με γάλα **me gála**
schwarzer Kaffee	σκέτος **skétos**
ohne Zucker	χωρίς ζάχαρη **chorís záchari**
nicht so süß	μέτριος **métrios**
sehr süß	γλυκύς **glykýs**
Tee	τσάι **tsái**
Kakao	ζεστή σοκολάτα **zestí sokoláta**
Wein	κρασί **krasí**
rot	κόκκινο **kókkino**

weiß	λευκό lefkó
rosé	ροζέ rozé
Raki	Το ρακί To rakí
Ouzo	Το ούζο To oúzo
Retsina	Η ρετσίνα I retsína
Wasser	Το νερό To neró
Tintenfisch	Το χταπόδι To chtapódi
Fisch	Το ψάρι To psári
Käse	Το τυρί To tyrí
Halloumi	Το χαλούμι To chaloúmi
Feta	Η φέτα I féta
Brot	Το ψωμί To psomí
Bohnensuppe	Η φασολάδα I fasoláda
Getreidegericht (Bulgur)	Το χούμους To houmous
Halwa	Ο χαλβάς O chalvás
Gyros	Ο γύρος O gýros
Türkischer Honig	Το λουκούμι To loukoúmi
Baklawa	Ο μπακλαβάς O mpaklavás
Klephtiko	Το κλέφτικο To kléftiko

Zahlen

1	ένα éna
2	δύο dýo
3	τρία tría
4	τέσσερα téssera
5	πέντε pénte
6	έξι éxi
7	επτά eptá
8	οχτώ ochtó
9	εννέα ennéa
10	δέκα déka
11	έντεκα énteka
12	δώδεκα dódeka
13	δεκατρία dekatría
14	δεκατέσσερα dekatéssera
15	δεκαπέντε dekapénte
16	δεκαέξι dekaéxi
17	δεκαεπτά dekaeptá
18	δεκαοχτώ dekaochtó
19	δεκαεννέα dekaennéa
20	είκοσι eíkosi
21	εικοσιένα eikosiéna
30	τριάντα triánta
40	σαράντα saránta
50	πενήντα penínta
60	εξήντα exínta
70	εβδομήντα evdomínta
80	ογδόντα ogdónta
90	ενενήντα enenínta
100	εκατό ekató
200	διακόσια diakósia
1 000	χίλια chília
2 000	δύο χιλιάδες dýo chiliádes
1 000 000	ένα εκατομμύριο éna ekatommýrio

Zeit, Tage und Monate

eine Minute	ένα λεπτό éna leptó
eine Stunde	μία ώρα mía óra
eine halbe Stunde	μισή ώρα misí óra
Viertelstunde	ένα τέταρτο éna tétarto
halb eins	μία και μισή mía kai misí
viertel nach eins	μία και τέταρτο mía kai tétarto
zehn nach eins	μία και δέκα mía kai déka
viertel vor zwei	δύο παρά τέταρτο dýo pará tétarto
zehn vor zwei	δύο παρά δέκα dýo pará déka
ein Tag	μία μέρα mía méra
eine Woche	μία εβδομάδα mía evdomáda
ein Monat	ένας μήνας énas mínas
ein Jahr	ένας χρόνος énas chrónos
Montag	Δευτέρα Deftéra
Dienstag	Τρίτη Tríti
Mittwoch	Τετάρτη Tetárti
Donnerstag	Πέμπτη Pémpti
Freitag	Παρασκευή Paraskeví
Samstag	Σάββατο Sávvato
Sonntag	Κυριακή Kyriakí
Januar	Ιανουάριος Ianouários
Februar	Φεβρουάριος Fevrouários
März	Μάρτιος Mártios
April	Απρίλιος Aprílios
Mai	Μάιος Máios
Juni	Ιούνιος Ioúnios
Juli	Ιούλιος Ioúlios
August	Αύγουστος Avgoustos
September	Σεπτέμβριος Septémvrios
Oktober	Οκτώβριος Októvrios
November	Νοέμβριος Noémvrios
Dezember	Δεκέμβριος Dekémvrios

Straßenkarte von Griechenland